大典
廣
444

地方文献保护与整理出版

研讨会论文集

陈建华 主编

国家图书馆出版社

图书在版编目（CIP）数据

地方文献保护与整理出版研讨会论文集 / 陈建华主编 . — 北京 : 国家图书馆出版社 , 2019.10

ISBN 978-7-5013-6733-7

Ⅰ.①地… Ⅱ.①陈… Ⅲ.①地方文献—文献保护—中国—文集 ②地方文献—出版工作—中国—文集 Ⅳ.① G256.22-53

中国版本图书馆 CIP 数据核字（2019）第 086337 号

书　　名	地方文献保护与整理出版研讨会论文集	
著　　者	陈建华　主编	
责任编辑	王　晓	
装帧设计	翁　涌	

出版发行　国家图书馆出版社（北京市西城区文津街 7 号　　100034）
　　　　　（原书目文献出版社　北京图书馆出版社）
　　　　　010-66114536　63802249　nlcpress@nlc.cn（邮购）
网　　址　http://www.nlcpress.com
排　　版　九章文化
印　　装　北京金康利印刷有限公司
版次印次　2019 年 10 月第 1 版　2019 年 10 月第 1 次印刷

开　　本　710×1000（毫米）　1/16
印　　张　26.25
字　　数　440 千字

书　　号　ISBN 978-7-5013-6733-7
定　　价　188.00 元

广东省委常委、广州市委书记张硕辅在地方文献保护与整理出版研讨会上致辞

广东省委常委、宣传部部长傅华在地方文献保护与整理出版研讨会上致辞

国家图书馆副馆长兼国家古籍保护中心副主任、中国古籍保护协会常务副会长张志清在地方文献保护与整理出版研讨会上作题为"编纂地方文献典籍丛书是新时代的文化大课题"的发言

中山大学党委书记、《广州大典》学术委员会主任陈春声教授在地方文献保护与整理出版研讨会上作题为"地方文献研究与中国底蕴学术体系建设"的发言

广州市人大常委会主任、广州大典研究中心名誉主任、《广州大典》主编陈建华在地方文献保护与整理出版研讨会上作题为"合作交流　共同推动地方文献保护与编纂出版工作"的报告

本 书 编 委 会

目 录
CONTENTS

地方志整理与研究

广东地方文献整理与研究

地方文献利用与开发

附 录

特　稿

广东省委常委、广州市委书记张硕辅
在地方文献保护与整理出版研讨会上的致辞

尊敬的傅华部长，各位专家，同志们：

大家上午好！

十月的广州金风送爽，来自全国各地的嘉宾和专家学者，齐聚羊城广州，共商地方文献保护与整理出版工作，共话历史文化保护传承大事，对推动文化繁荣兴盛，具有重要意义。在此我谨代表中共广州市委、市政府对本次研讨会召开表示热烈的祝贺，对与会的各位领导嘉宾、专家学者表示热烈的欢迎和衷心的感谢。

历史因文化而精彩，文化因历史而厚重。地方文献典籍作为历史的精华、文化的烙印，是前人为我们留下的宝贵精神财富，也是我们传承文化基因、汲取历史智慧的重要载体。把城市发展历史记录下来、把文献典籍整理出来、把优秀传统文化传承下去，关乎历史文脉的延续，关乎民族精神的传承，关乎城市软实力的提升，是我们义不容辞的历史责任。

广州具有2200多年的建城史，是海上丝绸之路的发祥地、岭南文化的中心地、近现代革命的策源地和改革开放的前沿地，拥有丰厚的历史记忆、文化资源和文献典籍。近年来，广州市委、市政府秉持"文化遗产是根源、文化设施是根基、文化人才是根本"的理念，不断加强历史文化保护传承，认真做好地方文献保护和整理出版工作，陆续出版了《粤剧大辞典》《广州市文物普查汇编》《广州大典》等重要文献典籍资料，其中《广州大典》可谓史海淘金，十年磨一剑，汇集散落在世界各地的广州文献典籍，横跨历史2000多年，收录文献4000余种，现已编成520册，引起国内外文化学术界的广泛关注，成了广州一张亮丽的文化名片。

不忘本来才能开辟未来，善于继承才能更好地创新。当前广州正坚持以习近平新时代中国特色社会主义思想为指导，深入学习贯彻习近平总书记在全国宣传思想工作会议上的重要讲话精神，紧紧围绕建设全球区域文化中心城市的发展目标，全方位推进文化建设，增强城市文化的软实力，努力在粤港澳大湾区文化圈建设中发挥广州作用，体现广州作为。

文以载道，文以化人。我们将继续加强广州地方文献保护与整理工作，加强地方历史文化研究成果交流与转化应用，留住历史宝贵的记忆，守住城市的根和魂。今天莅临会议的领导、同志和专家，都是文化学术界的老师、文献工作领域内的专家，希望大家畅所欲言，各抒高见，多为地方文献保护整理和历史文化传承弘扬建言献策。同时也恳请大家对广州的工作，多提出宝贵的意见和建议。

最后祝愿大家身体健康，工作顺利，万事如意！谢谢大家！

广东省委常委、宣传部部长傅华
在地方文献保护与整理出版研讨会上的致辞

尊敬的硕辅书记、建华主任、春声书记，各位专家，女士们、先生们：

大家上午好！

非常高兴出席 2018 年全国地方文献保护与整理出版研讨会，这是我国出版界的一件盛事，在此我代表广东省委宣传部对本次研讨会的召开表示热烈的祝贺，对长期以来关心支持广东地方文化挖掘和保护工作的各级领导和专家学者表示衷心的感谢。

在全省上下深入学习习近平新时代中国特色社会主义思想和党的十九大精神之际，我们认真贯彻习近平总书记在全国宣传思想工作会议上的重要讲话精神，并召开了全省宣传思想工作会议。总书记用"九个坚持"对宣传思想文化工作作了精辟的论述。他指出，文化自信是更基础、更广泛、更深厚的自信，是一个国家、一个民族发展中更基本、更深沉、更持久的力量。

上下五千年，中华民族创造了灿烂的文化，历史文献亦浩如烟海。中国自古以来就有古籍整理的传统，从孔子修书，刘向校书，到明代编纂《永乐大典》，清代编订《全唐诗》《全唐文》《四库全书》，大规模的古籍整理持续不断，影响深远。对各类文献保护整理和出版，是我们延续历史文脉、弘扬传统文化、增强文化自信的重要方式和必然途径，也是惠及子孙后代的极其重要的工作。

千百年来，在广东这片热土上，勤劳智慧的先民们创造了具有开放、包容、创新、务实等特点的岭南文化，也积累了浩瀚的岭南地方文献。

2005 年，广东省文化厅、广州市委宣传部，着手开展《广州大典》编纂工作。这是首次由地方政府牵头，系统整理地方文化的基础性工程。历经十年艰苦磨砺，《广州大典》第一期工程全面完成编纂出版工作，成为我国文化建设中地方历史文献领域的一大创举，也为全省乃至全国兄弟省市加强历史文献挖掘和保护工作提供了样板，发挥了示范作用。

在全省宣传思想工作会议上，省委书记李希同志强调，我们要坚持中国特色社会主义文化发展道路，激发文化创新创造活力，扎实推进文化强省建设，更好满足人民精神文化生活新期待。

广州是岭南文化的中心城市，也是全省的文化中心。在新的征程中，广州要继续发挥文化底蕴深厚的优势，在进一步推动全省文化建设、加强历史文化保护传承方面发挥新的更大的作用。

同时还要服务于粤港澳大湾区建设的国家战略部署，充分利用广州作为粤港澳大湾区文化中心城市的区位优势，加强岭南地方文献的整理出版，带动大湾区其他城市文化建设，夯实大湾区建设的共同文化基础，共同建设人文湾区。出席今天研讨会的都是来自全国各地的知名专家，希望大家畅所欲言，从更高的站位、更广的视野，为全国地方文献保护与出版事业出谋划策，也为广东文化和粤港澳大湾区文化建设多提宝贵意见和建议。

最后预祝本届研讨会圆满成功，谢谢大家！

编纂地方文献典籍丛书是新时代的文化大课题

——国家图书馆副馆长张志清在地方文献保护与
整理出版研讨会上的发言

一 《广州大典》是一部卓越的地方文献典籍丛书

我非常荣幸受邀参加地方文献保护与整理出版研讨会。这是广州市委宣传部在编纂出版《广州大典》之后举办的继往开来、促进全国地方文献丛书编纂出版的一次盛会。40年前，广东省和广州市在全国率先推进思想解放和改革开放，在这片火热的土地上吹响了中华民族走向富强和腾飞的号角。今天，以一系列文化设施为地标的新中轴线把广州从人们心目中的商业城市转变为文化城市。广州图书馆实现了日接待读者4.2万人的全国纪录。文化作为精神食粮滋润着每一位广州市民，促进了广州向高素质、更文明的世界级都市迈进。在此基础上，承载着数千年岭南文明积淀的《广州大典》编纂出版，仅收录的品种即达4064种（520册），收录品种之多超过了《四库全书》。这是历史上首次编纂的广州地域全书，为保证国家安全和延续岭南文脉作出了卓越贡献。《广州大典》采用印刷人民币的无酸棉质纸，使《广州大典》的保存时间延长到数百年，堪称中华古籍再生性保护的典范。《广州大典》的大手笔大制作，是新时期坚持文化自信、加强古籍再生性保护、促进中华优秀传统文化创造性转化和创新性发展的重要举措，国家图书馆、国家古籍保护中心为广州市委、市政府和各位同仁所作的不朽文化功绩感到由衷赞叹！

二 编纂出版地方文献典籍丛书是构建"中国记忆"完整体系的重要途径

人类文明是由多种文明形态构成的。各文明形态的代表国都十分重视揭示推广自身优秀传统文化。从"美国记忆"开始,各国都在大力发展文化记忆工程,以此作为一国对外宣示自身文化价值的名片。对于幅员辽阔、人口众多,历史悠久、文化多样的中国,做好"中国记忆"十分重要,难度也很大。

地方文化典籍是地方记忆的精神家园,是地方文化的魂器。地方文化典籍丛书则是全面反映、承载地方文脉的标志。中华文明的重要成果大都固化在历代文献典籍中。传承弘扬中华优秀传统文化,既要重视作为中华民族整体的精神家园的作用,也要重视地方文化的特殊性。如早期的岭南文化与中原文化差异较大,但魏晋以来,大族南迁,佛法北上,释教分脉,三教交融,西学东渐,洞开眼界,成为中华文明的主体部分,也形成了颇具特色的地方文化,《广州大典》充分反映了这一特点。从地域视角上说,"中国记忆"就是各地方记忆的集合。"中国记忆"的完整体系需要在地方记忆的基础上整合,这是当今中华优秀传统文化传承发展的重要特点之一。

中国自古以来就用典籍记载文明,自孔子删定六经,2000余年来崇为元典,冠于群籍。中国亦素以文字记录历史,自西周共和元年(前841)起,国史无一年无之。唐宋以降,四书小学名列经籍,次如史传地志、诸子百家、释道类丛、总别诗文,民族典籍构成中华文明的思想体系,公私传承,绵延不绝。稽古、贯通、启新,以传承典籍为要旨;传道、受业、解惑,以崇学延脉为师道。每一王朝兴盛,必广揽群集,参酌众本,校雠厘定,缮写庋藏。印刷术发明后,则不惜财力,编纂刷印,多成鸿篇,分藏天下,以保文脉传承无虞。民间诸家,各本师承,辨章学术,考镜源流,传学问道,流播宇内。但由于古代交通不便,信息传播不广,印刷工艺落后,要想辑全一域著作家之存典,旁及流寓游方之诗文酬酢、观览感慨之作,再集资印行,广布天下,无啻为难上加难。明清两代之贤达虽有编印地方文献典籍丛书之想,也是往往力不从心,挂一漏万。历代编纂大型类书丛书者,全靠中央政府举全国之力,遍收群籍编纂而成,如明代纂修《永乐大典》,收录宋元典籍七八千种,按韵分排,成大型类书22877卷另目录60卷,抄成11095册,合计约3.7亿字,因其体量庞大,刊刻糜耗巨大,无法实现,只抄写一部正本过录一部副本。清代纂修《四库全书》,收书3500

余种，抄成 7 部，每部 36000 余册，7 亿字。清代纂修大型类书《古今图书集成》10000 卷，用铜活字摆印 64 部，已属难得。现在看起来，仅印 64 部的《古今图书集成》还有多部存世，传承安全；7 部《四库全书》余 3.5 部；而对古代典籍一字不改、全盘收录的《永乐大典》已经整体湮灭，仅余 400 册，这是中华文明传承中不可弥补的巨大损失。各地纂辑地方文献则囿于资金、能力，只能分辑分期，循序渐进，时断时续，难成全璧。所以古代大型文献典籍丛书的编纂，主要是中央政府操作，全国合力而为之。

当今发达的信息社会则与古代大有不同，随着文献分布状况日益清晰，中国国力日益强大，以一省一市之力编纂地方文献丛书变得相对容易。根据国家古籍保护中心在全国普查的阶段性成果，写印于 1912 年前的古籍就达到 20 多万个品种、50 多万个版本，总数 3000 多万册件。加上民国线装书，则品种版本更多，总数超过 5000 多万册件。在此情况下，印行品种齐全的中华典籍全书耗费巨大，在数字技术高度发达的今天，也不成为优先选项。但编纂地方文献典籍丛书则不然，一部省市级大型地方丛书的收书量约为《四库全书》之规模，如目前规模最大的省级地方文献全书《江苏文库·文献编》拟收典籍 5000 种，《浙江文献集成》拟收文献 2000 种，《广州大典》收书 4064 种。以文化大省、强省之力完全可以收全印全，更可以在此基础上深入整理研究，产生很大的文化和社会效益。所以，当前文化建设，首先应鼓励地方文献典籍丛书的编纂出版，填补地方记忆空白，逐步构建"中国记忆"的完整体系。

目前地方文献典籍丛书的编纂出版已陆续形成规模，全国各省（自治区、直辖市）除上海、西藏、青海外，都开展了省级地方文献典籍丛书的编纂（见附表），市县编纂地方文献典籍丛书也有数十部之多，两者出版总量达到 2 万册。这些丛书对挖掘地方史料，填补地方文献空白，促进地方文献保护、整理、研究，释放时代价值，促进地方文化建设，都发挥了重要作用。

附表：省级地方文献典籍丛刊目录

编号	省份	丛书名	书（种）	册数
1	北京	北京古籍丛书	73	60
2	天津	天津文献集成	81	50
3	河北	燕赵文库	600（拟）	708（拟）
4	内蒙古	内蒙古历史文献丛书	56（部分）	29（部分）

编号	省份	丛书名	书（种）	册数
5	山西	山西文华	21辑（拟）	1500（拟）
6	黑龙江	黑水丛书	115（部分）	15（部分）
7	吉林	长白丛书	101	107
8	辽宁	辽海丛书	83	100
9	河南	中原文化大典	3000万字	55
10	湖北	荆楚文库	1322（拟）	1600（拟）
11	湖北	湖北地方古籍文献丛书	60	36
12	湖南	湖湘文库	1105	702
13	广东	岭南文库	114（部分）	146（部分）
14	海南	琼崖文库	300（拟）	
15	广西	广西历代文献集成	23（部分）	123（部分）
16	山东	山东文献集成	1375	200
17	安徽	安徽古籍丛书	350（拟）	150（拟）
18	上海	无		
19	江苏	江苏文库	5000（拟）	3000（拟）
20	浙江	浙江文丛	215（部分）	500（部分）
21	浙江	浙江文献集成	2000（拟）	47（部分）
22	福建	福建文献汇编	919	360
23	福建	八闽文库	1130（拟）	1650（拟）
24	台湾	台湾文献汇刊	近200	100
25	台湾	台湾文献史料丛刊	309	190
26	江西	豫章丛书	129	22
27	重庆	巴渝文库	5000（拟）	
28	四川	巴蜀全书	600（拟）	1000（拟）
29	贵州	贵州文库	400（拟）	500（拟）
30	云南	云南丛书及续编	205，500	51，150
31	西藏	无		
32	陕西	陕西古代文献集成	300（拟）	100（拟）
33	甘肃	陇右文献丛书	22	21

续表

编号	省份	丛书名	书（种）	册数
34	宁夏	朔方文库	146（首批）	112（首批）
35	青海	无		
36	新疆	新疆文库	1000卷（拟）	1000（拟）

三　编纂地方文献典籍丛书应根据时代特点选择分类，保持中华传统文化体系的框架，同时兼顾地方文化特点，便于未来形成完整的"中国记忆"

目前地方文献典籍丛书的编纂出版因地而异，缺乏中央政府的统一规划，大都由地方政府规划资金，组织人力，决定地方文献典籍丛书的收书规模、收录范围、分类编排、整理印刷等，百花齐放，各具特色，如《广州大典》编纂出版，广州市委、市政府高度重视，全程领导，资金到位，分工负责，全国协作，使《广州大典》编纂出版成为典范。《荆楚文库》的编纂出版则是在阳海清先生50年来对湖北文献全面深入调研、形成总目的基础上厘定丛书选目的，基础十分扎实。《燕赵文库》在收录范围上特别重视收录燕赵文化史的研究力作，选择反映燕赵文化特点的经典文献。《绍兴丛书》按十类编排，从地方百科全书到小史小志，从先贤文存到歌咏杂著，从方志家谱到金石舆图，十分全面。鉴于宁夏文献典籍整体规模有限，《朔方文库》将宁夏人著述与描写宁夏的著述，宁夏出土文献，宁夏收藏的国家珍贵古籍等珍稀孤罕文献，以及各图书馆、档案馆收藏的宁夏历史档案这四类文献汇为一编。通过地方文献典籍丛书的编纂，各地都积累了不少成功经验，但也有不少地方文献典籍丛书存在着基础薄弱、收录不全、分类混乱、编排印刷不尽人意的状况。最重要的是缺乏全国统一规划布局，势必为地方记忆未来整合为"中国记忆"造成困难。

针对上述情况，建议有关部门加强规划指导，从中华文明思想体系入手，适当规范地方文献典籍丛书的分类。一般应将地方文献典籍丛书分为古籍和近典两部分，古籍用四部分类法（或经、史、子、集、丛五部分类法），近典用四部扩展分类法（如刘国钧《中文普通线装书分类表》），以符合这两个时期典籍特点。遵循中华文明思想体系，就是尊重历史，更便于形成"中国记忆"的完整体系。

中国目录学不只是典籍分类之学,还是知识组织之学,反映了中华文明的思想体系的发展。从《汉书·艺文志》的"七略",到《隋书·经籍志》的"四部",到纪昀《四库全书总目》对于"四部"之部、类、属的定格,再到张之洞《书目答问》以"丛书最便学者","其中经、史、子、集皆有,势难隶于四部,故别为类",成为经、史、子、集、丛五类。每一时代分类的变化调整都反映了当时的文化发展和典籍特点。再如《汉书·艺文志》将孔子"六艺"变为"六经";《隋书·经籍志》在经学上反映了"义疏""礼学""左传""孝道""音韵"等的发展;《宋史·艺文志》强调"朱熹理学"、《孟子》、《说文》地位的上升;《四库全书总目》尊"汉学""四书""小学"等,反映了清代朴学的兴盛。又如谱牒在《七录》中开始受到重视,从唐代官修到宋代私修,再到《四库全书总目》有意识忽略谱牒,也反映了谱牒在中华文明思想体系中的变化。小说从《新唐书·艺文志》、戏曲从《千顷堂书目》以来一直都列入"子部·小说家",这是儒家"文以载道"思想的反映,而不把文学典籍都集中在集部。概括说来,经、史、子、集四部分类是从隋代以来形成的以儒家思想为代表的中华文明思想体系的特点。古籍以四部分类为主线,就是遵循中华文明的传统思想体系。

当然,在这一传统思想体系下,适当突出地域文化特点也是非常必要的。如清代后期,因洋务运动产生了一批"新学"著作,清末还编纂新式教科书等,在沿海地区和两湖一带比较多见。清末金石学也得以确立和发展,都应在地方文化特色上加以强调。少数民族为主体的地区,在地方文献典籍丛书编纂上也要突出民族典籍的特点。

民国时期是现代学科建立的初期,西学发挥重大影响,不断冲击、解构中国传统文化思想体系,但中华传统文化还顽强保持着自身特色。民国时期,线装书和平装书并存,发挥着各自的影响和作用。这一时期,应在四部基础上适当扩展类目比较妥当。如国家图书馆目前使用的刘国钧中文线装书分类法,将古籍和民国线装书分为十五门:目录门、经籍门、史乘门、地志门、传记门、古器物学门、社会科学门、哲学门、宗教门、文字学门、文学门、艺术门、自然科学门、应用科学门、总记门,在传统上增设了学科分类,是较好解决民国图书学科分类的有益尝试,值得借鉴。

总之,地方文献典籍丛书的编纂要根据时代的不同特点选择分类方式,这样才能避免以目前通行的西学视角去解构中华传统文化思想体系,造成今人对传统文化理解的偏颇。同时也要突出各地域的文化特点,从而真正编纂好地方文献典籍丛书。

中共中央在《关于实施中华优秀传统文化传承发展工程的意见》中提出，要实施国家古籍保护工程，加强中华文化典籍整理编纂出版。党的十九大报告也指出，要加强文化遗产保护传承。这些都为抢救、保护、整理、出版、研究地方文献典籍创造了有利条件。从各地建设地方记忆到"中国记忆"完整体系的实现，还有一个漫长的过程。目前方兴未艾、蓬勃发展的地方文献典籍丛书编纂工程，将是我们这代人贡献给中华民族文化自信、传承中华文脉的宝贵财富，值得大家共同努力。

地方文献研究与中国底蕴学术体系建设

——中山大学党委书记、《广州大典》学术委员会主任陈春声教授在地方文献保护与整理出版研讨会上的发言

尊敬的建华主任、各位前辈、各位同学:

我报告的题目是"地方文献研究与中国底蕴学术体系建设"。《广州大典》作为一部大型的历史文献丛书,无愧为中国地方文献收集、整理、编纂和出版工作的一个典范案例。利用《广州大典》所开展的高水平学术研究成果丰硕,其嘉惠学人的贡献正在逐渐显现,无须多言。

这里我想探讨的是地方文献研究,对于中国底蕴的学术体系建设的意义。

关于哲学社会科学话语体系建设的问题,习近平总书记在哲学社会科学工作座谈会上曾经说过:"发挥我国哲学社会科学作用,要注意加强话语体系建设,在解读中国实践、构建中国理论上,我们应该最有发言权,但实际上我国哲学社会科学在国际上的声音还比较小,还处于有理说不出、说了传不开的境地。要善于提炼标识性概念,打造易于为国际社会所理解和接受的新概念、新范畴、新表述,引导国际学术界展开研究和讨论。这项工作要从学科建设做起,每个学科都要构建成体系的学科理论和概念。"他还指出,我国哲学社会科学领域存在着学科体系、学术体系、话语体系建设水平总体不高,学术原创能力还不强,哲学社会科学训练培养教育体系不健全,学术评价体系不够科学,管理体制和运行机制还不完善等亟待解决的问题。哲学社会科学存在的这些问题既是制约中国话语体系建构的重要因素,也是话语体系建设水平不高的结果。

以上习近平总书记所提出的这些新的希望和要求,就是要我们用基于中国经验的学术范畴、话语体系讲好中国故事,形成与国际人文社会科学主流有效、平等对话的能力,在一定程度上对国际人文社会科学主流的发展产生影响。这

是值得我们认真领会、深入思考的。

毋庸讳言，源于欧美的学术观念、问题意识、研究规范和表述方式长期占据国际学术的主导地位。经过近年的努力，我国学术已经在一些领域具有对等地开展国际交流和合作的能力，中国建设经验以及中国学者的思想和理论，日益引起欧美学术界的重视。但是理论思维和体系构建能力不足的问题，仍然普遍存在。

这使得我们即使讲述中国故事，也常常局限于经验事实陈述，而未能建立相应的学术规范，或者只是将中国的经验与实践，置于西方的理论体系与话语体系中展开表述。哲学社会科学话语体系建设，涉及文化传统、问题意识、研究规范、概念范畴、表述方式等方面。我们的学术自觉和学术积累还远远不够，中国哲学社会科学工作任重道远。我想指出的是，在具有中国底蕴的人文社会科学学术体系建设过程中，地方文献研究可以发挥其独特的作用。以《广州大典》为例，大典收入的4064种文献来自海内外各公藏机构和个人收藏。分为经、史、子、集、丛五大部分，不仅包含了历代与广州相关的儒学著作，正史、正书等常见的历史文献，还收录了大量的族谱、契约、碑刻、宗教科仪书、账本、私人手稿、笔记等可以称为民间文书的著述。

这样的工作不仅仅具有在现代化和城市化的历史背景下，讲究物质性和非物质性文化遗产的价值，不仅只是具有学术积累的意义，更重要的是，在大量收集和整理民间文书、地方文献的基础上，建立并发展具有自己特色的民间与地方文献的解读方法和分析工具，是将中国的社会科学研究建立在更坚实的学术基础上的关键环节之一。

许多地方文献的形成，不是出自其作者想"藏诸名山"或者"传诸后代"的动机，而是由于当时的人处理日常事务所必须或因为各种偶然的因素而存留，基本上属于史料的范畴。经过几代地方研究者的不懈努力，我们已经发展出一整套较为系统的解读地方社会中各种资料的有效方法，这种或许可以成为地方历史文献学的独具特色的学问和方法，是传统的历史学家或者欧美的汉学家，都没有完全掌握和理解的。

在某种意义上，这也是我们这些从事地方历史文化研究的学者，即使是面对着欧美最好的著作，或者最好的学者，也仍然一直保持学术自信和学术创造力的最重要基础之一。这些年来，我们也力图通过必要的训练，让更多的专业工作者熟悉这些学问和方法。到了强调要加强话语体系建设、讲好中国故事、构建中国理论的今天，我们也发现其实地方文献研究的深入，有助于中国底蕴的学术体系和话语体系的建构。

这里还想强调的是，新一代地方文献研究者在"数字人文"背景下"出思想"的重要性。

中国学术界正在经历"世代交替"的历史性变化。这不仅仅是指因个人生命周期之类的缘故所引致的学术从业者年龄结构的变化，更值得关注的是，新的学术世代正在数据可视化、数字仓储、文本挖掘、多媒体出版、虚拟现实等所谓"数字人文"的背景下成长起来。

传统时代人文学学子皓首穷经，有时可依靠坐冷板凳，依靠冷僻资料的占有、对新资料的发现，对浩瀚文献中某个词句的发掘作解读而对学术有所贡献。然而进入 21 世纪之后，占有所谓冷僻资料或者新发现资料这类具有学术积累意义的工作，已经越来越成为普通史学工作日常研究过程的一部分，毫无惊喜可言。更为重要的是，在数字人文时代由于数字仓储和数字图书馆的大量存在和互联网的利用便利，海量的资料文献可以用检索之类的方式便利地查询。由于文本数字挖掘蕴含着几乎没有限制的重构史料的可能性，在传统条件下一个学者需要花费数月、数年光阴，甚至要花费毕生精力进行比对、校勘、辑佚、考订才得以解决的问题，现在可能在计算机网络上花费数秒钟、数分钟就可以有相当确切的结果。原来因为缺乏史料，许多传统历史学家认为不可能研究的重要问题，在数字的背景下，变得有点唾手可得。这样一来由于时代和学术研究条件的变化，更大的理论关怀和超越具体研究课题的问题意识，对于新一代人文学者来说已经成为对其学术生命生死攸关的问题。数字人文时代人文学者的功力，可能更多地表现在眼界和通识方面，新一代地方文献研究者的工作若要引起国内外同行的重视，更重要的是要有深厚学术史背景的思想建构，这可能会成为新的学术时代衡量学术研究成果优劣高低的关键。如果我们的学术目标真的是中国底蕴的学术体系和话语体系建设，那么研究地方文献就更应该是题中应有之意。感谢市委宣传部跟省文化厅，感谢陈建华主任近 15 年的锲而不舍的辛劳，感谢诸多前辈学者的支持，留下了《广州大典》这样丰厚的、有着永恒意义的学术积累，为后辈学者提供了更加便利的、30 年前我读研究生的时候完全无法想象的研究条件。但也正是《广州大典》这样大型地方文献丛书的出版，特别是因为数字人文时代到来为我们提供了资料利用的便利，才给下一代地方文献研究者提出空前的挑战，这也就是学术发展的魅力或者魔力所在。

　　也许我们真的可以从这样的角度去理解今天我们相聚在一起展望新时期中国地方历史文献研究的意义，谢谢大家。

合作交流　共同推动地方文献保护与编纂出版工作

——广州市人大常委会主任、《广州大典》主编陈建华
在地方文献保护与整理出版研讨会上的主旨报告

我们举办研讨会的目的是，落实习近平新时代中国特色社会主义思想，增强文化自信。中华优秀传统文化是中华民族的文化根脉。习近平总书记多次就保护弘扬中华优秀传统文化发表重要讲话，对做好文化遗产保护利用传承发展工作作出重要指示批示。习近平总书记强调，要保护好前人留下的文化遗产，要处理好继承和创造性发展的关系，重点做好创造性转化和创新性发展。这些重要论述深刻阐述了对待传统文化的科学态度，对做好新时代文化遗产工作提出了明确要求，充分体现了我们党高度的文化自觉和文化自信。

我们研讨会的主题是"地方文献保护与整理出版"，在国家古籍保护中心的指导下，来自全国各地的专家学者们，介绍和交流各地各单位在地方文献保护与整理出版方面的做法和经验，共享最新的研究成果。

1958 年国务院成立了古籍整理出版规划小组，制定有关古籍整理的出版规划。到 2018 年，新中国的古籍整理已走过整整 60 年。

2018 年是我国实行改革开放 40 周年。前 20 年举国上下为解决温饱问题而奋斗。这一时期全国各地重视古籍整理及历史文献抢救保护和整理出版的机构为数不多，今天在座的有若干家机构是其中杰出的代表，抢救整理并影印出版了一批珍贵的历史文献，这需要有高度的文化自觉和坚守，极为难能可贵。你们是保护中华民族历史文化的先行者和楷模，你们传承文化的功绩将永载史册！

国运兴则文化兴。进入 21 世纪以来，在古籍整理的热潮中，伴随着地方学的兴起，地方文献的保护和整理出版渐入佳境。2007 年初，国务院办公厅下发《关于进一步加强古籍保护工作的意见》。在全国古籍普查登记工作的坚实基础上，各地掀起了新一轮规模、力度空前的地方文献编纂出版工作热潮。随

着我国经济社会的持续发展，地方文献的整理出版迈入黄金时期。盛世修典成为客观现实。在各级党政领导的关心和支持下，地方历史文献保护展示了宏伟蓝图和美好愿景。

在本次会议上，将有来自全国各地的 30 多位专家学者发言，让我们聆听和分享他们的经验和成果。在这里，我先作一个抛砖引玉的发言，向大家汇报《广州大典》第一期编纂的得与失、第二期编纂的进展与思考。

一　编纂《广州大典》的缘起和《广州大典》的基本情况

（一）编纂《广州大典》的缘起

《广州大典》是由中共广州市委宣传部、广东省文化厅策划并组织研究编纂，旨在系统搜集整理和抢救保护地方文献典籍、传播岭南历史文化的大型地方文献丛书。缘起于 2004 年广东人民出版社岑桑和陈海烈两位老社长的建议，在征求了广东省立中山图书馆王贵忱、李昭醇以及中山大学图书馆程焕文三位馆长和广州地区几所大学的老师以及部分专家的意见之后，取得比较一致的共识。我和时任省文化厅厅长曹淳亮担任主编，组织一批专家学者成立编纂委员会、学术委员会和编辑部，于 2005 年 4 月 30 日正式启动编纂工作，编纂内容为清代中期广州府管辖地域范围内的 1911 年前的文献。历时十年征集编纂，《广州大典》第一期 520 册于 2015 年 4 月底出版。2017 年广东省委宣传部和省文化厅作出决定并发文，由《广州大典》编纂委员会和广州大典研究中心负责第二期编纂工作，内容为民国时期广东文献汇编。

民国虽然时间跨度不大，但各类文献浩如烟海、种类繁多。从三年多来的初步调查情况看，纸质文献多半以上酸化、脆化严重，如不及时抢救保护恐毁于一旦，"民国文献断层"绝不是危言耸听。因而，要有"时不我待、只争朝夕"抢救民国文献的紧迫感与责任担当。

（二）《广州大典》的历史渊源

广州为岭南地区的政治、经济、文化中心，首批国家历史文化名城。自秦始皇三十三年（前 214）广州建城，至今已有 2200 余年。基于独特的岭南地理环境和秦亡汉兴的历史条件，秦将赵佗以一南海尉辖三郡统一岭南，于西汉初年设南越国。广州早在汉代已是重要国际口岸，海上通商贸易达波斯湾等地，时为全球最长国际航线。隋代建南海神庙，唐代设市舶使，宋代设市舶司，清廷于 1757 年实行"一口通商"，万国商贾不绝于途，至鸦片战争爆发，长达 80 多年。在大清帝国实施"一口通商"后的 200 周年之际，新中国成立后于 1957 年在广州开办中国进出口商品交易会，为中外贸易重要窗口，因而成就了广州 2000 多年长盛不衰的东方大港，在对外贸易往来中与海上丝绸之路及世界各国（以美国纽约"中国皇后"号、瑞典"哥德堡"号为代表）文化交流融合。秦汉以降，在不断融汇中原和百越文化以及汲取海外文化的基础上，形成中华民族文化中的一朵奇葩——岭南文化。明末清初"岭南三大家"之一屈大均说："广东之文始尉佗……自汉至明千有余年，名卿巨公之辈出，醇儒逸士之蝉连，操觚染翰，多有存书。"岭南文献"始然于汉，炽于唐于宋，至有明乃照于四方焉"。历史上广东文献首次大规模收集整理始于明万历四十三年（1615），广东提学副使张邦翼编纂《岭南文献》，至今有 400 多年历史。清康熙三十九年（1700）番禺黄登编《岭南五朝诗选》，乾隆十二年（1747）顺德梁善长辑《广东诗粹》，乾隆五十年（1785）香山陈兰芝辑《岭南风雅》，嘉庆年间顺德温汝能纂《粤东文海》《粤东诗海》和罗学鹏纂《广东文献》。有清一代由官府主持文献保护，始于嘉庆二十五年（1820）两广总督阮元创学海堂。嗣后，同治七年（1868）两广盐运使方浚颐设广东书局，清光绪年间两广总督张之洞办广雅书局和广雅书院。此外，民间以十三行富商伍崇曜、潘仕成、陈焯等为代表，官民共襄刊刻文献之风盛极一时。

1840 年于广州爆发的鸦片战争拉开了中国近代历史的帷幕，此乃中国近代史的原点。两广总督阮元、张之洞大兴文化和洋务运动，引领岭南开放风气之先河。广州这座城市承续了中华民族优秀传统文化，又较早融汇了近代西方先进思想——从民主主义到社会主义，加以地缘等诸因素，得以在民主革命进程中具有重要的地位和作用。

1894 年，世界的东方发生两件惊天动地的大事件：一是中日甲午海战；二是中山先生上书李鸿章未果，于次年发动推翻清王朝的第一次武装斗争——乙未广州起义。对这段长达半个多世纪的峥嵘苦难岁月，梁启超先生曾给予非常形象的表述："19 世纪与 20 世纪交点一刹那顷，实中国两异性之大动力相搏相射，短兵相接，而新陈嬗代之时也。"千年未有之大变革自有其历史脉络可循——从林则徐销烟，到虎门之战；从三元里抗英，到洪秀全太平天国起义；从康梁变法，到孙中山领导的民主革命；从中国共产党召开三大、中华全国总工会一大、共青团一大，到建立革命统一战线、国共第一次合作；从召开国民党一大，创办黄埔军校、中山大学、农民运动讲习所，到组织东征、北伐和广州起义。我国民主革命大致可以分为两个时期和六个阶段：民主革命的全过程分为旧民主主义革命时期和新民主主义革命时期，五四运动与中国共产党的成立是为转折；旧民主主义革命时期又分为准备阶段与正规阶段，以兴中会的组建和乙未广州起义为界限；新民主主义革命时期分为四个阶段——第一次国内革命战争、第二次国内革命战争、抗日民族解放战争和解放战争，划分依据主要是革命运动的内涵和形式的变易。中华人民共和国的诞生，标志着民主革命的基本完成。由此可见，民国史至少可溯至孙中山先生及其同志的早期活动，包括组建兴中会和乙未广州起义。

凡此种种，大量珍贵的地方历史文献成为记录广州发展脉络、见证广州发展历程的载体。而这些地方历史文献成为我们研究广州历史乃至岭南文化的基础。

（三）《广州大典》编例与基本情况

1.《广州大典》编辑体例

编纂宗旨

《广州大典》是一部大型的历史文献丛书，旨在系统搜集整理和抢救保护广州文献典籍，传播广州历史文化。

收录范围

内容范围：广州人士（含寓贤）著述、有关广州历史文化的著述及广州版丛书。

时间范围：所收文献下限为 1911 年，个别门类延至民国。

地域范围：包括清代中期广州府所辖南海、番禺、顺德、东莞、从化、龙门、增城、新会、香山、三水、新宁、新安、清远、花县，以及香港、澳门、佛冈、赤溪。

分类编排

大体依经、史、子、集、丛五部分类，其中丛部酌收兼贱四部之丛书，专科性丛书俱入所属部类。各部分辑编排，未能及时入编相应各辑者，留待日后汇辑出版。个别内容完整、史料特殊的文献，独立成辑出版。

版本择用

以广东省立中山图书馆和中山大学图书馆藏书为基础，以海内外各公藏机构和个人藏书为补充，对符合收录范围的文献一般不做裁选，以保证收录的系统性和完备性。同一种图书有多个版本，择善而从；个别有特殊价值者，可多个版本并用。

版式规范

按统一规格缩印，个别特殊者另做处理。底本原有之批校、题跋、印鉴和刻印的墨迹等，概予保留。底本版面漫漶缺字，概不描修。底本有残缺者，仅以相同版本补配；有缺页者，在相应位置标注。

每种文献均标明书名、卷数、著者、版本、版框尺寸及底本收藏者。

索引编制

各辑编讫，另编制总书目、书名索引、著者索引，以便检索。

2.《广州大典》编纂原则

经反复论证，确定了应收尽收和"不选、不编、不点、不校"的四不原则。编纂之前的初步研究表明，存世的 1911 年之前可入典文献约 2500 种，经十年收集整理，第一期入典文献 4064 种，不包括正在编纂的曲类文献，约增加了 60%。在拓展、辑佚、补遗的同时，基本上实现了对 2000 多年来广府文献抢救、整理和再生性保护的目标。时任文化部副部长周和平同志对《广州大典》的编纂出版工作，给予了大力支持和鼓励，他认为："由地方政府出巨资，地方部门主持编纂的大型文献丛书，在全国尚属首创。《广州大典》树立了一个良好的榜样，值得倡导。"《广州大典》先后被列为广州市"十一五""十二五"时期重点文化工程，被全国古籍整理出版规划领导小组评定为支持项目。2013 年，已出版的《广州大典·丛部》荣获首届南粤出版奖。在以广东省立中山图书馆、中山大学图书馆、国家图书馆、上海图书馆为代表的 75 家海内外藏书机构和众多单位的鼎力支持下，《广州大典》第一期的编纂历经十年坚守终于付梓。

《广州大典》收录历代 4064 种文献，编成 520 册，总字数约 3 亿字。其中，《经部》收入文献 375 种，分为 56 册；《史部》收入文献 1178 种，分为 197 册；《子部》收入文献 747 种，分为 62 册；《集部》收入文献 832 种，分为 103 册；《丛部》收入文献 932 种，分为 102 册。

《广州大典》收录底本来自国内 61 家、国外 14 家藏书单位。其中，广东省立中山图书馆底本 2791 种，中山大学图书馆底本 352 种，国家图书馆底本 272 种，上海图书馆底本 98 种，北京大学图书馆底本 82 种，南京图书馆底本

40 种，复旦大学图书馆底本 21 种，华东师范大学图书馆底本 13 种，等等。珍本善本等稀见文献众多，共收录钞本 462 种，清乾隆以前刻本 357 种。

《广州大典》采用国际大 16 开，每册约 850 页，印 500 套。每页按四合一拼版，保留了古籍原来的版式和内容。天然丝封面，精装。内文选用特别定制的环保型纯棉纸，并使用水印技术，内页均有"广州大典"字样水印。

3. 编辑出版《总目》《概要》《书志》

由倪俊明、王海滨同志主编的《广州大典总目》已出版；《广州大典概要》即将出版，研究中心正组织力量撰写书志。

《广州大典》作为一部大型的地方历史文化丛书，入选文献范围广泛，内容丰富，文献珍贵，对于深入研究广州乃至岭南历史、传播岭南历史文化具有重要作用。

二　《广州大典》一期的不足之处和专项研究情况

（一）不足之处

1. 收录文献地域局限

由于历史原因，仅限于清代中期广州府治地域范围，与现在粤港澳大湾区大致相同。面积为广东的四分之一左右，入典文献占整个广东文献的约 70%。因此，《广州大典》第一期为广州地方文献或广府文献。第二期编纂工作在广东省委宣传部、文化厅的支持下，把民国时期广东文献全部纳入编纂范围。初步打算把粤东、西、北地区 1911 年前文献于第三期入典。

2. 曲类文献缺失

粤剧为联合国非物质文化遗产名录项目，广州曲类文献彰显地方特色，在广州地方文献中占有一席之地，不可或缺。多年来研究中心与中山大学黄仕忠老师带领的团队有着密切的合作。经过努力，中心有望于 2019 年底完成《广州大典·曲类文献》约 40 册的编纂出版工作。

3. 海内外文献部分缺失

岭南有着 2000 多年的海外交往历史，海外有关岭南的著述较多，但是征集不易。我们中心已设立专门课题，委托中山大学历史系相关专家开展这方面的前期调研工作。

4.《集部》《丛部》文献中出现少量重复编纂

主要是遵循不选、不编原则，尊重文集丛书文献原貌。同时也考虑在学者研究文献版本时有一定的意义。

5. 尚未完成全书数字化工作

《广州大典》第一期收录的 4064 种古籍文献中，由广东省立中山图书馆、中山大学图书馆与广州图书馆三家单位提供底本的 3215 种已经完成数字化并获得授权，可通过广州大典数据库实现全文在线浏览。其余 849 种古籍文献在取得数字化授权后可提供全书在线浏览。

（二）专项研究和创办《广州大典研究》

1. 专项研究

《广州大典》编纂启动后，广州市委宣传部组织开展了一系列基础性研究和调研工作，给予"清代广东文献辑录研究"等 30 多个基础课题立项，为《广州大典》文献普查和底本征集提供理论依据，为《广州大典》第一期编纂出版奠定基础。2012 年 7 月 1 日，成立《广州大典》与广州历史文化重点研究基地。几年来取得了一系列学术成果，出版《广东历代著者要录（广州府部）》《清代藏书思想研究》《明清孤本稀见戏曲汇刊》《〈广州大典〉海外珍稀文献书志》《广州大典总目》等著作。2013 年设立"《广州大典》与广州历史文化研究资金"，每年 300 万元。

2. 创办《广州大典研究》集刊

广州大典研究中心与社会科学文献出版社为推动广州地方文献整理和地方文化研究，合作打造新的学术平台。创刊号第一辑已经出版。

三　编纂《广州大典》二期民国篇的若干构想

民国时期是中国社会急剧转型的重要历史阶段。在政局跌宕、新旧思想冲突、中西文化碰撞的特殊背景下，这一时期产生的大量图书、期刊、报纸、日记、信札、档案、传单、海报、影像等文献，具有显著的时代特征和重要的史料价值。由于民国文献存在纸质差、酸化老化等问题，许多民国文献正面临急剧老化、严重损毁的处境，历史文献面临"民国断层"的危险，保护形势严峻，刻不容缓。如果不及时抢救保护，随着时间的流逝，民国文献损毁的程度必将加剧，不仅难以开发利用，民国历史将随着这些文献的消失而面目模糊乃至丧失记忆。广东是中国近现代民主革命的策源地之一，民国广东文献是记录这些革命以及文化学术成果的重要载体。对民国时期广东文献进行原生态或再生性保护，留真存史，承续民国文献文脉，具有极为重要的文化意义。

广州大典研究中心的主要任务，除了推动《广州大典》第一期文献续征拓展和研究外，重点是整理编纂出版第二期即民国时期广东（包括海南和今属广西的钦州、廉州地区）文献工作。

（一）开展可行性研究

中心委托中山大学图书馆开展"民国时期广东文献的收集、整理及出版可行性"课题研究，为《广州大典》续修开展前期探索。

（二）编纂工作的"全、准、精、简"四字方针

我们提出了"文献收集要求全，整理重点要求准，材料选择要求精，编纂出版要求简"的"全、准、精、简"四字方针，即在文献征集和数字化工作中，要力求全面，包罗万象；文献整理工作的重点则要能准确反映时代的政治、经济、文化和社会发展的脉络；进行文献加工时，材料选择要求精当；在编纂出版整理成果时，则要求删繁就简。

（三）推动"第一次国共合作时期广东文献汇编"课题

这一课题是《广州大典》民国篇的重要组成部分。广州作为我国近现代民主革命的策源地之一，是第一次国共合作许多重大事件的发生地。在国家图书馆民国时期文献保护办公室的大力支持下，该项目纳入 2017 年度民国文献保护计划出版支持项目。2019 年拟订出"第一次国共合作时期广东文献汇编"工作细化方案、编辑体例。我们希望用三年左右的时间，编纂出版与这一时期有关的相关文献。

（四）启动编纂《民国市政公报丛编》《民国年鉴丛编》

中心拟把"民国市政公报丛编""民国年鉴丛编"的编纂整理作为《广州大典》民国篇的突破口。

民国时期广东各地都发行过不少公报。目前除《广东省政府公报》已影印

出版外，其他尚待整理挖掘。这些公报上承《两广官报》《陆海军大元帅大本营公报》《中华民国国民政府公报》，是研究民国广东乃至整个中国的原始资料。系统搜集、整理、出版民国时期广东出版的各类公报、年鉴，不仅有助于学界系统研究民国时期广东的政治、经济、社会等方面的发展，更可为今天广东的建设，特别是广州作为国家中心城市的建设提供借鉴。

（五）研究开发纸质文献脱酸工艺、药剂和设备

2016 年广州大典研究中心与国家图书馆、复旦大学、中山大学和华南理工大学合作开展这项工作。希望依靠国图和大学科研力量，一是研发出有自主知识产权的脱酸工艺、药剂和设备，摆脱对国外进口的依赖，大幅度降低脱酸成本，为抢救酸化文献作出努力；二是研发中性文献典籍用纸；三是研发设计各类图书馆的"中性藏书库"。

借此机会，我谨提出如下三点建议：一是共同努力促成《公共图书馆法》各地实施办法（条例）出台；二是国家和各地档案馆、博物馆、方志馆、党史馆等所藏民国文献占"大半壁江山"，建议国家图书馆民国时期文献保护中心要适时启动各文献馆藏机构民国文献目录数字化工作，达至目录"小而全"；三是建议国家图书馆民国时期文献保护中心牵头组织力量对各地各单位"小而全"的民国文献目录进行全面梳理，修编完成新的总目而至"大而全"，为全面整理民国文献奠定基础。

在《广州大典》编纂工作中，我们与国内外 100 多家文献收藏单位建立起了长期的交往和良好的合作关系，使得文献调研、征集和扫描等各项工作顺利进行。古人云："志合者，不以山海为远。"我诚挚地希望各位专家学者给我们以指导和支持。中山先生说："知难行易。"自己对历史文献整理的认识尚处于学习探索和研究阶段，知之何其难，行之谈何易！惟有与大家共勉，边干边学，敏于思而笃于行，日臻其善，努力做好民国文献广东篇编纂工作。

文化兴则国运兴。文化自信是中华民族自信的核心，只要我们共同努力，历史文献保护与整理出版的宏伟目标和美好愿景就一定能够实现。

（注：本文为陈建华同志 2018 年 10 月 11 日在地方文献保护与整理出版研讨会上所作的主旨报告。有删节。）

大型地方文献编纂出版概述

全国地方文献整理出版概况及其趋势

刘平清　赵晓涛

（广州大典研究中心）

一　"地方文献"整理的兴起与出版概况

我国著名图书馆学学者杜定友教授认为："地方文献是指有关本地方的一切资料，表现于各种记载形式的，如：图书、杂志、报纸、图片、照片、影片、画片、唱片、拓本、表格、传单、票据、文告、手稿、印模、簿籍等等。"在他看来，地方文献包括"史料、人物、出版"[①]三个部分。

早在 1957 年，杜定友先生在南京图书馆举办的全国省市公共图书馆工作人员进修班上，讲述了《地方文献的搜集整理与使用》，简要地介绍了地方文献的范围、搜集、分类、编目、使用等五个方面的问题。骆伟教授认为"这个讲稿是我国第一篇关于地方文献工作比较系统的技术与理论总结，也可以说是我国地方文献研究的奠基之作"[②]。

在笔者看来，先不论其载体，地方文献首先是指一个特定地方区域产生的文献；此外，虽然不在该地区产生，但内容上与该区域有关的文献，也属于地方文献的范畴。是否在内容上具备鲜明的地方性，是判定某一文献是否属于地方文献范畴的关键。

特定区域，可以是文献反映的现行行政区域范围，也可以是文献内容反映或者产生时的行政管辖区域范围。以《广州大典》一期为例，收录文献，地域范围包括清代中期广州府所管辖的南海、番禺、顺德、东莞、从化、龙门、增城、

---

① 钱亚新、白国应编：《杜定友图书馆学论文选集》，书目文献出版社，1988 年，第 364 页。
② 骆伟：《地方文献学概论》，澳门文献信息学会，2008 年，第 21 页。

新会、香山、三水、新宁、新安、清远、花县，以及香港、澳门、佛冈、赤溪。《广州大典》二期民国篇，地域范围比一期更大，涵盖民国时期广东行政区划范围，包括今广东省（不含怀集县）、海南省、南海诸岛以及广西的钦州、廉州地区（包括合浦、钦县、灵山、防城）。特定区域有时还指一个文化上的概念，如徽州文献，收录的范围横跨今天安徽黄山市、江西省的婺源县和属宣城地区管辖的绩溪县。这些都属于古徽州地区范围。

　　明代中后期以来，伴随着出版业的兴盛，发达地区如江南、岭南开始出现地方文献的整理出版和地方官办出版机构。以岭南文献编纂史为例，明万历四十四年（1616）刊刻的《岭南文献》，由时任广东提学副使张邦翼组织编纂，开全面整理岭南文献之先河。接踵而至的是明天启七年（1627），广东提刑按察司佥事杨瞿崃推出的《岭南文献轨范补遗》。清代康乾时期号称盛世，朝廷延揽知名学者先后推出大型文献类书《古今图书集成》和丛书《四库全书》，这对地方官员、学者乃至富商都起到了很好的示范效应。仍以岭南文献为例，其整理编纂进入了一个小高潮：康熙年间，著名学者屈大均编纂《广东文集》，番禺诗人黄登刊刻《岭南五朝诗选》。乾隆年间，顺德学者梁善长编成《广东诗粹》，香山学者陈兰芝汇编《岭南风雅》，顺德学者温汝能汇集《粤东文海》《粤东诗海》。流风所至，清中晚期，嘉庆年间顺德学者罗学鹏编就《广东文献》，阮元、张之洞先后督粤期间创办学海堂、广雅书局，刊刻古籍丛书，更是嘉惠学林，影响深远。十三行富商如伍崇曜、潘仕成，以组织文人雅士搜集、刊刻乡邦文献为荣，出版的《粤雅堂丛书》《海山仙馆丛书》流传至今。

　　举凡历史上政局相对安定、物质相对富裕的所谓太平盛世，都会有地方官员学者留意地方文献的挖掘整理，刊刻保护。当然也有例外。鲁迅在辛亥革命前后的社会动荡期，热心辑录越中地方文献，后以《会稽郡故书杂集》刊行。从这点上说，鲁迅先生也是地方文献整理的先驱者之一。九一八事变后，傅斯年等历史学家，出于对日本学界编造的东北不属于中国谬论的义愤，组织撰写出版《东北史纲》。20世纪30年代，中国当代东北地方史研究的主要开创者和奠基人金毓黻先生主持并参与编辑的《辽海丛书》问世。这是第一部以东北地区历史、地理、文化等为主要内容的大型地方文献，是东北地方丛书中辑录广博、去取严谨的一套集大成者。

　　在这之后，特别是新中国建立后的前三十年，尽管有杜定友等学者的大力呼吁与提倡，图书馆界特别是省级图书馆，比较重视收录地方文献，但大陆地方文献的编纂出版，基本上处于相对沉寂期。而在海峡对岸，在国民党元老陈立夫等人的大力提倡下，兴起一股整理编纂出版地方文献的热潮。这股热潮的产生，有其特定的时代背景。首先，从大陆撤离到台湾的国民党军政人员、文教学界人士，来自全国各省市，流离失所，背井离乡，在局势安顿之后，纷纷成立同乡会；聚会之余，为寄托乡愁，"追忆记述，就不期而然会归结到乡邦文献的搜辑保存与整理"①。此外，大陆"文革"爆发，大破"四旧"，客观上也刺激了在台人士"保护我国固有伦理文化的责任，而地方文献的整理，就是此中的基本工作"②。1970年4月，台湾地区成立了中国地方文献学会。学会之宗旨，"一为地方文献之搜集与整理，二为爱乡爱国精神之发扬，三为作重建乡邦之准备"③。学会成立之后，台湾地区涌现出更多的各省、市、县地方文献的相关刊物、书籍等。

表1 台湾地区六七十年代出版各省市（县）地方文献刊物一览

刊名	刊期	主办单位	发行人	社长	主编
台湾省文献	季刊	台湾省文献委员会	江庆林		
台北市文献	季刊	台北市文献委员会	王月镜		刘剑寒
高雄市文献	季刊	高雄市文献委员会	许桂霖		金祥卿
江苏文献	季刊	江苏省文献社	钮长耀		
浙江文献	月刊	台北市浙江同乡会	叶潜昭		张行周
安徽文献	季刊	安徽文献社			王国璠
江西文献	季刊	江西文献社	朱致一	徐有守	徐有守
湖北文献	季刊	湖北文献社	刘先云	李晴芳	李晴芳
湖南文献	季刊	湖南文献社	刘修如	张益弘	熊德扬
四川文献	季刊	四川文献社	周开庆	毛一波	钟容昭
河北平津文献	季刊	河北平津文献委员会	吴延环		姚朋
山东文献	季刊	山东文献社	杨展云	刘安祺	宋梅村、张玉法
山西文献	半年刊	山西文献社	张彝鼎	石钟琇	石钟琇

① 周开庆：《整理地方文献导论》，川康渝文物馆，1985年，第1页。
② 周开庆：《整理地方文献导论》，川康渝文物馆，1985年，第1页。
③ 周开庆：《整理地方文献导论》，川康渝文物馆，1985年，第1页。

续表

刊名	刊期	主办单位	发行人	社长	主编
中原文献	月刊	中原文献社	周树声	张金鉴	李士贤
陕西文献	季刊	陕西文献社	陈建中	高仲谦	高景亮
甘肃文献	季刊	甘肃文献社	刘友琛	郭学礼	贾湖亭
福建杂志		福建同乡会	黄哲真		陈大络
广东文献	季刊	广东文献委员会	梁甲荣	祝秀侠	关照祺
广西文献	季刊	广西文献社	韦永成	潘宗武	潘宗武
云南文献	年刊	云南同乡会 云南文献组			申庆壁
贵州文献	季刊	贵州文献社			胡国藩
东北文献	季刊	东北文献社	王大任		
热河通讯	季刊	热河通讯社	刘仲平		刘仲平
绥远文献		绥远文献社	李启元		李启元
察哈尔文献		察哈尔文献社	贾维榘		李培适
南京通讯	年刊	南京同乡会文献委员会	严必康		
海南文献	半年刊	海南文献委员会	李琼璧		
大陆杂志	月刊	大陆杂志社	徐可标	汪梓良	
丹阳文献	月刊	丹阳文献社	朱沛莲		朱沛莲
富阳年刊		台北市浙江富阳同乡会	何铨		王乃耿
宿迁文献	年刊	宿迁同乡会			
海州文献	季刊	海州文献社	夏鼎文		
永春文献	季刊	永春文献社	刘澄清	余超英	
湖州文献	月刊	湖州文献社	林桂圃		郑开道
瑞金文献	年刊	瑞金文献社	周邦道		杨荣昌
晋江杂志	月刊		王声和		王声和
江津	半年刊	江津同乡会	杨鸿庥		
宁波同乡	月刊	台北市宁波同乡会	沈友梅		张行周
金坛乡讯	季刊	金坛乡讯杂志季刊社	陈倬		
宜兴乡讯	月刊	宜兴同乡会	朱荫松		邱品刚
无锡乡讯	月刊	无锡同乡会	章星垣		

刊名	刊期	主办单位	发行人	社长	主编
武进乡讯	月刊	武进同乡会	程沧波	赵永跃	高永祖、奚泰国
扬州乡讯	双月刊	扬州同乡会	叶秀峯		杨祚杰
松江乡讯	季刊	松江同乡会	濮孟九		
苏州乡讯	双月刊			刘丹枫	杨灏
启东同乡		启东县志编纂委员会	范尚文	陈玉麟	
盐城乡讯	月刊	盐城同乡会	薛鸿钧		
浦东乡讯	月刊		陆容庵		杨乃藩
太仓乡讯		太仓同乡会	陆京士		邢凯声
丹阳乡讯		丹阳同乡会	朱伯舜		
丰县文献		丰县同乡会			
南阳文献		南阳同乡会			丁华永
安阳文献	年刊			张润书	高安泽
洛阳文献		洛阳文献编委会			庄良田
川康渝文物馆年刊	年刊	川康渝文物馆	袁守成		钟容昭
史联杂志		台湾史迹研究中心	刘裕猷		江庆林
台南文化		台南市政府			
高县文献		高雄县政府			

资料来源：周开庆：《整理地方文献导论》，川康渝文物馆，1985 年，第 121—128 页。

改革开放新时期以来，大陆地方文献的整理出版进入复苏期，各地出版社陆续出版了一些地方文献，但整体规模不大。规模相对较大的有安徽省古籍整理办公室负责组织编纂、黄山书社负责出版的《安徽古籍丛书》（自 1989 年开始刊行，采用现代点校本的整理方式）等。进入 21 世纪，尤其是近 10 年来，随着我国经济社会的持续发展，地方文献的整理逐渐迈入黄金期。2007 年初，国务院办公厅下发《关于进一步加强古籍保护工作的意见》。在全国古籍普查登记工作的坚实基础上，各地掀起了新一轮规模、力度前所未有的地方文献编纂出版工作热潮。如《广州大典》《山东文献集成》《湖湘文库》《荆楚文库》《江苏文库》《燕赵文库》《新疆文库》《巴蜀全书》《浙江文丛》等，在这一时期相继问世或者在编纂中。

据不完全统计，2000 年以来，全国已有 40 余种大型地方文献已经出版或在编纂中。毫不夸张地说，地方文献的整理出版进入了一个井喷状态。地方文献是中华文献的重要组成部分。地方文献编纂整理出版，为保存地方特色的资料、延续地方文脉、弘扬地方文化、彰显地方特色、传播地方形象、助推地方学的形成，发挥了不可替代的作用。

二　地方文献整理出版的几大趋势

趋势一：区域上，从东部发达地区向中西部地区扩展

东部是我国经济文化相对发达地区，尤其是江苏、浙江一带，自明清以来就是文献渊薮，前人留下的著述浩如烟海。从我们目前所掌握的情况来看，东部地区除了省一级的地方文献编纂出版，一些副省级城市乃至经济、文化相对发达的地级市也在组织本地的地方文献编纂出版，如广州市有《广州大典》、东莞市有《东莞历史文献丛书》，江苏省南京市有《金陵全书》、苏州市有《苏州文献丛书》、无锡市有《无锡文库》，浙江省衢州市有《衢州文库》（含《衢州文献集成》《衢州区域文化集成》《衢州名人集成》）、温州市有《温州文献丛书》和《温州文献丛刊》、台州市有《台州文献丛书》，福建省泉州市有《泉州文库》。甚至下到县、镇一级都有本地的地方文献编纂出版，如温州市下辖的平阳县有《平阳地方文献丛书》、苍南县有《苍南文献丛书》，宁波市下辖的宁海县有《宁海丛书》，泉州市下辖的晋江市（县级市）有《晋江文库》，广州市的近邻佛山市南海区西樵镇有《西樵历史文化文献丛书》。

东部地区上述地方文献丛书的编纂，有些已经完成，如2006年初正式启动的《山东文献集成》，由于体量规模不算太大（最终出版200册），且有财力、人才双重保障，特别是主事者非常得力，至2011年9月便告完成，可谓相当顺利，捷足先登；有些是已实现阶段性目标，如2006年8月《泉州文库》整理出版委员会即告成立，2011年底前出版完成点校的第一批书目13种，共10部著作；《福建文献汇编》2008年启动，迄今已整理出版三辑，共919种360册（约1.4亿字）。《浙江文丛》2010年底启动，至2016年底便实现第一期500册出版目标，2017年初很快启动第二期。东部地区特别是江浙闽地区，一些经济、文化发达的地级市、县级市，其地方文献由于编纂基础较好，文献相对集中，其编纂出版相对而言比全省地方文献编纂出版启动更早，其中许多已经完成；其工作无疑为全省地方文献编纂出版起到了先行先试的作用。

与东部地区比较，中西部地区，除了少数如《中原文化大典》《湖湘文库》编纂出版无论启动还是完成都较早（按：《中原文化大典》2001 年启动，2008 年完成，虽完成在先，但只有 55 册 3000 多万字，其体量规模跟其他省地方文献丛书完全不在同一个数量级上；《湖湘文库》2006 年启动，2013 年完成）外，其他绝大部分省市相对而言一般启动要晚。如《荆楚文库》2014 年启动，《贵州文库》《朔方文库》都是 2016 年启动。有些文献如《三晋文库》自 2005 年开始酝酿、筹备，但进展不太顺利。2014 年底，山西古籍和历史文献的抢救、保护、整理、传承工程《山西文华》开始实施，2015 年至今已出版图书 291 册。去年底，向全国图书馆入藏，一期工程基本完成。极少数中西部省市甚至尚处于空白状态。如全国省一级地方文献典籍丛刊，西藏、青海还是空白。其中部分省市编纂出版工作由于财力保障不足、缺乏专门机构等原因时作时辍，在一定程度上影响到编纂出版进度，如《陕西古代文献集成》等。当然以上是就总体而言，其中不乏极少数的特例。如以"扬（羊）眉（煤）吐（土）气"著称的内蒙古鄂尔多斯市早在 2005 年起全面、系统地整理出版《鄂尔多斯古籍文献丛书》，又如云南红河自治州的《红河文库》等。

这里重点介绍两部丛书。一是河源市紫金县《紫邑丛书》。紫金是广东省级贫困县。《紫邑丛书》收录起自明隆庆三年（1569）置县，断至 1949 年前的著作，包括紫金人的著述和紫金的事物记载，着重收集历代学术成就卓著、影响广泛的著述，分为史志、诗文、易数、资源、习俗、医学六个系列，务期反映紫金文献之全貌。该丛书采用底本多系有学术价值之稿本、钞本、孤本、善本、罕见本，整理方式为校点、汇编、辑佚等。《紫邑丛书》从 2009 年立项，2011 年开始出版，因受经费不足限制，每年只能出 2—3 种。该书主编黄海棠先生，初中毕业后坚持自学，并用心搜集地方文献，几乎以一己之力推动此事，令人感佩。

其二是佛山市南海区西樵镇的《西樵历史文化文献丛书》。这大概是全国唯一一家镇一级推出的地方文献，由中山大学学者主持编纂，目前已整理出版近 40 种 100 册。根据该丛书总序，丛书总规模将多达两三百种图书，"非如此不足以呈现西樵镇深厚而复杂的文化底蕴"。与一般的地方文献编纂不同的是，该丛书不仅包括历史文献（如史乘、家乘、金石、档案、民间文书、乡贤寓贤之论著等），还有非物质文化遗产系列（如口述史、传说、民谣民谚等）、自然与物质文化遗产系列（地貌、景观、遗址、建筑等）。其扩展内容又分为两大类别：一是有关西樵文化的研究论著，一是有关西樵的通俗读物等。

趋势二：时间范围上，从整理古代近代文献向民国文献延伸

从我们掌握的数据看，目前各地编纂出版的地方文献，多以1911年清朝覆亡为时间节点。这样处理当然有其道理。一则尽管中国现代史还要从1919年五四运动算起，但毕竟中华民国的建立，结束了中国长达两千多年的封建王朝统治，使中国进入到一个新的历史时期；二则从出版形态上来说，虽然民国时期也有大量的传统雕版印刷书籍，但现代印刷技术广泛运用，已成为主要业态；三则中国古籍普查时段范围多以1911年为下限，这为各地影印地方文献在书目的查找上提供了很多便利。

近年来，地方文献编纂出版出现了新的趋势，这就是从文献成书的时间上延续到民国时期。其中以《云南丛书续编》最具代表性。该书接续民国时期云南先贤编纂的《云南丛书》，按全科精选原则，以学术性、史实性、艺术性为标准，突出地方性特点，选收民国云南具有代表性的著作，并补收1911年前《云南丛书》应收而未收的著作。具体为选收记载滇事之书和滇人所著之书，尤以记载滇事之书为重点。其中对非滇籍在滇学者名流仅收其以滇事为主题的著作；对滇人著作侧重于反映民国史事，兼收具学术水平且有影响力的研究性著作或文学艺术作品。既着意收录流传较少的稀见、未刊著作，同时对1949年后再版过的重要著作，不避重复遴选入编。

再如《金陵全书》，虽然重点放在1911年前，但收录出版的文献也延伸到民国，如《首都市政公报》，第一次对民国首都南京的市政公报进行全面系统的搜集、整理和出版。此外，《金陵全书》还收录了《南京调查资料》《南京概况》。这两种文献是中国共产党地下党人在1949年4月解放南京前夕，为保护南京而编写的情报资料。正在开展的《广州大典》二期民国篇，同样把时间范围锁定在1912年至1949年间。收录的文献不只限于图书，还希望能扩充到其他载体如档案、内部资料、报纸、期刊等。

趋势三：成果形态上，从影印到点校，再到推出系列研究成果

《浙江文丛》《湖湘文库》《苏州文献丛书》《泉州文库》等少数地方文献丛书，采用现代点校本或以现代点校本为主出版。大多数地方文献的编纂，基于种种考虑，如整理耗时相对较少，利于缩短出版周期，对整理者知识素养要求相对较低等，以精选善本影印为主。

影印古籍看似相对简便，然因影印古籍的底本形态及介质的差别甚大，采用哪一种复制设备和复制模式，将直接关系到出版图书的最终质量。一些地方文献在整理出版过程中，由于受委托的出版社为了争抢更多出版资源，获取更多项目资金，存在使用廉价的底本资源（如扫描已出版的影印古籍、缩微胶片）等问题，导致一些地方文献的出版质量不高，影响到学者使用，使其社会效益无形之中打了折扣。

对古籍文献的加工整理，影印旨在化身千百、传本扬学、守先待后，是实现再生性保护的主要手段方式。如果说影印是对古籍文献的初步加工整理，那么点校则是对古籍文献的深入加工整理。点校工作对点校者的相关专业知识素养和视野无疑提出了更高的挑战，非积学有年者不能胜任，否则稍有不慎易致谬种流传。以《浙江文丛》为例，这套大型丛书90%以上的图书都是点校整理本。文集点校者，一般都约请有相当专业学养和研究基础的学者，如《全芳备祖》的点校者程杰、《袁枚全集新编》的编校者王英志、《全浙诗话》的点校者蒋寅等，皆可谓一时之选。

好的点校本更加方便一般学者和读者使用，有利于地方文献在更大范围内和更深层次上发挥其使用价值，特别是有利于可全文检索的古籍文献数据库建设。以《广州大典》为例，《大典》第一期520册共收录珍稀稿钞本462种。这些稿钞本相较一般刻本，不仅非常不便现代读者阅读使用，且无法纳入电子全文检索范围，更有碍实现《广州大典》全文数据库化，从而制约和影响《广州大典》在更大范围内更大程度上发挥作用。为此亟待组织专业人员，对这些为数不少的稿钞本进行加工整理，尽快推出质量上乘的点校本乃至校注本。

只有先有了好的影印本和点校本（包括校注本），对古籍文献开展进一步的深入研究才有了坚实可靠的文本基础。毋庸置疑，文本基础是对古籍文献进行深入研究的前提条件。

从前期的古籍文献影印，到点校，再到相关研究，近年来地方文献事业总体上呈现出逐步深入、有机统一的局面。这一局面，在《湖湘文库》《杭州全书》等目前少数几种地方文献丛书上表现得最为明显。此外，如近年来东莞市莞城图书馆坚持"藏用兼顾"的古籍保护与开发原则，他们既组织出版以校点为主的《东莞历代著作丛书》，也组织出版以影印为主的《东莞历史文献丛书》，此外还有以研究为主的《东莞文史研究丛书》，可谓"三管齐下"、整体推进。这几个地方的做法无疑为其他地方文献丛书编纂出版工作的持久深入开展提供了一种有益的参考、借鉴。

趋势四：文献范畴上，从传统书籍拓展到报刊、档案、民间文书、考古出土资料

早期的地方文献整理，书籍是重点，其中方志占的分量不小。但这种情况近来有所改变，出版界越来越重视对非书籍的其他文献的重视。以刚刚出炉的《朔方文库》为例，在今宁夏辖境内出土的、1949 年以前形成的各种出土文献资料，或出土于宁夏辖境之外，内容与宁夏直接有关的各种出土文献资料都纳入其中。此外，存藏于中国第一历史档案馆、国家图书馆、故宫博物院、台湾"故宫博物院"、台湾"中央研究院"史语所等单位的有关宁夏的上谕、朱批、奏议、文书等珍贵档案也是应收尽收，极大地拓展了文献范畴。《金陵全书》收录的《首都市政公报》《南京调查资料》《南京概况》，同样属于档案性质的文献。

再如徽州文献的整理，既包括传统的典籍文献，更有为史学界所重视的 30 万件左右的民间契约文书，它们构成了徽学的学术基础。在这方面，清水江文书的整理更具代表性。

20 世纪 60 年代，贵州学者在清水江流域进行苗族、侗族社会历史调查时，在锦屏县的一些苗村侗寨发现了大量林木、土地契约等。其后数十年来，当地政府部门、学术机构、高校和相关学者又在清水江流域其他各县发现并搜集了大量的文书，有契约、账单、税单、家产清单、纳粮执照、诉状、判辞、官府告示、算命书、风水书、清白书、分关书、婚书、休书、过继契约、陪嫁资契、保结书、碑铭、日记、教材稿本等类别。这些文书因在清水江流域发现并记录着清水江流域的人和事，故而学术界统称其为"清水江文书"。据统计，到目前为止清水江流域各县已搜集到此类文书达 20 万份以上，已出版"清水江文书"整理影印本接近 100 册 4 万份。主要有《清水江文书》33 册（广西师范大学出版社）、《贵州清水江文书·黎平文书》22 册（贵州民族出版社）、《天柱文书》22 册（江苏人民出版社）、贵州省档案馆等编《贵州清水江文书》（贵州人民出版社）等。

广东作为华侨大省，近代以来数以百万计的广东籍华侨漂洋过海到世界各地。由此遗存了大量的侨批档案即侨批（银信），以及与之相关联的信件、账册、票据、证书、谱牒、照片、广告、匾额、印章等不同形式的历史记录，近年来备受学界的重视和出版界的青睐。潮汕地区侨批的收集整理主要有《潮汕侨批萃编》（共三辑，由公元出版有限公司于 2003 年、2004 年出版）、《潮汕侨批业档案选编（1942—1949）》（天马出版有限公司，2010 年）、《潮汕侨批档案选编》（天马出版有限公司，2011 年）、《潮汕侨批集成》（共三辑 108 册，由广西师范大学出版社于 2007 年、2012 年、2015 年出版）等；五邑地区有刘进等编的《华侨书信抗战史料选编：五邑侨乡卷》（广东人民出版社，2016 年）；梅州则有《梅州侨批档案选编》（天马出版有限公司，2012 年）、广东省档案局编《梅州侨批·世界记忆——魏金华收藏侨批档案汇编》（2014 年）等。这些具有浓郁侨乡特色的文献，鲜明地记录了广东百余年来华侨与家乡的密切联系、在海外的奋斗历程、对家乡的牵挂以及热心慈善捐赠用以修路建校等各种公益事业。

趋势五：传播载体上，从纸质出版到纸质与电子数据化同步进行

在当前信息技术背景下，利用电子数据库进行学术研究日趋成为许多学者首选的资源获取和利用方式，数字资源建设成为图书馆界和信息技术产业界共同关注的领域。古籍数字化也是顺应古籍整理、保护和利用需求的一个发展趋势，属于新技术条件下的古籍再生性保护手段之一。如《广州大典》，正式出版前后数据化已被纳入议事日程中。

《广州大典》数据化项目于 2014 年 8 月启动，前期经过数据库调研和选型、专家研讨，先后制订《〈广州大典〉数据库设计方案》《〈广州大典〉数字图书馆建设网络服务平台建设方案》《〈广州大典〉网络服务平台功能需求书》等文件，为广州大典数字图书馆的建设奠定了坚实的基础。项目方案得到了市领导的认可和批准。2014 年 11 月，项目经过公开招标，确定了承建方。至 2015 年 4 月，项目第一期完成了数字图书馆的开发及页面设计，完成《广州大典》丛部（83 册）影像数据的导入与标引、《广州大典通讯》电子杂志试刊的编纂以及大典介绍、动态资讯、大典研究栏目的内容策划和信息编辑。自 2015 年 4 月至 2016 年 6 月，项目在第一期建设的基础上，开展了平台功能完善、资源核对、众包功能开发、后台建设、统计功能开发、资源拆卷加工、数据校对等一系列工作，最终将经、史、子、集、丛五部数据全部上线。

目前《广州大典》数字图书馆收录的文献主要来自广东省立中山图书馆、中山大学图书馆和广州图书馆，占《广州大典》全部文献的 70% 以上。《广州大典》数字图书馆主站位于广州图书馆服务器，由广州图书馆技术部负责技术保障，广州大典研究中心负责内容维护，并分别在广东省立中山图书馆和中山大学图书馆建立镜像站点。数据库建成后，三馆资源共享。也就是说，三馆读者都可以通过网络，凭借个人读者证号，在图书馆局域网与外网各自官网上在线阅读《广州大典》收录的原属于三馆收藏的文献。以广州图书馆为例，点开广州图书馆官网网址（www.gzlib.gov.cn），进入广图首页，点击"资源"栏，进入"数字资源导航"，再点击其中的"广州人文"，就能看到"广州大典网络服务平台"。点开后就能进入广州大典数据平台。

需要说明的是，由于授权问题，现在读者只能看到三馆的数据。《广州大典》一期征集的其他 80 余馆，文献种类占 30%，有近千种书籍。大典中心目前在和各馆协商如何进一步完成授权，让读者特别是看不到纸质版的读者，都能在网络上阅读更多的书籍。

趋势六：机构设置上，从临时机构到专门研究机构更多涌现

从全国情况看，地方文献的整理与编纂，参与的单位包括各地党委宣传部、高校、方志办、图书馆、文联、政协、文史馆、出版社等。大多数由地方党委宣传部牵头，抽调各方面人员组成编辑部，开展这项工作。这样具有很强的灵活性，但也带来一个问题：后续研究编纂基本上都无法展开。一部大型的地方文献编纂出版，周期较长，投入的人力财力比较大，有时因为人事更迭，后续的编纂出版都可能成问题，更谈不上如何使用研究了。从目前来看，地方文献专门机构越来越多涌现。以下重点介绍三个。

1. 广州大典研究中心

其前身是《广州大典》编辑部。2005 年《广州大典》编纂出版项目启动，编辑部成员由几个机构抽调而成：广州市委宣传部理论处、广东省立中山图书馆、广州市方志办、广州图书馆、广州出版社等。编辑部在广州市委宣传部统一领导指导下开展工作。2015 年，在《广州大典》一期编纂工作接近尾声，进入最后出版环节时，经过充分的论证后，广州市编制办专门发文，批准成立广州大典研究中心。中心作为公益一类事业单位，设 15 个编制，隶属广州市文广新局，和广州图书馆合署办公，人、财、物相对独立。中心的成立，一方面确保继续推进《广州大典》二期民国篇的编纂出版工作；另一方面，确保有专业的研究队伍，继续编纂《广州大典曲类文献》《广州大典海外文献》系列，围绕大典文献，开展其他工作，出版诸如《广州大典总目》《广州大典概要》，举办系列学术会议，推出《广州大典研究》集刊等。

2. 浙江省越文化传承与创新研究中心（绍兴文理学院越文化研究院）

越地是中华文明发祥地之一，越文化是中国优秀传统文化的重要组成部分，浙江省越文化传承与创新研究中心（绍兴文理学院越文化研究院）在越文化研究中承担光荣的领军使命。中心发轫于 1999 年正式建立的绍兴文理学院越文化研究所，2002 年升格为越文化研究院，2006 年申报为"一地多点"式的省社科重点基地，2010 年升格为独立基地，成为浙江省内外唯一专业从事越文化研究、交流及其价值当代化的学术平台。中心主任（院长）由一位副校长担任，执行主任（执行院长）由一位专业知名学者担任。现有越文献整理与研究、越文学艺术研究、越历史文化研究三个研究方向。现有 20 位专业研究人员中，浙江省社科学科组专家 4 人、浙江省中青年学科带头人 4 人、浙江省 151 人才工程人才 8 人、绍兴市领军人才 2 人、绍兴市专业技术拔尖人才 4 人。按照"有重点、入主流、上水平、出特色"的建设方针，中心在研究、人才培养、论坛举办等几大方面奋勉有为，受到学界和有关各方好评。

3. 安徽大学徽学研究中心

安徽大学徽学研究中心是 1999 年重组的实体性研究机构，是教育部批准的首批 15 个普通高等学校人文社会科学重点研究基地之一。中心现收藏徽州原始文书档案 16000 多份（册），各类钞本、谱牒、徽人文集 500 余种。目前正在开展 9 个重大项目研究，先后举办过 6 次徽学研讨会。中心下设徽州典籍文献研究室、徽州文书研究室、徽州社会经济史研究室、徽州文学艺术研究室、徽文化资源开发研究室、资料室（分资料阅览室和特藏室两个部分，其中特藏室资料为中心所独有，具有别的资料无法相比的价值）等。中心有专职研究人员 15 人、兼职研究人员 15 人。

类似的专门的地方文献机构还有陕西师范大学国际长安学研究院，负责编纂《杭州全书》的杭州国际城市学研究中心（杭州研究院）等。

从临时机构到正式机构的设置，对地方文献的整理特别是地方文献价值研究的深化，无疑能起到良好的促进作用。如安徽大学徽学研究中心，一直把徽文化资源开发利用作为重要的研究方向。中心积极推进将文化资源转化为旅游资源，以服务于地方经济的发展。通过深度挖掘，丰富旅游的文化内涵，协助地方进行开发规划。另外一方面，通过科学的研究，呼吁文化资源的保护，提倡可持续发展的旅游开发。中心一些成果直接为政府和相关部门、企业所采纳。

三 地方文献编纂整理：问题与探讨

在中华优秀传统文化日益受到重视的今天，可以预期，地方文献编纂整理方兴未艾，越来越多的地方文化机构将会加入这个行列，越来越多的地方党委和政府会重视这项工作。这是一件可喜可贺之事，但我们也要正视其中存在的问题。

第一，资源重复建设。一些一生行踪多地、具有全国影响的知名人物，其身上的地域标识特征往往并不明显。不同于那些影响仅局限于某一地的一般地方人士，他们的著述在全国通用文献资料中一般早有收录。比如根据籍贯或者寓贤等收录标准，近代的康有为、张之洞等人的著述，往往被不止一家地方文献丛书收录，这样难免出现资源重复建设问题。

另外，历史上地域范围较大的城市，其地方文献收录范围往往包含了它今天管辖范围外的周边城镇。如今天的东莞市、中山市、佛山市西樵镇在清代皆属广州府地域范围，《东莞历史文献丛书》《中山文献》《西樵历史文化文献丛书》所收录著述，不少被《广州大典》所收录。因当前这种地方文献编纂工作的各自为政，难免导致出现一拥而上、重复建设、浪费宝贵人力物力的问题。

第二，缺乏交流平台。上述问题的产生，一个重要原因是各地地方文献编纂者之间缺乏一个有效沟通交流的平台，平时各自为政。因此或者像地方志研究协会一样，专门建立一个全国性的地方文献研究协会，或者直接挂靠中国图书馆学会学术研究委员会下的地方文献研究专业委员会，而把研究会成员范围扩大到图书馆以外单位，或者直接在中国古籍保护协会名下挂靠。不同地方面对的文献材料确实有别，在其编纂出版等工作过程中却有某些共性的元素，协会的成立，为各地开展同一性质的业务交流提供了共同基础。我们相信，通过搭建平台，不断交流，各地地方文献工作者将得以深化认识、取长补短，从而实现共同进步。

第三，普遍存在重视纸质出版、轻视数字化出版的问题。当前出版业态和读者特别是年轻读者的阅读习惯发生了非常大的变化，数字出版、电子阅读不断冲击原有格局。为能更好适应这种形势变化，在更大范围内传播地方文献编纂成果，必须采取纸质出版与数字化出版"两条腿走路"的方式。但从全国情况来看，除了少数地方文献在整理起步阶段就重视这个问题外，绝大多数仍然停留在纸质文献整理出版阶段。

第四，普遍存在轻视普及型的地方文献编纂与出版的问题。当前地方文献的整理编纂，以卷帙浩繁的大部头居多，以影印居多，这个从抢救性保护的角度来看当然是必要的。特别是许多稿钞本以这种方式得以保存与流播。但同时带来一个问题，就是地方文献编纂出版成果普遍远离普通读者。如何按照习近平总书记的指示精神，让古籍里的文字都活起来，实现传统文化创造性转化、创新性发展，做好地方文献的普及型读本是我们努力的方向。这样才能让更多人分享少数人所从事的事业成果。这应当成为摆在地方文献工作者们面前的新课题。

第五，普遍重视整理出版传世的纸质文献，忽视其他类型的文献。从文献产生的材料上看，远古是金石，然后是简帛，最后才是纸质。当然也有如古墓出土的砖刻铭文，多者并重，才能反映一个地方的文献概貌。截至目前，很多大型地方文献丛书在编纂过程中还是更为重视传世的纸质文献，其他类型文献成规模的抢救整理出版则相对较少。

以上五个粗浅问题，希望抛砖引玉，如能引发各位专家学者对于当前地方文献工作的深入思考和实践创新，在今后能把好事做得更好。

表 2　全国各地地方文献编纂出版项目情况一览表

序号	项目名称	文献构成	文献时段	文献种数（册数）	立项启动时间	出版机构
以下省（自治区、直辖市）级						
1	《山东文献集成》	分四辑	1911 年以前	影印山东先贤遗著稿本、钞本、刻本等 1375 种（其中：稿本 352 种，钞本 295 种，刻本 545 种，排印本 52 种，石印本 92 种，磁版印本 1 种，拓本 4 种，钤印本 4 种，影印本 26 种，名家批校题跋本 104 种），共 200 册（精装 16 开本）	2006 年初启动（2011 年 9 月全部完成）	山东大学出版社

序号	项目名称	文献构成	文献时段	文献种数（册数）	立项启动时间	出版机构
2	《湖湘文库》	分为甲、乙两编（其中：甲编为湖湘文献，系前人著述，以时间为序，分为上古至唐代、宋元明、清代和民国时期四个时段，主要为湘籍人士著作和湖南地区出土文献，同时酌收历代寓湘人物在湘作品，包含图书典籍和古旧报刊两个部分；乙编为湖湘研究，系今人撰编，按内容划分，包括湖湘人物、湖湘历史、湖湘风物、湖湘文化综合研究、湖湘文化工具书与研究资料、湖湘考古等部类）	上古至民国时期（包括当代研究成果）	甲编湖湘文献 442 册、乙编湖湘研究 259 册，外加《总目提要》1 册，共 702 册（总字数近 4 亿）	2006 年 8 月启动（2013 年 7 月全部完成）	以岳麓书社为主，湖南省共 14 家出版社参与
3	《天津文献集成》	收录范围包括天津人的著述、有关天津的著述、寓居天津者主要在津完成的著述等，以传统集部为主，兼及经、史、子三部。	时间下限为1949年	全书 16 开精装 50 册，总计超过 3.3 万页。共录天津地方文献 84 种（总集、合集、文集均按 1 种计）	2017 年 7 月完成出版	天津古籍出版社
4	《江苏文库》	地域范围限于江苏（即现今江苏省所管辖的行政规划区域），收录历代江苏籍学人的代表性著作以及有关江苏的地方史料类文献，同时酌收外省流寓并定居于江苏的作者著作，书目范围以编集成册的传统文献为主，同时酌收有重要影响的零散作品。分为六个部分：书目编、文献编、精华编、方志编、史料编、研究编	时间下限原则上截止于 1949 年 9 月 30 日（其中文献编、史料编为 1911 年前）	预计 3000 册	2016 年 2 月启动（预计 2025 年完成），第一批书 86 册（包括文献编 38 册、精华编 11 册、史料编 5 册、方志编 27 册、研究编 5 册）于 2018 年底前出版	凤凰出版社、江苏人民出版社

序号	项目名称	文献构成	文献时段	文献种数（册数）	立项启动时间	出版机构
5	《浙江文丛》	90% 内容为重新组织人员点校	1911 年以前	目前已出第一期，上至著有《越绝书》的东汉袁康，下至清朝谭献、俞樾、秋瑾等共128位浙江文化史上最为重要的文化名家的著作以及研究浙江的经典著作，涵盖哲学、文学、史学、教育、科技等各个学科，一、二期共800册（其中第一期500册约1.25亿字）	2010 年底开始启动第一期工程，2017 年初启动第二期工程	浙江古籍出版社
6	《巴蜀全书》	分为"巴蜀文献联合目录""巴蜀文献精品集萃""巴蜀文献珍本善本""蜀学丛刊""文献集成"五大系列	自先秦至1949 年（个别成果有所下延）	1000 余册	2010 年正式启动	中华书局、上海古籍出版社、河北人民出版社、巴蜀书社、浙江古籍出版社
7	《巴渝文库》	预计收录"巴渝人写""为巴渝写""在巴渝写"三方面的著作及单篇文献	从有文物佐证和文字记载的上古时期开始，直至 1949 年 9 月 30 日为止	预计 5000 余种典籍著作和 50000 余篇巴渝文献	2010 年正式启动	重庆出版集团（注：出版工程已写入重庆市"十三五"规划，但尚未正式立项）

序号	项目名称	文献构成	文献时段	文献种数（册数）	立项启动时间	出版机构
8	《荆楚文库》	分为"文献编""方志编""研究编"		1372种（其中："文献编"包括先秦至明代281种、清代272种、民国172种共725种，"方志编"396种，"研究编"251种），共1600册	2014年4月启动	长江出版传媒股份有限公司（含崇文书局）
9	《福建文献汇编》	所收典籍限定为福建地域（以当代行政区划为准），包括福建知名人士撰写或编述的传世文献，以及非福建人士研究福建文化历史的作品，分辑整理出版	1912年以前	第一辑全面辑录文津阁《四库全书》中福建文献361种160册（6500万字），第二辑收书238种100册（4000万字），第三辑收书近300种100册（3500万字左右），三辑共收录福建历代文献约900种360册	2008年启动	商务印书馆
10	《八闽文库》	分为"文献集成""要籍选刊""专题汇编"三部分，通过影印、点校、深度整理、汇编等方式，整理出版承载福建历代学术文化成果的闽人著述及相关文献，并将配套电子书、数据库、网站、移动端APP等数字产品	自唐五代至民国初年	1130多种，预计为1650册	计划用10年完成，首批出版成果《福建文献集成》初辑200册、"要籍选刊"20余种将于2020年12月前出版	海峡出版发行集团

序号	项目名称	文献构成	文献时段	文献种数（册数）	立项启动时间	出版机构
11	《陕西古代文献集成》	分经、史、子、集四部约304个子课题项目（采用古籍点校本和繁体字横排本的形式）	从先秦至新中国成立	预计1200余种，约1亿2千万字	2013年3月（分成两个阶段，预期10年完成）	
12	《贵州文库》	按《四库全书》分类法进行分类，每类之中以年代为序，收入贵州籍代表人物的代表作品、非贵州籍人士在贵州工作生活期间的代表作品以及其他涉及贵州内容的在全国有影响力的作品	从先秦至新中国成立以前	214种500余册（一说400册以上）	2016年3月启动（预计2020年完成）	贵州人民出版社
13	《山西文华》	分为三编："著述编"主要收录山西历代名人专著及今人有关晋文化的研究性著作；"史料编"为山西历代文献汇集；"图录编"为壁画、彩塑等山西文化遗产的图集	截至1949年10月1日前	预计1500册	2013年开始酝酿、筹备，2014年12月山西省政府同意实施（计划分三期九年完成）	三晋出版社、山西人民出版社、北岳文艺出版社、山西教育出版社
14	《新疆文库》	主要收录新中国建立前在新疆本土和其他省区及国外出版的用汉文和各少数民族文字撰述的有关新疆的历史文献、古籍资料等，同时酌收现代已出版的关于新疆古代、近代史的有重要社会历史文化价值的研究著述。拟分甲、乙、丙、丁四部和附录，下按民族文种分，甲部为新疆各民族经典力作，乙部	自古以来至1949年10月1日前	暂定1000册（卷）左右，其中汉文文献600册（卷）左右，民族文字文献400册（卷）左右	2011年10月启动（预计8年完成）	新疆人民出版社、新疆文化出版社、新疆大学出版社、新疆科学技术出版社、新疆人民卫生出版社

序号	项目名称	文献构成	文献时段	文献种数（册数）	立项启动时间	出版机构
		为新疆珍贵史籍和史料，丙部为新疆历代各类人物文集、传记，丁部为综合性和专题性作品和著述				
15	《燕赵文库》	主要分为"文献典籍编""文化研究编"两部分。"文献典籍编"分为先秦至南北朝、隋唐五代、宋辽金元明、清代、民国、方志典籍档案6卷，拟收图书491册；"文化研究编"选收现当代专家、学者研究燕赵文化各领域的著述，按内容分为历史、人物、文物、风物、艺术、文化综合等6卷，拟收图书217册	自先秦至现当代	预计出708册左右，每册约50万字，总文字量3亿上下	2008年开始策划，2013年初正式启动，预计4到5年完成	首批5家省内出版单位，包括河北人民出版社、燕山大学出版社等，后扩充到7家出版社
16	《中原文化大典》	分《总论》《学术思想典》《文学艺术典》《科学技术典》《民俗典》《教育典》《文物典》《人物典》《著述典》《大事记》共10个部分，属性近似古代类书，集文献编纂、图片展示、研究成果于一体	上起远古、下迄清末	共3000多万字、4万幅图片、55册	2001年启动，2008年完成	中州古籍出版社
17	《琼崖文库》	分甲、乙、丙、丁四编。其中，甲编收录历代琼籍人士的专著、文集及其他著述；乙编收录历代旅琼和涉琼社会名士有关海南的诗文、游记、见闻录、人物传记及其	原则上收入1950年5月1日以前的文献作品	约300种文献	2014年启动	海南出版社

序号	项目名称	文献构成	文献时段	文献种数（册数）	立项启动时间	出版机构
		他著述；丙编收录近现代国外人士有关海南的述录，如田野调查报告、学术研究、游记、见闻录、人物传记、影像资料；丁编收录海南历代史志、典章及其他各类重要文献等				
18	《朔方文库》	影印收录的宁夏文献档案主要包括四大类。第一大类是形成于 1949 年以前、由宁夏历史人物或非宁夏人撰写、与宁夏直接有关的各种传世文献；第二大类为在今宁夏辖境内出土的、1949 年以前形成的各种出土文献资料，或出土于宁夏辖境之外，内容与宁夏直接有关的各种出土文献资料；第三大类由宁夏入选《国家珍贵古籍名录》的古籍以及流传稀少、具有特殊研究价值的公藏、私藏文献组成；第四大类包括存藏于中国第一历史档案馆、国家图书馆、故宫博物院、台湾"故宫博物院"、台湾"中央研究院"历史语言研究所等单位的有关宁夏的上谕、朱批、奏议、文书等珍贵档案。此外还有长期在宁夏为官、生活、流寓的	以1949年以前为主		2016 年启动（计划 8 年时间完成），2018 年首批 112 册出版	国家图书馆出版社、上海古籍出版社等

续表

序号	项目名称	文献构成	文献时段	文献种数（册数）	立项启动时间	出版机构
		外地人士涉及宁夏的重要著述和现当代宁夏著名学者文库两大类				
19	《台湾文献史料丛刊》	分9辑，收录自唐、宋、元、明、清以及日本非法占领时期的台湾文献资料，包含台湾方志、明郑史料、清代档案、私家著述、私人文集等上溯南明史集，旁及荷兰、美国、英国、日本有关台湾史料，集台湾文献之大成	1949年前	共计309种史籍190册（一说"595册"），4800万字		台湾大通书局（注：大陆由人民日报出版社影印）
20	《云南丛书续编》	接续民国时期编纂的《云南丛书》，按全科精选原则，以学术性、史实性、艺术性为标准，突出地方性特点，选收民国时期云南具有代表性的著作，补收1911年前《云南丛书》应收而未收的著作。具体为选收记载滇事之书和滇人所著之书，尤以记载滇事之书为重点。其中对非滇籍在滇学者名流仅收其以滇事为主题的著作；对滇人著作侧重于反映民国史事，兼收具学术水平且有影响力的研究性著作或文学艺术作品。既着意收录流传较少的稀见、未刊著作，同时对1949年后再版过的重要著作也不避重复遴选入编	一般截至1949年	500多种民国时期云南重要文献	2014年5月启动	国家图书馆出版社

续表

序号	项目名称	文献构成	文献时段	文献种数（册数）	立项启动时间	出版机构
以下副省级城市						
21	《广州大典》	影印收录广州人士（含寓贤）著述、有关广州历史文化的著述及广州版丛书，依经、史、子、集、丛五部分类，其中丛部酌收兼赅四部之丛书，专科性丛书俱入所属部类	第一期截至 1911 年	第一期收录历代 4064 种文献，编成 520 册	2005 年启动，2015 年完成	广州出版社
22	《杭州全书》	包括丛书、文献集成、研究报告、通史、辞典五大部分			根据《杭州全书编纂出版中长期规划纲要（2010—2025年）》，计划用 15 年时间，至 2025 年完成编纂出版	浙江人民出版社、浙江古籍出版社、浙江摄影出版社等
23	《金陵全书》	已出部分分为甲、乙、丙三编（其中：甲编方志类包含南京历代府志、县志、专志等，如上元县志、六合县志、江宁县志等；乙编是南京历代方志以外的史料，包含六朝史料、南唐史料、明初建文朝史料等；丙编是南京珍贵的历史档案包含民国南京市政府公报、南京调查资料等）	截至 1949 年新中国成立	约 1 万种 400 册（每册约 800 页、总页数 30 多万页、总文字量 3 亿字以上）	2009 年 12 月启动（预期 15 年完成）	南京出版社
以下地级市（含州）						
24	《扬州文库》	主要收录内容与扬州有关的文献资料，内容与扬州无涉的著述一般不收。分为地方志书、地方史料、传记年谱家乘、学术著作、诗文集五大类	收录 1949 年之前出版或形成的	共计 600 多种，总规模 101 册	2013 年 6 月启动	广陵书社
25	《苏州文献丛书》				原计划 2018 年全部完成首期共 5 辑出版工作	上海古籍出版社

序号	项目名称	文献构成	文献时段	文献种数（册数）	立项启动时间	出版机构
26	《东莞历史文献丛书》	按照经、史、子、集、丛分为五大部类，其中经部10种、史部59种、子部28种、集部66种、丛部2种（内有子目35种）	南宋至1912年以前	第一辑47册200种左右	2017年完成	广东人民出版社
27	《中山文献》			第一辑56册共67000页		广东人民出版社
28	《无锡文库》	收录无锡籍作家的著述和与无锡相关的历代文献，以史料价值高、使用价值大为原则，适当兼顾其版本价值，包括"官修旧志""地方史料专著""年谱家乘""无锡文存""近现代名家名著存目"共五辑	年代下限为1949年（第五辑除外）	5辑共收录图书347种，总规模100册	2010年启动（2012年11月全面完成）	凤凰出版社
29	《衢州文库》	分为《衢州文献集成》《衢州区域文化集成》《衢州名人集》三大块。其中《衢州文献集成》重在辑集、整理、出版历代记载衢州经济、政治、文化、历史、社会等方面的重要文献，溯清衢州传统文化的渊源统流，按经、史、子、集四大部类编集。《衢州区域文化集成》则以衢州文化起源、发展、变迁及其地位、影响为重点展开专题研究，树立衢州本地的历史传统和文化资源。《衢州名人集成》是对历史上产生重大影响的衢籍名人生平、思想、业绩等进行研究，撰写人物传记	从唐代至清末文献及民国时期方志	《衢州文献集成》共收录图书238种（其中经部17种、史部75种、子部64种、集部82种），总规模200册4000多万字	2013年11月启动（《衢州文献集成》于2015年10月完成）	国家图书馆出版社、商务印书馆

序号	项目名称	文献构成	文献时段	文献种数（册数）	立项启动时间	出版机构
30	《温州文献丛书》	涉及温州的文化、历史、政治、经济、科技、医学、军事诸多领域，系统整理了上起北宋晚期，下至新中国成立前后温州先贤的遗留文献		《丛书》共四辑40部48册，2000万字	2001年7月启动（2007年4月完成）	上海社会科学出版社（备注：继《丛书》后，由黄山书社出版了其续编《温州文献丛刊》共10部14册）
31	《重修金华丛书》（原名《新编金华丛书》）	举凡金华籍作者之书，或者虽非金华人而专写金华之作都辑集在内	其下限到晚清	收录图书文献877种，总规模200册	2008年6月启动（2014年4月完成）	上海古籍出版社（注：另编纂出版20册《金华宗谱文献集成》）
32	《红河文库》	包括红河州人士的重要著述，红河州外人士撰写的、内容与红河州有关的重要著述，有关红河州的碑文	1949年10月1日前		2014年启动，目前完成点校并送中华书局审稿15种，正在点校20种	中华书局
33	《泉州文库》	收录标准着眼于学术性、科学性、文学性、地域性、原创性、权威性，具有全国重要影响和著名历史人物的代表作优先收入。所录著作涵盖泉州各县（市、区），包括金门县及历史上的泉州府属同安县，内容涉及政治、历史、哲学、军事、语言文学、文化教育、艺术、科技等领域	始唐迄清	150部（含250余种）	2006年8月启动	上海辞书出版社、商务印书馆

序号	项目名称	文献构成	文献时段	文献种数（册数）	立项启动时间	出版机构
34	《台州文献丛书》	按照"古今、人文"的体例，分古籍整理和文化研究两大部分。古籍部分将收录民国以前台州籍或久居台州在学术上享有盛名的名家著作70种；文化研究部分将分台州文化专题研究、台州历代名人研究、台州文化遗产研究三大系列共71个研究项目	民国以前		2012年4月启动（预计为期10年）	国家图书馆出版社、上海古籍出版社
35	《鄂尔多斯古籍文献丛书》	以蒙文文献为主			2005年启动	内蒙古人民出版社
36	《遵义丛书》（包括《遵义民国史料》）	影印收录历代本籍作者的各类著作刊本，或外籍作者关于遵义人文的专著，分经、史、子、集四部	下限至1949年	其中《遵义丛书》共210册452种	2015年启动	上海古籍出版社、国家图书馆出版社
以下县级市（含县）						
37	《绍兴丛书》	收集绍兴人及相关人士有关绍兴的原创性著述及文献史料的综合性乡邦文献丛书，分10辑编纂出版			2005年底正式启动	中华书局
38	《宁海丛书》	收录邑人及邑外人所著宁海文献（其中：稿本约210种，钞本约30种，印本110余种），分宋元卷、明清卷、民国卷三辑	下限至1949年	共350余种120册	2012年启动（2016年底完成）	上海古籍出版社
39	《义乌丛书》	按其内容分人物传记、区域文化、先贤遗著、史料文物、地方志乘、部类史志等六个丛编。囊括历代义乌籍名人著作、久		计划内的书籍有160多种、约上千本书	2008年启动（计划2020年全部完成）	上海人民出版社

续表

序号	项目名称	文献构成	文献时段	文献种数（册数）	立项启动时间	出版机构
		居义乌的外地作者的优秀作品，而对具有重要历史地位的大家，丛书将收录其全部作品并汇编成个人全集，对较重要的名家收录其主要著作并汇编成个人专集				
40	《东阳丛书》			共收入古代东阳籍人士著述书籍70种，1000余万字，分22册	1998年底、1999年初启动（2015年1月完成出版）	浙江古籍出版社
41	《晋江文库》	所录著作涵盖晋江，包括历史上隶属晋江的区域，曾在晋江任职、工作、寄寓、活动过的外籍人的作品，则取其内容与晋江密切相关的专门著作	时间下限暂定于清末民初	已征集到相关文献20余种85册（卷）	2014年5月启动	鹭江出版社
42	《紫邑丛书》	包括紫金人的著述和紫金的事物记载，着重收集历代学术成就卓著、影响广泛的著述，分为史志、诗文、易数、资源、习俗、医学六个系列。采用底本多系有学术价值之稿本、钞本、孤本、善本、罕见本，整理方式为校点、汇编、辑佚等	起始明隆庆三年（1569）置县至1949年	自2009年立项，2011年开始出版，每年出2—3种		
43	《蓬溪文献丛书》				2009年开始出版	中央文献出版社

以下乡镇一级

序号	项目名称	文献构成	文献时段	文献种数（册数）	立项启动时间	出版机构
44	《西樵历史文化文献丛书》	分为"历史文献系列""研究论著系列""通俗读物系列"		共有200—300种书	2010年启动	广西师范大学出版社

序号	项目名称	文献构成	文献时段	文献种数（册数）	立项启动时间	出版机构
以下特色地方文献汇编						
45	徽州文书	古代徽州所属区域包括现安徽歙县、休宁、祁门、黟县、绩溪和江西婺源六县境内遗存的民间历史档案，主要包含地权赋役文书、宗族文书、商业文书、官府文书、社会关系文书、教育与科举文书六大类。被学界誉为20世纪中国文献史上继甲骨文字、汉晋简帛、敦煌文书、明清档案之后的第五大发现	自南宋淳祐二年（1242）至民国时期，前后长达700余年	据黄山市文化部门最新调查统计，现存徽州文书不少于50万件，另据估算认为不少于100万件（册）	最近出版主要有2018年复旦大学出版社出版《徽州民间珍稀文献集成》（王振忠主编，30册，附索引手册）	
46	清水江文书	又称"清水江民间契约文书"，主要是指明末清初以来直至20世纪50年代共约400年的历史中，中国贵州清水江中下游地区苗族侗族林农为了经营混林农业和木商贸易而形成的大量民间契约和交易记录。具体包括契约、账单、税单、家产清单、纳粮执照、诉状、判辞、官府告示、算命书、风水书、清白书、分关书、婚书、休书、过继契约、陪嫁资契、保结书、碑铭、日记、教材稿本等类别。清水江文书在2010年2月入选第三批《中国档案文献遗产名录》，	明末清初以来直至20世纪50年代共约400年	清水江流域各县已搜集到民间文书达20万份以上，迄今影印本已近100册，近4万份	主要有《清水江文书》33册（广西师范大学出版社）、《贵州清水江文书·黎平文书》22册（贵州民族出版社）、《天柱文书》22册（江苏人民出版社）、贵州省档案馆等编《贵州清水江文书》（贵州人民出版社）等，到目前为止出版的"清水江文书"影印本已接近100册	广西师范大学出版社、贵州人民出版社、贵州民族出版社、江苏人民出版社

续表

序号	项目名称	文献构成	文献时段	文献种数（册数）	立项启动时间	出版机构
		被学界称为可与徽州文书、故宫明清档案比肩的我国"三大文书"之一				
47	潮汕地区侨批	侨批是海外侨胞通过民间渠道及后来的金融邮政机构寄回国内连带家书或简单附言的汇款凭证	19世纪中叶至20世纪70年代		潮汕地区侨批的收集整理主要有《潮汕侨批萃编》（该萃编共三辑，由公元出版有限公司于2003年、2004年出版）、《潮汕侨批业档案选编（1942—1949）》（天马出版有限公司，2010年）、《潮汕侨批档案选编》（天马出版有限公司、2011年）、《潮汕侨批集成》（该汇编共三辑108册，由广西师范大学出版社于2007年、2012年、2015年出版）等；五邑地区有刘进等编的《华侨书信抗战史料选编：五邑侨乡卷》（广东人民出版社，2015年）；梅州则有《梅州侨批档案选编》（天马出版有限公司，2012年）、广东省档案局编《梅州侨批·世界记忆——魏金华收藏侨批档案汇编》（2014年）	广东人民出版社、广西师范大学出版社、公元出版有限公司、天马出版有限公司
48	巴县档案	真实全面地记录了清代巴县（重庆）地区从乾隆以来直到清朝覆灭近两个世纪政治、经济、文化、军事、司法与社会活动的全貌。现保存于四川省档案馆，是我国时间跨度最长、数量最多、保存较为完整的清代县级地方政权档案	上自乾隆二十二年（1757），下迄宣统三年（1911）按：四川省档案馆（局）的说法	112842卷（其中9万余卷为司法档案）	自1962年起至2018年，共出版了《四川人民反帝斗争档案资料》《四川保路运动档案选编》《四川教案与义和拳档案》《清代巴县档案汇编（乾隆卷）》《清代乾嘉道巴县档案选编（上、下）》《清代四川巴县衙门咸丰朝档案选编》《清代巴县档案整理初编 司法卷·乾隆朝（一、二）》《清代巴县档案整理初编 司法卷·嘉庆朝》	四川人民出版社、西南交通大学出版社、四川大学出版社、档案出版社、上海古籍出版社

序号	项目名称	文献构成	文献时段	文献种数（册数）	立项启动时间	出版机构
					《清代巴县档案整理初编 司法卷·道光朝》等 10 部巴县档案汇编，此外一些期刊、书籍中也零星公布了部分巴县档案内容	
49	南部档案	清代四川省川北道保宁府南部县县内外往来的公文和民间诉状与契约等文件的汇编，经整理按顺治、康熙、雍正、乾隆、嘉庆、道光、咸丰、同治、光绪、宣统十朝排列，每朝又按吏、户、礼、兵、刑、工、盐、承发八房分排。现保存于四川省南充市档案馆，是我国现存时间跨度最长，保存最完整最系统的清代县级政权档案	上起清顺治十三年（1656），下讫宣统三年（1911），时间跨越256年	共 计 18186 卷 84010 件		

国家图书馆出版社地方文献整理出版的探索与实践

魏 崇 代 坤

（国家图书馆出版社）

中华民族自古就有"易代修史"和整理典籍的优良传统，由此创造了浩如烟海的典籍文献。近年以来，随着各级政府对文化传承和典籍整理投入的增加，地方文献研究、整理及出版逐步成为热点，陆续推出像《广州大典》等一批地方文献整理的代表性成果。

国家图书馆出版社建社以来，历史文献整理与影印出版一直是最重要的出版特色之一，累计整理出版各种丛书2000多种，涉及古籍和民国时期文献5万余种，影印出版量居国内出版界前列。其中包括大型丛书如《中华再造善本》《国家图书馆藏敦煌遗书》《永乐大典》《著名图书馆藏稀见方志丛刊》《中国古籍珍本丛刊》等，都获得了学术界、图书馆界的广泛关注和好评。近年以来，地方文献逐渐成长为国图出版社的重点出版领域，根据统计，国图出版社在人物传记、方志地理、文学艺术等系列专题方面已累计出版地方文献丛书200余种，收录文献4000多种。

一 方志类图书出版概述

（一）稀见方志

作为中华民族文化宝库的重要组成部分，方志保存了大量珍贵、翔实可信的历史资料，不但为我们研究各地的历史、地理、物产资源、风土人情、自然灾害等提供了很多宝贵的材料，而且其间蕴藏着许多史书不曾记载的重要史料。据《中国地方志联合目录》统计，我国现存方志多达8200余种，十余万卷，几乎占中国古籍总量的二十分之一。另有研究统计，方志总量在 11000 种左右。之前，虽然有《中国方志丛书》《中国地方志集成》等大型方志丛刊的编纂出版，但由于出版年代较早，或受编辑体例所限，长期以来一直分散收藏在全国各地图书馆之中的稀见方志，尤其许多钞本和稿本，大都"深藏闺中"，难为学者研究使用。

为了进一步开发方志资源，使珍稀馆藏得以整理揭示，2005 年华东师范大学图书馆与国家图书馆出版社合作出版了《华东师范大学图书馆藏稀见方志丛刊》，以此为契机，国图出版社启动策划编辑出版"著名图书馆藏稀见方志丛刊"系列，2006 年该系列入选"十一五"国家重点图书出版规划。其选编原则是以各重要藏书机构为单位，将其存藏珍稀（收藏单位总计不超过四家）、编纂出版时间在 1949 年以前的省、府、州、厅、县志的刻本、稿本和钞本，包括价值较高的乡土志，整理汇合为一编。截至 2018 年 6 月，这一系列已经出版 27 部，收录了上海图书馆、南京图书馆、北京大学图书馆、复旦大学图书馆等馆藏稀见方志计 2000 多种，成书 2500 余册。

另外，大型丛书《原国立北平图书馆甲库善本丛书》中收录原国立北平图书馆（国家图书馆前身）的宋元明早期善本专藏 2621 种，其特色之一为明刻方志，近 500 种；其二为明刻明人别集，多达 780 余种，极富学术研究价值。

在出版国内馆藏方志的同时，国图出版社还着手于海外稀见方志的回归与影印出版，已出版《日本藏中国罕见地方志丛刊》及续编，收辑 61 种日本所藏的珍稀方志；2015 年与哈佛燕京图书馆合作出版《哈佛燕京图书馆藏稀见方志丛刊》，是"著名图书馆藏稀见方志丛刊"首部海外编，收录嘉靖《宣府镇志》、崇祯《历城县志》等稀见方志 30 种。

（二）方志专题资料

方志为研究各地的人物、历史、地理、物产、风俗、自然灾害等提供了大量珍贵、翔实可信的历史资料。因而被誉为"一邑之实录""一方之全史"，可谓地方百科全书。"著名图书馆藏稀见方志丛刊"之外，国图出版社还从专题文献的角度，选编了《地方志人物传记资料丛刊》（西北卷、东北卷、华北卷、华东卷、西南卷、华南卷、华中卷）、《地方志灾异资料丛刊》、《宋元方志人物传记资料丛刊》、《宋元方志经济资料丛刊》、《中国地方志民俗资料汇编》、《地方志·书目文献丛刊》、《中国地方志佛道教文献汇纂》（人物卷、寺观卷、诗文碑刻卷）等专题性丛书。其中，以《地方志人物传记资料丛刊》影响最大，得到了学界广泛好评。这些方志专题资料出版的同时，还编制了人名、书名索引，以便于读者使用。

（三）地方专志

2007 年国图出版社策划"地方专志"系列，地方专志是地方志的一种，为专门志、专题志。该系列也增补列入"十一五"国家重点图书出版规划。2008年推出《地方经籍志汇编》，收录了 50 余种地方经籍志，多出自谙熟乡邦文献的大家名家之手，徐世昌《大清畿辅书征》四十一卷、孙诒让《温州经籍志》三十六卷、卢文弨《常郡八邑艺文志》十二卷、项士元《台州经籍志》四十卷、金毓黻《辽海书征》六卷等。内容所涉古籍 5 万余种，多撰有提要，详细记载每种书之著者籍贯、生卒、官爵及该书之内容、版本、收藏和传承等，可补《中国古籍善本书目》《中国古籍总目》之缺。2011 年出版了《地方金石志汇编》，收录 130 余种地方金石志，为金石学研究者提供第一手的文献资料。

（四）区域旧志及方志集成

近年来，国图社加强区域性方志的整理出版工作，或遴选有代表性的单种区域旧志重新影印出版；或汇编多种区域方志，以集成形式出版。前者如《万历陕西通志》《康熙畿辅通志·雍正畿辅通志》《光绪嘉兴府志》等。后者代表图书有《四川历代方志集成》（第一、二、三、四辑）以及民国间宋育仁总纂修的《重修四川通志稿》，在全省旧志普查的基础上，将 300 余种旧志分辑影印出版，为相关研究储备了丰厚的资料。

二　地理类文献出版概况

地理类文献出版也是国图出版社重点关注领域，通过逐步积累已出版了不少名家名作，比如顾颉刚先生未刊本《春秋地名考》，系整理、汇集历代关于商周秦汉古地名的相关研究史料，所涉地名近千种，举凡与古地名有关的历代注释、论述、笔记资料均逐条细加甄别、搜罗，并加以研究、考订、归纳。解决了古代地名中的不少疑案，有很高的学术价值。再如《重庆图书馆藏刘赞廷藏稿》，刘赞廷号称是清末民国时期康藏边地的一支史笔，他以"历边十四年"

的经历纂成图志数十种。除此外，还有《西康建省纪要》《康藏交通择要》《康藏大臣考》《三十年游藏记》等。他的手稿对西康、西藏地区的风俗、文化和清末民国时期的一些变迁做了翔实记录，至今对康藏地区的了解、研究还有很大启发与帮助。

这一类的文献很多，比如《元和郡县图志》《华阳国志》《海国闻见录》《内府舆地全图》《贵州图经新志》《西藏志》《云南图经志书》《吴中水利通志》《西湖游览志》《大明一统志》《舆地广记》《南岳总胜集》《西域地名考录》《汉唐地理总志钩沉》《汉唐方志辑佚》《历代郡县地名考》《关中胜迹图志》《寰宇通志》等。

三 民国时期地方文献

民国时期留下的地方历史文献资料极其丰富，我们大致归类有如下几种：

一是纯粹的史地文献。如日本人编撰的《中国省别全志》（全50册），利用调查报告材料，详录中国各省各地风土民俗、水文地貌等，包含大量的地图、照片等，内容详尽。我们自己选编的有《民国地政史料汇编》《民国时期地方概况资料汇编》《民国史地期刊汇编》《民国边政史料汇编》等。

二是调查资料里的地方文献。比如《东亚同文书院中国调查手稿丛刊》（全200册）、《民国时期社会调查资料汇编》（三编共90册）、《民国时期经济调查资料汇编》（三编共90册）、《民国时期经济统计资料汇编》、《民国时期国情统计资料汇编》、《民国人口户籍史料汇编》、《民国赈灾史料初编》及续编、《民国时期铁路史料汇编》等等，虽然不以地方命名，但涉及民国时期各地区各项统计数据和资料，尤其是地区地理、物候、特产等各方面资料，对地方研究非常有益。

三是政府出版物类地方文献，如各省公报，已出版《山东省政府公报》（全106册）、《广东省政府公报》（全160册）、《浙江省政府公报》（全326册）、《江西省政府公报》（全114册）。还有其他类型的地方文献，如《民国时期浙江省地方议会史料汇编》（全40册）、《重庆海关总税务司署贸易册》（全15册）、《豫鄂皖赣四省农村经济调查报告》（全2册）、《民国杭州史料辑刊》（全5册）、《民国浙江史料辑刊·第一辑》（全10册）、《民国浙江史料辑刊·第二辑》（全44册）、《民国时期福建华侨史料汇编》（全15册）、《桂政纪实（1932—1941）》（全

3 册）、《陕甘宁边区见闻史料汇编》（全 3 册）。

四　综合性地方文献

地方文献具有鲜明的地域性，国图出版社根据区域特点，近年来和地方政府、研究机构密切合作，或汇编或单种影印出版了几种颇具代表性的大型地方文献。2015 年出版《衢州文献集成》（全 200 册），该项目受衢州市委、市政府委托，由衢州市委宣传部牵头，衢州学院和国图出版社共同承担，收集浙江衢州地区经济、政治、文化、社会等方面重要历史文献，含衢州先贤著作和外地人士撰写的有关衢州的著作 238 种，其中经部 17 种、史部 75 种、子部 64 种、集部 82 种。所用底本包括国家图书馆、浙江图书馆等重要收藏机构的宋元善本 9 种、明刻本 45 种、清刻本 134 种、名家稿钞本 43 种等。这些入选的典籍，绝大多数是各图书馆、博物馆的善本，常人难得一见。有学者认为，它的问世，是对衢州历史文献第一次系统而完整的整理汇编，既对衢州珍贵历史文献形成切实的保护，又为弘扬地方文化提供了最为重要的一手资料，对促进海内外衢州文献的学术研究产生了积极作用。

2018 年 9 月出版《朔方文库》（全 112 册），该书是国家社科基金重大招标项目首批成果之一，也是宁夏回族自治区 2017 年度哲学社会科学规划委托项目、宁夏大学"哲学社会科学重大创新项目"，收录宁夏回族自治区各类古代珍贵典籍 146 种，主要包括：形成于 1949 年以前的、由宁夏历史人物撰写的，或虽非宁夏人撰写，但其内容与宁夏直接有关的各种传世文献；在今宁夏辖境内出土的、1949 年以前形成的各种出土文献资料，或出土于宁夏辖境之外，内容与宁夏直接有关的各种出土文献资料；宁夏入选《国家珍贵古籍名录》的古籍，以及流传稀少、具有特殊研究价值的公藏、私藏文献；存藏于中国第一历史档案馆、国家图书馆、故宫博物院、台湾"故宫博物院"、台湾"中央研究院"史语所等单位的有关宁夏的上谕、朱批、奏议、文书等珍贵档案。这是第一次全面、系统地分类整理出版宁夏特色珍稀文献，第一次集成式汇编、出版宁夏文献档案。

2018 年 10 月出版《遵义丛书》（全 210 册），该项目由遵义市政协于 2015 年 3 月正式启动，按照中国传统的经、史、子、集分类编纂出版，收录今遵义市所辖区域的前贤著作，以及关于遵义地域的各类古籍文献 400 余种。由上海古籍出版社和国家图书馆出版社共同编辑出版,其中,经、史部分由前者承担,子、集部分由后者承担。这是首次对遵义历史文献进行普查和汇集,也是规模最大、最完整的遵义古籍整理文化工程。

此外,国图社还承担了《台州文献丛书》的部分出版项目,目前已出版《台州金石录》《委羽山志·委羽山续志》《万山纲目》《水道提纲》等图书,前两种为影印本,后两种为点校排印本。《丛书》的出版,较好地实践了当地市委、市政府"传承台州文脉、促进台州文化大发展大繁荣"的理念。

五 关于地方文献整理出版的思考

国图出版社通过地方文献的整理出版,使珍稀文献化身千百,有利于文献揭示、保护,服务于学术研究,取得了良好的社会效益。

仅以方志系列为例,珍稀方志整理出版,具有史料学、辑佚学、版本学、目录学多方面意义,在学界形成良好的社会反响和积极评价。北京师范大学教授陈其泰评价《北京大学图书馆藏稀见方志丛刊》规模宏大,印制精良,尤其收入了很多早期地方志以及边疆地区如内蒙古、东北、新疆等地志书;北京大学教授李孝聪指出该书选目方面规格高、挑选严,开了规范的先例,提出要从与历史衔接的角度重新认识某些稿本、钞本,如边疆方志、乡土志等。"著名图书馆藏稀见方志系列"中《北京大学图书馆藏稀见方志丛刊》《南京图书馆藏稀见方志丛刊》《上海图书馆藏稀见方志丛刊》《陕西省图书馆藏稀见方志丛刊》《华东师范大学图书馆藏稀见方志丛刊》,以及《地方经籍志汇编》《地方志灾异资料丛刊》等,都曾获得"全国优秀古籍图书奖"。

总结近年来出版情况,我们也有几点思考:

一是要体现学术价值,依靠学术力量,促成学术界、存藏机构和出版机构三方的深入合作。国图出版社几乎所有的大型项目,都邀请项目所涉领域知名学者进行选目和编纂,以保证学术质量和学术水准。

二是要体现文献版本价值,尽可能收集珍稀版本,尤其是馆藏稿本、钞本、校本,甚至是海内外的孤本。以稀见方志丛刊为例,如《南京图书馆藏稀见方志丛刊》收录有孤本方志 52 种,其中明代方志有 14 种,如正德刊本《宣府镇志》,嘉靖刊本《登封新志》《定远县志》等。稿钞本方志 21 种,如稿本万历《滑乘补》,道光《直塘里志》,同治《直隶赵州志》《霸州志》《乙亥志稿》等,弥足珍贵。有些方志还保留了名人题跋，如崇祯刊本《宁海县志》前有清代丁丙跋，稿本道光《噶玛兰志略》前有罗振玉跋，稿本《河下志》有罗振常跋等。这些方志都具有很高的版本和史料价值。《上海图书馆藏稀见方志丛刊》收录有稀见方志 246 种，如成化刊本《金华府志》，弘治刊本《严州府志》《嘉兴府志》，正德刊本《襄阳府志》，嘉靖刊本《湖州府志》《桐庐县志》，崇祯刊本《松江府志》（五十八卷本和九十四卷本皆存于上图）；清顺治刊本《长兴县志》、康熙刊本《台湾府志》、雍正刊本《归善县志》等都是海内外孤本。

三是要做好文献考证。整理出版要体现今天的学术成果和学术水平，就有必要对每种书的内容和价值进行梳理、考证。仍以稀见方志为例：《南京图书馆藏稀见方志丛刊》中弘治刊本《洪武京城图志》，《中国地方志联合目录》（简称《联目》）未录，实为孤本；又如稿本宣统《吴长元三县合志初编》，《联目》注明存 8 册，实际存 83 册。《浙江图书馆藏稀见方志丛刊》中《联目》未著录的有 7 种，如民国《萧山县志稿》、光绪《宁州旧志稿》、康熙《定海县志》、康熙《西宁县志》等，都是海内珍本。《上海图书馆藏稀见方志丛刊》中的《淞南志》，《联目》著录为十四卷，实际为十六卷，卷十三至十六皆为艺文。顺治《含山县志》，《联目》作者题为清朱长泰修、凌家瑞等纂，据原书序言及修志姓氏均作"凌嘉瑞"，《中国地方志总目提要》亦误，通过此次整理出版，也达到补阙拾遗、助力研究的作用。

编纂地方文献总目是做好地方文献整理工作的前提

——编撰《现存湖北著作总录》和参编《荆楚文库》的点滴感受

阳海清

（湖北省图书馆）

俗话说："卖瓜的总是说自己的瓜甜。"倘若抛却其揶揄成分，余下的应是职业的自信和自豪。我是一名古籍编目员，在古籍编目遭遇"无力者不能为，有力者又常不屑为"[①] 的尴尬局面的今天，自然乐意为其鼓与呼。

我有幸赶上了地方文献整理的黄金期。地方文献丛刊之编纂踵相问世，而且多系地方首长挂帅，各类专家参与，队伍之整齐，规模之宏大，史无前例。湖北省亦于 2014 年 7 月 18 日启动了《荆楚文库》（下称《文库》）编纂出版工作，号称"我省文化建设的重大战略工程"。由时任省委书记李鸿忠、省长王国生出任工作委员会和编纂出版委员会正、副主任，著名教授章开沅、冯天瑜任总编辑，延聘各界专家、学者为编委。《文库》由"文献编""方志编""研究编"三大部分组成，初拟收书 1372 种，约为 1600 册。我忝列编委并兼任"方志编"编纂组组长。我原本长期从事湖北地方文献之搜集整理，在半个世纪中积累了近五万张线索卡片。为适应《文库》编纂工作需要，匆忙花两年时间，将现今存世者析出，编成《现存湖北著作总录》（下称《总录》），交由国家图书馆出版社出版。根据此次会议主持人提示，特草拟此文，谈谈个人的工作情况及点滴感受，以就正于在座诸君。

一　编纂地方文献总目的意义

地方文献，或称区域文献，其内涵和外延迄今尚无科学的、准确的、公认

---

① 刘尚恒:《〈中国丛书广录〉简评》,《图书馆杂志》2000 年第 6 期, 第 62 页。

的界说和定义。通常所指，极为宽泛，不分体裁，不分体制，不分载体，凡反映一地社会和自然状况者皆是；往昔更将本地人之一切著述，纳入其范畴。所谓"一地"，多遵行政区划，亦可指特定范围，编目者会自行设定。拙纂《现存湖北著作总录》，在地域上，先秦著作放宽至"大楚"，以明湖北文化之源；在体制上，只限已成书册者，不收散篇杂什；时代下限，原则上止于民国。

所谓"地方文献总目"，要在一个"总"字，即将一地之文献尽皆网罗，至少不应有大的疏漏。编纂"总目"之意义有五：

一曰摸清家底，做到心中有数。

《荆楚文库》工委会和编委会主任委员、时任省委书记李鸿忠同志曾说："荆楚文化源远流长、博大精深，在中华文化的璀璨星空中地位显要，是全省人民共有的精神家园。传统文化就是我们的根，也是我们打造文化软实力最深厚的母体和源泉，绝对不能丢。丢了，就是对不起先贤祖宗，就是历史的罪人。"①

"源远流长、博大精深、地位显要"都是形容词，究竟有多远、多长、多精、多深、多显、多要，需要靠编纂《总目》来做出具体回答。《总目》谁来做？省图书馆的古籍编目员责无旁贷。党既安排我在这个岗位，我就应有"舍我其谁"的责任担当。

往日，湖北先贤如孝感丁宿章、罗田王葆心、潜江甘鹏云、蒲圻张国淦、沔阳卢靖卢弼兄弟、阳新石荣暲等，在搜集、整序湖北地方文献上做了大量工作，编纂了《湖北诗征》《湖北文征》《湖北书征》等，卓有成效，其功至伟。惟我在反复检读后，发觉其有三大不足：一是收罗不全，且有重大疏漏；二是著录不准，归类亦不科学；三是将现存与存目混合排列，眉目不清。纵然书目有着强烈的继承性，但此三端给后来者留下了很大的发展空间。经过广搜博采，删汰繁芜，《现存湖北著作总目》收录款目 13000 余条，远远超过前贤所收，湖北著作庶几大体齐备，成为集大成之作，学者称为"荆楚首功"，据说在全国各省亦属首见。

二曰广搜博采，尽力全面揭示。

而今编制地方文献书目，许多同志都已注意在"全"字上下功夫，颇具见地。"全"的基础是广搜博采，欲达广博，途径甚多，而我采用的却是最原始、

---

① 转引自王生铁：《弘扬优秀荆楚文化，践行社会主义核心价值观》，《湖北日报》2015 年 1 月 10 日，第 6 版《论丛》。

最笨拙的办法，即：读地方史志及相关文献求"线索"，查馆藏书目及相关资料证"现存"。如果从 1962 年写下第一张湖北著作卡片开始，到 2016 年《总录》问世为止，其时间跨度竟长达五十四年，而积聚资料的时间占去九成以上。虽然我用的是死办法，但在长期操作过程中也摸到了一些诀窍。比如：

1. 不放过小馆馆藏。因为履职之需要，我到过 54 个县（市）的近 100 个图书馆（室），每到一处必查检其目录和藏书，几乎多有所获，而且是罕见著录的抄稿本或刻印本。

2. 不放过一条"夹缝"。这"夹缝"便是编制《中国古籍善本书目》时的汰除品种。这往往是一个富矿，会时不时地给自己带来意想不到的惊喜。我到长沙走一遭，收获就不小。

3. 不放过小型馆藏书目。它们或许是手抄本、或许是油印本，篇幅不大，要籍亦少，但细检之也会有所斩获。

4. 不放过本地人物传记。这些传记既有成书册的，也有单篇的，有时甚至是其后裔油印的，其著录未必规范、准确，但其线索却极为有用，跟踪追击，不会让人失望。

追求"全"的目标，不能奢望"毕其功于一役"，需要有韧力和毅力作支撑，有打持久战的精神准备。一曝十寒，绝对与此项工作无缘。

三曰提精撷萃，亮明本地特色。

一定之文化，必有一定之特色，这是多种历史因素共同作用的结果。正是这种特色，构成了当地文化的骨骼和主流。数千年来，湖北先民在荆楚大地创造了许多辉煌，产生了一批巨著，造就了不少大家。在先秦哲学、两汉经学、魏晋玄学、唐代佛学、宋明理学、清代朴学中湖北先民都有不俗的表现。中国第一部诗歌总集《诗经》中的"二南"产自湖北，现今当地民众还在演唱"关关雎鸠"和"汉有游女"；另一部诗歌总集《楚辞》和散文总集《文选》亦为鄂产，后来竟形成了"楚辞学"和"选学"。第一部道教总目《云笈七签》为湖北籍人张君房所辑。明代两大文学流派"竟陵派"和"公安派"，"医圣"万全和"药圣"李时珍均在湖北……以上仅为随手拈来的例子，各地地方文献中都会有自己的家珍。有平地才会显出岗峦和高峰，惟有当我们将一地之文献搜聚并整序成"总目"后，这些特色才会充分显示出来。倘若编目员能在附注项中做出简洁说明，则其特色更能突显。这种说明，话不在多，要在画龙点睛。

四曰精心考辨，力争相对准确。

书目"辨章学术，考镜源流"的固有功能，决定其绝非简单登录，而须进行诸多考证。由于它所记录的仅为考辨结果，并非考辨过程，是以常为不知底里者所轻忽。功夫往往在书目外，编目员必须内修功力、外广闻见，方可履行其职责、收取其效果。

这种考辨贯穿于编纂过程的始终，体现于各个项目的著录和款目序次的确定。稍有疏忽，便会发生差错，降低书目质量，严重者或会误导读者、造成混乱，因此必须慎之又慎。

首先，体现在品种收罗上。这是确定书目性质之手段。收罗精当，是编目员追求的第一个目标。编制一份书目，首先要确立编纂宗旨、收录范围，窄不敷用，宽则过滥。

"地方文献"的内涵和外延宽泛而又具体，我在编纂《现存湖北著作总录》时，将其内容限定为"湖北人写"和"写湖北"；将其体制限定为已成书册者，不含单篇短什；将其撰述方式和使用语言限为"传统方式"和"文言文"。这样，操作起来，便于掌控，不致泛滥。

"写湖北"，好认定；而"湖北人写"，则有一个确定籍贯的问题。这是户口异动、人员迁徙造成的结果。《荆楚文库》同样遇到此问题，曾进行过议论。我意遵循"自我认定"和"约定俗成"即可，不要太过拘泥于第几代。否则，会把问题越弄越麻烦。

其次，体现在著录项目上。这是履行书目"辨章学术"职能之手段。今日编纂地方文献总目，笃定是知见性版本书目，倘若所据原目之间著录和分类上有歧异，就要择善而从，就需进行考辨。对于从未见诸书目的孤本，则要细审原书，确定著录。比如《现存湖北著作总录》所收乾隆《兴山县志》，清道光四年（1824）钞本，从未见诸著录。我收录时，系据藏书单位上报省方志办之手书简目，新近为编纂《荆楚文库·方志编》，设法弄到彩色复印件，经查核，其对纂修人之著录并不准确，不唯有凭空臆造，对其递修关系亦未明确揭示。

第三，体现在目录组织上。这是履行书目"考镜源流"之手段。操作时若依时代排，先要考定著者生卒年或所处时代；若依地区排，先要认准所属地名及其上下隶属关系，并防止古今地名混淆。

编纂书目，无非是将无序的文献变为有序的文献，俾便读者"循目访书"，"因书究学"。倘若我们在具体操作时兼顾上述四个方面，那么，书目之功能便可更加彰显。

二　编纂地方文献总目的要领

记得我曾在一篇论文中说过："收罗精当、著录准确、序列科学、查检方便，历来是一切编目员努力为之奋斗的最高境界。"

所谓"收罗精当"，是指所收款目要符合本书目的收录范围。"精当"的反面是过宽过窄，宽必致滥，窄不敷用。看似容易掌控，操作起来却颇费斟酌。

根据我的经验，必须注意以下几点：

（一）确定编纂旨趣，制定立目标准。编纂一部书目，犹如建造一座大厦，此即施工前的"扩初设计"。

（二）对一些易致混淆的文献做出明确区隔。比如：本地史籍与全国史籍；正规史料与演义故事；本地历史人物与文艺作品创造的形象等等。前者必收，后者宜弃。需要说明的是，若记录全国或上级区域之文献系依地域编次，而本地部分分量较重且可以从中析离者，亦可采之，但需先行标注原书名，中加间隔号，再标注本地地名。

（三）注意古今地名、人名变化，注意本地地名、人名与外地地名、人名相同而实异者，防止张冠李戴。

（四）要将成书成册与单篇杂什区隔开来。

（五）要分清同书异名和一书多名，防止误收重收。

品种收录不当，是编纂书目之大忌，谁都明白。可是在我读过的书目中，包括一些权威书目和我个人所主编主纂者，此类错误却并非罕见。我曾见过一部由方志办编纂的方志目录，不当之比例竟高达40%，只能以"荒唐"二字来形容。由此可见，此事不得不慎，否则会贻笑大方。搜访时可适当放宽，而编目时应该从严。

所谓著录准确，是指一应著录文字均应有理有据，宁阙毋滥，不作臆断。当今编目，提倡客观著录，若书名、著者、版本三项之文字有需要说明者，可充分利用附注、稽核项。昔日是从前三项见编目员功底，今日还要从后二项看编目员水平。达到著录准确的关键在于：审核原书要过细，参酌他目要善辨。此次我们编纂《荆楚文库·方志编》，于历代方志书目之著录多有补正，便是逐叶逐字进行校核的结果。

古籍编目之所以难在著录，是由古籍内容的复杂性与古籍制作的不规范所决定的。一条款目的完成，涉及书名、卷数、著者时代、著者姓名、撰述方式、版刻时代、刻印者、刊刻地、版刻类型乃至装订形式、递藏关系、批校题跋等十多个知识点，一着不慎，即致硬伤。《中国古籍善本书目》《中国古籍总目》等权威书目经过了多少人之手，瑕疵依然难免，由此可见一斑。而克服、减少这种瑕疵的有效途径，只能是不断增益编目员的闻见，舍此无他。

所谓序列科学，就是常说的目录组织，即将各条款目通过一定的原则序列为书目。成败之关键，一是要将各书之类属定准。一个时代的文献分类法，其类目之设置往往体现出该时代文献的特点。古籍分类法最终以四分法较为通行，是因为经过千百年实践检验，证明它相对切合实际状况。一书可以分至几个类属之情况屡见不鲜，其实只有一个更近于准确。我参加《中国古籍善本书目》汇总阶段编辑时，各馆报片有将一书分至九处者，经剖析，除三馆分类有误外，其余六馆都有一点理由，哪怕是牵强附会。最常见的错误之一，是将内容排比方法误为本质特征，如将以韵序排比之字书和训诂书误入"音韵类"。二是要根据本目录之收书实际选准类目设置。这样，一可避免容量失衡，出现畸形；二可保证所收款目部居类归，各得其所。三是排比方法一旦确定，就要贯彻到底，不能摇摆不定，自乱规章。这第二、三两条，其理显而易见，毋庸赘述。

所谓查检方便，就是要保证用户能便捷地、省时地查检到本目录所揭示之一切信息。最常用的方法是编制各种索引，如分类索引、书名索引、著者索引、刊刻者索引之类；如有可能，还可编制著者地区分布表、著者时代分布表之类的表格，让读者一目了然。

三　编好地方文献总目的保证

（一）统一认识。各地、各馆要树立"兵马未动，粮草先行"的理念。要全面整理一地之地方文献，最好的办法是尽快编出其"总目"。否则，规划难以有序，内心难以有底，弄不好便会形成"瞎子摸象"的局面。

（二）领导重视。各地、各馆要将搜集、抢救、保护、整理、开发、利用地方文献工作列入议事日程，统筹规划，协调安排，开展调研，编出总目，有计划、有步骤地进行整理，做到"古为今用"。各地宣传、文化主管部门，应将地方文献工作开展的好坏，列为对各馆进行业绩考核、评估的内容。

（三）人才培养。在图书馆培养和造就一支能打硬仗的古籍整理队伍，不可能一蹴而就。它需要上下结合，方可收效。一方面，从业人员要热爱本职，对自己从事的职业心存敬畏，勤勉工作，努力学习，加强积累，提高本领；另一方面，各级领导要关心队伍的成长，不要让这些人员成了"被遗忘的角落"，奖勤罚懒、优胜劣汰，保证他们心情舒畅、勇往直前。

（四）财力保证。加强地方文献工作，特别是编纂大型地方文献丛刊，是需要有足够的财力作支撑的。编纂《荆楚文库》，前任省委书记李鸿忠同志说"功在当代，利在千秋，影响深远"①，继任省委书记蒋超良同志批示："这是一次德政、善政工程，编好《文库》意义重大。"因此，"不惜花费巨资，不惜投入大量人力，不惜坐十年、二十年冷板凳"②。正是因为有省委、省政府的关心和财力支撑，《文库》的编纂工作才得以顺利进行，《现存湖北著作总录》才得以提前问世。

---

① 见李鸿忠同志重要批示，载《荆楚文库专刊》2014 年 9 月第 1 期。
② 见李鸿忠同志在《荆楚文库》编纂出版工作会议上的讲话（2014 年 7 月 18 日）。

浅议地方文献整理出版中书目的使用

蔡夏初　　朱金波

（《荆楚文库》编辑部）

读书不可不由门径，治学不可不有名师。清代学者王鸣盛曾说过："目录之学，学中第一紧要事。必从此问途，方能得其门而入，然此事非苦学精究，质之良师，未易明也。"① 江藩也称："目录者，本以定其书之优劣，开后学之先路，使人人知某书当读，某书不当读，则为易学而成功且速矣。"② 此皆古来成法，为金针度人的读书治学三昧。

治学如此，整理出版地方文献，小到一书，大到地方类丛书，同样离不开书目的指导和使用。而地方文献书目的编纂对于整理出版地方文献的助益，尤为功德无量。下面谨以《现存湖北著作总录》之于《荆楚文库》的编纂为例，

---

① （清）王鸣盛：《十七史商榷》卷一，上海书店出版社，2005年，第1页。

② 此据来新夏先生《古典目录学》（中华书局，2013年，第50页）引。笔者所见各种目录类著作多称此段文字出自江藩《师郑堂集》，有些著作所列之参考文献中"江藩《师郑堂集》"亦赫然在目。然《江藩集》及各种传记资料均未曾言及江藩著有此集，《师郑堂集》乃清人孙同康之集。孙同康，字师郑。笔者能找到的最早征引此段文字的，是1936年商务印书馆出版的"岭南大学图书馆丛书"之何多源编著《中文参考书指南》，见第135页，然仅标出处为《师郑堂集》，并未明言此集著者为江藩。后世作者或径行标作江藩著，不知何据。《目录学研究资料汇辑》（第一分册）（武汉大学图书馆学系1979年编）第198页标出处作"江藩《师郑堂集》无锡文苑阁1891年"，但据张舜徽先生《清人文集别录》（华中师范大学出版社，2004年，第584页），孙同康有《师郑堂集》六卷，光绪十七年（1891）活字本。《苏州民国艺文志》（张耕田、陈巍主编，广陵书社，2005年，第184页）将此书著录在孙雄名下，孙雄即孙同康，作"《师郑堂集》六卷，无锡文苑阁1891年版，中国国家图书馆存"。经查，国图确有是书，著录无误。另据《师郑堂集》书影，正标作"昭文孙同康撰""无锡文苑阁排印"。手头无《师郑堂集》，无法核实，不知谁是，姑志于此，以广异闻。

对地方文献的整理出版中地方文献书目的使用略作讨论。

一 书目编纂是地方文献整理出版的急先锋

清代学者李兆洛对地方文献的集中整理有过很高的评价，他说："蒙窃尝谓丛书之刻，当随乎人所居都邑，萃其乡先哲所著述，编而录之。或关于土风民俗之迁变，或究于贤人才士之出处，或辨于贞义士女之事实。耳目亲切，可无讹淆；见闻称说，足资法戒。其有达官贵士，条记国故，藉资多闻；素族通儒，殚心名理，以开夕秀。乃文献之总持，辅轩之先路，无泛杂之病，而收切近之效者也。"①

而地方文献的整理出版，尤其是编纂地方类丛书，必须从编纂书目入手。《湖湘文库》曾花费四年左右的时间编纂《湘人著述表》，以求得到一个集大成式的地方文献总目。《荆楚文库》幸得阳海清先生远见卓识，夙著《现存湖北著作总录》一书，得免从头做起。《荆楚文库》编辑部周百义主任尝言："《荆楚文库》在很短的时间内能够制定出编纂书目，并得到省内外专家的认可，阳海清先生功莫大焉。"

大致说来，新编地方文献书目对地方文献整理出版约有以下三方面的助益。

（一）有利于摸清家底，确定规模

编纂出版地方文献丛书，首先要做的就是摸清家底，确定规模。而摸清家底，必自编纂书目始。王绍曾《〈清史稿艺文志拾遗〉前言》有言："良以一代典藏之盛及著述之富，公私目录，咸有甄录，有此依傍，则事半功倍，易于集事。"② 中国是一个重视地方文献保护的国度，具体体现为：一是编纂地方类丛书，自明代湖北黄冈人樊维城编《盐邑志林》，历清代、民国而至今，方兴未艾；一是编纂方志的《艺文志》。方志的《艺文志》无疑是地方文献的渊薮，也是我们据以判别著者籍贯的重要依据。但此类《艺文志》多着眼于著述史，所

---

① （清）李兆洛：《〈邵子显娄东杂著〉序》，《养一斋文集》卷四，《清代诗文集汇编》编纂委员会编：《清代诗文集汇编》第 493 册，上海古籍出版社，2010 年。

② 王绍曾：《〈清史稿艺文志拾遗〉前言》，《目录版本校勘学论集》，上海古籍出版社，2005 年，第 354 页。

录或当时已无其书，仍而不改，或当时虽有，今已亡佚。此种书目可以见某地典藏之盛及著述之富，实无大裨于地方类丛书的编纂。

有清以来，湖北地方先贤多从事于湖北地方文献的整理。汇文的有《湖北文征》《湖北诗征》的筹编，丛书有《湖北丛书》《沔阳丛书》和《湖北先正遗书》的结集出版。书目方面除了史志的编纂，尚有吴庆焘编《襄阳艺文略》、卢氏兄弟编《四库湖北先正遗书提要》、张国淦编《湖北书征存目》、丁宿章编《湖北诗征传略》等，这些人士或多或少地为湖北地方文献的收录和甄别做了有益的工作。

《现存湖北著作总录》成书于众书之后，由于其编纂者阳海清先生本身即是一位具有很高造诣的资深目录学家、古籍版本学家，声誉素著，著作等身。加以著者穷数十年之力，孜孜矻矻，从事于此。使该书在目录学、版本学上具有独特的专业价值，为业内所歆美，天津图书馆李国庆馆长曾撰文从专业的角度给予高度的评价。①

对于《荆楚文库》的编纂而言，该书目收有 13000 多条款目，13 万个知识节点，洋洋洒洒，蔚为大观。取之不尽，挹之不竭。一编在手，存世的湖北历代著述皆在目中。其收罗之广泛，体例之谨严，让文库编纂的相关工作立于一个坚实的基础之上。

（二）利于书目的选定

在摸清家底的前提下，文库如果不是有闻必录式的整理出版，制定出版书目就是必不可省的一环。入选的标准不外乎文献所具有的史料价值、学术价值和文学成就，而一本适用的书目则能为判断入选文献是否符合上述标准，提供必要的帮助。

部次条别，分门别类，以求"辨章学术，考镜源流"，这是清代学者章学诚为目录学工作者所悬示的一个高标准。然而要做到这一点并不容易，章氏在《校雠通义序》中也承认："校雠之义，盖自刘向父子部次条别，将以辨章学术，考镜源流。……后世部次甲乙，纪录经史者，代有其人，而求能推阐大义，条别学术异同，使人由委溯源，以想见于坟籍之初者，千百之中不十一焉。"当

---

① 李国庆：《典范之作，荆楚首功——评〈现存湖北著作总录〉》，《藏书报》2018 年 1 月 15 日，第 5 版。

代学者对于某些具体文献尚能做到这一点，但要求对一个省，或者四部之一部，辨章学术，考镜源流，以今天公私藏书之富，倘非英姿天纵，谁能克当。即便做不到章氏的高标准，一部严谨的书目，仍然能够为地方文献的整理出版规划提供思路，提供理据。

《现存湖北著作总录》虽未能悉数提示所收各书的学术内涵、专业价值，但著者借助于自己深厚的文献学功底、迥异于同侪的丰富阅历，通过考辨，从不同角度揭示文献的流传和版本的价值，为《荆楚文库》书目的选定，提供了一个极其重要的维度。

（三）可资按图索骥

编纂地方类丛书，向来有属地和属人两途。所谓属地，即只要是在本地方产生的著述，不论土著流寓，均予收列。所谓属人，即只要是本地人的后代，即视同土著，而流寓不与焉。即以同为湖北人主持编纂的"郡邑丛书"而言，《盐邑志林》似为属地，其取材范围很广，以古海盐辖境为准，收入从三国至明代在海盐撰著的经、子、杂说计四十种及附录一种。所以《盐邑志林》亦收流寓人士，如卷十二收南唐谭峭著《谭子化书》一卷，卷十七收元人姚桐寿著《乐郊私语》一卷，卷十八收明人王樵著《槜李记》一卷，卷二十七收明人许相卿撰《贻谋》一卷。而卢氏兄弟主持出版的《湖北先正遗书》似为属人，只要是鄂人所产，不论多少代都算鄂人，故收祖籍襄阳的杜甫。

不管我们采用哪种方式，一部好的书目都将对后续的整理工作提供莫大的便利。以《现存湖北著作总录》为例，该书目除了著录有书名、著者、版本等常规项外，还列有收藏单位一项。极便于按图索骥，查找及选择底本。规划和整理工作得以收事半功倍之效。

二 利用书目的几个原则

一本好的书目能提供一本书的书名卷数、著者时代、著者姓名、著作方式、出版年代等众多信息。各种公私书目是我们整理出版地方类丛书的重要参考依据和信息来源，但是各种书目都是为其自身的编纂目的服务的，不可能跟某一具体的地方文献整理出版的要求完全契合。不仅如此，有些书目编制时过于相信旧目和各藏书机构的馆藏目录，以致谬误相仍。因此取舍之际，需要慎之又慎。

（一）要判断拟采信书目的公信力

要尽量选用由权威机构或权威人士编制的且有定评的书目，否则不免抱残守缺，以讹传讹，甚或多歧亡羊，置身于"盲人骑瞎马，夜半临深池"的险境。

（二）要熟悉拟采信书目的体例，了解其著录范围

只有这样，才能了解其中有哪些内容可资利用，哪些内容还不在其中，明了其可用之处和不可遵用之处。如《中国古籍总目》的编纂说明明示："《中国古籍总目》以古代至民国初人撰著并经写抄、刻印、排印、影印之历代汉文古籍为基本著录范围，部分成书或传抄刻印于民国时期，内容关涉中国古代学术文化，采用传统著述方式，并具有古典装帧形式者（如丛书、方志、族谱等），收书下限有所延伸。"其他著述包括未经"编纂并传抄刻印成书之甲骨、铭文、碑刻、竹简、木牍、帛书、敦煌遗书、金石拓本、舆图、书札、字画、鱼鳞册、宝钞、契约、诰命、文告等文献"则不予著录。又如《现存湖北著作总录》的编例揭示："本目录为知见性版本书目，收录历代湖北籍人（含集体）以各种撰述方式、用古代汉语写成的书籍及历代记述湖北的典籍（单篇短什拟予另编）。"明言不收用白话文创作的作品，不收非鄂籍人士撰著的考析、研讨楚国和湖北的著述。证以《荆楚文库》的体例，则文库当收而上述二目不载的尚多。道理很简单，现存的各种公私书目都是在《荆楚文库》肇始之前已经底定，并非为文库量身定做，如果硬要断鹤续凫，削足适履，难免会有龃龉之处。再比如著录清代文献的书目，以及部分清史类的著作，为保证文献和人物的完整性，往往把已入民国者视作清人，一并收录其民国年间的著述。如《清史稿艺文志拾遗》的凡例称"清末民初人著作，成书虽在民国，亦酌予收录，以免割裂"，柯愈春《清人诗文集总目提要》凡例称"清亡后尚在世间而在清末有所活动或有创作者，其集皆在著录之列"，《清代人物传稿》亦收列周树谟、马君武等由清入民国诸人。使用时倘有不察，极易致误。

（三）要了解拟采用书目的优点和不足，做到心中有数

《现存湖北著作总录》应该说是目前最好的湖北地方文献书目，但阳海清

先生仍坦言："本书之不足有四：（1）尚有遗漏。'总'有双声四义：念平声有'缝合'意；念上声有'聚束'、'概括'、'全面'意，名曰《总录》，四义皆取，唯'全面'只能相对而言。本书之遗漏显而易见：①有一扎线索卡片因本馆搬迁，无法查核，只好割舍；②某些书已见书目，但不知其著者为湖北籍人，未能采入；③部分清末民初著作不见揭示，无法采纳；④妇女、僧道著作不曾专意搜访；⑤出土文献，尚属空白。（2）对著者籍贯之认定，个别或有争议。（3）某些著录项目未及进一步辨析、考证。（4）或有录入不当者没有发现。"①《现存湖北著作总录》有此遗憾，其他的公私书目自然也难免会有其自身的缺陷。只是此事知易行难，在公私书目的作者中如阳先生这般坦荡荡的君子不多，相当一部分书目的作者要么不自知，要么忧恤人言，讳莫如深。

（四）要仔细辨别内容和文字，提防以讹传讹

世无无瑕之璧，焉有无误之书。阳海清先生更直言"世上难有十全十美的书目，这是书目所含知识信息的无限性与编目员闻见的局限性之间产生的矛盾所决定的。"② 成于众手的由于水桶效应，不免物议，如人物朝代的标注，过于拘泥于文献本身所提供的信息，在处理跨朝代人物时出现失误，如将民国人误标为清人；名家独撰的，或因资料一时不就手，或为助手所误，有时也会出错。《清史稿艺文志》先经吴士鉴编成长编，再经章钰按四部分类，最后由朱师辙（字少滨）整理改编定稿，主事者都非泛泛之辈，然而书成之后，学界指责之声不绝于耳。1929 年，目录学家范希曾在《史学杂志》上发表《评清史稿艺文志》一文，称书中"小小疏误，触处皆是"。计有书名误、卷数误、撰人误者，有以明初人书误作清人书者，有以外国人书误作国人书者，有一书而重复著录者，有同书异名误为二书者，有诸书已散见各类复列书之总名者。更有重复著录至一再以上者。"凡此之类，不一而足。"王绍曾先生曾察其致误之由，指"章式之常年在津，仅据吴绚斋《长编》分类编纂，而绚斋《长编》，实系根据各书目而成，并未见诸目睹，故舛讹脱漏，在所难免。章式之虽谙目录，因未尝驻馆，将全馆之书，悉阅一过，遂亦未能增补脱漏，舛讹一仍其旧。其后朱少滨虽撰为《说帖》，重加董理，期以三五年竣工。终因馆长赵尔巽病笃，《清史稿》

---

① 阳海清、汤旭岩主编：《现存湖北著作总录》，国家图书馆出版社，2016 年，第 1454—1455 页。
② 阳海清、汤旭岩主编：《现存湖北著作总录》，国家图书馆出版社，2016 年，第 1453 页。

亟待梓印，《志稿》不得不草率交付，即书名卷数疑有错误者，亦未暇顾及。"[1]
正所谓求完人于世，百世而不得其一，求完书于世，或许百世亦不得其一。所以孟子有"尽信书则不如无书"之论。不然，郢书燕说，尚为意外之喜；三人成虎，才是无妄之灾。

即使书目登载无误，但是由于古人分卷过于随意，同为一卷，或仅数纸，或多至数十页。有些辑佚之书，名为一卷，实只数则，甚至只有一两行。对于我们设计选题、规划出版都会带来诸多不便，不可不慎加抉择。

（五）要知人论世，考察书目产生时的历史背景及书目成书后的社会变迁，切忌刻舟求剑

近代中国自太平天国之后，经历过三次大的社会动荡，一是日寇入侵，二是国共政争，再就是十年动乱。这几次动荡对于文献所带来的后果不只是文物播迁，典籍离散，还有大量文献历劫成灰。昨日书目所载实有的藏书，今日或许已经易主，或许已经灭失。因此在条件许可时要尽可能地见书，眼见为实。即以《现存湖北著作总录》而论，由于其搜访长达50年，无法反复核实馆藏，由于馆藏单位管理上的疏失，个别馆藏也有有目无书之虞。

（六）尽可能多地占有书目之外的其他文献资料，以之作为书目的参照

如前所述，各种志书和书目都可能存在缺失，都不可能完全满足我们的需要，解决我们在书目编制中遇到的所有问题。比如乡邦文献书目往往只收本籍人士的著述，而不收非本籍人士考析、研讨本地的著述。又比如志书中对传主的生卒年的记载、著作的著录以及人物和作品的评价等常有失误，个别人物只有只言片语的记载，等等。这些都有待于其他证据的发现和资料的支撑。应该树立一切从文献出发、用资料说话的意识。所幸现在已是互联网时代，资料的查找较之前人獭祭图籍，逐页检视，手自摘录已经方便太多。

近十年来，全国一些省市先后启动了大规模地方文献整理出版工程，如《广州大典》《湖湘文库》《浙江文丛》等，作为能反映出某一时期某一地域著述概

---

[1]　王绍曾：《〈清史稿艺文志拾遗〉前言》，《目录版本校勘学论集》，上海古籍出版社，2005年，第353页。

貌的书目，其编制工作不仅是地方文献整理的重要组成部分，如何使用已有书目也是地方文献整理的关键。《荆楚文库》的编纂出版，笔者有幸厕身其间，今将工作中使用书目的有关体会撰此，以期抛砖引玉。

《湖湘文库》古籍文献整理述略

马美著

（岳麓书社）

《湖湘文库》是湖南省委、省政府领导并组织出版的一套大型丛书，丛书的编纂于 2006 年启动，2013 年全部完成，历时 7 年。文库成书 702 册，分甲、乙两编，甲编湖湘文献 442 册，乙编湖湘研究 259 册，外加《湖湘文库书目提要》1 册。甲编的湖湘文献包括古籍文献和民国文献，其中由岳麓书社出版的古籍文献占《湖湘文库》一半之多，为该套丛书之重点。笔者曾任岳麓书社《湖湘文库》编辑部主任，亲历《湖湘文库》古籍文献整理出版的盛事，现兹述其大略。

一 《湖湘文库》古籍文献成书情况

湖湘文化源远流长，是中华文化重要的一脉。整理出版湖湘古籍文献，对传承发展湖湘文化很有意义。20 世纪 80 年代初，湖南成立了一家古籍出版社——岳麓书社，此后以岳麓书社为主陆续整理出版了一批湖湘典籍。在前人工作的基础上，《湖湘文库》编委会精心擘画，系统整理出版了最为代表性的湖南地方古籍文献。

《湖湘文库》的古籍文献主要由几个部分组成，一是湖南考古发现的古代文化遗存，如《马王堆汉墓帛书》《湖南出土简牍选编》等，收录湖南考古发掘的从战国到西晋时期的简牍、帛书。二是从先秦到清代湘籍人士的著作，酌收历代寓湘人士在湘的作品。这些文献的作者，从先秦到唐代主要有屈原、贾谊、张仲景、李群玉、刘蜕等人，宋代主要有胡安国、胡寅、胡宏、周敦颐、张栻、魏了翁等人，元代主要有欧阳玄、李道纯等人，明代主要刘三吾、李东阳、陶汝鼐、王夫之等人。清代以来，湖南人文荟萃，故而《湖湘文库》所收清代文献尤多，主要有陈鹏年、陶澍、曾国藩、魏源、左宗棠、郭嵩焘、王文清、欧阳厚均、邓显鹤等人的著作。这其中包括湘人的六大全集，即《船山全书》《曾国藩全集》《左宗棠全集》《魏源全集》《陶澍全集》《郭嵩焘全集》。三是方志，包括山水、名胜古迹志，如《南岳志》《桃花源志略》《洞庭湖志》等；书院志，如《岳麓书院志》《石鼓书院志》等；杂纪，如《五溪蛮图志》《楚南苗志》等；地方志，如《湖南通志》《长沙府志》《善化县志》等。

　　这些文献中个人文集的整理出版，主要采取标点和简体横排的方式，以便于今天的读者阅读。但对个别情况，作了灵活处理，如文库中的《船山全书》，是在原岳麓版《船山全书》基础上的修订，原版是采取繁体竖排的方式出版，故修订时在字体、版式上一仍其旧；王闿运的《尔雅集解》，是一部解释古代词语的著作，一旦简化无法窥其原貌，故也采取繁体竖排的方式出版；明代的音韵著作《青郊杂著》《文韵考衷六声会编》《字学元元》，因底本版式和内容复杂，整理和排版均有难度，故以影印的方式出版。至于文献中的地方志，考虑到读者面相对窄，整理所费时间长，故都采取影印的方式出版。

二　广泛搜集资料，精选版本

　　要从上万种纷纭庞杂的湖湘典籍中筛选出收录于《湖湘文库》的古籍文献，对湘人的著述情况以及底本的保存情况都应有清楚的了解，在此基础上尽可能广泛搜集底本资料，使《湖湘文库》古籍文献的出版具有权威性。岳麓书社曾出版全两册凡百万言的《湘人著述表》，是为系统、全面记载湘人著述的目录，对梳理编选《湖湘文库》古籍文献有重要的参考价值。对列入《湖湘文库》的文集，我们即以此为依据查找底本。当然，《湘人著述表》也不可能尽其所有，还需要整理者和编辑一起尽可能全面地查找底本资料。

　　以《郭嵩焘全集》的出版为例，编辑一套历史人物的全集，资料的搜集是非常重要的，也是非常困难的。对于资料的搜集，笔者和主编梁小进先生商定了一个原则，即力争做到"只言片语，求全责备"。郭嵩焘一生学识渊博，勤于著述，留下了宏富的著作，但是因为多种原因，其著述大多散佚，受其委托整理遗著的大学者王先谦曾说其"生平撰著大半散佚"。为了尽可能搜集到更多的郭氏著作，我们采用了明确的梳理办法。首先是根据相关资料按图索骥，查找郭氏的著作。关于郭嵩焘的著述情况，曾在郭氏所著《湘阴县图志·艺文志》及其日记中有所记载；郭氏后裔郭群曾撰有《湘阴郭氏遗著提要》，做了补充说明。郭嵩焘去世以后，王先谦根据郭氏生前的委托，整理他的遗著，并列出已刊著作 11 种、未刊著作 5 种。王兴国先生的《郭嵩焘评传》，也有专门章节论述郭氏著作。我们一一核实这些资料线索，希望能找到存目的郭氏文稿。为此，我们派编辑组的同志远赴北京、广州、南京、昆明等地，辗转反复，获得了很多珍贵的郭氏手稿等资料。其次，我们尽可能利用网络线索查找资料。当前网络资讯发达，可以提供很多有价值的线索。为此，我们编辑组专门安排一位熟悉网络的同志，负责收集有关郭嵩焘著述的信息。正是通过这个办法，我们了解到山东省图书馆收藏有 100 页郭嵩焘手稿。得知这个消息，我们如获至宝，赶忙派人去济南与图书馆洽谈，得到了这批宝贵的资料。

在搜集郭嵩焘文稿的过程中，我们得到了海内外朋友的大力支持。根据汪荣祖《走向世界的挫折》一书的记载，英国国家档案馆藏有郭嵩焘任大英公使时的信函，我们与英国国家档案馆联系，请求他们支持《郭嵩焘全集》的出版，他们的工作人员热情地为我们调阅了馆藏的郭嵩焘档案，并将之全部照相，制成光盘，寄来长沙。我们编辑组得知云南省图书馆藏有郭嵩焘的珍贵手稿，写信前去求助，云南省图书馆给我们提供了馆内珍藏的郭嵩焘手稿复印件。

整理古籍文献，选择好的版本非常重要。岳麓书社在出版《湖湘文库》古籍文献图书时，坚持精选版本。基本做法是，对所要整理的古籍，由编辑与有关方面的专家沟通，确定最好的版本，以最好的版本作为工作底本。如岳麓书社出版的湖南地方志，一个地方的方志文献，修于不同的时期，少则几个版本，多则十多个版本，内容上大同小异。岳麓书社就请教湖南的方志专家，从多个版本中选取最好的版本出版。《湖湘文库》在收录地方志时，考虑到整个文库的体量，主要只收录省志和州府厅一级的志书，但也收录了数种县志，如《长沙县志》《平江县志》《衡阳县图志》等，即是考虑到这些县志编纂水平高，版本价值大。此外，对于有些书有不同的版本，版本虽然差异不是很大，但都有价值，则保留不同的版本，如《湖湘文库》收录的《贾谊集·贾太傅新书》，是两书的合刊，其中《贾谊集》是包含贾谊《新书》在内的新编全集，《贾太傅新书》是明代湖南学者何孟春为贾谊《新书》所作的订注，该书为明代湘人研究《新书》的代表成果，故将二书合刊，保留不同的版本。又如《郭嵩焘全集》的日记部分，收录郭嵩焘从咸丰五年（1855）至光绪十七年（1891）的日记。光绪二年（1876）郭嵩焘奉命出使英国，曾将从上海启程到抵达伦敦 51 天期间的日记整理成书，以《使西纪程》书名刊行，这书与《郭嵩焘日记》中的这一段记录也有差异，为让读者了解其差异，在《郭嵩焘日记》中光绪二年后附录了《使西纪程》的内容。

三　以工匠精神从事古籍文献整理工作

古籍文献整理，是一项非常艰苦的工作。古籍文献整理、编辑出版既需要有深厚的专业学养，又需要有认真负责的态度。岳麓书社一批从事古籍整理出版的编辑，以一丝不苟的工匠精神，黾勉从事，不辞辛劳，故能推出一批精品力作。

王夫之的《船山全书》，是岳麓书社最早规划出版的地方文献。王夫之（1619—1692），湖南衡阳人。因晚年隐居石船山，学者又称船山先生。他一生著述丰富，内容广博，与黄宗羲、顾炎武一道被称为"明末清初三大思想家"。《船山全书》的编纂，由年届花甲的杨坚先生总其事，他"发愤忘食，乐以忘忧"，历 10 余年终得全书的出版。在编辑审读书稿时，他"每书亦必取底本及参校各本，就初校、覆审人员手眼之所历，一字一句而亲历一遍，拾遗补阙，务求妥帖而后定稿"，"各册付印之后，予皆自任校对，或至三四五遍，不惮其烦，以船山书之难读，不愿其中有错字也"（见杨坚《船山全书编辑纪事》）。正因为杨坚以工匠精神编纂《船山全书》，该书出版后得到学者们的极高赞誉。张岱年认为"《船山全书》校订精审，十分钦佩！船山著作从此得一善本，实为学术史上一件大事。此亦出版界之佳话也"。任继愈评价"这次的《全集》，可以说是最完备的版本。岳麓版《船山全书》可以传世"（见杨坚《船山全书编辑纪事》）。即使是这样一种受到学界广泛赞誉的图书，在收入《湖湘文库》的时候，岳麓书社也没有简单地重印，又由 80 岁高龄的杨坚先生主持了再版的修订。他每天坚持到书社上班，对 1000 多万字的《船山全书》全部重新审订一遍，字斟句酌，反复推敲，光修订的记录稿就有 20 多万字。修订版的《船山全书》，其编校质量更臻完善，被全国古籍整理出版规划办评为首届向全国推荐优秀古籍整理图书的 91 种之一。

《曾国藩全集》也是岳麓书社出版的重要地方文献。曾国藩（1811—1872），湖南湘乡（今双峰）人，近代政治家、理学家、文学家，湘军的创立者和统帅。20 世纪 80 年代初，岳麓书社规划出版《曾国藩全集》，其时唐浩明先生研究生毕业入职岳麓书社，他一来就全副身心投入到《曾国藩全集》的整理工作，尽可能广泛地搜集曾氏著述资料，对其著作进行悉心的整理，这冷板凳一坐就是十多年，终于出齐 30 册 1500 万字的《曾国藩全集》。该书的出版，在海内外学界产生了很大的影响。美国纽约《北美日报》发表评论，称赞《曾国藩全集》的出版是中国文化界思想突破禁区的标志。《曾国藩全集》收入《湖湘文库》时，又由唐浩明先生主持对《曾国藩全集》进行了修订，本着后出转精的原则，他对全书进行通读审订，修正了原版时的部分谬误，并补充了新发现的一些资料，使修订版的全集增至 31 册。从初次整理到修订完成《曾国藩全集》，唐浩明也由一个青年才俊变成了古稀老人。唐浩明先生不仅编辑《曾国藩全集》，而且通过对曾氏进行深入研究，在此基础上创作了长篇历史小说《曾国藩》，在文学界享有盛誉。他曾出任湖南省作家协会主席，所著的"唐浩明评点曾国藩系列"，包含评点曾氏家书、奏折、语录、日记、诗文、书信等，旨在"深入一个人物的心灵，破译一个家族的密码，探求一个民族的文化底蕴"，深受广大读者的喜爱。唐先生也以其在出版上的突出成就，获首届中国出版政府奖优秀人物奖、新中国 60 年百名优秀出版人物、全国杰出专业技术人才等奖励。

一部优秀的古籍文献整理图书，固然离不开编辑的认真加工，但整理者所做的艰苦细致的工作更为重要。岳麓书社出版的《郭嵩焘全集》，由著名的文史学者梁小进先生出任主编。老先生非常负责，无论对全书的体例、资料的搜集及书稿的审读，都是兢兢业业，一丝不苟。笔者作为《郭嵩焘全集》的责任编辑，有一件事终生难以忘怀。2011 年 12 月的一个夜晚，凌晨三点半钟，我的手机传来信息铃声，我其时负责《湖湘文库》古籍文献整理出版工作，因为压力大，晚上经常失眠。我打开手机一看，原来是梁先生通报："《郭集》书信终于全部完工了，呵呵呵。"想到一个年过六旬的老人工作到凌晨，我禁不住潸然泪下。正是有很多像梁先生这样的作者，岳麓书社才能出版许多优秀的古籍文献图书。

四 《湖湘文库》古籍文献整理出版的重要意义

钱基博先生认为，湖南地域"人杰地灵，大儒迭起"，"湛深古学而能自辟蹊径，不为古学所囿。义以淑群，行必厉己，以开一代之风气"（见钱基博《近百年湖南学风》）。正因为湖南有丰厚的文化资源，近两百年来一直有人在谋划湖湘文献的搜集整理和出版，清代编有《资江耆旧集》《沅湘耆旧集》《湖南文征》等，系湖南古代诗歌总集、文章总集，是为出版湖南地方文献之滥觞。1946 年，原湖南省政府文献委员会曾有汇编湖南文献的设想，但终因当时社会动荡而未能如愿。20 世纪 80 年代初岳麓书社成立时，同时成立的湖南省古籍整理出版领导小组也曾有过系统整理出版湖南文献的计划，囿于各种条件的制约，也未能得到实施。《湖湘文库》古籍文献的系统整理出版，可谓实现了数代人的夙愿。

湖南自古是"惟楚有材"之地，特别是晚清以来，湖湘大地涌现了一大批影响中国历史的风云人物，历史学家谭其骧认为："且清季以来，湖南人才辈出，功业之盛，举世无出其右。"湖南地方文献的系统整理出版，有着非常重要的意义。湖湘文化作为中华文化大家庭中一支很有特色的地域文化，曾受到学者的广泛关注。《湖湘文库》整理出版最具代表性的湖湘人物和重要寓湘人物的代表作品、各类方志，为研究湖湘文化、历史人物提供了宝贵的第一手资料，为新时期弘扬与传承湖湘文化奠定了坚实的基础。

对岳麓书社来说，《湖湘文库》古籍文献的出版也很有意义。一是明确了发展方向。《湖湘文库》为我们提供了一笔宝贵的财富，深入挖掘厚重的湖湘文化，加强对《湖湘文库》的深度加工，将是岳麓书社长期发展的方向。二是积聚了作者队伍。数百册的《湖湘文库》图书出版，我们团结了省内外一大批优秀的作者，他们是重要的作者资源。三是培养了编辑人才。通过整理出版这么多的古籍图书，我们的编辑队伍得到了很大的锻炼，很多编辑在岗位上成熟起来了，业务水平有了很大的提高。四是积累了管理经验。在编纂《湖湘文库》过程中，我们不断探索，尤其是各级领导的指导，让我们丰富了管理经验，为今后如何实施和管理大的项目，积累了宝贵的经验。

当然，《湖湘文库》古籍文献的整理出版，也有不足之处。由于《湖湘文库》的规模所限，一些有价值的个人文集未能列入文库选题，有遗珠之憾。在条件许可时，可考虑出版《湖湘文库》续编。由于编纂的时间非常仓促，加之编辑水平所限，书稿中也有一些质量差错。但瑕不掩瑜，《湖湘文库》古籍文献的整理出版意义重大，必将载入史册。

八闽集珍　文献渊薮

——关于《福建文献汇编》的几个问题

郭　丹

（福建工程学院）

2011 年，福建工程学院与商务印书馆联合推出大型福建历史文献丛书《福建文献汇编》第一辑（影印本 160 册），2014 年出版第二辑（影印本 100 册），2017 年 4 月份推出第三辑（影印本 100 册）。

一　缘起

福建历史悠久，数千年来丰厚的文化积淀，哺育了众多的政治家、思想家、军事家、教育家、艺术家。福建历代杰出人物，留下了大量的典籍文献。无论是这些杰出人物的精神道德风范，还是留存的典籍文献，都是福建历史文化中一笔宝贵的精神文化遗产，对福建以至中国的历史进程发生过重大影响。

然而，福建文献虽卷帙浩繁，却一直零散未加系统整理，在《福建文献汇编》（以下简称《汇编》）出版之前，福建一直没有总汇文献大成之举。目前，江苏、浙江、山东等省的地方文献整理工作已走在前头，《台湾文献汇刊》早已经出版面世（续编也已出版）。福建地方文献的整理与出版工作远远落后于兄弟省份，与我省文化地位极不相称。2011 年，福建工程学院成立"福建地方文化资源研究中心"，聘请台湾地区著名学者龚鹏程教授和商务印书馆四库全书出版工作委员会执行主任卢仁龙先生为名誉主任，郭丹教授为主任，朱晓慧教授为常务副主任，开始了福建文献的整理出版工作。

二　编撰情况

福建工程学院虽然是一所以工科为主的本科高校，但其主体之一是新中国成立前享有盛誉的"福建高工"。"福建高工"的前身可以追溯到近代著名文化人林纾、末代帝师陈宝琛以及晚清名绅孙葆瑨、力钧等于1896年创办的"苍霞精舍"。福建工程学院的历届领导一向重视大学文化建设，特别致力于挖掘传统文化资源，为建设大学文化服务。在整理挖掘林纾等创办人的文化遗产时，我们发现福建地方文献整理的必要性和迫切性。校领导和福建地方文化资源研究中心成员一起，多次与商务印书馆洽谈有关事宜，并筹措巨额资金，整合多种学术力量，抓住时机，成立了《汇编》工作机构，开始《汇编》编辑出版的具体工作。

为了《汇编》的编撰出版顺利进行，福建工程学院成立了出版编撰工作委员会，领导领衔，聘请顾问，下设"出版工作委员会""学术委员会""编纂委员会"等机构。这些机构，有众多的省内外学者参加。商务印书馆和商务印书馆四库全书出版工作委员会给予大力的支持，负责出版事宜。

三　收录内容与凡例

福建古代文献卷帙浩繁，仅以《四库全书》来说，收书总数在3600种左右。据有关文献记载，《四库全书》编纂过程中，福建官府及知名学者贡献良多。《汇编》第一辑以《四库全书》文津阁本为依据，收书361种，数量占了《四库全书》的十分之一，可见福建文献的丰富，也体现了福建人士对《四库全书》这一伟大工程的贡献。

《汇编》应该比较全面地反映福建历代文化学术典籍的面貌，我们的编辑宗旨正是立足于这一点。《汇编》所辑录的文献，限定为福建地域（以当代行政区域为准），所收文献时间下限定于1912年以前；所收文献，为闽籍人士撰写或编述的传世文献，以及非闽籍人士研究福建文化历史的著作。具体来说，其体例如下：一、所收典籍限定为福建地域（以当代行政区划为准）。台湾自清代中期独立建制，且又已有《台湾文献汇刊》等多种文献行世，故台湾文献不阑入。二、所收典籍均为反映并体现福建历史文化的重要历史文献。三、所收文献成书时间限于1912年以前。四、收录由闽籍知名人士撰写、编述的重要传世文献或是非闽籍人士研究福建文化历史的作品。^① 以上原则，目的在于全面反映福建历史文化。也有几个不收录的原则，如福建籍人士参与的官撰之作，与福建文化无关的不收；寄居、寄籍福建的非福建人作品不收；为保存原貌，只限于影印；各类著述中有关福建的史料不做摘录辑入，只收完整之作。

　　为了尽量收齐福建地方文献，我们拟定以《四库全书》系列丛书作为文献底本依据，依照经、史、子、集四部分类编辑。第一辑以文津阁《四库全书》为底本。文津阁《四库全书》原藏于承德避暑山庄，现收藏于国家图书馆。《汇编》第一辑收录了文津阁《四库全书》中有关福建的文献及研究福建文化的全部著作，自唐宋以来迄明清历代名家巨匠之作均收罗其中，同时补录今藏故宫的《四库禁毁书丛刊》两种。全套书以 16 开本印行，共 160 册，计收书 361 种，6500 多万字，2011 年由商务印书馆影印出版。第二辑主要依托《四库全书存目丛书》，择取其中有关福建的历史文献编撰而成，共 100 册，收入福建历代文献 238 种，4000 万字，2014 年由商务印书馆影印出版。第三辑继续以"四库"系列为依据进行编辑，收书近 300 种。福建是中国古代刻书中心之一，历史上自宋代建阳刻书兴起以后，久负盛名，影响很大。为展现历代闽刻珍本面貌，第三辑特地增选了历代闽版珍品文献 40 多种，约 900 卷辑入印行。第三辑仍由商务印书馆影印出版。

　　为什么要从《四库全书》中选录？主要的考虑是其系统性，在已辑录出版的历史文献中去辑录，不容易遗漏。《四库全书》系列丛书现在出得比较齐全。除了文渊阁《四库全书》（台湾地区影印出版，上海古籍出版社曾出有 32 开本）、文津阁《四库全书》（商务印书馆影印出版）外，存目丛书、禁毁丛书、未收书系、续修四库全书等都已出版，查找方便。《四库全书》文津阁本是现存《四库全书》中唯一没有遭受迁播之乱，保存最为完备的一种，文渊阁本曾从中抄补。相对而言，文津阁《四库全书》比文渊阁本更加完整。文津阁《四库全书》现藏于国家图书馆，是他们的镇馆之宝，已经委托商务印书馆出版，它与文渊阁《四库全书》都得到广泛流行。《汇编》第一辑以文津阁本《四库全书》为底本，是希望充分利用商务印书馆百余年来的出版资源进行编辑整合。除此之外，地方文献还有许多我们应该收入的，我们在后面的编辑中将尽量多地搜寻辑入。

---

① 　参见《福建文献汇编》第一辑卷首本，商务印书馆 2011 年版第 11 页。又见《福建日报》2011 年 7 月 13 日第 14 版郭丹《〈福建文献汇编〉前言》。

四 《汇编》的特点

与福建出版的其他地方文献汇编相比，《汇编》的特点首先在于时间跨度长——从《四库全书》所收的最早的福建文献书籍，一直延续到辛亥革命前。它能够比较全面地反映福建历史上的文献特点和历代福建学人著述的情况，也可以从文献的集成上看到福建历史文化发展变化的情况。

其次，尽可能地收全。限于资金和典藏的客观情况，我们无法都选择善本。就以《四库全书》自身来说，其所收之书并非都是善本。但是，我们仍希望能收集齐全，以便能够全面反映福建历代文献情况。《汇编》不但收录了福建历代名人的著作，如朱熹、蔡襄、真德秀、刘克庄、黄道周、李光地、林则徐等人的著述，就是一些不大为人所知的人物，如林希逸、曾慥、林兆珂、郑善夫、李光坡、黎士宏等人的著作，在《汇编》中也可以见到。《汇编》中除"四库"系列的福建文献之外，还有其他地方文献，并将进一步收录福建文献善本、稿本、方志、金石、图录等。

再次，尽可能地保持其学术的权威性与严谨性。作为一部大型的地方文献总集，权威性在于它具有集大成的意义，要能够真正反映出福建地方文化特点；严谨性则在于它的编辑体例的严谨，具备学术眼光。上面所述体例，主要还是从全面反映福建历代文化面貌考虑，同时尽可能准确地遴选出符合体例的典籍。这两点，是我们在编辑《汇编》时追求的目标。但是，实际操作起来却有一定的困难。比如，在既定的体例范围内甄别属于福建文献的作品，就颇费心力。面对众多的典籍，我们无法一一阅读后决定去留，所以要借重前人的成果。如在编辑第一辑时，我们参考了朱维幹纂辑的《四库全书闽人著作提要》[①]，朱著对《汇编》从"四库"中辑录福建文献起了很大的帮助。但是还是有一些福建籍作者作品虽被前人编入丛书中，却未收入《汇编》。如南宋人陈起编刻的《江湖诗集》中有南宋著名学者福清人敖陶孙的诗集，即付阙如。在第二辑中，我们以"四库"存目丛书和《续修四库全书》为依据，但这两部书有重复的内容，需要加以区别。再如，我们在编第一辑时以文津阁《四库全书》为依据，文津阁本与文渊阁本是有不同的。《汇编》第一册第一部宋人陈瓘的《了斋易说》，在文渊阁《四库全书》中则名为《了翁易说》，书同而名不同。陈瓘（1057—

---

① 朱维幹纂辑，李瑞良增辑：《四库全书闽人著作提要》，福建人民出版社，2001年。

1124），字莹中，号了斋，福建沙县城西劝忠坊人。《四库全书总目提要》说"了翁其自号也"，而文津阁《提要》却说"了斋其自号也"。《总目提要》与阁书《提要》是有差别的。我们以文津阁《四库全书》为依据，所以书名叫《了斋易说》。

最后，《汇编》依照"四库"以四部进行分类，便于从历时的角度归纳同类著作发展变化的状况，由此便于对同类著作提供一个学术史的鸟瞰图。如第一辑经部的易类著作，收录从宋代陈瓘的《了斋易说》到清代陈梦雷的《周易浅述》共 20 部 238 卷；第二辑从后魏关朗的《关氏易传》到清代罗登标的《学易阐微》共 9 部 34 卷；第三辑从明代陈琛的《陈紫峰先生周易浅说》到清代童能灵《周易剩义》共 6 部 27 卷。历代不同的学者，虽然其学术源流和承传不同，但是将《汇编》三辑所收的"易"类著作汇合起来，便容易看出易学在闽的发展流变情况，为闽派易学研究提供方便。再如集部，内容虽比较杂，但是从《汇编》三辑所收的著作来看，可以了解福建历史上众多学者的著述情况和学术成就。《汇编》收入了福建历代一流学者的文集，也收入了一些不大为人注意的学者的文集，后者如第一辑收入了唐代与韩愈同科登进士榜的欧阳詹的《欧阳行周文集》，宋代游酢的《游鹰山集》、陈淳的《北溪大全集》，明代林鸿的《鸣盛集》，清代蓝鼎元的《鹿洲初集》等；第二辑收入了明代高棅的《高漫士木天清气集》、蔡清的《蔡文庄公集》、郑善夫的《少谷集》，清代李光地弟弟李光坡的《皋轩文编》等。此类例子甚多，兹不一一列举。这些人，从全国的角度来说，或许不是数一数二的学者，但在福建历史和文化史上都有其重要地位，不可忽视。闽学文化史和学术史，是由历代众多的学者共同构筑起来的，从他们留存的文集可以证明这一点。

编辑大型文献丛书，总是会留一些遗憾。如我们发现一些善本或是稿本、钞本，本来应该辑入，但文献藏保单位不肯提供，则只好望洋兴叹。此外，如前所述，《汇编》以《四库全书》为依据，而《四库全书》在版本方面并不是最好的，所以《汇编》在版本方面也存在着不足。我们的愿望是尽可能地收全，但限于客观原因未能如愿，尚需继续努力。在权威性和严谨性方面，我们已经发现了一些不足，希望在今后的编撰中能加以弥补。

五　《汇编》出版的意义

《汇编》的面世，结束了福建省文献虽卷帙浩繁却零散未能汇总的现状，弥补了福建省历史上地方文献大型集刊的缺失和地方总集汇编的空白。《汇编》所收典籍内容广泛，学术文化价值极高，虽仍非闽人著作之全貌，但已可以看见辛亥革命以前闽人著作及千余年闽文化发展之概要，集中体现了福建文化的核心与精华，是目前国内最齐全的福建文献大典，也是研究福建地方学术文化历史的资料宝库。它与前几年出版的《台湾文献汇刊》形成闽台文献集成之双璧，相映生辉，在闽台文化交流方面有着重要意义。《汇编》出版后，受到领导和专家学者的称誉，如原全国台联会长、著名学者汪毅夫教授称《汇编》"为区域文献之大成，集中体现了福建文化的核心与精华，弥补了福建省地方文献大型集刊的缺失，是一件既有现实意义又具历史意义的重大文化举措。相信它的出版，在福建地方文化研究史上，将有着不可忽略的重要价值，在闽台文化交流方面也有着积极的意义"。学者南帆教授称赞《汇编》为"当代中国区域文献集成的开创与典范之作"。据不完全统计，第一、二辑出版后，《汇编》已被北京台湾会馆、台湾云林科技大学、福建省政府、福建省社会科学院、福建省档案馆、福建省图书馆、福建省委党校、福州市闽都文化研究会、闽南师范大学、福建南安市图书馆、福建工程学院、泉州师范学院、龙岩学院等十几个研究单位、高校、政府部门与图书馆收藏。

近年来，福建学者正在开展名为"大闽学"的地方传统文化和传统学术的研究。所谓"大闽学"，具有区别于传统朱熹"闽学"的含义，指的是包括朱熹及其以后一直到近现代范围内，福建地方广义的学术文化。《汇编》的编辑出版，不但可以全面反映"大闽学"的文献典籍面貌，也为广义上的"闽学"研究提供了文献基础。其次，近几年，福建各地都在开展具有地方特色的传统学术文化研究，如闽都文化、妈祖文化、"海丝"文化、闽南文化、客家文化等。为此，在《汇编》的基础上，可以进行福建各地历代文献的分类，为各地的传统文化研究提供蓝本。笔者曾就朱维幹《四库全书闽人著作提要》进行粗略的统计，福州地区（含五区八县）被收录的著作大约160部。待《汇编》三辑出齐后，更方便对各地文献进行归类统计，以窥见各地文化学术发展的状况。《汇编》可以提供这方面的方便。

中华传统文化蕴藏于流传几千年的典籍之中，"经史子集"就是传统文化的载体。"盛世修典"，当前社会稳定，经济繁荣，中央领导对弘扬传统文化的重视，为我们整理研究地方文献提供了极好的条件和机会。习近平总书记多次号召要弘扬传统文化，强调古代经典应该成为民族文化的基因，这也是实现中华民族伟大复兴的"中国梦"的重要组成部分。只有认真学习古代经典，准确领会和掌握古代经典中所蕴含的精义，发挥文以化人的教化功能，才能积淀为全民族的文化基因。地方文献整理，是弘扬传统文化的基础性工作，意义是显而易见的。目前，福建省正在开展"挖掘福建文化资源，打造文化品牌"的工作，启动"八闽文库"文化工程，我们希望，福建工程学院地方文献整理研究中心（福建省社科研究基地）推出的《福建文献汇编》系列丛书，能够为建构"大闽学"提供文献基础，并为福建传统文化工程作出更多贡献。

中原文化的系统总结和全面展示

——《中原文化大典》编纂工作综述

郭孟良

（中原大地传媒股份有限公司）

河南地处中原，是中华文化的重要发源地和华夏历史文明传承创新区。坚持文化自信，建设文化强省，构筑全国重要的文化高地，推动社会主义文化繁荣兴盛，始终是河南宣传文化工作特别是出版工作的重中之重。2008 年 4 月，河南出版界策划运作多年的标志性出版工程——《中原文化大典》在郑州举办的第十八届全国图书交易博览会上盛装亮相，产生了广泛的社会影响。10 年过去了，在中国特色社会主义进入新时代的今天，回顾总结《中原文化大典》策划、论证、组织、编纂的艰苦历程，梳理我们弘扬中原文化、让中原更加出彩的战略规划和发展思路，对于我们深刻领会、贯彻落实党的十九大关于中国特色社会主义文化建设的新思想、新部署、新要求，在实现"两个一百年"奋斗目标和中华民族伟大复兴中国梦的伟大进程中勇敢地承担起传承文化、发展文化、繁荣文化的历史责任，具有重要的现实意义。

一 站位与定位

"嵩岳苍苍，河水泱泱，中原文化悠且长。"源远流长、博大精深的中原文化，是中华文明长河的源头、主流，是中华民族优秀传统文化的缩影、载体，是我们国家和民族的"根之所系，脉之所维"，也是我们今天进行文化建设和文化创造的丰厚土壤和源头活水，因此，挖掘、抢救、展示、总结、弘扬、创新中原文化，不仅是我们河南出版界义不容辞的历史使命，也是我们建设文化强省、实现中原崛起的必然要求，更是我们充分发挥文化资源优势、促进文化大发展大繁荣的具体实践。

（一）编纂出版《中原文化大典》，是对中原得天独厚文化资源的挖掘整理、科学总结和集中展示，是一项中原文化的探源工程、抢救工程

河南地处中原，长期作为全国政治、经济、文化的中心，从夏朝到北宋，先后有 22 个朝代、200 多名帝王在河南建都，八大古都有其四，文化积淀非常丰厚，文化内涵博大精深，文化资源优势得天独厚，一部中原文化史，就是中华文明史的缩影。从新石器时代的裴李岗文化算起，八千多年的历史发展，给中原乃至中华文明留下了大量的文化景观、文化遗存、历史文物、文化典籍和艺术珍品，无论在总量还是在价值上，中原文化资源都居全国的领先地位。河南的地下文物、馆藏文物、国家历史文化名城和重点文物保护单位数量均居全国第一，中国 20 世纪 100 项考古大发现，河南有 17 项。从历史的角度看，中原地区是中华民族的摇篮地，在数千年的中华文明史上，中原地区一直是全国政治、经济、军事、文化的中心区域，有一千多位著名的思想家、政治家、科学家、文学艺术家等诞生、成长或成熟于此，有 1500 多个姓氏起源、迁徙于此。从文化传播的角度，中原地区还是中国古代文明的传播交流中心，中国最早的文字甲骨文是在这里发明和发现的，中国的四大发明指南针、印刷术、造纸术、火药是从这里发明和传播的，联结东西、享誉世界的丝绸之路是从这里起步的，就连来自远方的宗教佛教也是首先在这里安家落户的。因此，编纂出版《中原文化大典》，科学总结和全面展示中原文化，是对中华民族优秀文化传统的最好总结，是文化河南再现辉煌的重大任务之一。对中原文化资源进行系统的发掘整理、研究总结和集中展示，不仅具有重要的文化积累和文化抢救价值，而且也是我们发展文化产业、建设文化强省的必然选择。

（二）编纂出版《中原文化大典》，是弘扬中华民族精神和构建各民族共有精神家园、培育和践行社会主义核心价值观的重大实践，是一项功在当代、惠及千秋的传承工程、铸魂工程

河南历史悠久、文化灿烂。以裴李岗文化、仰韶文化、河南龙山文化为代表的考古学文化，以夏商周文化、汉魏文化、唐宋文化为代表的中原历史文化，以老子、庄子、张衡、许慎、张仲景、吴道子、杜甫、韩愈、岳飞、朱载堉为代表的名人文化，以易学、诸子、道教、佛教为代表的思想文化，以天文、农

耕、冶铸、陶瓷、医药为代表的科技文化，以汉字、诗文、书画、戏剧为代表的文学艺术，以少林、太极为代表的武术文化，以龙乡、始祖、河洛、姓氏为代表的寻根文化，以汴绣、钧瓷、汝瓷、官瓷、唐三彩、南阳玉雕、朱仙镇木版年画、汤阴剪纸、浚县泥塑、淮阳泥泥狗为代表的民间工艺，以宝丰民间演艺、濮阳和周口杂技、豫西社火、豫南民间歌舞、大伾山庙会等为代表的民俗文化，还有以龙门石窟、殷墟、白马寺、少林寺、相国寺为代表的人文景观，以嵩山、太行山、伏牛山、大别山、桐柏山为代表的山水景观，无不彰显着中原传统文化的根源性、正统性、连续性和开放性特征，以及兼容并蓄、刚柔相济、革故鼎新、生生不息的精神，这是我们今天实现中原崛起、建设文化强省、促进科学发展、构建和谐社会得天独厚的优势所在。源远流长的中原文化，是繁荣和发展河南出版业的雄厚资源，变文化资源优势为文化产业发展优势，做大内容出版，做强出版主业，加快从出版大省向出版强省的历史性跨越，是我们河南出版界义不容辞的历史使命。大力弘扬和培育民族精神、树立社会主义核心价值观、推进社会主义文化大发展大繁荣是宣传思想工作的历史革命，坚持"两为"方向和"双百"方针，弘扬主旋律，传播正能量，是新闻出版工作的基本职责。《中原文化大典》的编纂出版，不仅能够激发广大读者的民族自尊心、自信心和自豪感，增强社会主义意识形态的吸引力和凝聚力，弘扬以爱国主义为核心的民族精神和以改革创新为核心的时代精神，同时对加强精神文明建设、提高公民思想道德素质，倡导文明风尚、弘扬社会正气，建设先进文化、增强发展活力产生积极的影响，从而为改革、发展、稳定提供思想保证、精神动力和智力支持。

（三）编纂出版《中原文化大典》，是树立河南文化大省形象、建设文化强省、构筑全国重要的文化高地的有效途径，是一项中原文化的建设工程、形象工程

中国文化是世界文化的重要组成部分，而中原文化又是中国文化的核心组成部分。充分发挥河南得天独厚的文化资源优势和出版资源优势，集中各个领域的科研力量与编辑出版力量，通力编纂出版《中原文化大典》，通过对中原文化进行系统总结和全面展示，宣传和弘扬源远流长、博大精深的中原文化以及它所体现的中华优秀传统文化，不仅具有重大的文化积累和文化传承价值，而且具有重大的文化建设价值。从建设文化强省和出版强省的角度讲，编纂出

版《中原文化大典》，是我省文化积累、文化建设和文化产业发展史上具有里程碑意义的工程，是宣传河南、树立河南良好形象的有效途径。近几年来，我们河南内强素质、外树形象，经济保持高速增长，各项事业整体推进，给世人展示了一个良好的新河南形象。编纂出版《中原文化大典》本身就是宣传河南、推介河南，充分发挥河南的文化资源优势，集中体现河南文化大省的形象，把奋力实现中原崛起、构建和谐中原的事业不断推向前进。

（四）编纂出版《中原文化大典》，构筑中原文化研究、开发、传播的权威平台，具有巨大的可持续发展潜力，是一项中原文化的创新工程、传播工程

在时代的高起点上推动文化内容形式、体制机制、传播手段创新，解放和发展文化生产力，是繁荣文化的必由之路。文化产业是内容产业，内容形式的不断创新是其发展繁荣的内在规律，体制机制的改革创新则是破除制约束缚、激发创造活力的环境保障，传播手段的创新则是文化控制力、影响力、竞争力的实现途径。河南省文化事业和文化产业深化改革，积极探索，热点不断，亮点纷呈，但"大而不强"的问题依然突出，其中的关键还在于内容创新。《中原文化大典》的编纂出版，旨在改变中原文化内容产业散乱、重复、浅层次开发的现状，打造中原文化的超级航母，构筑进一步研究、开发、利用、传播的权威平台，为全方位开发、多层次普及、多媒体传播和可持续发展，满足不同时代、不同群体、不同阶层文化需求提供基础的内容服务和广阔的发展空间。因而对于做强做大中原文化内容产业，进而创新文化生产方式、培育新的文化业态、形成新文化传播格局将起到积极的推动作用。

总之，河南文化积淀丰厚，博大精深，是名副其实的文化资源大省，这是我们实现中原崛起、建设经济强省和文化强省得天独厚的资源优势。如何变资源优势为产业优势，加快从文化资源大省向文化强省的历史性跨越，构筑全国重要的文化高地、推动社会主义文化大发展大繁荣，是我们宣传文化战线责无旁贷的历史使命。《中原文化大典》的编纂出版，在我省文化积累、文化建设、文化产业发展史上都有着里程碑式的意义。

二　编纂与出版

蕴涵丰富的中原文化，是发展繁荣河南出版事业和做强做大文化产业的雄

厚资源。新中国成立后，尤其是改革开放以来，河南出版界立足中原、面向全国、放眼世界，围绕中原文化，编辑出版了一大批优秀图书，如《河南省志》《简明河南史》《河南历代名人词典》《中原远古文化》《夏史初探》《安阳殷墟青铜器》《中国音乐文物大系·河南卷》《中原民俗丛书》《中原文化史》《河南通史》《河南通鉴》等，产生了积极的社会影响，也为编纂出版大型地域文化图书奠定了良好的工作基础。

　　早在20世纪90年代初期，随着文化热的深入，《中华大典》《中华文化通志》等大规模的文化工程相继启动，地域文化研究和开发也成了举世瞩目的文化现象，《孔子文化大全》《岭南文库》等也纷纷上马，河南学术界和出版界的不少有识之士就提出了编纂《中原文化典汇》《河南文物精粹图说》《河南古代艺术》等中原文化大型图书的构想。当时，出现了一个值得注意的问题，省内外各出版单位都竞相策划相关的选题，其积极性和主观愿望应该肯定，但这种零散的、不成阵势的出版，形成了乱挖"小煤窑"的现象，不能完整准确地再现灿烂的中原文化。作为当代河南出版人，我们如果不采取有效措施，系统全面、完整准确地整理和开发中原文化的丰厚资源，这不仅仅是一种遗憾，也可以说是一种失职。于是，河南省新闻出版局决心组织各界力量，编纂出版《中原文化大典》，作为我省出版事业升级发展的标志性精品工程。

　　"九五"期间，我们先后约请百余位有关方面的专家，进行了多次整体策划和专题调研，1999年全省图书选题论证会上再次进行专题讨论，在几次大规模论证的基础上，集思广益，初步形成了《中原文化大典》的编纂出版计划。21世纪之初，省新闻出版局在制订"十五"规划时，认为随着河南出版界出版物创新、技术创新、人才创新三大工程的实施，出版综合实力大为增强，为《中原文化大典》工程的启动提供了必备的条件；近年来学术界有关研究逐步深入，相关成果日益增多，图书资料陆续整理出版，作者队伍和编辑出版队伍逐渐成熟，为工程的顺利进行打下了较为扎实的工作基础；而新世纪的机遇与挑战，河南出版业全面升级的历史使命，省委、省政府"重塑河南新形象，创造发展好环境"的指示精神，为工程的规划和实施提供了最佳的启动契机。经认真研究，果断决定把《中原文化大典》出版工程作为中心工作列入"十五"重点规划，并于2001年6月向省委、省政府上报《关于启动〈中原文化大典〉的报告》，并报请列入国家新闻出版"十五"重点规划和省精神文明建设重点项目、省社会科学规划重点项目。2001年11月29日，《中原文化大典》出版座谈会召开，中共河南省委副书记王全书到会作了重要讲话，省委、省政府及各有关方面的领导、专家、记者 60 多人与会，围绕《大典》编纂方案进行了热烈讨论，要求锁定目标，明确责任，通力协作，开拓创新。力争以一流的策划、一流的设计（方案）、一流的作者，创一流的作品；以一流的编校、一流的装帧、一流的印制，出一流的图书。举全省之力，把这件功在当代、惠及子孙的大事办好，以无愧于前人，无愧于时代，无愧于后世。

这次会议，标志着《中原文化大典》工程的全面启动。省委、省政府实现中原崛起和建设文化强省战略决策的提出，迎来了文化体制改革和文化产业发展的良好机遇。河南出版集团成立后，集团领导高度重视，精心组织，强力推动组建队伍搜集资料、编写书稿、采集图片、评审修改、精心编校、设计制作。再加上社会各界高度关注和通力合作，历时八年，《中原文化大典》编纂出版工程终于大功告成，几代出版人的梦想可以实现了。

（一）根据编纂实践的需要，逐步完善《中原文化大典》的编纂方案

《中原文化大典》分一论、八典、一记，共 10 个部分，精装 55 册，约 3000 万字，4 万幅图片。在编纂体裁上融通史、通志、通典于一体，有别于其他丛书、类书，传统编纂与现代撰述方式相结合；在述论关系上以述为主，述论结合；在纵横关系上，横分竖写为基本原则；在图文关系上，文纲图目，文图并茂；在时间跨度上，上起远古，下迄清末；在空间范围上，取狭义的中原即今天河南省的地域范围。各部分述如下：

《总论》：1 册，论述中原文化的科学内涵、自然与人文环境、区域特征、文化形态、文化特征、文化精神及其在中华文化中的地位和作用。

《学术思想典》：分哲学、经学·史学·文字学，2 册，系统梳理中原学术思想的发展脉络，展现中原学术思想成果。

《文学艺术典》：分文学、书法、绘画、音乐、戏曲、舞蹈，6 册，总结中原文学艺术各个门类的发展线索、规律、特点，揭示其在中国文艺发展史上的地位与贡献。

《科学技术典》：分数学·物理学·化学、天文学·地理学·生物学·医药学、农业·水利·纺织、矿冶·建筑·交通，4 册，从 13 个学科领域客观记述和展示中原历史上的科学技术成就。

《教育典》：分官学·选士、私学·书院，2 册，系统总结中原传统教育文化。

《民俗典》：分民间生产、民间生活、民间社会、民间信仰、民间文艺、武术，6册，全面深入记述中原民俗文化的传统风貌和精神特质，系统整理中原武术文化遗产。

《文物典》：分古人类·旧石器、聚落、城址、陵寝墓葬（上、下）、古文字（上、下）、陶器、陶塑、瓷器、青铜器（上、下）、玉器、金银器·漆器·杂项、画像石、画像砖、壁画、碑刻墓志、龙门石窟（上、下）、中小型石窟与石刻造像、建筑、历史文化名城，23册，以精炼的文字综述和精美的文物图片全面展示中原文物考古的重大发现和研究成果，再现中原文明。

《人物典》：分人物传（上、中、下）、人物表，4册，入传人物600余，入表人物5000余，客观记述中原历史文化名人的生平及其对中华文明的贡献。

《著述典》：正编·经部、正编·史部、正编·子部、正编·集部、外编·河南方志总目、中原出版，6册，著录历代河南人所编撰的各类存佚著述，以及河南历代方志及非河南人所编撰的有关中原的专录文献，总计9000余种，以历史线索记述和总结中原传统出版文化。

《大事记》：1册，记述中原有史以来文化方面的重大历史事件，作为整个中原文化的纵向大事编年记录。

纸质图书出版以后，我们又在此基础上开发建成了中原文化资源数据库。

（二）组建阵容强大、实力雄厚的《中原文化大典》编纂队伍

根据《中原文化大典》编纂出版的总要求，按照"一流的专家、一流的编辑、一流的设计、一流的质量、一流的成果"的原则，经过反复酝酿和征求专家、学者意见，我们组建了国内一流的《中原文化大典》专家学者队伍。

《中原文化大典》工程启动之初，我们就邀请北京大学教授季羡林、张岱年、邹衡、宿白，国家图书馆馆长任继愈，中国人民大学教授、国家清史编纂委员会主任戴逸，国家文物局局长、著名考古学家张文彬，中国社会科学院历史研究所所长、国家夏商周断代工程首席科学家李学勤，中国文联副主席、中国民间文艺家协会主席冯骥才，中国社会科学院副院长李慎明担任学术顾问，并请他们就编纂理念、编纂原则、编纂方案提出重要的指导意见。

按照"权威专家领衔挂帅、中坚力量担纲主撰、社会各界广泛参与、立足河南兼及全国"的基本思路，我们邀请郑州大学博士生导师李民教授担任《总论》主编；郑州大学党委书记郑永扣教授担任《学术思想典》主编；著名文艺

评论家、河南省文学院名誉院长孙广举研究员担任《文学艺术典》主编；河南大学副校长赵国祥教授、河南大学教育科学学院苗春德教授担任《教育典》主编；郑州大学历史学院博士生导师王星光教授担任《科学技术典》主编；河南大学文学院张振犁教授、郑州轻工业学院副院长陈江风教授、河南文艺出版社任骋编审担任《民俗典》主编；河南博物院许顺湛研究员、河南省文物局局长陈爱兰、河南博物院院长张文军研究员、河南省文物局副局长孙英民研究员担任《文物典》主编；河南大学朱绍侯教授担任《人物典》主编；河南省社会科学院栾星研究员担任《著述典》主编；河南省社会科学院历史所所长程有为研究员担任《大事记》主编。担任《中原文化大典》分典副主编以及分卷、分册的主编、副主编近百人，也都是省内外各个相关领域的学术权威、知名专家和学术带头人。具体执笔的撰稿人有 300 多位，几乎囊括了我省中原文化研究的所有力量尤其是中青年学术骨干，同时也特邀省外相关领域专家学者共襄盛举。

2006 年起，《中原文化大典》初稿陆续完成，我们建立了评议评审制度，每卷每册书稿先请专家评议，有的还要进行二次、三次评议，基本定稿后再邀请全国相关领域的学术权威担任首席评审专家、若干知名学者担任评审专家，首席评审专家和评审专家要在相应的卷端署名。评审专家包括中国科学院自然科学史研究所所长廖育群研究员，中国社会科学院文学研究所前所长邓绍基研究员、世界宗教研究所副所长张新鹰研究员和马西沙研究员、历史研究所王震中研究员，中国艺术研究院隆荫培研究员、余从研究员，北京大学张双棣教授，北京师范大学刘铁梁教授、王炳照教授，中国文联刘锡诚研究员，中国人民大学张研教授，上海大学阮荣春教授，武汉大学曹之教授，山东大学叶涛教授，华中师范大学熊铁基教授，上海师范大学汤勤福教授等。这些评审专家基本代表了国内相关学科的权威水平，他们广泛的文化影响、高深的学术造诣、严谨的把关态度，是我们编纂出版的质量保障和坚强后盾。

（三）辛勤耕耘，敬业奉献，高标准、高质量地完成《中原文化大典》编纂出版任务

《中原文化大典》工程启动之初，即成立了专门的办公室，制订了具体可行的工作程序和实施方案，并依托中州古籍出版社具体承担编纂出版任务。《中原文化大典》办公室进行了如下艰苦细致的工作：

一是进一步论证和完善编纂方案。编辑专程到京征求专家意见，并召开座

谈会；召开三次编纂工作会议，论证和补充完善方案，陆续增加了《学术思想典》《教育典》《科学技术典》以及《著述典·中原出版》，压缩《总论》等，最后形成现在的规模。

二是陆续启动各分典的编纂。大体包括聘请主编、副主编、分卷主编组成分典编委会，制订分典编纂方案和编写提纲，组建写作班子，撰写样稿，召开分典编纂会议，通过后全面铺开编撰工作。一个环节往往需要多次研讨和磋商，有的分典编委会组成几经反复，迁延一两年之久。

三是出版工作简报，交流信息，指导编纂实践，共出版简报32期。

四是建立编纂工作会议、分典编委会议和日常工作例会制度，协调解决有关问题。

五是实施书稿评议制度。书稿部分完成后，约请专家进行评议，提出修改意见，既推动进度，又及时纠正问题，提高质量。有些书稿经过两次甚至三次评议。

六是制订图片采集和使用办法，指导图片工作。《中原文化大典》图文并茂，图片要求数量多、质量高，尤其大量文物图片的拍摄工作量大、行政协调难、费用高，拍摄过程颇费周折。

七是组建整体设计专家队伍。先是尝试海内外招标方式，后采取邀标方式，最后确定以著名装帧设计师陆智昌先生为首组成整体设计组，拿出一流的设计方案。

八是实行评审定稿制度。书稿经过主编审读、内部评议，修改后请该领域的国内知名专家担任首席评审专家和评审专家，通审分典或分卷书稿，评审通过或修改后方可定稿，进入编辑出版程序。

九是制订后期编辑、设计、校对、印制工作计划，实行倒计时工作法。确定了编辑责任人制度，引进项目管理的有关办法，前期编撰初步完成后，即着手制订后期出版工作规划，实行流程管理和倒计时的工作方法，确保质量和进度。

十是在河南出版集团成立伊始、资金非常紧张的情况下，筹措资金，保证投入，制定专项资金管理办法，加强预算管理，确保工程的进展。

盛世修典，众志成城。《中原文化大典》的编纂出版，正值我国文化体制改革和文化产业发展的良好时期，省委、省政府的正确领导，社会各界的协力推进，为工程的顺利进行提供了坚强有力的保证。省直有关部门、有关单位、高等院校和科研院所也都发扬协同作战精神，在资源、人力、项目安排等方面给予了密切配合、积极支持。特别是承担编撰任务的各位专家学者几年来以饱满的政治热情、严谨的科学态度，充分发挥各自的专业优势，全身心投入到编撰工作中去，辛勤耕耘，顽强拼搏，精益求精，敬业奉献，为工程的圆满完成提供了坚强有力的组织保障和质量保障。

三 总结与展示

《中原文化大典》上起远古，下迄清末，突出中原文化的地域特色，是一部兼具集成性和经典性、权威性和科学性、艺术性和实用性，系统总结中原文化的辉煌成就，全面展示中原文化的厚重博大，代表中原文化研究的最高水平和公认的学术成就，完整准确体现中原文化多维价值的大型图书出版工程。这是一项前无古人、功在当代、惠及千秋的文化壮举，对促进我省经济社会发展、实现中原崛起产生了广泛而深远的影响，在全国各地区域文化工程的编纂出版方面也具有一定的代表性。

（一）《中原文化大典》是对中原文化的科学总结、权威表述和系统研究

《总论》首次对中原文化进行系统的理论概括，科学地阐释了中原文化的地域内涵和文化内涵，分析了中原文化所处的自然环境、人文环境和社会环境，梳理了中原文化从起源、形成、发展、繁荣到嬗变、复兴的历史演变轨迹，并以文化区域理论透视中原文化的中心区域和边缘区域的空间布局（河洛文化区、郑韩文化区、后河洛文化区、卫赵文化区、楚文化区、黄淮文化区）及其整合与分异，以文化形态理论分析中原思想文化形态、信仰文化形态、文学形态、艺术形态、科学技术形态和文化组织形态。最后通过总结中原文化的悠久性、连续性、原创性、融合性和正统性五大特征，进一步概括出中原文化三教合流的精神内核，天人合一的理想境界，刚健有为、中庸尚和的处世哲学以及爱国爱家、尊礼重教、勤劳开拓、节俭持家、坚忍不拔、和平仁爱等丰富多彩的人格追求。进而从宏观角度揭示中原文化在中华文明发展进程中的主体、主导地位及其价值和作用，以及近代以来中原文化的历史走向和现实启示。

随后的《学术思想典》《文学艺术典》《教育典》《科学技术典》《民俗典》5个分典20个分册作为《大典》的第一方阵，分门别类对中原文化的各个分支学科进行研究，在广泛借鉴千百年来中原文化研究成果的基础之上，初步创建

中原文化的学科体系，打造中原文化的集成之作。《学术思想典》包括了哲学、经学、史学、语言文字学，《文学艺术典》则涵盖了文学、书法、绘画、音乐、戏曲、舞蹈6大门类，《教育典》分为官学教育、私学和书院教育，《科学技术典》更是包括了数学、物理、化学、天文学、地理学、生物学、医药学、农业、水利、纺织、冶金、建筑、交通等13个门类，《民俗典》眼光向下，系统论述中原民间生产、民间生活、民间社会、民间信仰、民间文艺和武术。这些论述，一是代表了中原文化领域公认的学术成果，体现其集成性和经典性特点；二是代表了中原文化领域的最新水平，许多论述都具有原创和开创意义，体现其权威性和科学性的特点；三是图文并茂，在理论总结的同时，充分发挥其展示功能，将有重要历史和文化传承意义的经典文献和珍贵图版选录和保存其中，体现其艺术性和实用性的特点。以此体现《中原文化大典》的编纂意图，也得到了众多评审专家的充分肯定和高度评价。

（二）《中原文化大典》是对中原文化资源的挖掘整理、全面展示和艺术再现

除了上述主体部分以总结为主兼及展示外，以下的《文物典》《人物典》《著述典》《大事记》4个分典34册作为《大典》的第二方阵，则运用传统史传的编纂方式，承担起整理、展示和再现中原丰厚文化资源的功能。其中《文物典》23册，工程最为浩大，以精炼的文字综述和大量精美的文物图片系统反映中原文物考古百年来的重大发现和研究成果，探源析流，还原本色，以物证史、以图说史，全面再现中原古代文明的广袤图景，充分彰显中国文物第一大省的壮美风采。《人物传》3册入传人物600余人，《人物表》1册入表人物5000余人；《著述典》正编经、史、子、集部著录历代河南人士编撰的各类现存或散佚著述，外编则著录河南方志文献以及历代非河南人所编撰的有关中原的著述，总计9000多种，一一撰写提要，并编制索引，以备检阅，另设《中原出版》1册，勾画中原出版文化的历史脉络；《大事记》1册，以传统编年体和纪事本末体相结合的手法，客观记述中原地区有史以来文化方面的重大历史事件，作为整个《大典》的纵向的大事年表。文物、文献、人物、事件，不同体裁；章节、条目、表格、部类，不同体例；图片、文字，不同载体，共同清理资源、彰显主题、再现文化、展示辉煌，把河南作为"声灵赫濯之区、文物衣冠之数"的文化资源大省之名落到实处，把中原文化的理论概括具象于丰富的载体之中，建立在

坚实的基础之上。

值得强调的是，《中原文化大典》秉承中国出版文化史上"左图右史""亦图亦文"的优良传统，着重强调图片资料的文物与艺术价值及其存在的独立性，高度关注其视觉表达和艺术效果，"覃精聚神，穷极要眇"，以"天巧人工"，为图文经典。《中原文化大典》采录图片资料 50000 余幅，精选 40000 幅入书，本身就堪称"中原文化图片资源库"。同时，在整体装帧设计上，我们与著名设计师陆智昌先生反复研讨，通过开本、纸张、封面与版式设计、印刷制作的精心策划，全面调动各种出版文化元素，最大限度地突出图片艺术效果和独立价值，提升全书的设计含量和艺术含量。

（三）作为一部大型的综合性、地域性文化套书，《中原文化大典》在编纂体式上勇于探索，敢于创新，有所突破，有所创造

《中原文化大典》有别于《中华大典》等的类书体裁和《孔子文化大全》等地域性文化图书的丛书体裁，以传统的图书编纂方式和现代图书编纂方式相结合，融通史、通志编纂的优点于一体，注重体系建构，观照纵横关系，兼顾传统与现代学科分类，严守时空和学科边界，提出"横分竖写、文纲图目、述论结合、正附相维"等编纂原则，综合运用章节、条目、图表、部类等编纂体例，从而探索出一种相对科学适用的地域性综合文化套书的编纂体式。当然，体例上的创新也极大地增加了编纂的难度和强度，为此，我们提出从打造文化品牌和传世经典的高度，全面强化责任意识和质量意识，认真处理好质量与进度的关系，总体把关与协调服务的关系，《中原文化大典》编纂理念、原则与各个学科特点的关系，中国文化与中原文化的关系，历史与现实的关系问题。经过长期的探索与努力，我们与广大作者密切合作，以对祖国文化的崇敬和对学术严谨科学的态度以及对历史、对读者、对自己高度负责的使命感，圆满完成了既定的编纂任务，达到了预期的目的，也为这类图书的编纂出版提供了可资借鉴的经验和可供研究的范例。

四 传承与创新

《中原文化大典》的编纂出版和中原文化资源库的建立，既是中原得天独厚文化资源优势的挖掘清理、中原文化研究的选精集粹，也为中原文化的进一步

研究、开发、传播和弘扬构建了一个权威的学术平台，为我省文化事业和文化产业的发展打下坚实的基础。近年来，随着建设中原经济区、中原城市群上升为国家战略，河南省提出立足中原文化资源优势，通过龙头项目带动、文化品牌提升、特色产业支撑、体制机制创新，聚焦、聚神、聚力全球华人根亲文化圣地建设工程、中国文化遗产保护传承示范基地建设工程、全国重要的文化产业基地建设工程、现代文化创新发展新高地建设工程、中华文化"走出去"重要基地建设工程，加快推进华夏历史文明传承创新区建设。我们出版界也组织出版了《中原文化通史》《河洛文化研究丛书》《河南历代方志集成》《中华姓氏河南寻根》《河南专门史丛书》《黄河志丛书》《中国考古集成》《中国传统工艺全集》《中国音乐文物大系》《中国汉字文物大系》《华夏文库》《国学经典》等一大批传承、弘扬中华优秀传统文化的优秀出版物。

《中原文化大典》问世10年来，全国各地地域性文库纷纷涌现，其中大部分以地域文献整理为主，兼及文化研究，形成了一个引人瞩目的文库出版现象。我们也在《中原文化大典》的基础上，借鉴兄弟省份的经验，规划实施中原文脉传承创新工程，既系统整理编纂新中国成立之前的历代中原文献，也适应信息文明和融合出版的趋势，开发中原文献数据库，并组织出版中原文化专题研究丛书和当代中原研究丛书，多角度、多层次、多媒体立体开发，努力构建中原文化资源和创新平台，进而形成辐射海内外的中原文化乃至中国传统文化的研究、教育、产业开发中心，为构筑全国重要的文化高地添砖加瓦，谋篇布局。

党的十九大报告指出："文化兴国运兴，文化强民族强。……坚持创造性转化、创新性发展，不断铸就中华文化新辉煌。"此前，中共中央办公厅、国务院办公厅还下发了《关于实施中华优秀传统文化传承发展工程的意见》。新时代、新方略，作为文化资源大省的河南，文化发展面临着前所未有的历史机遇。我们必须坚定文化自信，进一步解放思想，持续深化改革开放，与时俱进，守正出新；战略定位，科学规划，走可持续发展之路；整合资源，集聚力量，走合力突破之路；创意创新，打造精品，走品牌带动之路；统筹内外，做强做大，走产业化发展之路，进一步推动中原文化高质量发展和高水平开放，不断增强中原文化的传播力和影响力，在中国特色社会主义文化的繁荣兴盛和中华民族的伟大复兴中谱写出让中原更加出彩的新篇章。

传千年文脉，铸不朽华章

——《金陵全书》的编纂历程

卢海鸣　谢　微

（南京出版社）

总册数 400 册；

总字数 3.2 亿字；

总页数 32 万页；

总厚度 20 米；

总投资额达 6000 万元；

参加编纂人员达 150 人；

编纂时间达 15 年以上；

……

这一个个令人惊讶的数据，足以将南京历史上规模最大、种类最全、数量最多、分量最厚、投资额最高、参加编纂人员最多、编纂时间最长的地方文献整理成果——《金陵全书》镌刻在南京历史文化的长河中，形成一座新时代的丰碑，化为历史的永恒。

《金陵全书》是自 2009 年 12 月 24 日中共南京市委、市政府举行编纂启动仪式以来，在市委宣传部的直接领导下，由南京出版传媒集团南京出版社与南京市地方志编纂委员会办公室、南京市档案局（馆）、南京图书馆等单位通力合作实施的一项重大文化工程。经过不懈努力，攻坚克难，上下求索，截至 2018 年 10 月已出版 238 册，完成了总出版规划册数 400 册的一半以上。

一　"十朝都会"成就"天下文枢"

南京，拥有 60 万年的人类活动史，近 2500 年的建城史，约 450 年的建都史。是我国著名的四大古都之一、国务院公布的首批 24 座历史文化名城之一，素有"六朝古都""十朝都会"的美誉。虎踞龙盘的南京城，在悠久的历史中，多次拯救中华文明于危亡之中，承前启后、存亡续绝、传薪播火、连绵不断，孕育了丰富多彩、兼容并蓄的"南京文化"，其中以灿烂的六朝文化、绮丽的南唐文化、磅礴的大明文化和缤纷的民国文化尤为世人瞩目。

然而，由于历朝历代的兵燹战乱和风雨侵蚀，南京历史上的辉煌成就以物质文化形态留存下来的相对较少，更多的是以文字的形式保存在流传下来的图书典籍之中。这就是珍藏着南京这座古都灿烂文化和悠久历史的宝库——南京文献。

以六朝刘义庆《世说新语》、刘勰《文心雕龙》、钟嵘《诗品》、萧统《昭明文选》，唐朝许嵩《建康实录》，南唐李璟、李煜《南唐二主词》，宋朝周应合《（景定）建康志》和马令、陆游《南唐书》，元朝张铉《（至正）金陵新志》，明朝礼部《（洪武）京城图志》、明朝官修《寰宇通衢》、陈沂《金陵古今图考》、胡正言《十竹斋书画谱》，清朝吴敬梓《儒林外史》、孔尚任《桃花扇》、陈作霖《金陵琐志九种》，民国王焕镳《首都志》、朱偰《金陵古迹图考》等为代表的南京文献，是世世代代的南京人民乃至人类共同经验、智慧与启示的结晶，也是南京人民、中国人民，乃至世界人民的共同财富。

南京文献绵延不绝，其数量之巨，卷帙之繁、内容之广、版本之多、价值之大，令海内外专家学者为之惊叹。据不完全统计，截至 1949 年中华人民共和国成立，保存下来不同版本的南京文献近万种，其数量不仅在我国历史文化名城中独领风骚，而且在世界各国古城中也是遥遥领先。因此，全面、系统、完整地挖掘、整理、传承、弘扬南京留给全人类的这些不朽作品，显得格外重要。《金陵全书》这一时代的幸运儿应运而生。

二　筚路蓝缕铸就皇皇巨著

优秀传统文化是中华民族的根与魂，也是建设当代中华文明大厦的"奠基石"和创新发展的"阶梯石"。优秀传统文化在涵养社会主义核心价值观、建设社会主义文化强国中具有重要作用。习近平总书记指出："提高国家文化软实力，要努力展示中华文化独特魅力。……要系统梳理传统文化资源，让收藏在禁宫里的文物、陈列在广阔大地上的遗产、书写在古籍里的文字都活起来。"其中让"书写在古籍里的文字活起来"，对我们挖掘、整理、弘扬南京地方文化具有指导意义。

中央对古籍整理出版工作一直高度重视，专门成立了全国古籍整理出版规划领导小组，领导小组办公室设在国家新闻出版广电总局，负责制定国家古籍整理出版规划，还设立了国家古籍整理出版资助基金。一些重点城市也积极响应，纷纷整理出版代表本地历史文化特色和品位的优秀典籍，古籍文献的重新整理出版工作方兴未艾。

就南京而言，在历史上至少有过三次文献整理。

第一次，明朝永乐年间（1403—1424），明成祖朱棣命令解缙、姚广孝等在南京整理出版了中国古代最大的百科全书《永乐大典》22877 卷，11095 册，约 3.7 亿字，汇集了古今图书七八千种。

第二次，民国年间的 1947 年 1 月至 1949 年 2 月，南京市通志馆编印了一套《南京文献》（见存 26 号），其中收入南京地方文献 67 种，包括元、明、清至民国各时期的作品。

第三次，自 2006 年开始，南京出版社和南京市地方志办公室等单位合作，编辑出版了"南京稀见文献丛刊"，到 2018 年 10 月为止已经出版 63 册 97 种。"丛刊"选取六朝至民国年间比较稀见的南京文献进行点校，以适应普通读者的需求。目前仍在不断出版中。

2009 年，《金陵全书》编纂工作的启动，开启了对南京文献的第四次整理工作，并超越历史上的任何一个时期，首次借助最新印刷技术，部分内容采用双色套印和四色彩印，高度还原文献原貌，最大限度地确保了文献的价值。

《金陵全书》在启动之初就被列为"南京市重点文化产业项目特色品牌"，一开始的目标就是打造"传世精品"，以与南京这座中外闻名的历史文化名城的地位相匹配。为此，我们成立了《金陵全书》编辑出版委员会，聘请了南京大学历史学院资深教授蒋赞初、茅家琦先生和南京博物院原院长梁白泉先生等人担任特聘学术顾问，对《金陵全书》的编纂出版工作进行宏观指导。与此同时，我们成立了《金陵全书》专家组，聘请南京大学贺云翱、范金民、程章灿、胡阿祥、夏维中教授，南京师范大学江庆柏教授，以及南京图书馆徐忆农研究员、南京博物院王明发研究员等全国知名专家学者，承担具体工作。专家学者们不辞辛劳，对现存南京地方文献的种类、数量、保存现状以及收藏地点进行深入细致的调研，编制了一份长约300页的《南京古籍目录》以及长达88页的《金陵全书·文献编书目》。此后，我们又多次召开专家会，集思广益，反复推敲，最终确定将《金陵全书》分为方志编、史料编、档案编和文献编四大类，每一大类按时间先后顺序排列。在版本的选择上，尽可能选择最早、最好的善本和孤本。

在各方面的共同努力下，在专家学者们的指导帮助下，一些长期束之高阁的孤本、珍本，因《金陵全书》的收录，终于得以一露真容。如《（景定）建康志》是南京现存最早的官修志书，其编撰体例为后世广泛沿用，《金陵全书》采用南京图书馆藏金陵孙忠愍祠仿宋刻本，首次原大影印出版。《（康熙）江宁府志》（于成龙本），中国国家图书馆藏清康熙二十二年（1683）红格精钞本为海内孤本，《金陵全书》首次原大影印出版。《（正德）江宁县志》，中国国家图书馆藏明正德十六年（1521）增修本从未出版过，《金陵全书》首次原大影印出版。《南京吏部志》，《金陵全书》采用的是台北"中央"图书馆藏明天启二年（1622）刊本。《南京大理寺志》，明嘉靖孤本，仅存卷六、卷七，珍藏在宁波天一阁，也是首次面世……上述刻本，因为收入《金陵全书》之中而得以化身千百。这些刻本的收录也在无形之中提升了《金陵全书》的品位和价值。

《金陵全书》在编纂过程中，涉及的各类部门从中央到地方有50多个，参与人员达150多人。编辑人员对每种文献逐页核对，对内页顺序混乱、缺漏的，经过几个版本的比对，全部补足缺页、漏白，使之成为全世界最完整的版本。收入《金陵全书》中的每一种图书，均由业内知名专家学者撰写提要，作为重要的说明、评点资料，本身就具有很高的学术价值。

三　鸿篇巨制造就"十个第一"

从2009年12月启动，到2018年10月为止，《金陵全书》已出版了238册，具体如下：

2010年8月出版了第1批9册，2010年12月出版了第2批11册，2011年6月出版了第3批30册，2011年9月出版了第4批4册，2012年4月出版了第5批20册，2012年12月出版了第6批24册，2013年9月出版了第7批

22 册，2013 年 12 月出版了第 8 批 18 册，2014 至 2018 年出版了第 9 至第 13 批，共 100 册。至此，完成了计划出版总册数 400 册一半以上的出版任务。

已经出版的 238 册《金陵全书》，包含甲编方志类、乙编史料类、丙编档案类三大类。三大类形成了十个完整的体系，创造了南京优秀传统文化整理史上的"十个第一"：

一是第一次将南京历代府志系统地搜集整理出版。最早的是南宋周应合编纂的《（景定）建康志》，最晚的是民国《首都志》，共计 9 种 26 册。

二是第一次将南京历代上元、江宁、六合、江浦、溧水、高淳县志系统整理出版。如明代《（万历）上元县志》，清代《（康熙）上元县志》《（乾隆）上元县志》《（道光）上元县志》，明代《（正德）江宁县志》《（万历）江宁县志》，清代《（康熙）江宁县志》《（乾隆）江宁县新志》《（同治）上江两县志》等，共 39 种 55 册。

三是第一次将南京历代山水、园林、寺庙等专志分门别类汇集整理出版。如《栖霞小志·摄山志·栖霞新志》《牛首山志·献花岩志·盋山志·石城山志·南汤山志·覆舟山志》《秦淮志·运渎桥道小志·后湖志·金陵后湖事迹·后湖事迹汇录·玄武湖志》《莫愁湖志·莫愁湖志·添修莫愁湖志·莫愁湖志·浦口汤泉小志》《金陵园墅志·瞻园志·明孝陵志·总理陵园小志》《金陵梵刹志》《折疑梵刹志》等，共 37 种 15 册。

四是第一次将六朝史料系统汇集整理出版。包括《建康实录·建康实录校记》《六朝事迹编类·六朝故城图考·南朝寺考》《梁代陵墓考·南朝太学考·六朝陵墓调查报告·建康兰陵六朝陵墓图考》共 9 种 4 册。

五是第一次将南唐的史料系统汇集整理出版。包括《钓矶立谈·江南别录·江表志·南唐书》《江南野史·南唐书》《江南余载·金陵防守利便·唐余纪传·放生池古迹考》共 10 种 3 册。

六是第一次将明初建文朝史料系统汇集整理出版。如《洪武圣政记·渤泥入贡记·东朝纪·逊国正气纪·翦胜野闻》《逊国臣传·建文忠节录·建文逊国之际月表·建文帝后纪》等，共 17 种 6 册。

七是第一次将明代职官史料系统汇集整理出版。包括《南京吏部志》《南京刑部志》《南京都察院志》《南枢志》等，共 19 种 20 册。

八是第一次对民国首都南京市政公报进行全面系统的搜集整理出版。《首都市政公报》（398 期）全面记录了 1927—1949 年民国首都南京财政、税收、物价、慈善、教育、卫生、公共交通、市政规划、城市建设、娱乐场所、公园及风景名胜地、社会治安等方面情况。共 47 册，其中索引 2 册。将民国档案纳入《金陵全书》更是前所未有的一个创举。

　　九是第一次对南京中共地下组织史料进行全面系统的搜集整理出版。如《南京调查资料》（原书 22 册）、《南京概况》（上、下）共 2 种，是中国共产党人在 1949 年 4 月解放南京前夕，为保护南京而编写的情报资料，对于研究民国南京政治、经济、军事、文化和外交，均具有重要参考价值。现汇集成 7 册出版。

　　十是第一次将中山陵档案系统汇集整理出版。包括《葬事筹备》、《陵墓及纪念工程》、《陵园管理》（上、下）、《陵墓建筑》等 11 册。

　　2019 年，我们将要启动《金陵全书》的第四版块——"文献编"的编纂出版工作。"文献编"主要收录非南京主题和内容的作品，它们要么是南京人编写的，要么是在南京编写的，要么是在南京刻印的。总之与"南京"这座城市有关，是南京文化密不可分的一个重要组成部分。"文献编"与"方志编""史料编""档案编"环环相扣，相互补充，形成一个完整的有机统一体。

　　盛世崇文。《金陵全书》的出版，堪称是南京历史上的文化盛事。其中蕴含的中华优秀传统文化精神将超越时空，功在当代，惠泽未来。

《浙学未刊稿丛编》编纂思路与实践

徐晓军

（浙江图书馆）

一　项目设立目的

2012 年浙江省古籍保护工作联席会议十二个厅局联合发布了《浙江省"中华古籍保护计划"实施方案》，确定浙江省古籍保护工作的五项主要任务，其中第五项是实施"浙江未刊古籍影印工程"。2016 年浙江省哲学社会科学发展规划办公室批准以影印、整理和研究为主要内容的"《两浙文丛》（浙江未刊古籍整理研究）"，为"浙江省社科规划重大委托项目（17WH20022ZD）"。2017 年，浙江省委、省政府发布《浙江省实施中华优秀传统文化传承发展工程工作方案》，提出"整理浙江馆藏未刊本（手稿），选辑浙江历代文人所撰或馆藏稿本中主要内容涉及浙江而未出版刊行的文献资料，发挥其重要的学术价值和艺术价值"。浙江省哲学社会科学发展规划办公室加强支持，增设三个子课题。经权威专家建议，项目成果出版改为"浙学未刊稿丛编"。

（一）浙江古籍基本情况

浙江文化源远流长，博大精深，是中华文化中独具地域特色的重要一脉，浙籍先贤，以其文韬武略，叱咤风云，谱写了辉煌灿烂的历史篇章，留下了宝贵的精神财富，使浙江地区文化和中华文化更为绚丽多彩。前人留下的著述浩如烟海，素为文献渊薮。

经过十年古籍普查，浙江古籍家底基本摸清。据《浙江省古籍普查报告》统计，浙江省 95 家单位共藏有古籍 337405 部 2506633 册，其中民国时期传统装帧书籍 117543 部 751690 册。其中稿、抄本部数占比 6.9%、册数占比 4.04%，

一、二级文献中稿、抄本的比率比较高，一级中部数占比 20.49%、册数占比 70.25%，二级中部数占比 13.16%、册数占比 6.57%。

表 1

版本类型	部数	数量占比（%）	册数	数量占比（%）
刻本	172124	51.01	1379833	55.05
抄本	17526	5.19	84004	3.35
稿本	5778	1.71	17364	0.69
活字本	6056	1.79	48042	1.92
钤印本	2135	0.63	7530	0.30
影印本	16098	4.77	285220	11.38
石印本	55938	16.58	310734	12.40
铅印本	59762	17.71	357721	14.27
其他	1988	0.59	16185	0.65
合计	337405	100.00	2506633	100.00

一大批传统目录未载的珍稀稿本被初步揭示，如浙江图书馆藏朱骏声的稿本有 50 多种，《中国古籍总目》收录《易郑氏爻辰广义》一卷、《易经传互卦厄言》一卷、《易章句异同》一卷等三种。平阳县图书馆藏有一批颇富特色的乡邦文献，如刘绍宽、王理孚等本地重要历史人物的著作。还藏有一些海内外孤本，比如民国年间抄写的《增订玉蜻蜓鼓词》《桃花扇鼓词》，是由平阳籍作者黄光将古典戏曲名著《玉蜻蜓》《桃花扇》改编成的温州鼓词唱本，艺术价值颇高。特别是《增订玉蜻蜓鼓词》散佚多年，现于古籍普查之际重见天日，弥足珍贵。该馆还藏有王氏"我屋丛钞"系列抄本，该县先贤王理孚组织抄写了近 20 部温州王氏族人的著作，并加以批校题跋，文献价值颇高。云和县图书馆通过古籍的整理与普查，在馆藏古籍中发现了一批特色文献，包括道教抄本、稀见家族谱牒、畲族文献等。值得瞩目的是从明末传承延续至今的道教抄本近 400 册，这批抄本成书年代自明末至民国，内容前后相继，反映了近 400 年来云和地区民间道教活动的发展变化，也为研究道教的发展演变历史提供重要的参考依据。

（二）古籍整理出版情况

1. 历代整理浙江乡邦文献的丛书

区域文献整理由来已久，省级文献整理方兴未艾。自清至民国间的浙江区域文献整理主要有，清代嘉道年间的《台州丛书》，清代同光年间，永康胡凤丹编纂的《金华丛书》及其子胡宗懋编刻的《续金华丛书》，张寿镛1931至1945年编纂的《四明丛书》，刘承幹辑刊的《吴兴丛书》。

2. 新中国成立后的浙江区域文献整理

《温州文献丛书》（点校），2002—2007年，上海社会科学院出版社出版。整套丛书共四辑40部48册，总计1990万字，丛书以点校、校注（校释）、校笺、校补、汇编等方式进行整理。

《台州文献丛书》（点校），2012年4月，《台州文献丛书》编纂启动，遵照"古今、人文"的体例，分古籍整理和文化研究两部分，点校整理出版古籍70多种，出版人文研究专著70多部。最先列入《台州文献丛书》古籍整理部分的丛书是清代嘉道年间临海宋世荦刊刻的地方性丛书《台州丛书》。

《重修金华丛书》（影印），2014年，上海古籍出版社出版。2008年项目启动，由浙江师范大学黄灵庚教授主持，2014年完成。成书200册，收录图书文献877种，约64万页，出版150套。《重修金华丛书》是新时代浙江省内首部地方文献集成。

《浙江文献集成》（点校），2006年4月，浙江省政府正式批准浙江文献集成编纂中心列入浙江省人文社科重点研究基地管理。《浙江文献集成》是"浙江文化研究工程"中"浙江历代文献整理"板块的最终成果形式，将通过全面调查、整体规划、分步实施，将浙江省历代主要文献加以重新整理与出版。《浙江文献集成》计划按大家全集、名家专集、地方史料、方志族（家）谱、档案资料五大系列分类编纂，希望能出版2000种左右。

《浙江文丛》是对浙江历史文化典籍的第一次，也是最全面的一次系统整理，是迄今为止浙江出版史上规模最大的出版工程，是浙江历代文献经典的总汇，是研究浙江、了解中国的大型基础性文献丛书。它的内容包括浙籍学者、作家的著述，也包括学者、作家关于浙江的重要著述典籍。项目从2010年底开始启动，第一期目标是在2012年完成200册，2015年底出版500册。目前所见，已完成82种。项目采取点校与影印相结合的方式，主要以点校为主。

对于金石著作、地方志等受众小、专业性强的著作，采用影印的方式，以更好地反映原书的本来面目；至于学者的诗文集、一般性学术著作，则采用点校的方式，广罗各种版本，用校勘记的形式反映各种版本的异同，以更方便研究者的使用，也使得整个丛书更具现代性、实用性。

新中国成立以来，特别改革开放以来，以《中华再造善本》《四库全书存目丛书》《续修四库全书》为代表的一批文献基础整理项目完成，大量中华典籍影印出版，宋、元、明和清早中期刻本、方志大多被影印出版，极大推动了学界的研究。

（三）项目意义

"中华古籍保护计划"实施以来，通过评选古籍重点保护和达标单位，浙江已有91%的古籍保管于标准古籍库房中，建立了全省古籍修复网络和珍贵古籍名录保护制度，最珍贵的一批典籍进入国家和省珍贵古籍名录，古籍原生性保护取得巨大成绩，古籍保护体系基本建立。然而，古籍再生性保护还有待进一步加强，浙江入选国家和省珍贵古籍名录的古籍有1480部（其中国家珍贵古籍871部，且相当一部分是刻本），还有相当数量的浙江学人著述稿抄本等珍稀文献还未能进入珍贵古籍名录，社会如要利用这些文献存在相当的障碍。影印这些古籍，是这些古籍再生性保护的重要举措，也是对名录保护制度的重要补充。

以往浙江地区的丛书主要存在选目与其他丛书重复的问题颇为严重。地方丛书为求全计，只要属本地文献，一般不问是否已经出版，皆予收入。这就造成大量重复，降低了地方丛书自身的文献价值。由于各种原因，总体使用印本相对较多。

在全国古籍普查完成以后，摸清古籍家底，分批分期有计划影印发布这些稿抄本等珍稀古籍，充分挖掘揭示未刊古籍，为社会提供研究的新材料，有利于揭示浙江文脉，繁荣浙学研究，提高古籍保护水平。

二 项目目标

浙学未刊稿项目具体设定了四个目标。

（一）整理影印未刊古籍

通过《中国古籍总目》、全国古籍普查数据库等工具，搜集孤本、珍稀之本、内容价值较高（可作整理底本、重要参校本）的写本，网罗放矢。精心甄选，汰去重复，择有重要价值者，编为《浙学未刊稿丛编》200 册，影印出版。具体内容如下：

主要收录：

其一，浙籍人士著作以及外省人士有关浙江的撰述。

其二，从未刊印过的稿抄本，1950 年以后没有影印出版过的珍稀印本。

目前已经完成底本 10 万多筒子叶。拟以综合卷和专题卷两种形式编辑出版，其中专辑作者皆为各地重要历史文化人物，著作较丰，多未出版。其人其书都是各地可以挖掘的重要历史文化资源。

（二）书志

为了深度揭示文献，以供社会使用，本项目对应影印整理成果，对应浙学未刊稿综合卷和专题卷分别设定了书志和著述考。

书志要求对所收之书的描述，力求真实、具体、客观，其内容包括：（1）书名。每书的书名，悉依原书卷一第一叶卷端所题著录，其他书签乃至各卷题名不一时，以首卷卷端题名为准。（2）卷数。原书有卷数者据之，未题卷数者，标明无卷数。（3）撰著者或抄录者。（4）版本。指明属于什么时代之抄，是作者的稿本（不再细分初稿、修改稿本、誊清稿本）还是他人所抄的抄本等。（5）册数。（6）行格字数。由于稿本不如刻本固定，故悉依原书卷一第一叶为据予以著录。（7）序跋及其作者。（8）钤印。（9）提要撰写。对所收书的价值的发掘与评价，需要考辨各种写本的成书、流传，对作者、内容、价值、不足等，进行简明扼要的考述，发微抉隐，以见此一类文献之特性。

（三）著述考

著述考要求以归纳、考评为主要方法，根据现有史料（主要著述、家谱、方志、目录和研究论文等），把专题人物的著述一一勾勒出来，系统展现人物的学术面貌，完整揭示专题人物的文献价值及其思想体系。

内容包括：人物生平；称号，人名、字号、书斋号等；生卒年；功名；履历：成长经历，求学等；兴趣、喜好等；朋友圈；外人评价等；著述目录，以著述品种列目，收录撰、辑、校、注等（包含为别人著述作的序跋）；考察、辨别真伪，考定成书时间、续集过程和卷次分合、同书异名情况；内容提要，社会评价，别人序跋，传统主要目录收录情况、各类文献引用和评价（方志、著述考等）；著述流传、抄写、刊刻情况；存佚情况，各类本子列三个收藏单位（浙图优先）；新中国成立后著述的出版情况；著述年谱。

目前初步确定王继香、平步青、朱骏声、管庭芬、来集之、陶方琦与陶濬宣等六个专题人物著述考。

（四）图录

由于前述任务是单色印刷出版，且体量比较大，个人不易收藏阅读。为提升宣传推广效果，选取文献特征叶编辑，以四色印刷出版浙学未刊稿图录，提供社会使用。另一方面，图录也是版本鉴定的工具之一。

三　项目合作方式

为确保项目整理研究水平和成果出版质量，在申报项目时，就组建以藏书单位、科研院所和出版社三方分工合作、优势互补的项目整理研究团队。对各合作方的选择主要考虑以下几方面：

（一）藏书单位

藏书单位主要任务是调查文献，收集底本，编辑影印出版物。要求具有藏书优势以及与其他藏书单位保持良好关系。由于浙江图书馆藏有 2000 多部稿本，又是省古籍保护中心，具有调查、收集和文献基础整理的优势。因此，浙江图书馆作为项目主持单位，联络浙江省博物馆、杭州图书馆等省内 10 余家藏书单位作为合作单位。

（二）科研院所

科研院所的主要任务是撰写书志和著述考。选择有文献研究实力、与图书馆有成功合作案例并有合作积极性的科研院所，是提升项目水平的关键。考虑浙江师范大学主编的《重修金华丛书》和《衢州文献集成》曾获浙江社会科学优秀成果奖一等奖，并以浙江图书馆藏《明文海》成功申报国家社科基金重大招标项目，最终选择浙江师范大学文学院作为项目合作方，另外浙江大学历史系一位青年教师也参加项目研究工作，承担平步青著述整理和著述考的撰写。

虽然给予高校的经费比较少，但是由于项目收录的文献都是未刊的珍稀稿抄本，以这些文献为基础，这些高校的参与老师，可以进一步申报国家和省的研究项目，比如朱骏声、平步青和姚燮等人的著述。因此，这些参与老师的积极性相当高。

（三）出版机构

出版机构的任务是在项目整理研究中提供帮助，高质量出版项目成果。选择条件是：具有强大文献整理影印出版的实力和经验；与省外藏书机构有良好合作关系，具有获取省外藏书机构底本的能力；与项目主持单位有良好合作关系。综合以上要求，最终选择国家图书馆出版社作为出版合作单位。

四 选目

项目的选目按照浙籍人士著作、外省人士有关浙江的撰述、从未刊印过的稿抄本及 1950 年以后没有影印出版过的珍稀印本为原则，确立以人为中心的选目方针。在方志中初步选定浙籍人士及相关著述后，通过《中国古籍影印丛书查询数据库》和已有出版目录，以下列几个原则进行审核：

1. 国家珍贵古籍优先选入原则。从第一批至第五批国家珍贵古籍名录中选择写本进行审核，按浙江人、写浙江和未刊印原则进行遴选。将浙江图书馆藏未刊印过的、入选珍贵名录的稿抄本全部选入。

2. 对著述入选珍贵名录的人物的其他著作进行查找，尽可能将同一人物的作品收集完整。如这次收录毛奇龄的三种稿本，《诰授奉直大夫都察院湖广道监察御史何公墓碑铭》一卷与《何母陈宜人荣寿序》一卷、《越州西山以撰道禅师塔志铭》一卷和《萧山三江闸议》一卷；祁彪佳三种稿本，祁忠敏稿五卷、赡族簿、赡族约。

3. 对非原创性作品严格审核（辑、校等），主要是对内容进行审核。

4. 对名人著作出版情况进行审核。历史上对名人文献的整理比较重视，1963 年龙榆生向浙江图书馆捐赠了沈曾植、朱祖谋等人的稿抄本词学著述，在上海图书馆、浙江省博物馆也有沈曾植的稿本《海日楼丛札》，通过比对钱仲联先生编辑的《沈曾植集校注》，这些稿本都已采用，所以这次暂不收录。

5. 对入选书目的残本，尽可能收集完整。如姚燮的《复庄今乐府选》，存世稿本分藏浙江图书馆 110 册、天一阁 56 册、国家图书馆 2 册，另外苏州博物馆有 4 册抄本，这次都收集齐全；又如晚清外交官学者浙江德清人傅云龙的稿本《籑喜庐文初集》18 卷、二集 10 卷、三集 4 卷，浙江图书馆藏初集和三集，杭州图书馆藏二集，这次也将完整出版。

6. 多稿本处理。按照每个人著述收集齐全的原则，存在着某些著述有多个稿本，如清末著名书法家、陶渊明第 45 代孙陶濬宣，项目收集其 30 多种稿本，其中《稷山论书诗》不分卷有六个稿本，分藏在国家图书馆、浙江图书馆等 4 个单位；同治元年（1862）进士、文史学家平步青，收录其 30 多种稿本，其中《唐科目考》有三个稿本，分别为初稿本、二稿和三稿。对于反映著述形成过程中产生的稿本，全部收录影印出版。

7. 从资源出版规划合理性考虑，除人物专集外，日记、方志和藏书目暂不选入。

目前已经确定 137 人 351 种 1435 册为《浙学未刊稿丛编》的入选书目。其中稿本 267 种 1192 册，原创性著作 298 种 941 册。

《浙学未刊稿丛编》计划 2018 年影印出版 100 册，2019 年将出版 300 册，包括书志、著述考和图录。希望《浙学未刊稿丛编》的出版，为提升浙江文化的研究发挥一些贡献。

从《温州文献丛书》到
《温州市图书馆藏日记稿钞本丛刊》

—— 温州近年历史文献工作的回顾与思考

卢礼阳

（温州市图书馆）

　　近代温州进行过四次较大规模的先贤著述整理刊印活动，形成了抢救积累地方文献的优良传统。清代同治七年至光绪八年间（1868—1882）瑞安孙衣言汇刊《永嘉丛书》15 种，民国四年（1915）瓯海关监督冒广生编刻《永嘉诗人祠堂丛刻》14 种，二十世纪二三十年代（1928—1935）温州旅沪实业家黄溯初刻印《敬乡楼丛书》四辑 38 种，抗战爆发之前浙江第三特区（永嘉区）征辑乡先哲遗著委员会抄缮地方文献 402 种，嘉惠学林，功不可没。

　　中华人民共和国成立至今，依据国务院古籍整理出版规划精神，《中国近代人物文集丛书》《中外交通史籍丛刊》《两浙作家文丛》等先后选入温州名贤著作若干部，民间自发刊印者达十几种。1992 年温州师范学院语言文学研究室计划编印地方文献丛书；1996 年温州市政协文史资料委员会在辑刊《孙诒让遗文辑存》《陈虬集》的基础上，倡议设立温州先贤遗作征编委员会及基金；1998 年起有识之士屡次提出关于整理出版《温州古籍丛书》的倡议，限于当时的经费和条件，未能如愿。

　　随着温州经济建设步伐的加快和社会事业的发展，2001 年 7 月，温州市人民政府成立《温州文献丛书》（以下简称《丛书》）整理出版委员会，拟订五年规划，抽调专人设立编辑部（日常办公机构设于温州市图书馆），系统开展《丛书》整理出版工作。在社会各界的支持下，坚持抢救为主的原则，按照规划的要求，循序渐进，取得了预期成效。经过 5 年 9 个月的扎实工作，四辑 40 部

48 册全部见书，完成了既定任务。

《丛书》的整理出版，是一件令人鼓舞的文化盛事。随着各县的文献丛书先后启动，《温州文献丛刊》接着上马，最近几年又着手整理温州市图书馆馆藏日记，影印本与标点本并行，自觉关注、整理、利用历史文献的社会气氛已经在温州形成。

借此机会，就此作一梳理与回顾，以资借鉴。

一　关于《温州文献丛书》

（一）《丛书》的选题和目标

《丛书》规模大、范围广，时间跨度从宋、元、明、清直至近现代，内容涉及经济、历史、哲学、文学、语言、民俗、文物、医学以及科技等领域。丛书项目的设计，是在广泛参考的基础上，经过审慎考虑取证和严格甄别筛选，最后确定，并邀约相当的专家学者承担任务。温州重要的文献著作，除已经出版的别集如叶适、陈傅良、永嘉四灵、林景熙、刘基等，专著如《宋宰辅编年录》《墨子间诂》等以外，余下的精要部分已大致囊括其中了。丛书里有多部重头书，如《温州经籍志》（上、中、下）、《东瓯诗存》（上、下）、《瓯海轶闻》（上、下）等。

《丛书》编辑部制订了编校体例，采取适当的整理方法，重视撰写前言、编选附录，提倡谨实的作风和朴学精神，多查考、不妄改、详明出处，以实事求是的客观态度和甘坐冷板凳的平淡心态黾勉始终，求得在质量上有提高、有进步，庶几对古人负责、对读者负责、对社会负责。

（二）《丛书》的工作特色

《丛书》整理出版工作，发扬永嘉学派经世致用的优良学风，着眼于文化品位和学术氛围的营造提升，旨在向文史研究人员、文化工作者和大专院校师生提供一整套完备而有新意的温州地方文献的基本资料，以供阅读参考和分析研究。在力求出精品的同时，努力造就若干热心文化事业、尊重学术规范、钟情文献工作的青年学人，达到既出书又出人的目的。具体可以概括为如下几个特点：

1. 坚持以抢救为宗旨

凡是 1949 年以来特别是 1978 年之后已经正式出版过的不列入整理出版规

划，以确保抢救挖掘稿本、钞本、孤本的重点，同时兼顾整理文集类及零散资料汇总类。经过这次系统的整理，部分学术价值较高、富有原创性、影响较大的历代乡贤著作，如学术界期待已久的《温州经籍志》（清孙诒让撰，潘猛补校补）、《瓯海轶闻》（清孙衣言撰，张如元校笺）、《六书故》（宋戴侗撰）等名著得以与读者见面，另外有两部书从台湾地区和日本引进底本，满足了社会的迫切需要。

2. 依托当地学术力量

五年来，共有 41 位先生参加整理工作，除了 5 部委托市外学者承担或合作（浙江博物馆张良权先生负责点校《薛季宣集》，浙江大学徐和雍先生参与编校《孙延钊集》等两部，浙江大学魏得良先生参与点校《项乔集》，上海交通大学李康化先生参与整理《刘景晨集》），绝大部分（35 部）是温州本土学术工作者承担完成的，他们分布在市图书馆、博物馆、大学、医学院、各市区县地方志办公室、科技局、中学等。

3. 选题涵盖面广

一是多学科：丛书关涉文史哲、医学、科技、军事、经济等众多领域。

二是跨朝代：原作者上起北宋晚期的周行己（1067—1125？）、刘安节（1068—1116）、刘安上（1069—1128）、许景衡（1072—1128），历宋、元、明、清、中华民国，下限大体上为 1949 年，少数几家如王理孚、刘景晨、孙延钊、梅冷生则顺延至中华人民共和国成立之后。

4. 重点鲜明

一方面，将宋代周行己、刘安节、郑伯熊等 10 位学者的著作纳入丛书，显得比较系统，为今后对于永嘉学派的深入研究提供丰富的文献资料；另一方面，选题适当向近代倾斜，这一时期是温州文化的一波高潮，共有 16 部列入，满足了学术界人士的呼声。

（三）《丛书》的整理方法

《丛书》要求用现代的科学的方法加以系统整理，对原著进行适当切实的编校订补，并作探索研究。具体方法有：编集、增补、校勘、标点、考辨、注释、前言、附录。

1. 编集

（1）旧集重编。在原集基础上重作编次，统一以作者正名为集名，将原有各种命名的著作加以整编。如《王理孚集》，有《海髯诗》二卷、《补遗》一卷、《海髯词》一卷、杂著专著若干，现予统一编次，编为四卷。原著有些是稿本，如《孙衣言孙诒让父子年谱》《东瓯词征》，工作量相对较多。《年谱》保存了很多原始资料，极具价值。《岐海琐谈》拟定细目，眉目清楚。

（2）编辑新集。从无到有，有筚路蓝缕之功。如《孙锵鸣集》，堪称范本。《洪炳文集》，为整理者多年积累。《刘景晨集》《黄群集》等也比较出色。

（3）汇编。《太平天国时期温州史料汇编》，丛书首个出版。此外，《温州历代碑刻集》及《二集》，收录广泛，将碑刻实物与书面记载结合，具有文物、文献双重价值。《东瓯逸事汇录》与《温州古代经济史料汇编》，前者收温州掌故 1600 条，分 30 卷，分门别类，纲举目张，用力甚勤；后者收史料 1471 条，分 861 目。

总之，无论用哪种方法编集，收入《丛书》的各种著作，都以新的面貌展现在读者面前。

2. 增补

重视辑佚工作，补辑佚作，使臻于完备。各书都有不同程度的增补，从茫茫书海钩沉史料，亦颇为不易。《东瓯三先生集补编》，完全是新补。《孙锵鸣集》较旧存稿增两倍内容。《温州经籍志》，增补达四分之一。《瓯海轶闻》、《东瓯诗存》（宋代增补较多）、《东瓯词征》（下限至新中国成立前）增补也很多。《瓯海轶闻》《温州经籍志》两书，两位整理者投入极大。所以《丛书》副主编陈增杰说，张如元，《瓯海轶闻》之功臣也；潘猛补，《温州经籍志》之功臣也。

3. 校勘

尽可能用最好的刊本、钞本为底本，参校其他各本及方志等。《龙门集・神器谱》用了美国哈佛藏本、日本和刻本；《刘黻集》到南京取校；《李孝光集》，参校本达 47 种之多。各书大量利用了温州市图书馆、瑞安玉海楼的藏本、手校本。无论是旧刻本或四库全书本，都存在不少错漏（四库本尤多），所以校订是十分必要的。丛书体例规定，凡校改之处，均出校记说明，避免妄改。如李孝光《雁山十记》，底本作“蜂腰”，他本作“蜂脾”，初不能定，后见清人一则笔记，“蜂脾”指蜂巢，始能作出判断，冒广生永嘉诗人祠堂丛刻本作“蜂腰”是错的，并写进校记。

4. 标点

有人说：“学识如何看点书。”一个人水平如何，看他的断句施逗即可知道。

有些疑难句子，经过查考才能确定。

5. 考辨

对有关生平、史实、作品、评价、版本的疑难问题，需要加以考证辨析，有所交代。《周行己集》有两文，见于其师程颐集中，殆误编。《李孝光集》中与同时期作家互见诗20多首，《元诗选》各家名下并收，未作任何说明。陈增杰先生作校注外，特立"附考"栏目，加以辨疑。

6. 注释

《丛书》全注有两种，《李孝光集校注》《张协状元校释》。张释本吸收成果，同时又有所订补，是继钱注本、王校本后又一自具特色的读本。其余各书也都有程度不等的注解内容，着重人物、史实、时间、地理。《（弘治）温州府志》所注人物甚详。丛书署名"编注、校笺"者，笺注内容都比较多。

7. 前言

前言介绍生平、成就、评价及版本等，表达整理者研究心得。好的前言，就是一篇很有见解的学术论文。《周行己集》《二郑集》《（弘治）温州府志》《孙锵鸣集》《瓯海轶闻》《黄光集》《王理孚集》等前言都写得很好。有的前言，已刊于《浙江社会科学》《温州师范学院学报》《温州大学学报》等。

8. 附录

广泛搜集相关著者与著作的资料，按专题分类编排，如佚目、传记、序跋、唱酬、评论等，实为一简要的作家研究资料汇编，为读者提供线索。周行己、何白、张璁、项乔、孙锵鸣、刘景晨、王理孚、黄群等集都附年谱。

以上各种方法，在《丛书》的整理中是互为补充的，而且各书根据具体情况有所侧重，并不强求一律。

（四）《丛书》的价值和意义

《丛书》的整理出版，有三方面的价值。一是文献价值，二是资料价值，三是学术价值。

《丛书》经过编校订补，给读者提供了翔实可靠、更加完备的原始文本，并且为阅读和使用带来了极大方便，这是它的文献价值；《丛书》丰富的附录资料，为文史工作者提供深入研究的史料线索，这是它的资料价值；《丛书》整理者有关校订、考证、笺注的文字和在题解、前言中所表达的意见，或提出疑问，或分析疑难，或总结心得，都能给读者以有益的启迪，可以引发和推动相应课题的进一步探索研究，这是它的学术价值。

《丛书》的整理出版，在温州文化史上具有里程碑的意义。它无论在规模上还是编校质量上都超过以往的几次整理刊刻（如《永嘉丛书》《永嘉诗人祠堂丛刻》《敬乡楼丛书》）。章太炎说，"前修未密，后出转精"。前贤的工作可能还不够细密，后来的人就应该做得更加精致。

（五）《丛书》的工作经验

在整理出版过程中，我们获得若干经验和体会，主要是：

1. 政府高度重视

建立工作班子，陆续划拨专项经费（累计 240 万），从组织与财政上予以充分保证。2001 年 12 月 2 日，市政府主要负责人专程登门慰问马允伦、周梦江、张宪文等几位老先生，表达殷殷关切。此后逢年过节，又几度上门拜访，了解工作进度。从 2002 年起，《温州文献丛书》的整理出版任务列入市委、市政府年度重要工作责任制考核范围，明确总负责人、承办责任单位、承办责任人，第二年年初公示完成情况，接受社会监督。整理出版委员会的负责同志则将工作列入重要日程，适时出面协调各方面的关系，善始善终实施规划。

2. 学界全力以赴

《丛书》编辑部成员怀着高度的历史责任感，全力以赴，不计报酬，精神十分可嘉。尤其是主编胡珠生、副主编陈增杰两位先生废寝忘食，为审稿投入大量精力，认真把关，作出可贵的贡献。一批老先生不顾年高体弱，为《温州文献丛书》的顺利完稿而日夜操劳，令人感动。其中张宪文、俞天舒、瞿汉云三位先生，临终前夕还念念不忘《温州文献丛书》的出版事宜，值得后学铭记。正是由于有这么一大批学术工作者的身体力行，不断奉献，浙南的地方文献工作才兴旺发达，温州的文化事业方能后继有人。

对此，中国社会科学院历史所研究员何龄修先生给予了充分肯定："2001年 7 月，珠生先生将满 74 岁，还应家乡需要，出任《温州文献丛书》整理出版委员会副主任兼编辑部主编，掌握学术工作大权。他受命以后，兢兢业业，夙兴夜寐，与同事诸先生一道辛勤工作，躬亲选题、组织、审读、编辑、校点各役，历时七八年，《温州文献丛书》整理、出版任务大功告成。《温州文献丛书》共收温州耆老乡贤著作并有关乡邦故实文献四辑 40 种（其中有书数种合而为一种者，有零篇散页集腋成裘者，若依入选文献的原始形态统计，其种数当远不止此）。工作做得很出色，我读过其中若干种，觉得编、校、注、点质量上乘。这是温州地区文献的最新结集，具有历史意义，也是珠生先生一项卓越的学术业绩。温州经济的发展和家乡人民的信任，促进了他在学术上的腾飞。"（见何龄修《参加中国社会科学院公开招考科研人员工作纪事》，《南方周末》2017 年 8 月 16 日）

3. 各方热情协助

市政府办公室、市文化局、市财政局、图书馆、博物馆、档案馆等相关部门和单位，不断给《丛书》工作以支持；社会各界也密切配合，从各个方面协助我们的整理出版工作。譬如温州烟草公司、温州中油石油销售公司、温州公路运输管理处等单位慷慨捐资赞助；著作权尚在国家版权保护期内的几家后人理解支持，并应邀出具书面授权函；中国社会科学院考古研究所接到我们的求助函，很快将所藏档案中梅冷生致夏鼐（作铭）的书信 24 通复印提供，还有好几位民间藏家主动向编辑部提供手头的珍贵资料，丰富了相关诗文集的内容。九三界别的市政协委员就相关工作提出建议。值得一提的是，常设办事机构所在的温州市图书馆，从馆长到办公室、古籍部、信息部、电脑部、特色借阅区、装订组等不同岗位的馆员、出纳、会计、驾驶员等同志为查阅、复印、扫描、搬运做了大量繁琐的事务性工作，默默奉献，《丛书》同样凝聚了他们的宝贵心血。

4. 出版社密切合作

上海社会科学院出版社自始至终给予帮助支持。接手之初即列为重点选题，周密部署，配备精干力量承担编辑业务。为了克服人手不足的困难，特邀社外资深专家史良昭、吉明周、何满子、钱伯城诸先生负责审读，在《丛书》体例的规范、内容的协调以至差错的减少方面付出辛勤劳动。尤其是第四辑的工作，在副社长徐侗先生的具体主持下，与我们保持热线联系，及时沟通，最后 10 部无一例外在合同规定的期限内顺利完成出版工作。上海社会科学院分管出版的副院长熊月之先生，同样高度关注本丛书的进展，不时过问，促进双方的合作。

5. 发行状况喜人

除出版社所在地上海外，北京、广州、重庆、成都、长沙、合肥、沈阳、长春、南京、南昌、南宁、福州、厦门、济南、杭州等大中城市均有销售，还通过中国国际图书贸易总公司发行到美、德、加、韩、日等国。40 部之中，目前第一辑《张璁集》、第二辑《黄群集》等两部初版售缺，已及时安排重印。

《（弘治）温州府志》《黄体芳集》等数种所剩无几（《黄体芳集》增订本委托潘德宝先生修订，中华书局新近出版，分上下册）。这方面既有出版社的鼎力支持，也有编辑部自身的努力，从而得到当地乃至省内外多家书店的友好协助。丛书发行工作做到家，是我们的一大特色。

回顾五年多的整理出版（包括发行）历程，我们做了大量卓有成效的工作，取得了比较显著的成果，令人欣慰。上海社会科学院出版社于 2007 年 3 月 23 日发来贺信："《温州文献丛书》问世以来，国内出版界和海内外学术界好评连连，并引发了各地古籍文献图书的整理、出版热潮，为推动华夏文化的流播发扬，功莫大焉。"

北京大学中文系教授钱志熙出席《浙江文丛》出版座谈会时致辞，对这一套丛书十分称赞，建议《浙江文丛》第二期多关注温州作者，可以修订后作为《文丛》的选题出版。

目前利用《丛书》资料，选题写作论著，不胜枚举，如李世众《晚清士绅与地方政治——以温州为中心的考察》（上海人民出版社，2006 年 8 月出版）。华东师大博士生作《明末义士叶尚高作品解读》，即系利用《明清之际温州史料集》的史料。不管是教师还是学生，著文从《张棡日记》《岐海琐谈》《杨青集》《东瓯逸事汇录》《王理孚集》等书取材者大有人在。可以预见，《丛书》出版以后，它的影响和作用，将随着时间的推移而越来越大。

在看到收获的同时，我们也审视自身的不足。由于准备不甚充分，抢救整理发动面不够广泛，与各县的整体协调工作存在畏难情绪，力度有限；个别选题未纳入或纳入却未能落实，有的选题的调整特别是增加显得仓促，论证环节不够到位；约稿有时欠慎重，在口头约定甚至签订书面协议之后还更动整理人选；个别书稿的处理尚欠规范；特别是编辑部运作机制有待进一步明确与完善，等等。

二 关于《丛书》的反响与后续工作

（一）各县响应

《丛书》整理出版规划第四条规定："务求出精品，产生示范效应，能够带动我市各县（市、区）文化界同仁就近整理当地的代表性古籍。"如今我们的期待已经陆续成为现实。苍南率先推出《苍南文献丛书》1 套 8 册（上海古籍出版社，共 120 万字）。《乐清文献丛书》紧随其后，声势更大。永嘉推出《鹤阳谢氏家集》《济时中学七十年》。平阳也启动了地方文献整理项目，瑞安最近也在酝酿之中。

（二）《温州文献丛刊》

《温州文献丛刊》作为《丛书》续编，温州市图书馆研究室策划，温州市社科联资助，交黄山书社出版，共 10 部 14 册。与《丛书》不同的是，字体改为繁体直排。其中的《林损集》（125 万字）与《侯一元集》（115 万字）分量比较重，颇受关注。与此同时，温州市社科联资助的《宋恕墨迹选编》《宋恕师友手札》《黄绍箕往来函札》三部影印本，也打上"温州文献丛刊"的字样。手迹影印这项工作，也受到上海社会科学院汤志钧先生的肯定。

（三）《温州方言文献集成》

郑张尚芳、沈克成主编，浙江人民出版社 2013 年 3 月至 2016 年 8 月已出四辑，16 开影印，由温州文化研究工程资助出版，市图书馆策划统筹。

该书历时三年，收集清代至近现代温州方言杂字、字表词表、儿歌、谚语俗语、方言相声资料 20 余种。前三辑收录了 17 种温州方言著作。第一辑收录谢思泽《四声正误》《因音求字》、谢用卿《重编因音求字》，第二辑收录陈虬《新字瓯文七音铎》以及叶衡、张玉生、叶泰来等先贤的文献作品，第三辑收录林大椿、杨绍廉、戴炳骢等人的《海泗方言》《瓯海方言》《字衡·东瓯方言等文献》等。这些著作的编撰时间主要在清代与民国时期，少数脱稿于 1949 年之后。第四辑收录《童蒙至宝认字簿》《韵语杂字》《婚姻生育杂字》《瓯音字汇》等 21 种。

接下来，《温州方言文献集成》计划翻译或影印外国学者有关温州方言的著作。

（四）《温州市图书馆藏日记稿钞本丛刊》

近年以来，日记作为一种文献资料已经被大量整理影印出版，受到普遍的欢迎。温州市图书馆所藏的稿本、钞本日记，从清道光年间到新中国成立之初，时间跨度与中国近现代时期基本相当，内容涉及时政、教育、文化、经贸等，从个人的角度反映了当时的社会面貌。日记作者虽然多数为温州地方的士绅，但他们的活动及见闻却远远超出温州的范围。当时温州士人与外地交流频繁，他们对新知识尤为渴求，如订阅外地报纸杂志等，一部分日记还对研究物价、民俗，乃至探讨戏剧艺术的传播很有帮助，如杜隐园日记、万万庵日记、颇宜茨室日记等，因此如今学术界期待已久。

《温州市图书馆藏日记稿钞本丛刊》（以下简称《丛刊》）由卢礼阳主编，中华书局 2017 年 1 月出版。全 60 册，16 开，影印本。《丛刊》共收录 29 家，底本 310 册，约 800 万字，正文 32252 页。难能可贵的是，《丛刊》收录的日记九成以上为稿本，少数钞本亦系孤本。《丛刊》不仅将日记文献之原本原貌黑白影印，更着意保留其中的眉批、夹批、签条、照片等，这使得此套日记的出版更有价值。

由于日记文献的保存情况、笔迹书体、开本形制等差异巨大，整理工作颇为不易，整个编纂出版过程足足耗费三年半。温州市图书馆仔细选择底本，逐一交付扫描，如发现页码倒置、卷面不清者，则汇总转交古籍修复师予以修复，再重新扫描，检查编号，制作光盘，分两次提交给出版社。鉴于蠹蚀严重，张祖成的《浣垞日记》，稿本 54 册，目前选出 12 册破损不太严重、尚能大体阅读的日记予以影印。

除影印本之外，温州市图书馆还选择分量较重、价值较高的 8 家，约请温州大学图书馆、平阳县地方志办公室、温州博物馆、原作者家属等同仁标点整理，《刘绍宽日记》《符璋日记》《林骏日记》《赵钧日记》四家见书，《张棡日记》预计 2019 年初出版，孙宣、刘祝群两家日记已脱稿交中华书局，《郑剑西日记》正在后期整理中。

与《文献丛书》《文献丛刊》及《方言文献集成》相比，日记的编辑出版工作有三点显著的变化。一是出版经费不再由温州财政负担，完全是出版社筹集解决；二是从图书馆自身而言，不局限于承担日常工作或参与一部分业务工作，而是贯穿于整个业务过程，策划选题、落实人选、审读书稿、对接出版；三是"既出书又出人"的局面形成，近年崭露头角的陈盛奖、陈伟玲、谢作拳等起到不可或缺的作用。

三　今后工作的思考

前面十七年的工作成效，主要得益于政府与社会的良性互动。市里率先，原市长钱兴中诚恳接受学术界建议，功不可没，此举对各县示范与推动作用大。其中乐清最为典型，市人大常委会主任赵乐强主导，社科联牵头，有学术带头人（旗帜性人物）。当然经济形势与财政因素也很关键。同时，不足有三：协调整合不到位；质量参差不齐，好题材未用好；发行力度不够，影响了研究成果的传播，令人倍感遗憾。

有鉴于此，就今后工作提几点建议。

一是仔细盘点，挖掘特色文献资源。

由于市委、市政府的重视，温州历史文献的整理出版一度走在全国地级市的前列，得到省内外学术界的高度肯定。建议在这方面仔细盘点，注重特色，继续推进。如温州收藏的民国档案中，永嘉县、乐清县商会档案自成系列，在全省有一定的影响，建议率先列入工作日程，系统整理出版。这对于加深认识以吴百亨、杨雨农等为代表的温州实业家的精神风貌与社会贡献，宣扬温州人的创业精神与慈善意识，必将起到积极作用。在档案整理方面，除了选编部分中共文件之外，只出了《兰台存真——瑞安中学档案史料选编》（陈伟玲编，光明日报出版社 2016 年 9 月版）等非常有限的品种。其次，温州市图书馆藏民国地方期刊 128 种，大多数未收录于《1833—1949 全国中文期刊联合目录》（增订本）中，且其中 45 种《温州市志》未曾著录，可见珍贵。特别是抗战时期的刊物，纸张较差，难以长期保存，给查阅带来不便，可积极与感兴趣的出版社合作，集中影印出版。再次，馆藏刘绍宽、朱铎民、梅冷生师友信札，也值得整理出版，与读者见面。

二是乘势而上，继续出版学人文集。

前几年温州市社科联组织出版"温州学人文选"，《胡珠生集》《胡雪冈集》《章志诚集》《徐顺平集》《陈增杰集》《陈学文集》《徐定水集》等七部陆续问世，为老学者（包括辞世不久的学人）总结学术成果提供了难得的机会。建议继续出版这套文选，使王栻、翁同文、周梦江、张禹、张宪文、张乘健诸集得以付刊，既告慰逝者，亦嘉惠学林。更早一点的，如孙孟晋、金嵊轩、张慕骞、张一纯诸家，也可考虑。

三是痛下决心，切实做好发行工作。

为书找读者，为读者找书。通过争取出版社配合发行、新华书店的协作代销、财政支持和相关单位自主发行等，促成更多温州学术成果走出温州，提升温州城市形象，让文化自信在温州得到更充分的体现。

四是加倍重视，推动学术梯队建设。

历史文献的整理，不是轻而易举的工作，既需要坐冷板凳的精神，更需要几代人的合力，坚持不懈地进行。所以从各方面重视学术梯队的建设，培养生力军与后备力量，其重要性不言而喻。

参考文献

［1］《温州文献丛书》整理出版委员会.《温州文献丛书》整理出版规划（未刊稿），2001［2001-07-04］.

［2］《温州文献丛书》编辑部.《温州文献丛书》选题及批次安排计划（未刊稿），2001［2001-07-07］.

［3］《温州文献丛书》编辑部.《温州文献丛书》整理凡例，见《温州文献丛书》第二辑至第四辑各书卷首.

［4］李娅媚.《温州文献丛书》出版纪实［J］.温州瞭望，2007（7）.

［5］陈增杰.《温州文献丛书》的选材、整理方法和价值［J］.温州大学学报（社会科学版），2007（6）.

［6］胡珠生.文献重光数此回——《温州文献丛书》结束语［C］//《温州读书报》编辑室.瓯歌——《温州读书报》文选.上海：上海远东出版社，2011.

［7］卢礼阳.《温州文献丛书》整理出版始末［C］//国家图书馆古籍馆.第二届地方文献国际学术研讨会论文集.北京：国家图书馆出版社，2009.

［8］钱谷融.难忘伍叔傥师［N］.中华读书报，2011-09-07.

［9］黄鸿森.《刘景晨集》的编纂功夫［C］//卢敦基.浙江历史文化研究：第二卷.杭州：浙江大学出版社，2010.

［10］汤志钧.读《宋恕师友书札》［J］.《书品》，2012（1）.

［11］徐佳贵.废科举、兴学堂与晚清地方士子——以林骏《颇宜茨室日记》为例的考察［J］.历史研究，2013（4）.

［12］陈增杰.共事《温州文献丛书》的忆怀［C］//方韶毅.瓯风：第八集.北京：中国文史出版社，2014.

［13］冯筱才."中山虫"：国民党党治初期瑞安乡绅张棡的政治观感［J］.社会科学研究.2015（4）.

［14］卢礼阳.记忆中的胡珠生先生［J］.温州文物，2015（12）.

［15］傅国涌，王人驹：一个低调的理想主义者［N］.南方都市报，2016-01-14.

［16］王民悦.看古人日记里藏着的"朋友圈"［N］.温州日报，2017-02-15.

［17］徐佳贵.始进终退：再论近代地方士人与"国"的关系变迁——以刘绍宽《厚庄日记》为个案［J］.史林，2017（3）.

［18］卢礼阳.读《夏鼐日记·温州篇》三题［M］//卢礼阳.此心安处.上海：文汇出版社，2017.

［19］何龄修.参加中国社会科学院公开招考科研人员工作纪事［N］.南方周末，2017-8-16.

［20］罗昕.温州市图书馆藏士绅私人日记出版：从地方视野看近代中国［N］.澎湃新闻，2018-04-29.

［21］袁菁.乡邦文献，星光灿烂［J］.城市中国，2018，83（6）.

佛山地方文献整理研究出版情况概述

戢斗勇

（佛山科学技术学院岭南文化研究院）

　　佛山是国家历史文化名城，岭南广府文化的主要发源地，人文荟萃，名人辈出，广东历史上的状元半数出自佛山，因而佛山的地方文献是十分丰富的。同时，佛山对本地历史文化的重视也是与时俱进，发展势头迅猛，其中就包括了对佛山地方文献的整理、研究和出版。笔者25年来一直从事佛山历史文化研究工作，至今仍担任《佛山历史文化丛书》学术委员，并兼任广东省儒学研究会副会长，被广东省方志办列入省情专家库，对佛山本论题情况有所体会。本文主要对21世纪近20年来佛山地方文献的整理研究出版情况，作个资料性、介绍性的概述，并稍作分析，以利于将佛山地方文献的整理研究出版工作推向一个新的台阶。囿于见识，不准确不全面之处，祈望方家不吝指正。

　　20世纪后半期，佛山本地对本土文献的保护挖掘工作做得不够，除了外地人对康有为、梁廷枏等人的著作进行过整理出版外，本地几乎只有《冼玉清文集》（中山大学出版社，1995年）、《谭平山研究史料》（广东人民出版社，1989年）等文献整理成果，研究著作也仅有《佛山史话》（中山大学出版社，1990年）、《石湾陶瓷艺术史》（中山大学出版社，1996年）、《谭平山传》（广东高等教育出版社，1999年）等寥寥几部。21世纪，佛山迈开了率先进入小康社会、初步实现现代化的时代步伐，地方文献的整理研究出版工作也一改过去相对落后的状况，出现了层层努力、一片繁荣的飞速发展形势。这既包括佛山文献的整理研究与出版成果，也包括与此密切相关的佛山历史文化的整体或专题介绍、宣传、研究。

一 现状略述

从省级以上层面来看，自 1994 年开始延续 20 多年由广东人民出版社出版的《岭南文库》中，包含了多个佛山历史文化研究的选题，如 1994 年出版的罗一星的博士论文《明清佛山经济发展与社会变迁》，1999 年出版的林明体的《石湾陶塑艺术》，2005 年出版的李吉奎的《梁士诒》，2012 年出版的赵立人的《康有为》，2014 年出版的明郭棐的《粤大记》，2015 年出版的陈鸿荆笺释、陈永正补订、李永新点校的《陈恭尹诗笺校》，等等。2005 年，《岭南文库》编辑部开始出版《岭南文库》的延伸和普及版的《岭南文化知识书系》，也包含了较多佛山历史文化的选题，如《梁廷枏》《李文田》《小说名家吴趼人》《粤剧大师马师曾》《佛山祖庙》《梁园》《龙舟歌》《南音》《佛山秋色艺术》《石湾公仔》《名镇乐从》《名镇均安》《佛山精武体育会》等。作者多为佛山文化人士如余婉韶、关宏、任百强、刘孟涵、陈勇新等。另外，《广东非物质文化遗产丛书》《广东历史文化名人丛书》等都列有佛山的选题，如《岭南睁眼看世界的先驱梁廷枏》《晚清醇儒朱次琦》《百科全书式的学者邹伯奇》《晚清小说大家吴趼人》《中国铁路之父詹天佑》等。但上述《岭南文库》和《岭南文化知识书系》等书系中的选题，真正意义上的佛山"文献"整理研究著述极少，只有《粤大记》和《陈恭尹诗笺校》等属于此列。收录佛山历史文献的主要文化项目是《广州大典》，《大典》共影印收录 4064 种文献，其中将佛山五区中除高明区之外的南海（含现禅城）、顺德、三水四区，都纳入到与广州历史相关的地域范围。笔者依据列入大典官网的书目不完全统计，按作者籍贯和佛山上述四区地名检索，得到著述共 215 种，其中康有为所著 31 种，李文田 22 种，梁廷枏 17 种，吴趼人和桂文灿各 8 种，朱次琦 7 种，劳潼和罗淳衍各 6 种，霍韬和郭棐各 5 种，陈启沅、陈恭尹、罗天尺和邱熺各 3 种，2 种的有邹伯奇、方献夫、张诩、简朝亮、梁储、邝露、区仕衡、桂坫，1 种的有庞嵩、霍与瑕、麦孟华、张锦芳、区大任、冯元、陈邦彦、梁有誉、胡亦常、龙廷槐、黄丹书、张泰、卢銮宸、陈昭遇、区金策、麦仕治。检索题名中的佛山及四区名称（注：今名不等同于原名，只是检索方式而已），减去上述按籍贯检索的重复部分，共有 56 种，为佛山 3 种、南海（含现禅城）35 种、顺德 15 种、三水 3 种。以上各项共计，达 215 种。除丛书外，还有一些零星出版的如文献类的康有为著作的整理、梁廷枏的《粤海关志》（广东人民出版社，2002 年），研究类的有康有为等历史人物研究、石湾陶艺研究等。

从市级层面，政府部门主导的地方文献的整理和历史文化研究出版，主要有由佛山市委书记鲁毅、市长朱伟担任编委会主任的《佛山历史文化丛书》、佛山市社科联支持的《佛山市人文和社科研究丛书》和佛山市文化广电新闻出版局组织的《佛山非物质文化遗产保护丛书》。虽然《佛山市人文和社科研究丛书》包含了地方历史文化研究的内容，但它不是纯粹的历史文化类丛书，更不是地方文献研究的丛书，《佛山非物质文化遗产保护丛书》亦只是介绍性的，所以这里仅介绍《佛山历史文化丛书》。但《佛山市人文和社科研究丛书》中包含的如《发现佛山》《解构与传承——康有为思想的当代价值研究》《佛山诗歌三百首评注》等研究地方历史文化的书籍，是该书同类主题研究的重要成果，不容忽视。《佛山历史文化丛书》每年由市政府按需拨款，并成立了专门编辑机构，规划了 118 个选题，计划每年出版 10 种左右。目前已出两辑 20 种，第一辑书目为《佛山状元文化》《佛山古村落》《佛山商道文化》《佛山家训》《佛山中医药文化》《佛山明清冶铸》《佛山历史人物录》《佛山传统建筑》《佛山祖庙》《佛山粤剧》；第二辑书目为《西樵山与岭南理学的传承》《佛山北帝文化与社会》《石湾窑研究》《明清佛山地方治理研究》《佛山彩灯》《佛山武术史略》《佛山历代诗歌三百首》《佛山纺织史》《佛山木版年画历史与文化》《佛山古今桥梁掠影》。第三辑在编，书目拟为《詹天佑——从南海幼童到中国铁路之父》《陈启沅传》《骆秉章传》《冼冠生与冠生园》《佛山古代铸造工匠技艺》《李待问传》《佛山龙舟文化》《大绅与通儒——李文田传》《中国机械名师温子绍》《吴趼人评传》等。此外，零星出版的著作，有佛山诸志、《佛山佛教》、《佛山与佛教文化》、《佛山历史人物录》（三卷）、《佛山文化三卷》、《佛山读本》等。这些都属于历史文化的研究类、介绍类著作，说到文献整理出版类的最重要成果，乃是由佛山市图书馆组织、佛山科技学院广府文化研究中心的专家学者为主点校的《佛山忠义乡志》。该书 2013 年初启动，以民国版为底本，横排点校加适量注释，2017 年由岳麓书社出版。此外佛山市方志办还从广东省中山图书馆微缩资料库中选取了 60 余种佛山家谱（族谱）印制成册。

各区和区以下层面，几乎都有动作，以顺德、南海做得较好。顺德组织出版了《顺德文丛》，由人民出版社 2005 年出版第一辑 11 本，2007 年出版第二辑 11 本，2011 年出版第三辑 10 本（后续不详），书目以顺德历史文化选题为主。除本地文化人士参与写作外，有岑桑、陈永正、刘斯奋、谭元亨、刘正刚等省内名家，他们有的人籍贯也是顺德。顺德近年正在组织编写《顺德历史文化丛书》，2018 年出版了《横琴中心沟围垦史》。《顺德文丛》不仅一度成为佛山文化品牌，顺德学者李健民强调《三字经》的作者是顺德人区适子，也引起全国同行的重视并加以研讨。南海区也出版了《南海历史文化系列丛书》，由中山大学出版社 2011 年出版。南海一直重视康有为研究，出版了一批康有为书法手迹、诗词等著作，并资助上海师范大学马洪林教授整理出版了《康有为集》（十卷），2006 年由珠海出版社出版。在地方文献出版方面最突出的成绩是《西樵历史文化文献丛书》项目。该丛书收罗了所有与西樵有关的文献，由广西师范大学出版社陆续影印出版。该丛书于 2010 年酝酿，由时任西樵镇党委书记梁耀斌（现任高明区长）组织策划，邀请中山大学历史系温春来教授领衔团队组织编撰出版。8 年来，已出版了 100 多种（部），丛书的目标是出到 300 种。禅城、高明、三水也做了许多工作，如高明区出版了《谭平山年谱解读》（中华书局，2012 年），后又启动了高明区政府文化建设工程项目，出版了刘正刚、乔玉红《区大相诗三百首赏析》（齐鲁书社，2015 年）、《区太史诗文集》（齐鲁书社，2017 年）；禅城区出版了《这里最佛山》《石湾名人录》等；三水区出版了《三水文化丛书》《三水胥江祖庙》《飘逝的红头巾》等。一些镇街也做了文献整理工作，如南海大沥宣传办 2009 年将《邹伯奇遗稿》整理成册，禅城区张槎街道办 2015 年在岭南美术出版社出版了《历史长河中的张槎》，内容包括张槎的历史名人评传和诗文传说。

二 基本经验

佛山地方文献乃至历史文化的挖掘、保护、研究和利用，在实践中有些做法可以作为经验进行总结。总的经验是，就像南海创造了改革开放"五个轮子一起转"的模式那样，层层发挥主体作用，展示了上下齐心的凝聚力。

（一）取得领导高度重视

本土历史文化尤其是地方文献的挖掘、保护、研究和利用，总体上是一种无"利"（经济利益）可图的社会公益事业，即便是在经济发达地区，有这种文化担当而投资的企业家也属少之又少，除非能够将其转换成盈利的文化产业。在各级政府立项资助的科研项目中，除古籍整理项目外，其他项目很难被列入。在现有体制条件下，地方政府的重视是工作展开的必要条件。

如《岭南文库》就是由广东省委宣传部、省人民政府、省新闻出版局和广东人民出版社共同投入支持，成立了"岭南文库出版基金"，项目才得以顺利开展。《广州大典》由中共广州市委宣传部、广东省文化厅策划并组织编纂，广州市人大常委会主任陈建华主抓，设立专项基金，耗时10年完成。佛山市以《岭南文库》和《广州大典》为榜样，领导十分重视，投入资金，开展佛山历史文化尤其是地方文献的挖掘、保护、研究和利用工作。《佛山历史文化丛书》就是市委书记和市长亲自挂帅，多次开会研究、批示解决实际困难，才得以顺利开展的。《西樵历史文化文献丛书》也是如此，8年来，西樵镇的主要领导换了三位，历届领导初心不改，坚定地保证了决策的延续性。而南海区文化广电旅游体育局梁惠颜局长从2010年项目酝酿至今，一直具体抓丛书的落实，排忧解难。资金方面首批拨款由西樵镇政府写入政府工作报告并通过人大批准，列入镇财政预算。每年的丛书编撰工作需要多少经费，就直接从经费中提取，相关部门年底进行审计。

（二）明确长期选题规划

佛山市在实践中感到，在地市级以下基层，与地方文献和本土历史文化的挖掘、研究相关的书稿做不到招之即有，来之能用，需要有较长的"准备期"。因此，应当预先做出规划，规划前广泛征求选题意见，规划后要广而告之。执行规划要步步落实，实施到位。

《佛山历史文化丛书》就是这样做的。编委会根据市领导"长规划、短安排"的指示和市委常委会关于做好《佛山历史文化丛书》中长期规划的会议精神，先后数次举行《丛书》中长期规划编撰出版选题规划和论证会，邀请国内文史专家学者从历史、地理、社会、政治、经济、人物、文化、教育、科技、民俗、专门史等方面出谋划策，对《佛山历史文化丛书》中长期规划进行了系统研究，形成了有102个选题的《佛山历史文化丛书中长期编撰出版招标选题研究方向报告》。市委宣传部又将此《报告》下发五区宣传部和相关文化单位征求意见，经过进一步论证、补充、删减、合并，最后形成了有118个选题的《〈佛山历史文化丛书〉中长期编撰出版（2019年—2028年）选题方向》报告。这118个出版选题分8大类，包括：红色文化主题（12个）、变革与创新主题（10个）、工商业主题（15个）、历史地理主题（12个）、一带一路主题（5个）、佛山岭南文化主题（26个）、生态文明主题（10个）、历史名人主题（28个）。编委会将选题规划通过多种媒体进行宣传，每年在 8 月即征集下年选题，第二年年初确定具体入选书目，下半年出版。

（三）全国招标组建队伍

地市级以下地区在进行本地文献和历史文化挖掘、研究工作时，痛点是力量相对薄弱，这就需要引进外部人才，包括组稿、编辑和审稿的队伍，特别是承担写作、点校的责任人。

《西樵历史文化文献丛书》就有较强的学术专家队伍，温春来教授是中山大学史学专业知名专家，具体书目承担者大多是中大的教授和博士，中大图书馆也收藏了最为丰富的有关广东历史文化的文献资料，从而保证了丛书品质"取法乎上"，有极大的参考和收藏价值，且大多数是研究西樵历史文化的必备书。该丛书还取得了较好的社会效益和经济效益。从社会效益来看，不仅为读者提供了许多市面上难见的古籍，而且在西樵山申报国家 5A 景区遇挫的关键时刻，拿出了有力的历史文献佐证，使景区报级的审批峰回路转。从经济效益来看，由于丛书作为文献资料，有参考和收藏价值，图书馆、书店愿意馆藏和推销，现在出版社每年能够提供 15 万元左右的订书售后收入回馈西樵镇。

《佛山历史文化丛书》也有较强的专家学者队伍。《丛书》聘请了一批对佛山历史文化有研究、有成果的专家学者担任学术委员，如罗一星、肖海明、任流等；作者队伍也是海纳百川，包括本地文化学者和中山大学、暨南大学、广东外语外贸大学、华南师范大学等省内以及省外的高校、研究机构的专家学者。编委会还通过各种渠道广泛发布信息，在全国范围内公开招标，每个选题研究撰写时间拟为 1—3 年，根据课题价值和难度配套研究经费。按每年出版 10 种的速度，确保至 2028 年能够出版 130 种（加上 2016、2017、2018 年三辑 30 种）。

（四）文献与研究共同发展

整理地方文献与地方历史文化研究是相关联的，相对来说前者是点，后者是面；前者是基础工作，后者是深入探究。地市级以下地区应当将二者并重，合理安排，协同发展。古人的历史文献应当挖掘、保护，否则可能遗失，而当代著者对历史文化的研究多属原创，不予重视则出不了成果。古籍影印能够对古籍起保护、传承和扩散的作用，点校注释则有利于阅读传播，而深入研究难度更大，旨在挖掘、提升和利用。这些工作的开展，不仅能反映当地的历史文化，更可以展示该地当代文化的繁荣，体现出"盛世修史"的文化情怀。尤其是对文献和传统文化的学以致用，通过挖掘历史文化基因，活化逝去的陈迹，让当下的我们留住乡愁，安顿心灵，落脚于推动当代社会文化的发展，使经济与文化协同发展。

三　问题建议

为进一步做好地市级以下地区地方文献与地方历史文化整理、保护和出版工作，现根据实践中遇到的一些问题进行分析概括，提出以下几点对策建议。

其一，争取领导的重视。关于地市级以下地区领导的重视对做好地方文献与地方历史文化工作的重要性，前面已有说明。最重要的是保障经费问题。有的领导虽然重视，但往往是采取"财政临时性审批下拨经费"的办法，没有纳入市财政常规预算。这样对整理出版少量几本文献是可行的，但大的项目无法开展，而且经费的申报审批程序也十分复杂乃至繁琐，往往影响工作的有序进行。同时临时性审批拨款还存在着因领导的更换而断炊的危险。应当仿照《岭南文库》《广州大典》一次性拨款设立基金，不够则可追加，有余则可深化研究，如《广州大典》2015年后对广州历史文化研究课题及博士论文提供立项支持及资助。

其二，采取本土与外来专家结合的办法提升质量。目前佛山历史文化方面普及性、通俗性读物编撰较多，文献整理点校性和研究性书籍出版较少，符合当地的实际水平和需要，但随着城市的发展，历史文化研究和文献整理水平也需要逐步提升，补齐短板。一方面，有些基层不重视专家的作用，本土资料秘不外传，自己关门整理和点校，不仅无从审核内容是否与原作一致，点校质量也难以保证。另一方面，有些研究类项目当地政府立项发包时对本地专家尽量压价，而"外来和尚好念经"，最后做出的成果不仅没有本土特色，甚至本土内容贫乏缺失，隔靴搔痒，文不对题。症结在于某些专家以做课题、做项目的方式承接任务，赶时间而粗制滥造，结项时又把关不严，或审稿者碍于其情面、名气，使不合格作品流入社会，贻害后学。因此，无论是选择作者还是选择审稿者，都要尽量做到内外专家结合，遇到难题应当请在该方面有真才实学的专家学者把关。

其三，将地方文献成果有效地推向社会。出版本身就是推向社会的方式，但其中也有讲究。比如《岭南文库》偏向学术性，而随之出版的《岭南文化知识书系》则属于普及性读物，相对容易进入寻常百姓家。再如，大型文库、丛书只适合图书馆收藏，普通读者买不起，还应当出版单行本。现在新媒体和互联网盛行，应当多加利用进行宣传和普及。目前国家将保护和传承文献典籍作为中华优秀传统文化传承发展工程的重要内容，部分古籍可在网络免费读取，以利传播和应用。我们应当强化这些新理念，多一些新媒体传播的手段和方法，扩大社会影响力，在完成传续文化的同时，多作文献利用和转化的社会贡献。

其四，挖掘抢救濒危资料。这是文献工作者早就在做的工作，其使命永不过时。由于其重要性、迫切性和可行性等差异，对于我们以往忽略的一些文献，有必要给予重新认识，有可能的话，还是先保护起来，否则一旦破坏了，丢失了，就再也找不回来了。笔者听说佛山有一部多卷本的喃呒佬做法事的经书，应当属于研究岭南民间信仰的原始资料，古籍书目中还未见列，有位教授在民间收集到手，提案立项整理，一直未果。另佛山有位末代翰林，著作从未出版过，手稿散存在后人手里，如果不尽快进行抢救，极有可能散佚无存。挖掘和抢救这批濒危资料，迫在眉睫。

地方文献和历史文化的挖掘和利用是永续性的。历史文献虽然有穷尽，然而对历史文化的阐释和研究是无穷尽的。作为地方政府，有责任随着社会文化发展的进步，努力保护好文献资源，推进历史文化的研究不断走向深入，百花齐放，百家争鸣，培育队伍，延续文脉，不断地推进本地的文化潜力变成现实的文化软实力。这正是贯彻落实习近平总书记重视传统文化指示精神的本地实践，是我们所有人共同的文化使命。

地方志整理与研究

中国旧志整理与出版概况

南江涛

（国家图书馆出版社）

中国的地方志源远流长，其踪迹可溯至上古。据史籍记载：周置五史，专司典籍及记事之职，列国诸侯亦有记事之史。其典守的地理书与记注的志乘、春秋之类，均藏于周官。小史掌邦国之志，外史掌四方之志，职方拿天下之图。故马光祖等人以为方志之书起源于周官所掌。[①] 随着历史的演进，编修地方志成为我国民族文化中一个优良的传统，历代统治者对这种地方性著作都很重视，故每个朝代都有明确规定，各个地方政府都必须按时编写，及时呈送。自隋唐以来，直到清代从未中断。《中国地方志联合目录》著录自宋以来的旧志 8200多种。这是一个庞大的数字，是一个巨大的历史文献宝库，为我们研究祖国的各地历史、地理、物产资源、风俗民情、农业生产、自然灾害、教育思想等提供很多宝贵的资料。其中有不少内容还可补正史记载之不足。如各地设置的机构，正史等著作往往缺载，而在地方志中却往往都有记载。宋元以来，由于各国商人到我国来经商日益增多，因而在上海、杭州、宁波、温州等地都曾先后设立过市舶司，可是正史都不曾记载，而在有关方志中却有记载，因此，研究我国古代对外贸易及中外交通的历史，地方志自是不可缺少。如今，政府更是加大了各地新方志的编纂和旧志的整理。

粗略来讲，旧志整理可以分为"目录编纂""影印出版""点校"和"数据库"四种形式。下面我系统谈一下近几十年这四种形式下的旧志整理的代表，供大家参考。

---

① （宋）马光祖：《（景定）建康志》，清嘉庆六年（1801）刻本，原序第 1 页。

一 目录编纂——统计方志家底

（一）方志目录的基础——民国时期方志书目

刘刚先生《汇千年之成果 集百家之典藏——方志书目概述》^①一文对我国方志目录的编纂进行了系统梳理，本文在此基础上，又增补了一些其遗漏的以及近 20 年出版的方志书目，不一一标明，特此说明。清末民国时期，专题的"方志书目"开始出现，缪荃孙编纂的《清学部图书馆方志目录》堪为肇始，其他如《故宫方志目》《故宫方志目续编》《国立北平图书馆方志目录》《国立北平图书馆方志目录二编》《九峰旧庐方志目》《天一阁方志目》《金陵大学图书馆方志目》《广西省志书概况》《天春园方志目》《来薰阁书店方志目》《国立北京大学图书馆方志目录》《松筠阁方志目》《国立武汉大学图书馆方志目录》《重庆各图书馆所藏四川方志联合目录》等等，1935 年朱士嘉编纂的《中国地方志综录》著录方志 5832 种，书后附 17 种方志统计表、15 幅方志统计图、《民国所修方志简目》、《上海东方图书馆所藏孤本方志录》、《国外图书馆所藏明代孤本方志录》和书名索引，是第一部方志联合目录，意义非凡。1958 年，朱士嘉先生又根据全国 41 家图书馆的馆藏方志对原书进行了修订，著录全国 28 家图书馆的方志 7413 种。

（二）新中国方志目录的编纂——体系完备

1. 馆藏目录

新中国成立后，为揭示馆藏和新修方志，不少图书馆编制了方志书目。主要有：《华西大学图书馆四川方志目录》《全国地方志目录及物产提要》《温州市立图书馆中国方志书目稿》《中南图书馆方志目录》《广东人民图书馆入藏广东省方志目录》《天津市人民图书馆藏方志目录》《浙江省嘉兴市图书馆方志目录》《四川省图书馆馆藏方志目录》《陕西省方志目录》《〔甘肃省图书馆〕馆藏全国方志书目》《山东省图书馆馆藏山东省方志目录》《福建省厦门市图书馆藏地方志目录初稿》《广东省中山图书馆藏全国方志目录》《华南师范学院图书馆方志目录》《北京图书馆方志目录三编》《〔吉林师范大学图书馆〕馆藏地方志目录》

---

① 见《广西地方志》1996 年第 3 期，第 14—18 页。

《新疆维吾尔自治区图书馆馆藏地方文献目录（第一辑）》《广东省中山图书馆藏广东方志目录》《河南省图书馆现藏地志书目》《湖南省中山图书馆馆藏地方志目录》《中国科学院图书馆馆藏地方志目录》《浙江图书馆藏方志目录》《大连图书馆地方志目录》《四川大学图书馆馆藏四川省方志简目》《天一阁藏明代地方志考录》《保定市图书馆地方志书目》《安徽师范大学图书馆藏方志目录》《甘肃省图书馆藏地方志目录》《河北大学图书馆地方志书目》《河南大学图书馆馆藏地方志目录》《湖南师范学院图书馆馆藏方志目录》《吉林省图书馆馆藏方志目录》《开封师范学院图书馆馆藏地方志目录》《内蒙古大学图书馆馆藏地方志目录》《清华大学图书馆馆藏地方志目录》《厦门大学图书馆馆藏地方志目录》《无锡市图书馆馆藏地方志目录》《浙江图书馆藏本省方志目录》《重庆市北碚图书馆馆藏地方志简目》《上海图书馆馆藏书目·方志类》《上海图书馆地方志目录》《中央民族学院图书馆馆藏地方志目录》《中国人民大学图书馆地方志目录》《四川大学图书馆馆藏地方志目录》《安徽大学图书馆馆藏地方志目录》《北京图书馆普通古籍总目·地志门》等等。

2. 区域联合目录

随着各省市方志办工作的开展，很多省市编纂了本地区的旧志联合目录或提要，逐步摸清区域方志家底。如《河北省地方志综录（初编）》《河北方志提要》《河南地方志综录》《河南地方志佚书目录》《河南地方志提要》《山西地方志综录》《陕西省地方志联合目录》《湖北省地方志目录（初稿）》《湖北省历代旧方志目录》《江西省地方志综合目录》《湖南省地方志综合目录》《安徽省地方志综合目录》《安徽省地方志综录》《福建省地方志普查综目》《江苏旧方志提要》《苏州地方志综录》《四川省地方志联合目录》《广东方志要录》《广西地方志目录》《山东省地方志联合目录》《四川省地方志目录》《四川历代旧志目录》《四川历代旧志提要》《吉林旧志目录》《普洱地方志综录》《吴江历代旧志辑考》等等，这尚不包括各地编纂的综合性"地方文献目录"。此外，王德毅编制的《台湾地区公藏方志目录》收录台湾地区 12 家图书馆的馆藏方志 4600 余种，全面反映了台湾地区现存方志的情况。

3. 全国性方志目录、提要

自民国时期，瞿宣颖《方志考稿》（1930）、朱士嘉《中国地方志综录》（1935）开始，全国性的地方志联合目录或提要不断完善。1958 年，朱士嘉的《中国地方志综录》（增订本）出版，著录全国 28 家图书馆的方志 7413 种，成为新中国第一部全国性的方志联合目录，比原书规模增加近40%。1985年中国科学院北京天文台编的《中国地方志联合目录》收录全国190个图书馆、档案馆等单位藏1949年以前各时代编纂刊行的通志、府志、州志、厅志、县志、乡土志、里镇志、卫所志、关志、岛屿志等8264种，书后附有索引。直到目前，它仍是反映方志藏书单位最多、收录方志最多的一部工具书，也是目前了解全国方志不可缺少的工具书。目前，此书的增订工作正由天津图书馆主持，相信不久的将来，我们可以看到更为完备的方志《联合目录》。此外，张国淦《中国古方志考》（1962），陈光贻《稀见地方志提要》（1987），金恩辉《中国地方志总目提要》（1996），林平、张纪亮《明代方志考》（2001），诸葛计《稀见著录方志过眼录》（2016）等书，也是全国性地方志考证或提要的重要参考书。

4. 海外方志目录

由于历史原因，我国旧方志大量流失国外。美、日、英、法、澳等国对其所藏我国旧方志陆续进行了整理，编辑出版了一些方志书目或"稀见方志丛刊"。主要有：《东洋文库地方志目录》（1935），《美国国会图书馆藏中国方志目录》（1942）及《续编》，《中文地志目录》（1955），《欧洲图书馆藏中国方志目录》（1957），《唐宋地方志目录及资料考证》（1958），日本编《国立国会图书馆藏中国地方志综录稿》（1964），《中国方志目录》（1967），《日本现存明代地方志目录》（1962），《日本主要图书馆、研究所藏中国地方志综合目录》（1969），《英国各图书馆所藏中国地方志总目录》（1979）等等。近年来，国内开始联合国外重要收藏机构，进行方志目录编纂和重要方志的影印回归。2015年，国家图书馆出版社出版了《哈佛燕京图书馆藏稀见方志丛刊》（40册），2016年又出版了《美国哈佛大学哈佛燕京图书馆藏善本方志书志》。

二 影印出版

（一）《中国方志丛书》及台湾地区旧志出版

讲到旧志整理，《中国方志丛书》作为早期集大成者，占有重要位置。《中国方志丛书》是由台北成文出版社编辑的，1966到1985年，历时二十年，一共影印旧志2052种5359册。它按照A华中（01江苏、02浙江、03安徽、04江西、05湖南、06湖北、07四川）、B华北（08山东、09山西、10河南、11

河北、12 陕西、13 甘肃）、C 华南（14 广东、15 广西、16 福建、17 云南、18 贵州）、D 西部（19 新疆、20 西康、21 青海、22 西藏）、E 塞北（23 宁夏、24 绥远、25 热河、26 察哈尔、27 蒙古）、F 东北（28 辽宁、29 安东、30 辽北、31 黑龙江、32 兴安、33 吉林、34 合江、35 松江、36 嫩江）、G 台湾（37 台湾）七大片区归类，与大陆地区的省市划分有较大区别。

表 1 《中国方志丛书》所收各地区方志数量

地区	收志数量（种）	地区	收志数量（种）
江苏	177	西康	6
浙江	216	青海	7
安徽	167	西藏	3
江西	47	宁夏	8
湖南	46	绥远	8
湖北	52	热河	1
四川	30	察哈尔	19
山东	113	蒙古	6
山西	62	辽宁	14
河南	92	安东	6
河北	133	辽北	4
陕西	118	黑龙江	7
甘肃	46	兴安	1
广东	85	吉林	2
广西	55	合江	2
福建	63	松江	4
云南	61	嫩江	1
贵州	23	台湾	345
新疆	22	共计	2052

从各省方志数量来看，台湾最多，但是这里面所收，并非全部是传统意义上的方志，而是将台湾地区的一些地方史料一股脑收进来，包括日治时期的一些概况资料和后来各地新编的类方志材料。这个当然是由于地域原因造成的，其他省份方志，均以当地馆藏为主，可获取资料不尽全面，而台湾地区则求全。

此外，台湾地区出版的《四明方志丛刊》《中国省志汇编》《新修方志丛刊》

以及《中国史学丛书》所收旧志，也有 300 多种。

（二）《中国地方志集成》

20 世纪 80 年代后期，江苏古籍出版社（今凤凰出版社）、上海书店和巴蜀书社三家出版社启动《中国地方志集成》项目，后来主要由凤凰出版社主持，至今已出版府县志辑 31 辑，省志辑 22 辑，乡镇志专辑 1 辑，共计收录方志 3042 种，成书 1531 册，省志、府县志以省市行政区划分卷，又配以"专志"，有横有纵，成为我国覆盖区域最广的一套旧志影印丛书。

表 2 《中国地方志集成》所收各地府县志、省志数量
（截止到 2016 年底，以行政区划为序）

省市	府县志	成书册数	省志	成书册数
北京	17	7		
天津	8	6		
河北	164	73	2	15
山西	173	70	2	7
内蒙古	33	17		
辽宁	55	23	1	2
吉林	52	10	1	2
黑龙江	32	10	1	2
上海	23	10		
江苏	109	68	2	6
浙江	123	68	2	8
安徽	88	63	1	5
福建	79	40	3	15
江西	100	87	2	7
山东	180	95	2	9
河南	159	70	1	2
湖北	113	67	2	7
湖南	110	86	2	12
广东	109	51	2	10

省市	府县志	成书册数	省志	成书册数
广西	155	79	2	7
海南	18	7		
四川	207	70	1	8
贵州	126	50	1	1
云南	105	83	2	8
西藏	19	1	2	1
陕西	173	57	2	9
甘肃	104	49	2	6
青海	16	5	0	1
宁夏	13	9		
新疆	68	12	2	1
台湾	17	5		
乡镇志	254	32		
小计	3002	1380	40	151

（三）以收藏机构命名的方志丛书

以收藏机构命名方志丛书之名，始自《天一阁藏明代方志选刊》，其后又有续编、补编；而最成系统的，是"著名图书馆藏稀见方志丛刊"。该系列从 2005 年开始，10 多年来，陆续出版了海内外 25 家藏书机构的稀见方志 1400 多种，列表如下：

表 3 《著名图书馆藏稀见方志丛刊》收录各馆方志数量
（截止到 2016 年底，以出版先后为序）

序号	图书馆	志书种数	成书册数
1	华东师范大学图书馆	20	20
2	陕西省图书馆	55	16
3	北京师范大学图书馆	29	22
4	福建师范大学图书馆	28	40
5	复旦大学图书馆	41	56

序号	图书馆	志书种数	成书册数
6	广东省立中山图书馆	32	46
7	河北大学图书馆	20	20
8	上海图书馆	246	240
9	浙江图书馆	43	62
10	首都图书馆	36	30
11	中国人民大学图书馆	31	38
12	辽宁省图书馆	47	18
13	保定市图书馆	6	6
14	南京图书馆	140	170
15	北京大学图书馆	274	330
16	吉林大学图书馆	31	25
17	重庆图书馆	64	40
18	南京大学图书馆	68	70
19	湖南图书馆	31	68
20	中国科学院文献情报中心	89	100
21	安庆市图书馆	6	6
22	清华大学图书馆	20	36
23	哈佛燕京图书馆	30	40
24	武汉大学图书馆	10	18
25	河南大学图书馆	14	32
小计		1411	1549

其他机构方志丛书:《天一阁藏明代方志选刊》68 册 107 种,《天一阁藏明代方志选刊续编》72 册 108 种,《天一阁藏明代方志补刊》268 种;《日本藏中国罕见地方志丛刊》45 种,《日本藏中国罕见地方志丛刊续编》20 册 16 种;《四川大学图书馆馆藏珍稀四川地方志丛刊》7 册 39 种,《四川大学图书馆馆藏珍稀四川地方志丛刊续编》21 册 27 种;《北京师范大学图书馆藏稀见方志丛刊续编》26 册 32 种;《天津图书馆藏稀见方志丛刊》9 种;《南京图书馆孤本善本丛刊第一辑·明代孤本方志专辑》8 种;《天春园藏善本方志选编》100 册 73 种;《稀见中国地方志汇刊》50 册 203 种;《清代孤本方志选》60 册 76 种;《孤本旧方

志选编》26 册 33 种；《乡土志抄稿本选编》16 册 89 种；《故宫博物院藏稀见方志丛刊》160 册 120 种；《国家图书馆藏地方志珍本丛刊》800 册 727 种等。这些加在一起，有约 2000 种。此外《故宫珍本丛刊》收方志 409 种，《北京图书馆藏古籍珍本丛刊》收方志 50 种，《原国立北平图书馆藏甲库善本丛书》收明代方志 270 多种，又是 700 多种。以此而论，以收藏机构命名的方志丛书所揭示的方志，总数在 4000 种以上。当然，由于出版单位不同，这其中有明显的重复，但这些"稀见"方志大多不见于《中国地方志集成》，所以其价值为各收藏机构所重视。

（四）新编区域或地方丛书，方志占相当比重

1. 甘肃省古籍文献整理编译中心和缩微中心所出方志

甘肃省古籍文献整理编译中心，成立于 1994 年，是少数省级古籍整理出版规划机构，先后编辑出版了几十种影印文献丛书。类似的机构安徽也有一个，叫安徽省古籍整理出版规划委员会，一直在点校出版《安徽古籍丛书》，我们见到的黄山书社出版的此系列丛书，就是这个机构实际操作。甘肃中心侧重于文献汇编影印，比较成系统的是《中国西北文献丛书》正、续编（含方志 111 种，下同），《中国西南文献丛书》正、续编（104 种），《中国华东文献丛书》（88 种），《中国华北文献丛书》（105 种），《中国中南文献丛书》（未见）。以所见前四种计算，收方志 400 多种，每书内设"×× 稀见方志文献"类目，但所收方志基本上为比较常见的，"稀见"品种微乎其微。毕竟不是专门的"方志类"丛书，也无须求全责备。此外，全国图书馆文献缩微复制中心也曾对重要方志做过复制出版，先后有《中国西北稀见方志》《中国西北稀见方志续集》《崇祯东莞志》《民国广东通志稿两种》等。

2. 各地政府编纂地方丛书

中国编纂地方丛书，有优良的传统，始自明代天启年间《盐邑志林》，清代以来，此风尤盛。仅以《中国丛书综录》来看，其郡邑类丛书有 75 种之多，省级如《畿辅丛书》《山右丛书》《关陇丛书》《安徽丛书》《湖北丛书》《湖南丛书》《豫章丛书》《广东丛书》《黔南丛书》《云南丛书》等，府级如《金陵丛书》《武林掌故丛编》《金华丛书》等，县级有《江阴丛书》等，层级完整，内容丰富。这些丛书，有的得到重新翻印，如《畿辅丛书》《辽海丛书》《山右丛书初编》《云南丛书》《四明丛书》等。近些年，随着各地政府对地方文

化的重视，新的地方丛书编纂蔚然成风。各省都在陆续动作，如《江苏文库》《巴蜀全书》《两浙文丛》等，但以已经出版的而论，《山东文献集成》由地方领导挂帅，山东大学承担编纂任务，系统收录大量山东地方著述稿抄本，无论从学术性还是印刷质量，堪称代表之作，至今未发现出其右者；地市级丛书数量更为可观，除了江浙地区的《金华丛书》《无锡文库》《衢州文献集成》《宁海丛书》《绍兴丛书》等，贵州遵义在西部地区中走在前列，《遵义丛书》已经启动一年多，由国家图书馆出版社和上海古籍出版社合作出版。这其中，大多会将本地区重要方志搜罗进来，尤其是《绍兴丛书》，将方志单列为第一辑，收绍兴方志 21 种。《金陵全书》方志类收府县志 49 种。这些丛书里面的旧方志，比《中国地方志集成》和"著名图书馆藏稀见方志丛刊"收罗更为全面，值得注意。

3. 方志办系统整理旧志

修志是我国一项传统，各省市县的"方志办"既负责每一轮新志的纂修，也承担着当地旧志的整理。新中国成立以来，为了修好新的方志，收藏、整理用于参考和汲取历史资料的旧志便成为各方志办的首要任务。当然，此前由于人才匮乏、资金不足等因素，他们的主要精力放在新志修纂，对旧志只有零敲碎打，不成系统。近几年，各方志办陆续修建方志馆，开始对旧志系统整理。最先出来的是《广东历代方志集成》，收广东旧志 433 种，比《中国地方志集成·广东府县志辑》多出 322 种，几乎是其 4 倍之多。当然，这套书将现在海南省的方志也收进去了。以《中国地方志联合目录》著录，广东（含海南）现存旧志 445 种，而《集成》接近完备。继之而起的四川、江苏、黑龙江、福建、河南等地，纷纷动手，进行旧志汇编影印。这两年动作较快的是四川，已出版《四川历代方志集成》四辑 317 种。以质量而论，《四川历代方志集成》显然后来居上。那这些貌似穷尽的数字的出现，是不是说随着各地旧志整理工作的开展，基本上就会将存世旧志全部重出一遍呢？答案是否定的，以四川而论，方志办经过数年调查，认为四川存世旧志为 400 种左右，用几年时间，就可以出版完成。但是，仅据《中国地方志联合目录》著录，就有 672 种（含重庆），加上未见著录的《重修四川通志稿》等，总数超过 700 种。这样一对比，旧志整理工作显然没有想象中的容易，可谓长路漫漫，任重道远。

（五）专志丛刊和分类辑编

1. 专志丛刊

专志与地方志中的门类有一定的区别，其鲜明特点有三。首先，专志是一个独立个体，它不是地方志的一个部分。其次，专志之编纂章法自成体系，不必像分志那样要受到所从属方志的体例约束，能够有更多的发挥。第三，专志资料更丰富，内容更翔实，专业性更强，篇幅更灵活，形式也更加多样。这方面有代表性的丛书是《中国名山胜迹志丛刊》《中国佛寺志丛刊》《山川风情丛书》《中国道观志丛刊》《中国风土志丛刊》《中国水利志丛刊》《中国祠墓志丛刊》《中国园林名胜志丛刊》《地方经籍志汇编》《地方金石志汇编》《中华山水志丛刊》《历代地理志汇编》等等。

2. 分类辑编

《地方志人物传记资料丛刊》是国家图书馆出版社精心策划组织、编辑出版的迄今为止搜集资料最全面、最充分、最丰富的大型人物传记资料汇编。其选编内容包括方志中各类人物传记，如名宦、乡型、乡宦、仕进、孝友、节烈、耆旧、寿民、方技等，以及与人物有关的各类表志和艺文志、金石志中的墓志、碑记、传诔等，举凡与人物有关的内容，尽数囊括其中；所收人物传记资料的时限远及上古，下迄民国。《丛刊》全书按全国行政区划分为西北、东北、华北、华东、华中、西南、华南七大卷，网罗方志3000多种，而在编辑过程中参照的方志更多达6000种，涉及人物近千万。目前，《西北卷》《东北卷》《华北卷》《华东卷》《西南卷》《华中卷》《华南卷》全部出版。本《丛刊》虽卷帙浩繁，但检索方便。每卷均编有总目，每一册编有细目。又有专家为每卷编制《人物姓名拼音索引》和《人物姓名笔画索引》，与每册细目相互补充，以目录统类、以索引统人，构成相对完整、极其方便的人物传记资料检索系统。此外，《地方志·书目文献丛刊》、《地方志·灾异资料丛刊》、《中国地方志佛道教文献汇纂·人物卷》及其《寺观卷》《诗文碑刻卷》也很有价值。

（六）大型综合文献里面的方志

《续修四库全书》收旧志72种，《四库未收书辑刊》没有严格意义的方志，《四库禁毁书丛刊》收《云间志略》1种，《四库全书存目丛书》收旧志87种。这不是综合性大丛书的重点，所以所占比重并不是很大。

（七）其他类型旧志影印

1. 断代类

《宋元方志丛刊》收录现在存世的完整和较为完整的宋元方志 43 种，对于考察所记载的该地区古代的政治、经济、军事、文化、社会风情、物产资源、地理沿革等，以及研究文化史都具有宝贵的价值。台湾地区《宋元地方志丛书》和《续编》收宋元方志 49 种。全国图书馆文献缩微复制中心《明代孤本方志选》收 23 种。上面提及的《清代孤本方志选》收 76 种。凤凰出版社 2011 年开始出版《民国方志集成》，与《中国地方志集成》互为补益。

2. 单种仿真制作

刚开始，一些地区用影印或油印方式，出版单种旧志颇为常见。后来，一些地方政府开始把旧志作为地方文化的象征，仿真影印出版，用于地方政府与其他地区乃至国外交往的礼品。此类如《澳门纪略》《道光重庆府志》《万历金华府志》等，不在少数。这些都印制讲究，除了研究价值，还有较大的收藏价值。

3. 其他

俞冰主编的《中国稀见地方史料集成》收稀见方志 100 多种；边疆地理类丛书如《中国边疆丛书》《历代边事资料辑刊》等；专题汇编类《周秦汉唐历史地理研究资料汇编》《汉唐地理书钞》等，也是难得的早期地方史料。《中国省别全志》则是日本特务机构对中国各地的详细调查记录，值得重视。

三　点校旧方志

对旧志进行点校，经过数十年的积累，各地都有一些零星的成果，如《北京旧志汇刊》《天津区县旧志点校》《福建旧方志丛书》《宁夏珍稀方志丛刊》等，渐成规模。但由于工程浩大，能够将本地区全部系统点校的项目，尚不是很多。下面举例介绍两种比较有特点的：

《成都旧志》，成都市地方志编纂委员会和四川大学历史地理研究所联合整理，成都市重点文化工程项目，成都时代出版社 2007 年 12 月正式出版，收录了有关成都市区和原所属成都县和华阳县的历代旧方志 30 种。但翻检其内容，却并非传统意义上的"旧志"。该书分为专志、杂志、通志三大类。其中专志类有 10 余部，主要包括 5 个方面：一是人物志，如民国林思进等纂《华阳人物志》；二是食货志，如民国修《成都县食货志》；三是名胜古迹志，如清代何明礼纂《浣花草堂志》、民国吴鼎南编《工部浣花草堂考》等；四是寺庙志，包括清释中恂修、罗用霖纂《重修昭觉寺志》；清潘时彤纂辑《昭烈忠武陵庙志》；五是书院志，如清张之洞撰《四川省城尊经书院记》、清李承熙撰《锦江书院纪略》、民国修《石室纪事》等。杂志类有《成都文类》《成都通览》《氏族谱》《岁华纪丽谱》《蜀锦谱》等成都九谱及《成都导游》《成都市市政年鉴》等。这两类虽然涉及成都社会政治、经济、文化等各方面的内容，但不能算是严格意义上的旧方志。

《上海府县旧志丛书》，上海市地方志办公室主编，2009 年 10 月出版第一种《奉贤县卷》，收录《乾隆奉贤县志》《光绪重修奉贤县志》《民国奉贤县政概况》《民国奉贤县志稿》四种，并附录《宣统（奉贤）乡土地理》《（奉贤）乡土历史》《奉贤县乡土志》三种。2015 年 11 月，《上海县卷》出版，丛书顺利收官。全套 11 卷，36 册，辑有 59 种于 1949 年前修纂的上海地区府县卫厅志书，并附录 20 种府县级方志资料。

以上两种的共同点，是区域内旧志总数不是太多，所以能够集中一定学术力量，完成点校。以省为名的，则往往因为项目过大，基本还没有全部完成的。

四 方志数据库

旧方志类数据库按照服务方式划分，大致有公益型和收费型两种。公益型方志库主要是由政府出资支持，旧志收藏机构或方志办研发而成，供读者免费使用；收费型方志库则主要是由出版商投资进行旧志资源整合，向方志收藏机构出售，进而由收藏机构面向读者服务。目前所见，上海、北京等地的方志办都在积极研发本地区旧志数据库，但尚未见到发布。

国家图书馆多年来致力于旧志的数字化，目前已经将 6000 多种方志入库 [①]，供读者免费阅读、打印和下载，是国内公益性免费旧方志数据库的代表。该库的图片资源全部由国家图书馆珍藏的旧志原书扫描而来，所以图片清晰，整体品质较高。收费型商业化运作的，如爱如生公司制作的"中国方志库"和籍古轩公司发行的"中国数字方志库"，堪称旧志方志数据库的集大成者。前

---

① 数据库网址：http://mylib.nlc.cn/web/guest/shuzifangzhi

者收录汉魏至民国的历代地方志类著作 1 万种，计全文超过 20 亿字，图片超过 1000 万页，其中有 4000 种实现了全文检索和阅读。缺点是采用客户端模式，必须安装软件才能阅读。"中国数字方志库"收录 1949 年以前地志类文献 1.2 万种，总册数超过 15 万册，影像数据超千万页，全库实现了网页形式阅读。

重庆中国三峡博物馆藏方志述略

刘兴亮　　张蕾蕾

（重庆中国三峡博物馆）

重庆中国三峡博物馆肇建于 1951 年，其前身是新中国建立初期设立的西南博物院，1955 年更名重庆博物馆。2005 年，重庆博物馆与新成立的中国三峡博物馆合并共建，更名重庆中国三峡博物馆。重庆中国三峡博物馆作为西南地区最负盛名的历史博物馆之一，藏品种类丰富，仅古籍一项经、史、子、集四部齐备，但凡宋以来刻本、抄本、影印本不一而足。特别是方志文献的收藏，无论是数量还是质量在同行业收藏中也一直占据非常重要的地位。然而由于种种原因，馆藏方志的具体情况，至今尚未整理发表，因此学术界对于该馆所藏方志知之甚少。为便于学界对这一资源的利用与研究，本文对馆藏方志情况加以介绍，以期能为诸同好提供一些有益的学术信息。

重庆中国三峡博物馆馆藏方志共计 187 部，其中刻本方志 57 部，影印本 98 部。就出版时间而言，现存方志主要集中于清代，当然民国时期所印志书亦占有相当分量。在地域方面，馆藏方志主要集中于重庆、四川、云南、贵州等西南地区，域外方志所占比例则相对较少。而从内容来看，有反映一朝或一省历史沿革情况的通志，也有反映一地一朝或几朝历史的县志、府志、乡土志，还有反映某一行业或一寺、一山、一水历史状况的专志。为避免逐一铺叙造成的言辞杂乱，特制作下表加以说明，至于表中所未能反映的问题，则容后文另叙：

书　名	版　本	出版时间	存卷数
舆地纪胜	南海伍氏粤雅堂校刻本	清咸丰五年	二百卷
元丰九域志	武英殿聚珍版	清乾隆三十八年	十卷
舆地纪胜补阙	甘泉岑氏惧盈斋刻本	清道光二十九年	十卷

书　名	版　本	出版时间	存卷数
太平寰宇记	金陵书局刻本	清光绪八年	二百卷
读史方舆纪要序	尊经广业书局刻本	清光绪间	二卷
皇朝一统舆地全图	金陵径香阁朱墨套印本	清同治四年	不分卷
元和郡县图志	金陵径香阁朱墨套印本	清同治四年	四十卷
舆图摘要	潭阳余应灏刻本	明末	十五卷
正德武功县志	武功县署重刻本	清乾隆二十六年	三卷
光绪岐山县志	岐山县署刻本	清光绪十年	八卷
正德武功县志	湖北崇文书局刻本	清同治十二年	三卷
甘肃地理沿革图表	北平北大印书局排印本	民国二十三年	一卷
蓝山县图志	蓝田县署刻本	民国二十一年	三十五卷
重修广元县志稿	罗映湘等铅印本	民国二十九年	二十八卷
嘉庆汉州志	汉州衙署刻本	清嘉庆二十二年	四十卷
民国麻江县志	戴蕴珊铅印本	民国二十七年	二十三卷
续汉州志	汉州衙署刻本	清同治八年	二十四卷
新都县志六编	新都县重刻本	民国三年	十八卷
同治彰明县志	彰明县署刻本	清同治十二年	五十七卷
光绪雷波厅志	雷波厅刻本	清光绪十九年	三十六卷
雷波县志	雷波县影印本	民国二十七年	三十六卷
三台县志	三台县铅印本	民国二十年	二十六卷
西昌县志	西昌县铅印本	民国三十年	二十卷
云阳县志	云阳县铅印本	民国二十四年	四十四卷
武胜县志	武胜县排印本	民国二十年	十三卷
道光重庆府志	重庆府署刻本	清道光二十三年	九卷
光绪秀山县志	秀山县署刻本	清光绪十七年	十四卷
崇庆县志	崇庆县排印本	民国十五年	十二卷
道光乐至县志	乐至县署刻本	清道光二十年刻同治八年补刻	十六卷
乐山县志	乐山县排印本	民国二十三年	十二卷
绵阳县志	绵阳县排印本	民国二十一年	十卷
峨边县志	大昌公司排印本	民国四年	四卷

书 名	版 本	出版时间	存卷数
峨边县志	建国印刷局排印本	民国四年	四卷
嘉庆峨眉县志	峨眉县署刻本	清嘉庆十八年刻宣统三年补刻	十卷
重修什邡县志	什邡县排印本	民国十八年	十卷
光绪射洪县志	射洪县排印本	清光绪十一年修民国间补修本	十八卷
道光德阳县新志	德阳县署刻本	清道光十七年	十二卷
光绪德阳县新志续编	宏道阁公书局刻本	清光绪三十一年	十卷
绵竹县志	绵竹县署刻本	民国九年	十八卷
名山县志	名山县署刻本	民国十九年	十六卷
重修丰都县志	丰都县排印本	民国十六年	十四卷
光绪新修潼川府志	潼川府署刻本	清光绪二十三年	三十卷
乾隆富顺县志	富顺县署刻本	清乾隆四十二年刻光绪八年重刻	五卷
汶川县志	汶川县排印本	民国三十四年	七卷
安县志	石印本	民国二十七年	六十卷
安县续志	石印本	民国二十七年	六卷
道光安岳县志	安岳县署刻本	清道光十六年	十六卷
光绪续修安岳县志	安岳县署刻本	清光绪二十三年增修	四卷
涪陵县续修涪州志	涪陵县排印本	民国十七年	二十七卷
江北厅志	江北厅铅印本	民国间	八卷
江津县志	江津县刻本	民国十三年	十六卷
光绪江油县志	江油县署刻本	清光绪二十九年	二十四卷
泸县志	泸县铅印本	民国二十七年	八卷
灌县志	灌县铅印本	民国二十二年	十八卷
灌县乡土志	灌县县署刻本	清光绪三十三年	二卷
嘉庆洪雅县志	洪雅县署刻本	清嘉庆十八年	二十五卷
光绪洪雅县志	洪雅县署刻本	清光绪十年	十二卷
光绪资州直隶州志	资州县署刻本	清光绪二年	三十卷
咸丰资阳县志	资阳县署刻本	清咸丰十年	四十八卷

续表

书　名	版　本	出版时间	存卷数
资阳县志稿	资阳县铅印本	民国三十八年	四卷
遂宁县志	遂宁县署刻本	民国十八年	八卷
南充县志	南充县署刻本	民国十八年	十六卷
重修南川县志	南川县铅印本	民国十二年	十四卷
增修南川县志	南川县署刻本	清末	十二卷
咸丰重修梓潼县志	梓潼县署刻本	清咸丰八年	六卷
夹江县志	夹江县排印本	民国二十四年	十二卷
内江县志	内江县署刻本	民国十四年	十二卷
南溪县志	南溪县铅印本	民国二十六年	六卷
大竹县志	大竹县铅印本	民国十七年	十六卷
重修彭山县志	彭山县排印本	民国三十三年	八卷
彭山纪年	彭山县排印本	民国九年	三卷
芦山县志	芦山县铅印本	民国三十二年	十卷
蓬州志	蓬州光绪刻本石印本	民国二十四年	十五卷
光绪蓬州志	蓬州官署刻本	清光绪二十三年	十五卷
道光茂州志	茂州官署刻本	清道光十一年	四卷
万源县志	万源县铅印本	民国二十一年	十卷
四川綦江续志	綦江县署刻本	民国二十七年	四卷
光绪蓬溪县续志	蓬溪县署刻本	清光绪二十五年	四卷
续修蓬溪县近志	蓬溪县刻本	民国二十四年	十四卷
华阳县志	华阳县刻本	民国二十三年	三十六卷
华阳县志古迹	华阳县排印本	民国二十一年	一卷
理化县志稿	理化县排印本	民国三十四年	十二卷
中江县志	中江县铅印本	民国十九年	二十四卷
嘉庆威远县志	威远县刻本	嘉庆十八年	六卷
光绪威远县志三编	威远县刻本	清光绪三年	四卷
嘉庆四川通志	刻本	清嘉庆二十一年	二百零四卷
四川郡县志	井研龚氏成都刻本	民国二十四年	十二卷
嘉庆罗江县志	罗江县刻本	清同治四年	三十六卷

书　名	版　本	出版时间	存卷数
同治续修罗江县志	罗江县刻本	清同治四年	二十四卷
清昭化县志	抄本	清末	四卷
雅安县志	雅安县石印本	民国十七年	六卷
长寿县志	长寿县铅印本	民国三十三年	十六卷
眉山县志	眉山县排印本	民国十二年	十五卷
乾隆屏山县志	屏山县刻本	清乾隆四十三年	八卷首一卷
光绪屏山县续志	屏山县刻本	清光绪二十四年	二卷首一卷
阆中县志	阆中县石印本	民国十五年	二十卷
同治巴县志	巴县刻本	清同治六年	四卷
乾隆巴县志	巴县刻本	清嘉庆二十五年	十七卷
巴县乡土地理表	巴县石印本	民国间	一卷
巴县采访表	巴县铅印本	民国十五年	一卷
咸丰开县志	开县县署刻本	清咸丰三年	二十七卷
合江县志	合江县署排印本	民国十八年	六卷
金堂县续修志	金堂县署刻本	民国十年	十卷
剑阁县续志	剑阁县排印本	民国十六年	十卷
剑州志	剑州府署铅印本	民国十六年	十卷
雍正剑州志	剑州府署刻本	清雍正五年	二十四卷
铜梁县地理志八编	铜梁县排印本	民国三十三年	一卷
简阳县续志	简阳县排印本	民国二十年	十卷
荥经县志	王琢刻本	民国十八年	二十卷
营山县志	营山县刻本	清同治九年	三十卷
荣县志	荣县刻本	民国十八年	十七卷
平坝县志	平坝县铅印本	民国二十一年	不分卷
玉屏县志	玉屏县铅印本	民国三十七年	十卷
光绪增修仁怀厅志	仁怀厅刻本	清代	八卷
德江县志	德江县石印本	民国三十一年	三卷
定番州志	定番州铅印校印本	民国三十四年	二十一卷
清镇县志稿	清镇县铅印本	民国三十七年	十二卷

书　名	版　本	出版时间	存卷数
道光遵义府志	遵义府刊本	清道光二十一年	四十八卷
续遵义府志	遵义府刊本	民国二十五年	三十五卷
独山州志	独山州铅印本	民国三十三年	十卷
桐梓县志	桐梓县排印本	民国十八年	四十九卷
乾隆贵州通志	贵州刊本	清乾隆六年	四十六卷
贵州通志	贵州铅印本	民国三十七年	十九卷
开阳县志稿	开阳县铅印本	民国二十八年	十三卷
光绪普安直隶厅志	普安直隶厅刊本	清光绪十五年	二十二卷
镇宁县志	镇宁县石印本	民国三十六年	四卷
光绪铜仁府志	铜仁文献委员会铅印本	民国三十五年	二十卷
高峣志	高峣铅印本	民国二十八年	二卷
文山县志	稿本	民国间	二卷
大理县志稿	大理县铅印本	民国六年	三十二卷
元江志稿	元江铅印本	民国十一年	三十卷
道光云南通志稿	云南刻本	清道光十五年	二百十六卷
新纂云南通志	云南铅印本	民国三十八年	二百六十六卷
隆庆云南通志	云南铅印本	民国二十三年	十七卷
石屏县志	石屏县铅印本	民国二十七年	四十卷
光绪霑益州志	霑益州重刻本	清光绪十一年	六卷
续修建水县志稿	建水县铅印本	民国二十二年	十八卷
续修永北直隶厅志	永北直隶厅刻本	清代	一卷
宣威县志稿	宣威县铅印本	民国二十三年	十二卷
光绪永昌府志	永昌府刻本	清光绪十一年	六十六卷
姚安县志	铅印本	民国三十七年	六十六卷
蒙化县志稿	铅印本	民国九年	二十六卷
民国续修曲靖县志稿	稿本	民国三十三年	十卷
光绪呈贡县志	呈贡县续修本	清光绪十一年	八卷

书　名	版　本	出版时间	存卷数
罗平县志	罗平县石印本	民国二十二年	六卷
道光昆明县志	昆明县刊本	清光绪三十年	十卷
续修昆明县志	昆明县铅印本	民国三十二年	八卷
民国昭通县志稿	昭通县铅印本	民国十三年	十二卷
陆良县志稿	陆良县石印本	民国四年	八卷
道光开化府志	开化府刊本	清道光九年	十卷
盐丰县志	盐丰县铅印本	民国十三年	十二卷
光绪腾越厅志稿	腾越厅刊本	清光绪十三年	二十卷
卫藏通志	渐西村舍刻本	清光绪二十二年	十六卷
华岩寺志一卷续志	重庆华岩寺刻本	民国二十九年	四卷
浣花草堂志	刻本	民国二十二年	八卷
鸡足山志	刻本	清康熙间	十卷首一卷
鸡足山志补	北京京华印书局铅印本	民国二年	四卷
缙云山志	北碚汉藏教理院刻本	民国三十一年	不分卷
峨眉山志	据清道光刻本重印本	民国十八年	十二卷
新版峨山图志	成都华西大学哈佛燕京社影印本	民国二十五年	一卷
云南温泉志补	云南学会铅印本	民国八年	四卷

以上就是馆藏地方志的一些基本情况，出于统计之便利，上表所罗列诸方志并没有将方志之存量另行列出，而实际以上馆藏方志多存复本，如《（道光）重庆府志》馆藏共有两套，《夹江县志》存有三套，《（光绪）蓬州志》亦存两套，此外，《（道光）开化府志》《宣威县志稿》等也均存复本，只是完残程度各有不同而已。这可视为重庆中国三峡博物馆藏地方志的特点之一。

除复本较多外，馆藏方志珍本亦不少，比如康熙间刻本《鸡足山志》。一直以来，人们一直认为，高奣映纂修的《鸡足山志》是仅藏云南省图书馆的孤本，更认为以该志"不是高奣映亲笔工楷缮写或手书本，而是抄本"①，此外别无他本流传，但从三峡博物馆所藏《鸡足山志》来看，实际此志纂成后不久即

---

① 林超民主编：《西南古籍研究（2004年）》，云南大学出版社，2005年，第64页。

有刻本问世，全志共十二卷，木刻、黑口、双鱼尾，半叶 9 行，行 21 字，字体疏朗，装帧大气，应是现存《鸡足山志》刻本中保存状况较好的本子。又比如，《民国续修曲靖县志稿》，据记载，该志由民国十九年（1930），曲靖县长段克昌（宜良人）提议续修县志，并延聘邑人明经出身的李庚南主管其事。此次修志虽是由政府倡议，但实际为李庚南个人纂修，最终于民国二十三年（1934）成稿，共 10 册。稿成后，李氏拿到昆明拟请旅居昆明的曲靖同乡会捐资刊印。然同乡会会长邓和风提出需将其宗族中人入传为条件，遭到李庚南的坚决拒绝，致使此稿未能付印，后此稿稿本辗转入藏重庆中国三峡博物馆，故馆藏此稿为当前该志所存世之唯一孤本。还比如《（道光）重庆府志》，由清代著名学者王梦庚主持编修，成书于道光二十三年（1843），为重庆史上最为完整的一部府志，全书共 9 卷，分舆地、祠祀、食货、职官、学校、武备、选举、人物、艺文九门，下分细目，记叙古代重庆的建制沿革、山川地理、人文历史等。然由于志成后刻印不多，故传世数量较稀，目前该志虽另见藏于西南大学图书馆、重庆图书馆等处，但所存均不完整。值得庆幸的是，三峡博物馆所藏两部虽均有残缺，但两部所缺部分则正可互相补足，故此书价值自不待言。

此外，三峡博物馆藏方志还有一个特点，就版本而言，较多是清代和民国版。在 187 种方志中，四周双边的占 57 种；白口，单鱼尾居多，且多为半叶 9 行，行 20 字左右，小字双行。上下大黑口。双鱼尾、版心下方有刻工姓名均不多见。所收藏的民国时期方志则一般是续修前志的较多，其特点一般不分界行，铅印本多，石印本少，印刷清晰，多附县域照片及修志者图像等，这也是当时西南地区方志刊印的普遍趋势。

目前，重庆中国三峡博物馆藏方志中，一些存世较少的志书，比如《（道光）重庆府志》已经采用现代照相和印制技术影印出版，目的是更好地呈献历史文献原貌。另有一批方志目前正在进行数字化扫描。为方便读者利用，该馆将为每种方志撰写较详细的提要，内容包括版本介绍、编纂者介绍、建置沿革、内容提要，重点叙述一部方志的纂修、刻印及记事的起迄时间，并对其他题名、卷次、内容、体例及主要特点进行介绍，使读者对每部方志有大致的了解。

总之，重庆中国三峡博物馆藏方志是本馆所藏文物的精华，同时又是珍贵古籍丛书的重要组成部分，相信通过研究者的不断努力，这批方志一定会尽早出版刊布，为抢救、展示、传播传统文化遗产发挥应有的作用。

参考文献

［1］朱士嘉.中国地方志备征目［M］.北京：燕京大学图书馆，1931.

［2］何金文.四川方志考［M］.长春：吉林省图书馆学会，1985.

［3］林名均.华西大学图书馆四川方志目录［M］.成都：华西大学图书馆，1951.

［4］张新民.贵州地方志举要［M］.长春：吉林省图书馆学会，1988.

［5］甘友庆.云南地方文献事业史［M］.昆明：云南大学出版社，2011.

［6］梁之相.云南方志考简编初稿［M］.全国人民代表大会民族委员会云南少数民族社会历史调查组，1987.

［7］金恩辉，胡述兆.中国地方志总目提要［M］.台北：汉美图书有限公司，1996.

试论明清旧志中的士人修志传统

——以宁夏旧志为中心*

韩中慧

（宁夏大学人文学院）

"方志之学，先儒所重；故朱赣风俗之条，顾野王舆地之记，贾耽十道之录，称于前史。盖圣贤不出户知天下，矧居是邦，而可懵于古今哉。"[①] 旧志不论是从溯源抑或是演变来看，作为一种自明"永乐凡例"正式颁布、实施后的官修体例志书，在其编写的内容中一直蕴含着极深的"士人修志"传统。从某种程度上来说，旧志的成书，与官方意志的书写和士人修志二者密不可分，以往学界在对旧志的研究中多关注于旧志的内容、体例、性质与官方话语的书写等方面，却较为忽略了中国传统社会中的这一批普遍且主流的修志群体，这是比较遗憾的。本文所谓的士人修志，指的是在明清时期，一批经过传统科举考试或是经过读书修养的地方文士阶层，他们或是中举、中进士科等，从而获得官职，治理他乡；或是未有功名，归田著书育人；或是曾为官员，后年老归乡，著书立说。这些文士有些有着极高的名望，成为当地的士绅，有些则为普通的士人。士人修志，强调的是"士人阶层"，这一阶层相对于其他经济上的阶层带有一定独立性，同时天然蕴藉着民间视角和立场。士人在官方体制与普通民众之间，一直扮演着"中介人"的角色，地方士人因为接受儒家深厚的教化，自有一脉"淑世"的精神和传统，认为自己的责任与良知在于主动架构起官方话语和民间声音之间的互动。"普通民众的生

---

* 本文系 2012 年度国家社科基金重点项目"宁夏地方文献整理与研究"（12AZD081）的阶段性成果。

① （宋）朱长文：《吴郡图经续记》，江苏古籍出版社，1999 年，第 1 页。

存诉求需要他们的传达和发声，而官方话语的实行也需要借助地方士人的力量。无论是中国古代社会传统意义上的儒士，还是清末以来，愈加与地方官员、普通民众的生活联系紧密的地方士人，在面对普通民众的生存危机时，他们更多的是相信自己的责任和使命，并努力在维护普通民众的基本生存下做到一种调和，对于这一点，他们深信不疑。"①

出于对地方士人这一角色的精神认识，我们发现，旧志作为一种官方编纂的成书形式，因为该群体的参与而使得旧志的内容、特征以及立场变得愈加复杂。我们不能再简单地将旧志视为四部分类法中的史部地理类专书，也不能简单将其视为官方意志的书写，旧志应该是在官方体制与地方士人（天然带有民间立场）之间的互动中产生的。作为传统古籍中的一类，在对旧志文献价值进行探讨时，也十分有必要对士人参与编纂过程中的人文精神进行探讨。故笔者不揣谫陋，仅以宁夏一地存世旧志为例，对宁夏旧志的编纂群体身份、角色以及所隐含在文字间的"治学的观念"与"治世的关怀"等士人精神方面作一些归纳和总结。需要提前说明的是，宁夏作为西北一隅，从修志的整体水平来看，反映的是全国范围内的明清旧志中最普遍最主流的层面。因此宁夏旧志所呈现的问题，既可作为西北旧志的一处缩影，亦可作为明清时期大量"落后"志书的参考。

一 旧志修纂群体身份考

从旧志著录作者的体例来看，一般来说，出于一人之手者为"纂"；若是地方长官亲自执笔，则著录为"纂修"；如果是分地方官主修者与实际编纂者，即地方官员聘请地方士人负责总纂，则著录为某某修、某某纂。如此方可体例分明。可以看出旧志的修纂群体主要分为三种：第一种是地方士人编修，属于私家（个人）修撰范围，这类私家修志在宋元以前较多出现，如李吉甫《元和郡县图志》等；第二种是地方长官（或藩王）即为旧志的实际纂修者，这一类长官（或藩王）基本上具备一般文士的文史修养，故而可直接承担修志的职责，这一类在宋元明时期较多出现，如范成大《吴

---

① 胡玉冰、韩中慧：《〈花马池城图〉：晚清西北地方士人的心态和选择》，《宁夏社会科学》2018年第3期。

郡志》、朱梅《（正统）宁夏志》等；第三种是官员主修，地方士人主纂，属于官方修志活动，地方士人往往受聘于当地长官，接受修志的任命，但这一类，实质上仍然是由士人主导旧志的编修方向、体例与内容，这一类在清代较多出现。也就是说，一部旧志的成书，基本上是以地方士人的修纂为主导。

明清宁夏旧志主要修纂者身份一览表

旧志类型	旧志名称	修纂者	身　份
明代宁夏总志	（正统）宁夏志	（明）朱梅纂	藩王
	（弘治）宁夏新志	（明）王珣修，胡汝砺纂，李端澄校	王珣：山东曹县人，巡抚宁夏。[地方官员] 胡汝砺：宁夏人。明宪宗成化二十二年（1486）中举人，二十三年（1487）中丁未科进士。[地方士人] 李端澄：河南武陟人。与胡汝砺同年进士科，明弘治十二年（1499）升陕西佥事，督理宁夏粮储；十四年（1501）升副使，整饬甘肃兵备。[地方官员]
	（嘉靖）宁夏新志	（明）杨守礼修，管律纂	杨守礼：山西蒲州人。明嘉靖十八年（1539）迁右副都御史巡抚宁夏。[地方官员] 管律：宁夏人。明正德十六年（1521）辛巳科进士，曾任直隶长垣县丞、山西高平知县。"以管博闻有辞而通世故也。"[地方士人]
	（万历）朔方新志	（明）杨寿纂修，黄机、明时儒编纂	杨寿：宁夏前卫人，明万历四十一年（1613）中癸丑科进士，授户部主事。[地方官员／士人] 黄机：宁夏镇人，遥授儒官。[地方士人] 明时儒：宁夏镇人，儒学廪膳生员，家风忠贞明义。[地方士人]

续表

旧志类型	旧志名称	修纂者	身　份
明代宁夏分志	（嘉靖）固原州志	（明）杨经、王琼纂修	杨经：宁夏平虏城（今宁夏平罗县）人，曾任直隶大名府推官。[地方官员] 王琼：山西太原人。明嘉靖七年（1528）以兵部尚书兼右副都御史总制陕西三边军务。[地方官员]
	（万历）固原州志	（明）刘敏宽纂修，董国光校	刘敏宽：山西安邑（今山西运城）人。明万历四十二年（1614）以巡抚延绥升总督。[地方官员] 董国光：山东滕县人。曾历任陕西按察副使、布政使。[地方官员]
清代宁夏总志	（乾隆）银川小志	（清）汪绎辰纂	汪绎辰：安徽歙县人。清乾隆十九年（1754）任宁夏知府赵本植家中塾师。[地方士人]
	（乾隆）宁夏府志	（清）张金城纂修，杨浣雨等编修群体共37人	张金城：直隶南皮县（今河北省南皮县）人。清乾隆十八年（1753）癸酉科拔贡，四十一年（1776）任宁夏知府。[地方官员] 杨浣雨：宁夏县（今宁夏银川市兴庆区）人。清乾隆三十六年（1771）中辛卯科进士。[地方士人]
清代银川市辖灵武市旧志	（嘉庆）灵州志迹	（清）杨芳灿修，郭楷纂	杨芳灿：江苏金匮（今江苏无锡市）人。清乾隆五十二年至嘉庆三年（1787—1798）任灵州知州12年，嘉庆三年（1798）调往高平（今宁夏固原市），后任户部员外郎。[地方官员] 郭楷：甘肃凉州武威人。清乾隆五十七年（1792）举人，乾隆六十年（1795）乙卯科进士，候选知县。同年，应杨芳灿之邀任灵州奎文书院院长。[地方士人]
	（光绪）灵州志	（清）陈必准纂修	陈必准：湖南岳阳人。清光绪三十一年（1905）冬权知灵州州事，三十二年（1906）解任回省，三十四年（1908）二月又重守斯土。[地方官员]

旧志类型	旧志名称	修纂者	身　份
清代石嘴山市辖平罗县旧志	（嘉庆）平罗县志	（清）佚名纂	佚名："署宁夏府平罗县为抄赍志书事……兹查照《宁夏府志》书所载卑县城池、学校、户口，抄录呈赍须至册者。"［地方官员］
	（道光）平罗记略	（清）徐保字纂修	徐保字：浙江归安（今浙江湖州吴兴区）人。清道光四年至六年（1824—1826）、八年至十年（1828—1830）两度出任平罗知县。［地方官员］
	（道光）续增平罗记略	（清）张梯纂	张梯：河南鹿邑王皮溜集人。［地方士人］
清代吴忠市旧志	（康熙）新修朔方广武志	（清）俞益谟修，俞汝钦、李品醇、高巋等纂	俞益谟：祖籍直隶河间（今河北河间县），后迁居宁夏西路中卫广武营（今宁夏青铜峡），官至湖广总督，有文武才。［地方官员］ 俞汝钦：俞益谟子，清康熙三十八年（1699）中己卯年武科举人，亚元。因南河功授按察司副使。［地方官员］ 李品醇：宁夏广武人，清雍正三年（1725）贡生。［地方士人］ 高巋：清康熙四十一年（1702）中壬午科举人，四十八年（1709）拣选知县。［地方士人］
	（光绪）平远县志	（清）陈日新纂修	陈日新：湖北蕲水（今湖北浠水县）人，清同治十三年（1874）任平远县第一任知县。［地方官员］
	（光绪）花马池志迹	（清）胡炳勋修	胡炳勋：原籍湖南岳州府巴陵县，清光绪三十三年（1907）任花马池州同。［地方官员］
	（光绪）宁灵厅志草	（清）佚名纂	不详。

旧志类型	旧志名称	修纂者	身　份
清代中卫市旧志	（乾隆）中卫县志	（清）黄恩锡等纂修	黄恩锡：云南永北府（今云南永胜县）人。清乾隆二十一年（1756）任中卫知县。［地方官员］
	（道光）续修中卫县志	（清）郑元吉修，余懋官纂（地方士人群体参与编修）	郑元吉：江西金溪（今江西金溪县）附监生，清道光十九年（1839）任中卫知县。［地方官员］ 余懋官：江西人。前借补河州太子寺州判，直隶州州判。［地方官员］
	（乾隆）盐茶厅志备遗	（清）朱亨衍修（地方士人群体参与编修）	朱亨衍：广西桂林人。清乾隆九年（1744）任甘肃平凉府盐茶厅同知。［地方官员］
	（光绪）海城县志	（清）杨金庚纂修，陈廷珍协修	杨金庚：山东诸城（今山东诸城县）人，清光绪三十三年（1907）任海城知县。［地方官员］ 陈廷珍：宁远（今甘肃天水市武山县）人，清光绪二十六年（1900）任海城县儒学训导。［地方士人］
	（光绪）新修打拉池县丞志	（清）廖丙文纂修（地方士人群体参与编修）	廖丙文：湖南巴陵（今湖南岳阳县）人，清光绪三十一年（1905）任打拉池县丞。［地方官员］
清代固原市旧志	（宣统）新修固原直隶州志	（清）王学伊纂修（地方士人群体参与编修）	王学伊：山西文水（今山西文水县）人，清光绪二十年（1894）甲午恩科进士，刑部奉天清吏司主事、固原直隶州知州兼学正。［地方官员］
	（宣统）新修硝河城志	（清）杨修德纂，杜宗凯襄校（地方士人群体参与编修）	杨修德：贵州都匀府人，清光绪三十四年（1908）任硝河城州判。［地方官员］ 杜宗凯：固原州人，任职硝河城千总。［地方官员］
	（康熙）隆德县志	（清）常星景纂	常星景：山西翼城县人。清顺治十三年（1656）任隆德县知县。［地方官员］
	（道光）隆德县续志	（清）黄璟纂	黄璟：山西平定州人。清道光三年（1823）十二月任隆德县知县。［地方官员］

依上表可知，除《（正统）宁夏志》是由藩王朱栴主修以外，宁夏旧志的编纂群体主要是以地方官员与地方士人或群体合作完成。而地方官员虽任官于此，却来自异地，对执政地区的风俗人物以及民生情况了解较少，与"生于斯，长于斯"的地方士人有着本质的区别。这是缘于士人们一旦经历科举考试，取得官职，就会被派往他郡，远离本地。这一体制自隋开皇三年（583）开始，隋文帝改革旧制，郡县佐官不再由长官自行辟用，一律由吏部除授，四年一迁（郡县长官三年一迁）；佐官的地域来源相应地随之改变，原则上也是"尽用他郡人"。唐代以后基本上都沿袭了这种做法。① 这便造成很多地方官员虽有修志之责，却无修志之实力，在任期的三四年间，若该地文献凋零，久无方志，仅靠地方官员一人之才识，想一夕编纂，实非易事。所以地方官员会组织官方编纂活动，聘请当地名儒，搜集文献史料，编纂出既符合官方修纂凡例又能体现一地之文史地理特征的旧志。因此从这一点来看，修志的主体力量仍然来自地方士人。黄恩锡《应理志草序》曾载："阳湖蒋大方伯巡视河防，往来中邑，索邑志不获，乃责余曰：'子以科第儒生，久宰边邑，于其山川、古迹、民生、吏治，独不为加稽考著述乎？'虽逊谢不敏，而责无可贷。"② 可知一地文献无修，要问责于地方士人。另外，需要有所区别的是，地方士人中也分为普通的地方士人与一地之"名流""名儒"，而延聘名流需要地方官员付一定的酬劳，对西北偏远地区而言，可担任修纂志书的士人本就稀少，更何谈"名流"。《（光绪）海城县志》凡例曾载："境内素乏博雅之士，此次编辑，无人襄力。又以款项无着，未延名流硕彦。"③ 而我国东南两浙地带，文献繁盛，名儒众多，地方官员延请名儒修志之事常有，故而名志亦容易修成。

从旧志的修纂群体这一视角出发，我们可将明清旧志主要分为三类来整体观察其形态。第一类是由文士阶层负责修纂的志书，这类文士，即所谓的"名流""名儒"，以清代历史考据学派的学者为代表，如戴震、钱大昕、段玉裁、章学诚等④，这类志书的修纂者具有较高的学术考据水平，使得旧志史料翔实，

---

① 辛德勇：《历史的空间与空间的历史——中国历史地理与地理学史研究》，北京师范大学出版社，2005年，第276—277页。

② （清）黄恩锡纂：《（乾隆）中卫县志》，哈佛大学图书馆藏乾隆二十七年（1762）刻本。书名据书口，序、凡例题：应理志草。

③ （清）杨金庚总纂，刘华点校：《（光绪）海城县志》，宁夏人民出版社，2007年，第10页。

④ 按：戴震强调志书的"地理""沿革"功用，章学诚主张志书"一地之全史"的史学意味，虽然二者的修志理念多有不同，但都属于文士修志，都将自己的治学理念实践到修志这一活动中。

考证分明，体例独创，代表着明清志书修纂的最高水平。以旧志舆图为例，戴震修《汾阳县志》中的舆图，迭经数稿，采取"计里画方"技术，精确舆图。①而"计里画方"技术明代已由传教士传入中国，但传统的示意性辅以文字注释的旧志地图绘制方式仍然是明清以来中国旧志舆图的最普遍形式，这样"落后"的形式直到清代光绪、宣统之后才逐渐被"计里画方"等精确性地图所取代。究其原因在于，对一般的明清官修志书而言，追求精确性从来就不是他们纂修的目的，他们更关注的是在志书舆图中如何按照体例绘制出官方机构，传达官方话语。以目前存世可见的清代宁夏全境旧志舆图为例，民国之前只有《（光绪）海城县志》所附《（海城）全境图》是用"计里画方"的方式绘制而成。可见中国明清旧志中最主流的舆图绘制方式仍然是"落后性"的。然而由当时名儒文士主导修纂的旧志，与一般的官方话语书写相背，体现出修纂者个人强烈的治学精神和实用价值，与 19 世纪西方科学实验主义精神相合。他们形成了相对成熟的旧志理论，专门讨论旧志的编纂体例、旧志的起源、旧志的文献价值等，虽然各家主张不同，但在士人之间的书信交流中，激发思想、碰撞主张，逐渐推进了旧志理论的成熟。不过，这样的一批旧志修纂完成后，学术价值虽高而数量较少，总体来说，代表着清代修志的最高学术水平，却未能代表一般旧志的修纂情况。

第二类是由地方官员负责修纂的一般性官修志书。由于地方官员往往对地方历史风物并不熟悉，再加上位于西北边疆地区，文献无征，官员所承担的修志任务更是艰巨。如《（乾隆）宁夏府志》序载分巡宁夏道的永龄言："以殊乡远所之人莅事于此，其孰从而知之？官司之案牍，因陈累积，连楹充栋，或尘蠹断烂而不可校，一日到官，欲得其要领，其孰从而求之？然则郡志之辑，其资于理也，不诚大哉！"②可知一地旧志的修纂不仅为保存一地文献史料，亦可为新任的行政长官提供能够在短时间内掌握该地基本状况的信息，方便治理。但西北边疆地区可以延聘的地方士人十分稀缺，如徐保字于道光九年（1829）仲春二月撰写的《平罗记略》序言："平罗无志，余下车即引为己任，无如掌故

① 陈光贻：《中国方志学史》，福建人民出版社，1998 年，第 173 页。
② 胡玉冰、韩超校注：《（乾隆）宁夏府志》，中国社会科学出版社，2015 年，第 2 页。

残缺、文献寂寥……询之吏，无可考据；咨之士，无可商榷。"①《（光绪）平远县志》凡例亦载："既不能延名流为总纂、分纂，又无绅士召集以备采访，皆予一人搜求，一手编辑，难其体裁允当。"②即使该地有可以延聘的地方士人，其修志水平与"名流"相比，差距甚大，不可强求，如《（乾隆）银川小志》，汪绎辰对旧志中所辑录的资料进行辨析考证，其中《乡贤·孝》载唐朝灵武二孝事，后引《孝行赞》，其言曰："旧志不载作'赞'者姓氏，并不志官爵里居，疑是万历年间总制石茂华笔，因序中有'华奉使朔陲'语，系益都人，曾修《宁夏镇志》，书此俟考。"然此赞乃中唐李华所作，"华奉使朔陲"句中"华"指"李华"而非"石茂华"。地方士人水平有限，文献材料无征，再加急迫的修志任务，致使地方官员在修纂西北一隅旧志时只能多选择撮抄、因袭总志及通志的内容，独出己见者绝少。更有甚者，为应付上级修志任务，仓促之下，制作伪志，蒙昧上级，贻害后学，这样的旧志，其文献价值无疑是较低的。③

第三类是一般性的常见志书，也是明清旧志中最主流的存在，由地方官员主修，地方士人主纂，此类型亦是本文重点论述的内容。这类志书既能严格遵循官修志书的条例，撰写的内容又渗透着一般士人的修志传统。往往这样的旧志，负责监修的地方官员本身具有一定的文史修养，如俞益谟"性喜文学，多延博雅之士，所至辄为诸生课文讲学，暇则集宾友考古为诗文"④。《（乾隆）宁夏府志》载俞益谟"少英敏，既为官，益务折节读书，雅近文士，能诗文，军中每手草露布，词理可观"⑤。这类长官亦有较强的责任和使命感，如张金城言："夫后人惜前人之不为，而复望后人曰'有待在官之事'，辗转因仍，以至废堕而不可复理，大率以此。金城既守此土，既任此责，是以不揣谫陋，偕我同志，勒成此书，亦聊以供莅事者之考稽，备太史轺轩之采择。后之览者，诚鉴其不

① （清）徐保字纂，王亚勇校注：《平罗记略·续增平罗记略》，宁夏人民出版社、宁夏人民教育出版社，2003年，第291页。
② 王克林、陈志旺等：《标点注释平远县志》，宁夏人民出版社，1993年，第4—5页。按：标点未尽从整理本。
③ 韩中慧：《旧志辨伪方法论——以甘肃、宁夏为中心》，《中国地方志》2018年第4期。
④ 吴怀章校注：《（康熙）朔方广武志》，宁夏人民出版社，1993年，第56页。
⑤ 胡玉冰、韩超校注：《（乾隆）宁夏府志》，中国社会科学院出版社，2015年，第313页。

敢诿谢之由，而宽其不学自擅之咎，则厚幸矣！"①其次，这类地方官员另外再寻找、聘任一批当地熟悉历史风俗的士人群体参与到具体的志书撰写中，如张金城于乾隆四十五年（1780）七月撰《〈宁夏府志〉序》载："戊戌之秋，乃与同官诸君共谋编辑。又得郡之文学士若而人佽助焉。比事属类，博征慎取，孜孜考订，阅岁始得脱稿。损赀立局，鸠工剞劂，又八月而书始成，凡二十二卷。"②这就使得一人修志演变为以一名地方官员主修，一批地方士人共同参与的一种实际撰写活动。

这样的修志群体的组成模式，是明清旧志活动中最常见的模式，"官方"与"士人"角色出现互动。在此类旧志的编纂过程中，由于修志群体主要是由地方士人组成，致使出现士人主动将民间危机、生活状况写入官方志书中，以期在官方与民间之间进行沟通。③这样的修志传统与士人精神紧密相关，使得一部普通且常见的官修志书中，既能体现志书的官方话语和政教风化，亦渗透出士人"治学""考据""史学意识""征实"与"关怀"等精神。这些精神蕴藉在旧志的序跋、体例以及按语等内容之中，亟待进一步总结和归纳。官修志书因修志群体的士人角色，从而展现出严格官方话语书写环境下难得的温情和善意，这便是中国明清普通旧志中人文精神的价值所在。

二　旧志·治学的观念：历史考据精神

罗元琦《（乾隆）中卫县志》跋曰："举凡山川疆域之形胜，风俗政教之迁流，了然如指诸掌。使后起者览幅员扼塞，则周知险阻控御之宜；考户口赋役，则备悉安辑拊循之要；稽学校选举，则深思培养作育之源。可以镜曩昔，即以诏来兹。洵有合于史氏之遗意，而足以导扬美盛，昭一统无外之鸿模矣。"④这基本概述了旧志中的教化作用。士人所言的"教化"与"政教"有本质的区别，

---

① 胡玉冰、韩超校注：《张金城〈宁夏府志序〉》，《（乾隆）宁夏府志》，中国社会科学院出版社，2015 年，第 5 页。

② 胡玉冰、韩超校注：《张金城〈宁夏府志序〉》，《（乾隆）宁夏府志》，中国社会科学院出版社，2015 年，第 4 页。

③ 胡玉冰、韩中慧：《〈花马池城图〉：晚清西北地方士人的心态和选择》，《宁夏社会科学》2018 年第 3 期。

④ （清）黄恩锡纂：《（乾隆）中卫县志》，哈佛大学图书馆藏乾隆二十七年（1762）刻本。

后来学界常常将二者混为一谈，士人心中的"天下"理念是与民同息，与一味维护自身阶层统治的官方体制所宣扬的"政教"实有不同。"有合于史氏之遗意"一句，中国自古修史，便是将国家盛衰、生民休戚，皆寓于其中，然史书尚有褒贬，志书只是一味扬颂。一般士人将旧志与史书的功用等视之，认为旧志乃正史之补充，有文献典藏之功，可见章学诚所提"方志属史"的思想是一般士人的普遍心理认同。正因为如此，旧志作为正史之流裔，有关旧志的书写习惯也深受士人"史学意识"的影响。

第一，详注出处，精确提出证据。《日知录》卷十六"经义论策"条云："前辈时文，无字不有出处。今但令士子作文，自注出处，无根之语，不得入文。"①近代中外所盛行的引书注出处、引原文的方法，对旧志而言，则是还原史料出处。如《（道光）平罗记略》几乎对每一条资料都注明出处。其凡例言："志乘备一方掌故，苟无其本，不敢自蹈杜撰，仿《长安志》《古剡录》标明群籍，勿娉己裁。"②从《（光绪）平远县志》正文内容来看，卷四、卷五注明了部分史料的出处，如卷五《古迹》"平远所"条注明"出《固原州志》""出《二臣传》"，"细腰葫芦峡城"条注明"出《通鉴》及《固原志》。"

第二，有关旧志中的史料，或以亲身经历，或以碑石文献对其进行考辨。如《（道光）平罗记略》部分内容后附有按语，"每条末按语，盖捃摭遗闻而参以臆见，所以证异同也"。《（光绪）平远县志》中陈日新利用碑石材料对当地古迹进行考辨，其卷四载，青龙山"有《杨将军庙断碣》称，宋时杨将军业遇契丹战死处。其子都尉杨廷玉陪祀。愚按史载，杨业与契丹战死陈家谷，其子廷玉殉之，在朔州地。今立庙于此，岂前明边将哀其忠勇，建庙以励将士欤？盖未可知也。然山下亦有陈家谷云，故录之"③。

第三，旧志为一地民间风俗、信仰或观念之集合，在面对乡野异闻等材料时，地方士人的心态与取舍体现出历史考据学派治史的征实精神。《（康熙）朔方广武志》凡例载："广武创志无征，悉皆录之镇志；或询诸故老；或考之碑碣，

---

① （清）顾炎武著，（清）黄汝成集释：《日知录集释》，华山文艺出版社，1990年，第730页。
② （清）徐保字纂，王亚勇校注：《平罗记略·续增平罗记略》，宁夏人民出版社、宁夏人民教育出版社，2003年，第8—9页。
③ 王克林、陈志旺等：《标点注释平远县志》，宁夏人民出版社，1993年，第19页。按：标点未尽从整理本。

再三究核，务得确实。凡一切虚诞无稽之语，概不敢录。"①《（光绪）平远县志》凡例载："民丁多自五方迁徙，习尚各殊，尚待善政齐之，故'风俗'在今不能立卷。又'祥异'一类，无从稽考，亦未列载。"②"祥异志"多记载地方民间应谶之事，反映地方乡土社会中深厚且传统的鬼神观念，在旧志中一般是必设类目，然陈日新在修撰时，以无从稽考省去之，这与孔子所言"未能事人，焉能事鬼"，"不语怪、力、乱、神"之传统一脉相承。值得注意的是，这并不是代表士人与现代的部分人一样不信鬼神，而是不论鬼神，对鬼神、谶纬、阴阳五行之事存在于民间普通民众的信仰层面表明一种平情的理解，但对这一民间意识，陈日新等士人秉持着考据学中征实之精神，并不主张存留在文献记载尤其是官修志书之中。从这一点来看，在西北明清旧志的修纂中，其修志观念已渐渐与 19 世纪清代士人治学精神相类。

三　旧志·治世的关怀：温情与善意

《（光绪）鹿邑县志·张梯传》曾载："在官三年，举无废事，事无违时，声绩卓越，为诸城最。以老乞休，士民泣留不得，相率为立生祠而尸祝之，归里后仍以教育后进为乐。"③这描述的是《（道光）续增平罗记略》的纂修者张梯，由此可见官员与地方士人、民众之间，并没有严格的阶层界限，而是有着人与人之间相处融洽和谐的情感纽带，这样的官民关系在旧志中其实并不少见。

第一，对底层民众的深情关怀。在宁夏盐池县有一部《（光绪）花马池志迹》，其中收录了一幅《城图》，这幅《城图》的特殊之处在于在城图上方以文字注释的方式来解释画面中的"西城无门"，文字篇幅占整幅图的三分之一，十分显眼。其言曰："西城无门者，因此方沙多，不便出入，一遇风起，沙与城齐。虽每岁挑运，旋去旋来，仍属无济于事。其遣沙之法，非于城外另修墙堵，为之屏障，不为功，但费巨，惜无款可筹耳。"④将光绪年间花马池城的普通民众

---

① 吴怀章校注：《（康熙）朔方广武志》，宁夏人民出版社，1993 年，第 59 页。
② 王克林、陈志旺等：《标点注释平远县志》，宁夏人民出版社，1993 年，第 4 页。按：标点未尽从整理本。
③ （清）于沧澜主纂，（清）蒋师辙纂修：《（光绪）鹿邑县志》卷十四《人物志》，《中国方志丛书》第 469 号，台北成文出版社，1976 年。
④ 孙佳校注：《（光绪）花马池志迹》，中国社会科学出版社，2015 年，第 4 页。

的生存危机写入到志书中，"我们可以看出地方士人试图利用官方志书的纂修，将对于花马城民众的艰难生存的现实关怀写入志书之中，即对官方统治者呈递一份信息，花马池城的民众面临存亡的危机，这幅城图的绘制其实是在提交一份危险的信号，寻求统治者对于花马池城的关怀和资助。此图的绘制正是体现出地方士人仍然是在用他自己所理解的角色和力量来寻找官方与民间之间一个平衡和支撑，他在试图沟通普通民众与遥远的统治政权之间的层层壁垒。正是出于这样日益加剧的焦虑，才得以成为《花马池城图》绘制的内在动机。地方士人在绘制城图时，是有着多种选择的可能，既可以选择留白沉默，亦可如他选择将眼前最忧虑的日常生活真实地描绘入舆图中，将花马池城民的集体危机心理凝固于志书中，与官方话语并存、流传"①。

第二，重视普通个体的生命价值。明清旧志中往往鼓励孝子、节妇以残害身体的方式来实践孝行或维护贞洁，这是一套典型的官方话语体系，泯灭了生命本身的价值。《（万历）固原州志》中《人物志·孝子》中曾载胥恭刮骨和药为母治病事，而刘敏宽却言："人以为孝感所致。但刮骨躯，命所关，万一不保，反伤亲心而缺宗祀，不可为训也。"② 在志书中，刘敏宽提出个人生命价值的珍贵以及孝道的真正内涵，摒弃了传统志书中一味歌颂和鼓励的书写模式，体现出对普通民众的深切关怀。

第三，通贯古今的文献传承、保存意识。官员修志，亦是为了让下一任期的官员有所凭借，告知其本地历史人文情况，如陈日新在光绪五年（1879）九月撰《〈平远县志〉序》载："今瓜代有期矣，使将四百里之地之事而忘之，将何以告新令尹？……其轶乃搜罗于他说，将有以持之告新令尹者。"③ 魏光焘《创修〈平远县志〉序》载："善始必期善继。陈君将举今昔事，持以告新令尹，而后之接踵至者使皆本此以深惕厉，递展嘉猷，蒸蒸日上，续是志以为国家光，

---

① 胡玉冰、韩中慧：《〈花马池城图〉：晚清西北地方士人的心态和选择》，《宁夏社会科学》2018 年第 3 期。

② （明）杨经纂辑，牛达生、牛春生点校：《（嘉靖、万历）固原州志》，宁夏人民出版社，1985 年，第 220 页。

③ 王克林、陈志旺等：《标点注释平远县志》，宁夏人民出版社，1993 年，第 2 页。按：标点未尽从整理本。

是亦予之厚企也。"① 旧志的编纂强调连续性，方能使得一地文献有征，历史连绵，文化命脉得以延续，《（乾隆）宁夏府志》卷二十《钟灵书院碑记》周人杰撰"呜呼，文献之废坠如此哉，是亦守土者之责也。……夫征文必先征献，十室之邑，有忠信百工居肆，事乃成。"② 培养出可以撰写旧志的士人是能解决西北宁夏文献之倾颓的根本之策，周人杰此举，实为宁夏文脉计百年身。

四 余论

中国古代方志以存世文献来看，主要分为秦汉至隋唐、宋元、明清三大时间段，学界对旧志多关注于旧志的编纂体例、旧志的存世版本、旧志的史料来源与文献价值等，而对于修志者这一群体的关注却较为缺乏。有关旧志的编纂活动，实乃为一种官方体制与一般地方文士之间的话语互动。近年来，随着一省之地方文献的整理与研究相关重大课题项目的不断实施，有关旧志的整理与研究成果也在不断丰富，旧志的文献价值逐渐被各类文史研究领域所重视。学者们普遍认识到，旧志发展到明清阶段，作为官方编纂活动，是官方话语体系传播的一种方式，如葛兆光先生等曾撰文论述明代旧志地图中官方体制力量的强大。然而旧志的种类丰富而多样，不可一概而述，学界常论旧志中的地方史料价值，但有一些旧志在编纂过程中直接因袭总志、通志或是正史等材料，而有一些旧志却能弥补正史之阙，或订正史之误。已有学者认为，只有独见于旧志中的史料，方为一部旧志之学术价值所在。然而笔者在整理与研究旧志的过程中，愈加感受到一部旧志的内容与价值，与旧志的编修者密切相关。

旧志虽然是一种官方编纂活动，但考其编修者，却与士人群体紧密相连。关于溯源旧志的最初形态，《中国方志学史》曾详列六种起源学说③，笔者认为可分为四类，一类是含有史书性质的原典（如《周礼》《尚书·禹贡》），一类是图经，一类是地方人物传记，一类是地方杂史（如晋常璩《华阳国志》）。我们发现，如果是凭借对现存旧志内容的理解去选择哪一种起源，比如认为旧志

① 王克林、陈志旺等：《标点注释平远县志》，宁夏人民出版社，1993 年，第 1 页。按：标点未尽从整理本。
② 胡玉冰、韩超校注：《（乾隆）宁夏府志》，中国社会科学院出版社，2015 年，第 574 页。
③ 陈光贻：《中国方志学史》，福建人民出版社，1998 年，第 6—8 页。

实为史书之流裔，则如章学诚等认为旧志起源于"周官宗伯之属，外史掌四方之志"，而如果认为旧志实乃地理之属，则认为旧志起源于"图经"……那么，这样的追溯只能是一种学术史上的求全，没有更深的意义。因此笔者在论述旧志中编修群体时，并不去深究这一点。就已经相对发展成熟的明清旧志而言，据《中国地方志联合目录》统计，我国现存清代方志有 4800 多种，占现存我国地方志总数 8200 多种的 60%。[①] 可见目前学界对旧志的认识和了解，也是全部基于这样的范围。

旧志中一直有着很深的士人修志传统，却历来未被学界重视。旧志的修撰，在宋元之前，多为私家修志，一直到宋代政府开始进行官方修志活动。同时，地方长官往往由文士担任，这些文士具有较高的学识功底和文史修养，因此，可独立修纂一地之志，并能结合一地之历史文化、地理沿革等特色来修纂出具有地方特色的旧志。这些文士将自己对天下的志向寓于一地文献之中，发挥出自己的个性和寄托，因此宋元旧志体例灵活，文辞雅驯，又兼有证史之功能。这一阶段的旧志修纂，"官方"与"士人"角色相融，换言之，虽然旧志编纂已经成为一种官方组织活动，但实质上仍然是由担任各类官职的文士主导决定旧志编纂的内容和体例。

明代"永乐凡例"颁布，"官方"话语逐渐加强，葛兆光先生将一些明代志书舆图对比宋元旧志舆图得出结论，明代志书中的官方话语的比重愈来愈大，不断挤压着旧志中有关民间日常生活的话语空间。因此，明代"官方"与"士人"的角色开始逐渐剥离、分开，官方话语逐渐主导一般旧志的修纂内容。这已成为学界公论。只是笔者认为，一部普通的明清官修志书，研究者既需要认识到此部志书中的官方话语构建的权力空间，亦需要认识到其中的民间立场。士人作为"中间人"的角色，在撰写过程中所流露出的现实关怀是必然，是常态，亦是旧志文献的人文精神所在。

---

① 高国抗：《中国古代史学概要》，广东高等教育出版社，1985 年，第 469 页。

明清《吴川县志》纂修概况及《(道光)吴川县志》整理报告

董国华

（广东海洋大学文学与新闻传播学院）

一　吴川建制沿革及明代《吴川县志》纂修概况

吴川，古名吴江，因地纳三川之水（鉴江、袂花江、梅江），故名。吴川地处三江汇合入海处，包含今湛江市坡头区、麻斜、特呈岛、南三岛、硇洲岛和调顺岛等地。吴川之地，唐虞属南交，禹贡属荆扬南裔，殷商、西周属南越，周末属百粤。秦征岭南，设桂林、象、南海三郡，吴川之地属象郡，秦末汉初属南越国。汉元鼎六年（前111），汉武帝平定南越国置九郡，吴川之地属合浦郡高凉县；建安二十五年（220），立高兴郡，随属高兴郡。三国至南朝宋、齐时期，吴川之地属高凉郡高凉县。元嘉年间，宋置高凉郡平定县，为吴川前身。隋开皇九年（589）春，废平定县，改置吴川县，吴川之名始见于《隋书》。自此以降，史书中始有关于吴川县地理区域、建制沿革的零星记录。

唐武德五年（622），冯盎降唐，以其领地分设八州，吴川属八州之罗州招义郡。五代时，吴川属南汉罗州。宋开宝五年（972）废罗州，吴川改隶辩州；太平兴国五年（980），改辩州为化州，吴川隶化州。元仍旧制，属化州路。明洪武元年（1368），化州路改为化州府，吴川属之；洪武九年（1376），改属高州府。清沿明制，吴川仍属高州府。

吴川县之旧志，今见于文献载录者有七部，其中属明代者一部，属于清代者六部。明本《吴川县志》乃明吴川县令周应鳌于万历二十八年（1600）修成，今已散佚，仅留存二序一跋于清代诸本《吴川县志》中（周应鳌序、樊玉衡序与吴廷彦跋），三文均为万历二十八年（1600）所撰。道光本《吴川县志·周志原序》中，存留周序曰：“电、茂、石、信各有志，而邑独无，间求之故府佚久矣。于是不佞复志其椎，手自拮据，始星野，终灾祥，凡十卷，将付剞劂，乃作而言。”① 可知周志实为《吴川县志》肇始之作。

关于周应鳌，《广东通志》中记载：“知吴川县，有周应鳌，江西泰和人，进士，万历二十五年任。”② 周应鳌，字如春，别号章南，江西吉州泰和人，明万历丙戌年进士。初任丹阳知县，后升吏部稽勋司主事，明万历二十五年（1597）出宰吴川，察邑野，安社稷，访彦士，广泛接受邑民意见，以振兴吴川、造福百姓为己任。据蔡平研究，其主要功绩有革弊政、兴教化、课农桑、启建双峰塔与江阳书院、启建与重修正疑书院及其他坊、亭、庙、桥等。③ 周应鳌勤政爱民，功绩卓宏，德泽一方，故得列于《吴川县志·名宦》。而他主持纂修《吴川县志》，并成为后代范本，此亦是周应鳌重要的历史功绩。

明本《吴川县志》已于雍正朝之前散佚。康熙八年（1669）本《吴川县志》序曰：

> 嗟乎吴川一志，虽肇自周侯，不几泯灭……（高州知府蒋应泰序）

雍正九年（1731）本《吴川县志》序曰：

> 吴之志，自明以前无征者，固可无论。相传昉于前令泰和周公章南，修之者阆中黄公碧生，然皆不可得而见。（吴川县令盛熙祚序）

今仅能从周序及其后诸本县志序跋所涉及之一二言中窥知其“始星野，终灾祥，凡十卷”。康熙八年（1669）本《吴川县志》序曰：

---

① 本文以下所摘引县志原文（缩进二格以别），若无特殊注明，皆出自广东省地方史志办公室辑《广东历代方志集成·高州府部十二·（道光）吴川县志》，岭南美术出版社，2009 年影印清刻本。下同，不赘。

② （清）郝玉麟纂修：《（雍正）广东通志》卷二十八《职官三·明·知州知县》，清雍正九年（1731）刻本。

③ 蔡平：《周应鳌为任吴川令时期的事功——以清代〈吴川县志〉为考察对象》，《湛江师范学院学报》2013 年第 5 期，第 169—173 页。

> 志吴志者谁。庐陵周公应鳌也……凡吴之天经地纪，风俗山川，靡不周知，宜乎其考之详，而志之博已。（吴川县令黄若香序）

明本《吴川县志》于后代吴川县旧志之纂修实有开创之功，清代诸本《吴川县志》皆以此本为宗，无疑。

二　清代诸本《吴川县志》的纂修及绍承关系

清代所纂修的六部《吴川县志》，分别为康熙八年（1669）刻本、康熙二十六年（1687）刻本、雍正九年（1731）刻本、乾隆五十五年（1790）刻本、道光二十五年（1845）刻本和光绪十四年（1888）刻本，皆得传世。[①] 这六部县志流出同源，实承一脉。道光本序中已述明其承续：

> 取其志乘而详阅之，始悉其创自前明泰和周君，至本朝康熙间阆中黄君重为修辑，自是洺州之李、嘉兴之盛、析津之沈，数君子陆续纂修，至于今不废。（吴川县令李高魁序）

（一）康熙八年本

此本为黄若香修，吴士望纂。黄若香，号碧生，四川阆中人，康熙丁酉举人，康熙七年至十三年任吴川县令。其书始修于康熙七年（1668）冬，"越春夏告竣"，即初成于康熙八年（1669），形制上虽厘为四卷，但内容上仍依明本，分列十目：天经、地纪、王制（卷之一），文教、官师、民事（卷之二），人物、武备（卷之三），艺文、杂志（卷之四）。其书前有三序三跋，以时间先后为序，其款识分别为：

序一，时康熙岁在己酉仲夏上浣之吉，文林郎知吴川县事蜀阆黄若香碧生甫书于静山堂。

跋一，时康熙己酉仲夏之吉，邑举人吴士望拜手敬跋。

序二，时康熙八年己酉仲夏，中宪大夫知高州府事古燕蒋应泰撰。

---

① 为叙述之便，清代诸本《吴川县志》皆以帝号略称之，唯康熙本别之以年，分别称之为康熙八年本、康熙二十六年本、雍正本、乾隆本、道光本和光绪本。下同，不赘。

跋二，时康熙癸丑春王正月，知吴川县事蜀阆黄若香书于静山堂。

序三，时康熙十二年，岁次癸丑仲春，知高州府事毗陵黄云史撰。

跋三，时康熙十八年，岁次己未三月，知吴川县事中都王如恒撰。

详考可知，康熙八年本实际上经历过两次修订。一次是黄若香于康熙十一年（1672）的增修重刻。另一次是县令王如恒在康熙十八年（1679）重刻。王跋曰：

> 若夫吴邑之志，创始则有庐陵周公，续编则有蜀阆中黄公。其书诠次有体，捃摭不遗细微，于事无挂漏，于词无浮夸，于义无偏驳，可谓备极三长，参酌允当，有裨治乱者也。然时日迁流，事有二公所不及见者，不能不俟之后人，以为续编，无少缓也……余之莅斯土者，盖两载于兹矣，于二公始有续编之责……

黄若香任吴川县令期间（1667—1674），两修邑志；王如恒在任时（1677—1679）增修重刻。从中可见康熙朝对方志辑采工作的重视，黄云史序曰：

> 今上因辅臣请搜群籍，用昭一统，命各省郡县增修乘志以备采择令，犹惧前此之未尽周详不足以应也，重加校雠，略者补之，疑者阙之。嗟乎吴川一志，虽肇自周侯，不几泯灭，今博求闻见，广询都人，缘求鼎新，既昭文献于足征矣，而又自周侯以后，增缀其六七十年间事，岂易言哉。此令所以郑重而再三审易欤。

此本历经多次修订增补，既于体例继承明本优长，又于内容增补详赅，故成为后来《吴川县志》之范本。

（二）康熙二十六年本

此本为李球随纂修。李球随，直隶广平府（今河北永年县）人。于康熙二十五年（1686）由难荫出任吴川县令，翌年即离任。因在任时短，此本纂修较之前粗疏简略，书前也仅有李球随一序。其序中曰：

> 吴阳旧有志，弗传，传于前莅吴之泰和周侯。后六七十年，蜀阆

黄君令兹士而重修之。是二公者，一以创始为功，一以增修为任，固彰彰哉。自今溯黄君所修日，尚未及黄与周相距年数之半，而其间时日递更，亦几二十载，讵无逸事。矧圣天子抚有万方，用昭一统，汇群志以备采择，而不可复为增缀耶。余奉命尹兹邦，览邑志，即以十九载之阙略为憾，作窃比黄君之想，而时以簿书未遑，付诸邑之贤绅士共成之。屈指计，客岁孟冬，迄今半载间，未敢云抚字心劳，而催科实拙，国赋攸关，焦思何限，未获片晷，把笔手为编辑，不亦有愧黄君耶？是用以为弁言。

据此序中所言，并详考编修者职名可知：

1. 吴川旧志，由周应鳌创始，为黄若香增修，已较为完备。周志与黄志相隔六七十年，距李志不足二十载（1669—1687，凡19年，若以1679年王如恒刊刻计，仅相距8年）；

2. 因皇帝纂修《一统志》，诏令各州府郡县提供素材以备采择，故与前志虽间隔日短，仍奉命增缀（清代三次修《一统志》，都是由皇帝下诏通令各省，省再下檄各府、州、县修志[①]）。

3. 此志始修于康熙二十五年（1686）孟冬，成于翌年初孟夏，成书仓促。纂校此本之邑贡生七人（林迺焰、林间挺、李孙虬、林震煜、梁挺芳、吴仲超、林震乾）皆曾参与过康熙二十六年本的编纂工作。

另考，李志分卷、志目与黄志全同，详列如下：

卷之一：天经志·星野、气候；

地纪志·舆地、沿革、封域、形势、山川、物产、风俗；

王制志·建置、仓库、城池、都隅（附村落）、水利、坊表、桥梁、津渡、亭台（附塔）、铺舍、古迹（附废址）、恤政；

卷之二：文教志·学校、乡饮（附书院）、八景、社学、坛壝、庙祠（附复建庙祠）；

官师志·职官（附合属）、名宦；

民事志·版籍、户口、田赋、屯田、里甲、妇女、杂役、岁派杂赋、盐钞、岁办盐课；

---

① 马建和：《广东旧方志研究》，《中国地方志》2000年第2期，第60—72页。

卷之三：人物志·选举、乡举、征辟、岁贡、例贡、例官、封赠（附刊敕命）、
　　　　吏员、武职、乡贤、贞节（附刻祭文）、寓贤（附孝子德行、附隐
　　　　德乡宾）；

　　　　武备志·军政、营寨、墩台、废兴；

卷之四：艺文志·撰记、题咏；

　　　　杂志·灾异。

由是可知，康熙朝两本《吴川县志》小异而大同，后者乃是在前者的基础
上略加增补而作的。

（三）雍正本

此本为盛熙祚纂修。盛熙祚，浙江嘉兴人，贡生，荐举试用，雍正八年
（1730）署任，翌年即授惠州府龙川县，在吴川县令任上仅一载。此本有盛熙
祚雍正九年（1731）序，和章国录①雍正十年（1732）跋。盛序曰：

　　　吴之志，自明以前无征者，固可无论。相传昉于前令泰和周公章
南，修之者阆中黄公碧生，然皆不可得而见。犹幸序记缘起之文尚存，
则今之传者洺州李君所纂辑者也，距今四十余年，简册之存者亦无几。
石门吴君辅舟孝廉，试宰兹邑，慨然有志，修举废坠，爰属学博骆君、
许君暨邑之名彦，依仿旧志，而差次损益之，汇萃搜讨，未克成书，
会授乐昌去。

章国录跋曰：

　　　皇上御极之七年，石门吴君辅舟修举废坠，甫同邑彦搜讨，将次
成编，未竟，厥绪会调，辄去。复得嘉兴盛君晴谷，以贤良继膺特简，
兼擅淹雅，才实踸其事，遂复毅然取吴君之草创而厘订之。退食之余，
一手裁定于其旧本之残讹芜杂而觉有未安者，更极苔碑蠹简之旁搜加，
折衷于省郡通志之凿据，而悉为之补其残、辨其讹，并芟其芜杂，讨

---

① 章为江西瑞昌人，雍正九年（1731）由广宁县调任吴川县，职官志有"居心仁爱，用法宽平"
之评。

论修饰之功为已勤也，而润色又无遗力焉……因即嘱予序其端，且曰
此稿仍携赴会城，将付剞劂氏矣。

由序跋中所述可知，雍正本纂修时，不仅明本《吴川县志》已散佚，康熙
八年本县志亦不得见，而且康熙二十六年本业已残存无几。复详考之编校者职
名可知，雍正本的纂修与三位吴川县令有关：先是雍正七年署理吴川县的浙江
石门人吴用楫，带领儒学教谕骆兆龙、训导许绍中及邑诸生进行初步的编修工
作。但时方一载，书未竟编，吴即调至乐昌县，于县志实有草创之功。次为盛
熙祚接手编修工作，"实踵其事"。书甫成未刊刻，盛因政绩卓著，翌年调任龙
川县，并嘱继任之吴川县令章国录作序。而后章不负所托，终将此本县志付梓。
盛熙祚删裁"残讹芜杂"，搜寻"苔碑蠹简"，更核校于省郡通志，去伪存真，
修饰润色，倾注了大量心血，得以将湮没失传的吴川旧志重具规模，再为后范。
雍正本一改前志四卷之体制，分为十卷：

卷之一：舆图、建置沿革、疆域、星野、气候；

卷之二：山川、城池、坊都（附墟市）、里甲、户口、赋役、屯田（附外额）、
盐课、津梁、水利、邮传、恤政；

卷之三：学校、祀典、官署；

卷之四：坛庙、坊堤、古迹、茔墓、风俗、土产；

卷之五：职官、名宦；

卷之六：武备、武职；

卷之七：选举、赀封、流寓；

卷之八：人物、节妇；

卷之九：事迹纪年；

卷之十：艺文。

之后的乾隆本与道光本分卷志目皆仿此。

（四）乾隆本

此本为沈峻纂修。沈峻，直隶天津人，甲午副榜教习，乾隆五十二年至
五十五年（1787—1790）任吴川县令。此本有沈峻序一，延续了盛志的体制，
仍为十卷，卷目雷同，不一一赘述。

跋文为吴川岁贡生林式中所撰，款识为"乾隆五十五年岁在庚戌季冬之

吉"。林跋曰：

> 考吴邑自明以前虽有志而弗传，传之自万历庐陵周侯始。越六十余年，修之者则国朝蜀阆黄侯。又越六十余年，沧州李侯、嘉兴盛侯相继纂辑。是二志者，承周黄之旧，诠次有体，掇拾无遗，义极详明，词归简要，诚足为一邑之龟鉴，大有裨于政教者也，乃距今又六十余年矣……幸际吾侯莅任兹土，才高学足，识见超群，于公余而览邑志，每以六十年之阙略为憾，爰属合邑绅士诸生，命中以续志之。

（五）道光本

此本为李高魁、叶载文修，林泰雯纂。李高魁，举人，云南嵩明州（今云南嵩明县）人，道光三年（1823）任。此本前有一序一跋，序为李高魁道光五年（1825）撰，述及历代县志延承概况，强调了自乾隆本纂修至今已三十余年，"赋役、学校、职官、选举、人物、节孝、灾祥等类皆时有增损，日有变更"，故重加纂修，"以备采辑"。序文中还强调了邑前教谕林泰雯率领"郡中群彦"主持纂修工作的功劳。并指出此本"一切义例，悉从旧本"，具体情况见下文整理情况报告，故此处不赘述。

（六）光绪本

此本为毛昌善修、陈兰彬①纂。毛昌善，甘泉（今延安市甘泉县）人，光绪十二年（1886）出任吴川县令。此本有二序一跋，作者分别为三位吴川县令：毛昌善、启寿和贾培业。从三人序跋中可知，此本为陈兰彬主持，孝廉李小岩与明经吴存甫辅佐纂辑，书稿纂成于光绪十四年（1888）。由于陈兰彬曾纂修

---

① 陈兰彬（1816—1895），字荔秋，一字丽秋，吴川市黄坡镇黄坡村人。晚清时期大臣、学者，首任中国驻美公使。咸丰三年（1853）进士，同治十一年（1872）以留学监督身份，率领留学生赴美。光绪四年（1878）以太常寺卿身份出使美国、西班牙和秘鲁，后奉调回国，历任兵部、礼部侍郎等职。晚年归里，先后主编《高州府志》《吴川县志》《石城县志》，著有《使美纪略》《毛诗札记》《治河刍言》等书。

府志，故此本体制仿照阮元《广东通志》体例①而"略变通之"，分为六门（地舆、建置、经政、职官、人物、纪述），下辖子目三十八。六门中地舆、纪述分上、下卷，人物分为上、中、下卷，故共十卷。具体卷目见下：

卷首：序、职名、图；

卷一地舆上：沿革、疆域、星野、山川、堤防、津梁、墟市、坊都；

卷二地舆下：气候、风俗、方名、物产；

卷三建置：城池、公署、坛庙、坊表、古迹、祠堂、茔墓；

卷四经政：学校、礼乐、贡赋、盐法、兵防；

卷五职官：表、传；

卷六人物上：选举、仕宦、封赠；

卷七人物中：列传；

卷八人物下：列女、耆寿、方技、流寓；

卷九纪述上：艺文、金石；

卷十纪述下：事略、杂录。

书成后，初由双江书院刊刻，后"徒以费绌未就刻"，而毛昌善"贫悴困郁以殁"，刊刻之事遂搁置数年，至县令启寿受陈兰彬之托，慷慨捐俸付梓。孝廉李小岩因此本"参校乏人，不少鲁鱼亥豕，将疑以传疑，舛午尤甚"，"未经删定，遽付梓人，疵谬叠见"，故呈请县令贾培业"详加更正，以期尽善焉"。贾培业忙于平枭赈灾、补匪弭盗，无暇顾及文事，数月之后，方举邑绅名儒郑雪臣、吴吉五前往书局校订，终于光绪十八年（1892）得以刊刻。

综上所述，清代六部《吴川县志》绍承关系十分明晰。其中康熙朝两部形制与明本相类；乾隆、道光二本又以雍正本为范本，形制类似，一脉相承；光绪本则效仿《通志》，形制大变，门类条目详赅。

三　《（道光）吴川县志》纂修概况及整理校录

《（道光）吴川县志》整理所据，系《广东历代方志集成》高州府部第12

---

① 阮元所主持是《广东通志》的第六次纂修，始于嘉庆二十三年（1818），讫于道光二年（1822），凡三百三十四卷，分十九门六十八目。

册^①清道光五年（1825）刻本，道光本乃据上海图书馆藏本影印，题签"甲申年重修吴川县志，板藏吴川县署内"之字样。原书为蝴蝶装，版框高 141 毫米，宽 109 毫米，版心左右各 9 列，每列可排 20 字。每叶版心之鱼尾上方署有"吴川县志"四字，而卷次、目录与叶码自上而下依次书于版心之象鼻处。

此本书前先有序跋各一，其序为主持编修此书之吴川县知县李高魁所撰，其跋为参编乾隆本《吴川县志》之岁贡生林式中所撰，置前为用。

次为编修者之职名。道光本由吴川县知县李高魁、儒学教谕欧阳礼与儒学训导叶载文总理，庚寅辛卯副榜东安学教谕林泰雯主笔，举人吴河光、李玉茗、吴家骏、吴懋基与贡生林德天、陈国光、吴士奇纂修，廪生郑宇荣、莫比道、黄元律、吴挥猷、李昌泗、陈秉文、林昌裘与生员黄伟光、黄峄、易河成、李伟光分辑，增生林居有督修，廪生黄华与生员林蔚林校阅。其中道光本主笔林泰雯曾参与纂修乾隆本。

次为辑录历代县志之序跋，凡十三篇。明代已佚本有明吴川知县周应鳌序一、前监察御史编管雷阳黄冈樊玉衡序一与邑举人吴廷彦跋一。康熙八年本三序三跋，其中知县黄若香序跋各一、高州知府蒋应泰序一、高州知府事黄云史序一、邑举人吴士望跋一与知县王如恒跋一。康熙二十六年本仅知县李球随序一。雍正本有知县盛熙祚序一与知县章国录跋一。乾隆本有知县沈峻序一与贡生林式中跋一。

次为此本之凡例：

志之为书，不越山川人物，制度文为。然其间撰述体裁，不无先后分合之异。旧志以天经、地志、王制，迄于杂志，区为十卷，各以类从，未免繁简悬殊，今依盛志，仍旧志条目，而差次其先后，庶卷秩停匀，便于观览。

作志通弊，每存自多之见，必欲窜易前人之旧，以示更新。每一纂辑，渐亡其故，数易之后，新者日增，故者日削，遂至湮没不传，偶有所见，尝为扼腕，今于旧志所载，即有可疑，而考通志郡志相符，悉皆存而不论。

古今作志者，例于条目之下，缀以小引，其初非不综核典要，铿

---

① 高州府部第 12 册收有道光五年刻本和光绪十四年刻本两部《吴川县志》。

锵可诵，沿习既久，不啻陈言相袭几于千手雷同，今概从李盛二志，类多直纪巅末，即间有加引者，亦不敢摭拾浮词，致乖史体。

志一邑之事，似乎无取博征，然而上下数千百载，亦有资于考据。海滨僻陋，苦于无书可检，或遇一事抵牾，往往引端而不能竟其绪，每为快然，学殖荒落，深用自愧，惟博雅君子谅之。

志载人物节妇，以表德行、彰名教，考自宋以迄雍正间，数百年来前志所采录者，每项不过数十人。近今数十年间，德教益以昌明，风俗更加淳美。虽海隅士女，咸知重德行、崇名教，不妨广为搜采。占小善者，悉以录，乃君子善善从长之意，非为滥也。

志载古今艺文，以表风尚、存文献，亦君子善善从长之义。然必有关于一邑之典故者，则收之，惟恐不备。若夫题咏序记，越在他境，铭志诔词，载之家集，非一国之书，即其文可传正，恐不胜纪载故，从其略云。

仕宦诰敕类，不载于志乘，盖恩荣褒美，用光存殁，固朝廷之极典，子孙所当保守。前志止录有明萧、林、吴三公诰敕，不敢删却，今后则止录其姓名，诰章一概不录矣。

旧志志祥异，一则例用编年，而附以兴废之故，意诚善也，然取舍详略犹有未备，因其所纪少为增辑，更之曰事迹纪年。

由凡例中所述，并览前代各本可考知：

其一，旧志分十卷，依次为天经、地纪、王制、文教、官师、民事、人物、武备、艺文与杂志，各卷规模不一，繁简悬殊。道光本为求各卷停匀，便于观览，调整了旧志卷目次序，详见下文，于此不赘。

其二，不以己见窜易前人，对于旧志所载，即便有疑，若其与通志、郡志所记相符，悉不与更易，亦不滥加注，悉为保存旧志原貌。

其三，为表德行、彰名教，广为搜采近今数十年间吴川之人物、节妇，即便其善行微小，悉以收录，故此卷较之旧志颇有增扩。

其四，有关于吴川一邑典故之诗文，皆录入艺文志。而邑人关于他邑之题咏序记，以及载入家集之铭志诔词，则从略不收。

其五，本朝仕宦诰敕只录其姓名，诰章一概不录，仅存留明代萧、林、吴三公诰敕未删却。

其六，旧志中以编年体例将灾异收于杂志卷，道光本对其进行了增补，并更名为事迹纪年。

次为目录，可知道光本凡十卷。卷一为舆图、建制沿革、疆域、星野、气候，卷二为山川、城池、坊都（附墟市）、里甲、户口、赋役、屯田（附外额）、盐课、津梁、水利、邮传、恤政，卷三为学校、祀典、官署，卷四为坛庙、坊表、古迹、茔墓、风俗、土产，卷五为职官、名宦，卷六为武备、武职，卷七为选举、貤封、流寓，卷八为人物、节妇，卷九为事迹纪年，卷十为艺文。

《（道光）吴川县志》十卷，凡十四万九千一百八十一字，另有插图十一页。整理所据岭南美术出版社影印本脱漏凡十五叶：其中卷一舆图缺第十一、十二两叶；卷四茔墓缺第二十四至二十六叶；土产缺第三十四、三十五两叶；卷七选举缺第十一下、二十五上、二十六上三页；貤封缺第十一、十二两叶；流寓缺第一、二两叶；卷八人物缺第三十二叶；卷九事迹纪年缺第二叶。以上所缺之叶，均已据哈佛燕京图书馆藏影印本补。岭南美术出版社影印本之卷四土产与卷七选举、貤封之章多有漫漶难辨，而哈佛燕京图书馆藏本则于版心处多有脱印，以致整列缺漏。两本参校补正，补苴罅漏，仍余八十字未能辨识者，皆暂以"□"志之，以存其原貌。

遂溪县之建置与《(康熙)遂溪县志》的修纂

蔡 平

（广东海洋大学文学与新闻传播学院）

一

今遂溪县，古称越地，始皇平百越，始置岭南三郡，属象郡。汉武帝元鼎六年（前 111）平尉佗南越国，于岭南分置南海、苍梧、合浦、郁林、珠崖、儋耳、交趾、九真、日南九郡，遂溪县地属合浦郡徐闻县。东吴黄武五年（226），孙权以南海、苍梧、郁林三郡立广州，以交趾、日南、九真、合浦四郡为交州。晋平吴后，交州统七郡五十三县，徐闻县为交州所统合浦郡所属五县之一。南朝宋泰始间，西江都护陈伯绍启立越州，元徽二年（474）以陈伯绍为越州刺史。越州领二十郡，合浦郡为其属。南朝宋越州合浦郡领九县，徐闻县居其一。自汉至南朝宋，除东吴时期随徐闻县一度属珠崖郡外，遂溪县地统属合浦郡徐闻县大致相沿。《中国行政区划通史·三国两晋南朝卷》谓："宋末越州合浦郡领县七，齐省朱官县，永明八年前增置朱丰、宋丰、宋广三县，《南齐志》乃领县九。"[1]《南齐书》是现存关于南齐最早的一部纪传体断代史史书，大约成于梁武帝天监年间，距离齐梁嬗代为时不久，其史载是可信的。然而，其《州郡志》中所载越州合浦郡下九县中并无扇沙、铁杷、椹、椹川等县名。此四个县名最早均出现于《隋书·地理下》"合浦郡"条。其曰："合浦郡，旧置越州。大业初改为禄州，寻改为合州。统县十一，户二万八千六百九十……扇沙，旧有椹

---

[1] 周振鹤主编，胡阿祥等著：《中国行政区划通史·三国两晋南朝卷》，复旦大学出版社，2014年，第 1080 页。

县，开皇十八年改为椹川，大业初废入；铁杷，开皇十年置。"①

椹县：梁置，属合浦郡。经陈至隋，延至开皇十七（597）年。至开皇十八年（598）改为椹川县，仍属合州，大业初并入扇沙县。

椹川县：旧为椹县，隋开皇十八年（598）改为椹川县，大业初并入扇沙县。

扇沙县：梁置，属合浦郡，隋属合州。唐武德元年（618），隶南合州。武德四年（621），移治故椹川城（今广东遂溪县乌塘镇椹川村），改为椹川县，以隋旧县为名。贞观元年（627），隶东合州。贞观八年（634），隶雷州。天宝元年（742），省入遂溪县。

铁杷县：隋开皇十年（590）置。时并有椹县、扇沙县，均属今遂溪县地。唐武德元年（618），隶南合州。贞观元年（627），隶东合州。贞观八年（634），隶雷州。天宝元年（742），隶海康郡，改为遂溪县，以"溪水合流，民遂利之"为名，省椹川县来属。乾元元年（758），复隶雷州。

由上可知，遂溪县之名始于唐天宝元年（742），由铁杷县改为遂溪县。同年，省椹川县入遂溪县。椹县、椹川县、扇沙县之沿革及其关系，经历了由椹县［开皇十八年（598）改为椹川县］至椹川县，再由椹川县至扇沙县（隋大业初椹川县废入扇沙县），又由扇沙县复改椹川县［唐武德四年（621），移治故椹川城而改回椹川县］，至天宝元年（742）铁杷县改为遂溪县时省入遂溪县的历程。今遂溪县地的四个旧名中，以椹县、扇沙县为最早，均起于南朝梁代，椹川县名为椹县名所改成，以铁杷县名出现时代最晚。称遂溪县名之前，今遂溪县地自梁代已有县级建置，分别为椹县（椹川县）、扇沙县、铁杷县，其于不同时代分分合合，至天宝元年（742）始定于遂溪县名。

有论者称遂溪县得名之前之县级建置，当始于南齐时期，其依据当为《旧唐书·地理志》《太平寰宇记》等文献。《旧唐书·地理四》："遂溪，旧齐铁杷、椹川二县，后废，改为遂溪也。"②《太平寰宇记·岭南道》："废遂溪县，在州北九十里。旧齐铁杷、椹川二县，后废，改为遂溪县。"③显然，《太平寰宇记》乃沿《旧唐书·地理志》之说。然《新唐书·地理志》仅称"遂溪，下，本铁杷、

---

① （唐）魏徵等：《隋书》卷三十一《地理志下》，中华书局，1973年，第884—885页。

② （后晋）刘昫等：《旧唐书》卷四十一《地理四》，中华书局，1975年，第1760页。

③ （宋）乐史撰，王文楚等点校：《太平寰宇记》卷一百六十九《岭南道十三》，中华书局，2007年，第3231页。

榽川二县，后并省，更名"①，并未提及铁杷、榽川二县建置的时代。《南齐书·州郡志》"合浦郡"条下九郡中未有铁杷、榽川之名，据《中国行政区划通史·三国两晋南朝卷》所考，至梁代方有"榽""扇沙"之县名。故遂溪县之历史建置当以起于南朝梁代为妥。

二

清代是我国古代修志大盛的时期，各省、府、州、厅、县都设立志馆或志局，延请硕学鸿儒和地方绅士参加编修，总成官修和私撰省、府、县志书现存4889 种。康熙四年（1665），诏令征集志书、文集，供编修《明史》之用。康熙十一年（1672），保和殿大学士卫周祚上奏朝廷，要求各省聘集凤儒名贤修纂通志，载"天下山川形势、户口丁徭、地亩钱粮、风俗人物、疆圉险要"等事，以备《大清一统志》采用。康熙采纳了卫氏之建议，"令天下郡县分辑志书"，并将贾汉复纂修《（顺治）河南通志》"颁诸天下为式"。金光祖《广东通志》三十卷，即为应此诏而成。康熙二十二年（1683），清廷再命礼部檄催天下，使各省通志三月内成书。康熙二十四年（1685），诏令编修《大清一统志》。在地方，各级官员躬亲编修，以致康熙一朝共计修成志书 1354 种，成为有清一代修志最盛的时期。其间，广东修成 114 种。

康熙"逾淮涉江，观风问俗"，足迹所达范围之广，为历朝帝王所不多见。清代至康熙时疆域之广大，亦为前朝所不及，帝王的巡幸总是有限度的，对于"遐谷穷檐"之地的山川、地理、风俗、建置、赋役、宦迹等，皇帝对其进行了解，除凭借勤于政务的地方官员上呈的理政奏章外，仍需依靠可以通览全国的总志。广东地处边徼，海岸线漫长，于朝廷而言，既涉及内部的边地稳固，又有海疆的兵防之要，志之编纂相对内地尤重。康熙朝的厉行修志，客观上成就了当时广东文献的洋洋大观。据李默《广东方志要录》，几乎今广东的每一府县均有成于康熙前期的志书。仅就今湛江五县市言，徐闻有修成于康熙二十六年（1687）的《徐闻县志》不分卷，海康有修成于康熙二十六年（1687）的《海康县志》三卷，遂溪有修成于康熙二十六年（1687）的《遂溪县志》四卷，吴川有康熙八年（1669）黄若香修、康熙十二年（1673）增订的《吴川县志》四卷，

---

① （宋）欧阳修等：《新唐书》卷四十三《地理七》，中华书局，1975 年，第 1100 页。

石城（今廉江）有康熙六年（1667）梁之栋修、康熙十一年（1672）李琰增订的《石城县志》十一卷。《大清一统志》之修，起于康熙二十五年（1686）。《清史稿》卷七《圣祖本纪二》："（二十五年）三月己未，命纂修《一统志》。"① 至此，朝廷征集各省、府、县志书并未完结，部分志书在《大清一统志》编修之时仍在修纂，然该志于康熙六十一年（1722）玄烨去世时仍未修成。从《大清一统志》修纂自身看，主要因为工程浩大，地图的绘制、资料的收集，均非朝夕之功。此举在很大程度上于举国之内启动了废坠旧志的整理续补及填补一地旧志修纂之空白，客观上成为古代文献编纂中方志门的一大盛事。《（康熙）遂溪县志》的创修，便是直接得力于此。邑人洪泮洙在康熙《新修遂溪县志跋》中云："岁在丁卯春，圣天子丕敷声教，特谕仪部通行直省修举志书，俾郡县各为分辑，勿令阙漏。"②

　　康熙之前，遂溪无县志之修，故遂溪邑人洪泮洙在康熙《新修遂溪县志跋》中有"县志从未举行，故遂之地、之人、之事仅识其略，概未悉其周详，不无九阍万里之恨矣"③ 的感叹。此番修志实是首创。宋国用于康熙二十二年（1683）知遂溪县事之初，即欲续编县志，《新修遂溪县志叙》称其"叨牧斯土，有意续貂"。所谓"续貂"，并非指此前县志之修，而是指续"前简"所载录的遂溪"形势程途"，以及《府志》所记本县丁徭赋税、城市署宫、文绩武防、风谣习尚等。只因其莅任之初，官府簿书丛杂，政事缠身，而未能付诸实施。至康熙二十四年（1685）之初，方开馆会辑，历时三年而告成，即成于康熙二十六年（1687），并于当年季春为之作序。编修过程严谨而客观。《新修遂溪县志叙》曰："予奉行唯谨，广集外翰绅衿，开馆会辑，且遴耆儒名髦，朝夕校雠。府志所偶误者，亲为厘正，时事所应入者，互相订确，不敢稍为假借。越三旬而告成。"④ 洪泮洙《新修遂溪县志跋》亦云："纲举目张，录近及远，无摭华而失实，无举一而废百。"⑤ 参与修纂者除知县宋国用外，仍有洪泮洙及陈、莫两先生，并邑之诸生。

---

① 赵尔巽等：《清史稿》第 2 册，中华书局，1976 年，第 219 页。
② 《广东历代方志集成·雷州府部六·（康熙）遂溪县志》，岭南美术出版社，2007 年，第 117 页。
③ 《广东历代方志集成·雷州府部六·（康熙）遂溪县志》，岭南美术出版社，2007 年，第 117 页。
④ 《广东历代方志集成·雷州府部六·（康熙）遂溪县志》，岭南美术出版社，2007 年，第 117 页。
⑤ 《广东历代方志集成·雷州府部六·（康熙）遂溪县志》，岭南美术出版社，2007 年，第 117 页。

　　清初史学大师顾炎武在其《营平二州史事序》中言及修志问题时主张：一是必其人有学识；二要广泛网罗书志；三要身历其境，覆按得实；四要假以时日，不可率略从事；五要文字明悉，力戒晦涩。①《广东历代方志集成·雷州府部六·（康熙）遂溪县志》据《故宫珍本丛刊》影印，其修纂者谓"宋国用修，洪泮洙纂"。论学识，宋国用为监生，洪泮洙称其"学博"。洪泮洙则是顺治戊戌进士，"性嗜学，解组后犹手不释书"。二者均可称饱读诗书之人，又有"外翰绅衿""耆儒名髦"参与其中。众人"协力博采，汇成篇帙"，"朝夕校雠"。因宋国用等修志之前，遂溪文献缺乏，更无旧志可以搜罗，所可依凭者仅为府志。今传世康熙二十四年（1685）前府志为《（万历）雷州府志》和《（康熙）雷州府志》，《遂溪县志》对于此前材料的采集，惟二府志而已。"府志所偶误者，亲为厘正。"宋国用要厘正府志之误，需要假以时日。从《遂溪县志》内容看，自康熙二十年（1681）到任，至康熙二十六年（1687）修成志书，宋国用所创立、修建、经理者，几乎遍及县志各门，经营一县官府及民生事宜的过程，自是包含了寻访了解前事旧闻的工作。故对于府志，他能知其误而正其误。县志之修成，仍有一个更为有利的因素，即亲手纂成者洪泮洙是邑人，《（道光）遂溪县志》卷九《列传》谓其"旧郡县志皆其手纂也"，更可以凭对本县的熟知而免除舛误。"时事所应入者，互相订确"。对于前府志未及书录的时事，是修志所必须涉及的，即有古有今，原则是详今而略古。因此，每一时代所修志书都可称为"续修"，续修内容即包含了"时事"部分。《遂溪县志》之修，是通过"开馆"方式组织实施的，所有参与人员进行分工协作，各人采集的时事并非直接写入志内，而是彼此校阅订补，正避免了"率略从事"的倾向。无论是采撷前志所书，还是续补前志未及书录的时事，都存在哪些应入、哪些不应入的选择问题。对此，宋国用《新修遂溪县志叙》云："兵农礼乐，非关军国者不书；时蓄灾祥，非干民社者不书。至于节义勋华激扬人物，唯系一邑事迹确有表见者，方可大书特书。而浮词撇言毋得参预于其间焉。"

三

　　《（康熙）遂溪县志》，从体例上看乃采用"门目体"。全志以元、贞、利、

---

① 傅振伦：《傅振伦方志论著选》，浙江人民出版社，1992年，第221页。

亨分为四卷十八门，门下列若干目。

卷一：《舆图志》，县图、图经、沿革、事纪；《星候志》，星野、气候、风候、潮汐；《地里志》，形势、里至、山川、井泉、陂塘、珠海、土产、货物、乡都、墟市；《民俗志》，习尚、言语、居处、节序。

卷二：《建置志》，城池、公署、亭馆、坊表、铺递、桥渡、堤岸；《户役志》，户口、田赋、均平、杂役、驿传、盐课、山坡税、牛税、南工匠、经纪；《学校志》，县学、祭器、学田、义学、书院；《秩祀志》，庙、祠、阁、坛。

卷三：《秩官志》，县、教职、杂职；《名宦志》，崇祀、列传、流寓附；《兵防志》，营署、营制、台墩、哨船、武镇、哨堡；《屯田志》，军官、卫所；《勋烈志》，文勋、武烈。

卷四：《选举志》，科目、荐辟、恩选、岁贡、例监、掾史、恩封、武举；《乡贤志》，崇祀、列传；《贞女志》，贞节；《艺文志》，敕诰、疏、记、序文、碑词、诗；《外志》，寺观、古迹、名僧、丘墓。

总体上，《（康熙）遂溪县志》对旧志的去取，考订补正了府志中政体、风教的内容，对遗事、遗文仍付阙如。在具体各门内容的措置上，"舆图"仍沿旧志规制，又依据时事变迁，或增置新目，或加详备。亭馆、坊铺、桥渡等"建置"之项，或举依旧式而重建，或行裁撤，均一一条分表明。"户役"者，为钱谷之事，事关民生之要，本有定额，因迁界、展界而有变化，都详尽书之以防虚冒。"学校"为一邑首善之地，是尊崇圣人、储备人才的场所，亦是县志呈大篇幅的部分，其中县学之修建、学田之开创、祭祀之设置，皆列为重要内容。"秩官"为一县治理而设，所列名目不分地位尊卑，不分官阶大小。"名宦""流寓"实为人物小传，所列人物仅取离任的贤者，而不录在任的贤者。遂溪"兵防"旧有定额，现依新设和裁撤情况，应时而变。"选举""乡贤"亦为人物小传，对于已经故去的入选者均为"才德学行果合公议"，对于在任者只书其履历而不加褒赞之词。"艺文"一门所采入的对象，都是相关本县的诗文。无论是否邑人，其无关本县人事、风物的作品不予入编。

论古代《化州志》的纂修

彭洁莹

（广东海洋大学文学与新闻传播学院）

一 化州之沿革

秦始皇三十三年（前214）平定南越，置桂林、南海、象郡，化州与茂名、吴川、石城同属象郡。汉武帝元鼎六年（前111），置南海、苍梧、郁林、合浦、珠崖、儋耳、交趾、九真、日南九郡，化州属合浦郡，而合浦郡又开徐闻、高凉、合浦、临允、朱庐五县，化州属高凉县。汉建安二十五年（220），吴分汉高凉县，立高凉郡，又立高兴郡，化州属高兴郡。晋太康元年（280），设高凉、高兴郡，仍吴制。晋太康中，撤高兴郡并入高凉郡，化州属高凉郡高凉县。南朝宋元嘉九年（432）在高兴郡旧地立宋康郡，又筑石城于陵罗江口，名罗州县，置县令，属高凉郡，化州属广州高凉郡罗州县，此为化州建县之始。齐于宋康郡之西置高兴郡，治宋和县，属越州，宋和故县在化州境内。但齐之高兴郡已非复晋之高兴郡。化州历梁、陈至隋，为石龙县。梁大通二年（528），置石龙郡、石龙县，又升罗州县为罗州，州、郡治所均在今化州城东北旧城岭，置刺史，领石龙、高兴二郡。隋开皇十年（590），隋灭陈，废高兴、石龙二郡，以州统县。罗州领石龙、吴川、茂名三县。隋大业二年（606），废高州、罗州，立高凉郡，石龙县属高凉郡。唐武德四年（621），废高凉郡。武德五年（622），复置罗州，领石龙、吴川、陵罗、龙化、罗辩、南河、石城、招义、零绿、慈廉、罗肥十一县，治所石龙县，今化州城。武德六年（623），罗州徙治所石城，另置南石州，领石龙、陵罗、龙化、罗辩、慈廉、罗肥六县，治所石龙县，今化州城。贞观元年（627），省慈廉、罗肥入石龙县。贞观九年（635），南石州更名辩州，领石龙、陵罗、罗辩、龙化四县。乾封二年（667），罗辩县属禹州。

天宝元年（742），辩州更名陵水郡。乾元元年（758）复称辩州。大历八年（773），龙化县属顺州，辩州只领石龙、陵罗二县，属岭南道。天祐元年（904），朱全忠以"辩""汴"声近，表更名勋州，后复名辩州。五代，后汉沿唐制，辩州领石龙、陵罗二县。宋开宝五年（972），废罗州入辩州，以吴川来属，省陵罗入石龙，辩州领石龙、吴川两县。宋太平兴国五年（980），辩州改称化州，此乃化州命名之始，领石龙、吴川二县。南宋乾道三年（1167），析吴川西乡为石城县，化州领石龙、吴川、石城三县，属广南西路。元至元十五年（1278），置化州路安抚司，至元十七年（1280）改化州路总管府，领石龙、吴川、石城三县。明洪武元年（1368），改化州路为化州府，属广东。洪武七年（1374），降化州府为州，并附郭县石龙入化州，石龙县从此撤销。化州领吴川、石城二县。洪武九年（1376），化州降为县，属高州府。洪武十四年（1381），县复改为州，化州仍领吴川、石城二县，仍属高州府。清沿明制，化州领吴川、石城二县，属高州府。

二　历代《化州志》之纂修

明以前的《化州志》无存。与化州相关的著述，唐以前未有专书，南宋王象之的《舆地纪胜》载有唐刘奕序《陵水志》，宋人著有《化州图经》，未详姓氏，零散篇章见于北宋乐史的《太平寰宇记》，元之记述无闻。明陈鉴辑有《州志拾遗》，散佚。明万历二十七年（1599），知州沈水曾修州志，即《（万历）化州志》，惜已失传。

清代统治者对地方志的纂修非常重视，认为各省、府、州、县志的记载，合一方之风土人物，罗括靡遗，可以备《大清一统志》之采择，于国史之修纂大有裨益。因此，《化州志》的纂修在清代相对完备，共修纂了五部。

康熙时期一共纂修了两部，一部是康熙九年（1670）吕兆璜、朱廷植、陈济、赵丁、黄铨等修的《（康熙）化州志》。吕兆璜在自序中感叹，国史之修，有专职之史臣，因此，"簪笔而备掌故者，代不乏人，举而修之甚易也"，而方志之修，"遐荒僻壤，文献无征，或缺焉而弗传，或传之而非实"，沿袭多讹，即便衰成一书，而欲"取信当世，不亦难哉"。然而州志废而弗传，"是亦守土者之责"，故"承乏是邦"后，与诸公搜罗轶事，编修成功《化州志》，除可以于国史之补外，"尤冀后之居是位者，审土俗之从违，考古今之兴革。师其所以得，监其所以失"，以利于化州之治理。另一部是 15 年之后的康熙二十五年（1686）化州知州杨于宸与州举人李履祥、贡生黄铨、陈思概等进行修订的《（康熙）化州志》。杨于宸于自序中认为，化州虽偏居荒壤，然"于中州礼义之俗，庶几近之"，故"予之董是役也，上稽天文，下察地理，中参人事，不敢杂以臆见"，务求简约明备，《州志》之修订，"固一时之邑乘，实万世之信史"，日后化州得以土俗舆情入贡，有一二轶事可传可闻，"以昭大一统之鸿规"，实在是纂辑者之成劳。此二序载于《（光绪）化州志·艺文志》卷十一。

《化州志》在清代的第三次修订是乾隆十三年（1748），化州牧杨芬等重订，是为《（乾隆）化州志》。杨芬与学正林玉叶有序，均载于《（光绪）化州志·艺文志》卷十一。杨芬于自序中认为，州志自前州牧杨于宸于康熙丙寅重订后已六十年，旧志已虫蚀页脱，模糊莫辨，而六十年间事亦沦落无传，"设一旦有轩轺之采，不且重守土者之咎欤"。于是积数月经营，才与州人士执笔从事，"阅八月告成"。对于是志，杨芬格外谨慎："参之旧志，以为之本；考之府省志，以为之证；征之茂、电、信、吴、石诸邻之书，以为之辅；酌之世族谱牒、故家藏书、鸿儒宝秘，以为之订讹补遗。"即便如此，其云："敢自谓为信史乎！"学正林玉叶则认为该志"简而该，典而则，复肆而多风，灿然大雅之林"，"能使天人、上下、古今、是非、得失，一展卷而不啻燎若观火"，具有龙门扶风之遗。《（乾隆）化州志》共十卷，分别是：地舆、建置、官师、赋役、秩礼、戒备、选举、人物、纪事、艺文，其详尽目录，载于《（光绪）化州志·艺文志》卷十一。2001 年，海南出版社出版《故宫珍本丛刊》，其中有《（乾隆）化州志》。值得一提的是主持等三次修订的杨芬，广西临桂人，举人，乾隆十一年（1746）任化州知州，主政期间，助弱锄强，事无不断，所在皆有声：修建亲民堂、苏泽堂，捐建谯楼、志远楼，迁建文庙、四贤祠。乾隆十二年（1747）丁卯九月化州城南街失火，杨芬又捐银谷以赈之。杨芬博学洽闻，除纂修《化州志》，《（光绪）化州志·艺文志》卷十一录有其文《李氏庭示要言序》、诗歌《来安山》，《（光绪）化州志·建置志》卷三载其《迁建学宫记》，修建四贤祠及亲民堂，杨芬都作《记》。

道光七年（1827），化州牧黄锡宝认为杨芬修订的州志，虽板片犹存，却又霉烂漫漶，又恐乾隆十三年（1748）之后的事，渐即遗忘，"兼恐上自汉晋，下迄元明，所仅存什一于千百者，亦将模糊"，则修订州志，守土者别无旁贷，故《（道光）化州志》成。该志由黄锡宝辑录，参与纂修的有李世升、程臻，协修者萧常青、汪锡麟、段成玉，分纂黄均辕、李曾裕、李日昌、李乘云、陈侣璿、袁象璋、李步鳌、罗国伦，由林中麟绘图。黄锡宝于书中自序云："虽不自信其详且覆，而八十年来文献，亦庶几可考见矣。"《（道光）化州志》十一卷，分别是舆地、建置、田赋、学校、秩官、典礼、兵防、选举、人物、艺文、杂志，其详尽目录及黄锡宝之序，载于《（光绪）化州志·艺文志》卷十一。黄锡宝，江苏太仓州镇洋人，嘉庆十三年（1808）进士，道光四年（1824）任化州知州，道光八年（1828）卸任，复回任。黄锡宝主政化州期间，敬修万寿宫，捐修化州城东南两门、川堂一座三间、卷篷一间，重建玉光亭，重修养济院、骊珠台，迁建范祖禹墓，"凡祠宇之在祀典者，饬新之，院舍之资乐育者，振兴之"，化州"熙熙然有岁丰民和气象"。黄锡宝除纂修《化州志》外，尚作有《重修范公墓碑记》，为《段烈妇郑孺人墓铭》作序，两文载于《（光绪）化州志·杂志》卷十二。建化州试院及临江阁，州牧黄锡宝均作《记》。道光五年（1825），林鸿猷捐文武新进凑用田租 252 石以作新生田产，黄锡宝亦为之作《记》。三《记》均载于《（光绪）化州志·建置志》卷四。

三 《（光绪）化州志》之纂修及特点

清代修订的第五部亦是最后一部《化州志》，即《（光绪）化州志》，光绪十四年（1888）彭贻荪、章毓桂、彭步瀛等纂修。

《（光绪）化州志》的刊刻，开始于光绪丁亥孟春，即光绪十三年（1887），于光绪己丑年（1889）竣工。1974 年，台北成文出版社有限公司出版"中国方志丛书"，其中《化州志》即据清光绪十四年（1888）重修刻本影印。[①]2003 年，上海书店出版社出版《中国地方志集成》，《（光绪）化州志》在其中的第 38 册，则是据清光绪十六年（1890）刻本影印，该版本仅是就光绪十四年刻本模糊漫漶的地方加以查漏补遗，故文字更清晰。《（光绪）化州志》的总纂官为彭贻荪、

① 1974 年台北成文出版社有限公司出版《中国方志丛书·广东省化州志》，上面所书"据清彭贻荪、彭步瀛纂，清道光十四年修影印"，考《（光绪）化州志·艺文志》，《化州志》在道光年间的修订只有黄锡宝于道光七年（1827）修订的《化州道光丁亥志》，道光十四年（1834）并无《化州志》修订。另据彭贻荪等人为《（光绪）化州志》所作之序言，可知该书刻于光绪十四年（1888）。故成文出版社标注的"道光十四年"应为"光绪十四年"。

章毓桂，总纂订官魏邦翰、杜绍唐，协纂官卢彤光、李燮、谢撷芳，监刊戴华珪，纂修彭步瀛、李士周、陈家庆、李凤文，协纂陈寿庚、马龙图、陈畴，分纂黄鹤仪、温春黼、叶方生、李士林、杨智锡、彭兆鲲，另有李玉龙等三人校理，黄国英等23人负责采访，由林景熙誊录。作为清代亦是中国古代封建社会最后一部《化州志》，《（光绪）化州志》的特点主要体现在以下几个方面：

（一）纂修者思想正统，认识一致

《（光绪）化州志》完成之后，化州前后几任知州彭贻苏、章毓桂、魏邦翰、杜绍唐均为该志作序。根据这些序，可知众人对《（光绪）化州志》修订的认识是一致的。首先，修志，固守土者之责，可以为国史取材，具"经世致用"功能。杜绍唐认为"予忝授斯土，而不为之补偏救弊，端士习，厚民风，将来辒轩所采，其何以信今而传后"，彭贻苏则相信"洵足信今而传后，即以备统志之采择，为国史之要删"。其次，《化州志》自道光丁亥重修之后，已过六十二年，"微特旧帙不完，而阅时久远，世故日新，欲就数十年中征文考献，其何道之从"（彭贻苏《重修〈州志〉序》），"其间节义、科第诸人振兴不少，学校积储诸建置尤多。经诸君子博访周咨，详加考核，一一而载诸简编，俾后之览者，了如指掌"（章毓桂《拟重修〈化州志〉序》）。其三，志者，记事之书，实资治之书也，于治术大有裨益。古云："治天下者以史为鉴，治郡国者以志为鉴。"彭贻苏认为作为一方州牧，"必洞悉一方之疆域、风俗、人事、土宜，顺机利导，始克昭德，塞违风，流令行，否则无所考镜"，章毓桂认为"志也者，合一方之风土人物，而罗括靡遗者也。官斯土者，必熟察乎此，顺其机以利导之，斯措置裕如，政可不劳而理。倘非斟今酌古，因地制宜，虽汲汲于求治，而治不可得"，魏邦翰认为"建置、经政、人物、艺文、杂志，足以佐政治而备采择"。因此，彭贻苏希望州志修成之后，"后之膺斯土者"，"观《舆地》诸编，山川愈思奠定；观《经政》诸编，政教愈思修明；观《选举》《人物》诸编，风俗愈思茂美，人材愈思奋兴"，那么"释抚百里之地，举而措之，裕如也"。而继任者杜绍唐则表示"因是以变其俗，因是以修其政，更因是以课士训农为己任"。因此，修《化州志》，对州牧熟悉并治理本州、改善风俗教化有莫大帮助。

（二）内容丰富翔实，信而有征，具存史价值

《（光绪）化州志》全书共十二卷，分别是《舆地志》卷一、卷二，《建置志》

卷三、卷四,《经政志》卷五、卷六,《职官志》卷七,《选举志》卷八,《人物志》卷九、卷十,《艺文志》卷十一,杂志卷十二。全书 35 万多字,100 多幅图画,作为清代亦是中国古代封建社会最后一部《化州志》,是研究古代化州历史和文化最详备的文献资料。一卷在手,可尽览化州由古至清光绪年间的历史风貌,包括自唐虞以来化州的历史沿革,化州的形势山川、疆域变化,历代的职官设置、选举仕宦、礼乐兵防、户口田赋、学校学田、著述艺文、古迹金石,举凡化州的乡都市集、气候风物、方言风俗、陂塘物产、城池廨署、坛庙书院、宗祠坊巷、义渡桥梁、寺观台榭、宦迹流寓,甚至仙释冢墓,林林总总,详细备至,信而有征,实彭贻荪所言"举有州以来数千年间,其疆域、风俗、人事、土宜,皆历历可考"(《重修〈州志〉序》),为今人研究化州提供了丰富而翔实的史料。

如《化州志·舆地志》记载化州方言,有白话、哎话两种。化州地处岭南,百越之地,唐宋以前,獞猺杂处,语多难辨。"州人多宋南渡后自中州来者,语音明白易晓,故名'白话'",而谓"我"曰"哎",故名曰哎话,"说白话者十之六,居东、南、北三方,居西南有语音类东莞者,与白话微异。说哎话者十之三,居西、北两方,语音类嘉应州"。化州方言中保留了很多中州古音。比如:"童子戏物曰'戏挼',东坡诗云:'戏挼乱掷输儿女'。成人游玩曰'荡',《陈风》云:'子之荡兮'。子之少者曰'依',最小者曰'细依',语本乐府《懊依歌》,韩昌黎诗:'鳄鱼大于船,牙眼布杀依。'"又如谓平人之妻曰"夫娘",谓媳妇曰"心抱"等等。彭贻荪记载的这些土俗俚语,既可了解化州方音基本特征,而化州作为岭南一部分,又为研究岭南方言的种类、来源、词语释义、地理分布及其历史演变提供材料参考。

光绪《化州志》虽为地方志书,但彭贻荪等编者治学严谨,博考群书,援引典籍,既使方志材料丰富充实,信而有征,又保存了大量文献资料。狼猛兵,极富岭南区域特色的兵种,在明清及近代战争史上都产生过重要影响,《化州志》之"兵防",详尽记载狼猛兵的演变及在化州的分布情况,其中就援引了顾炎武《天下郡国利病书》、顾祖禹《读史方舆纪要》的相关材料,可信度高。又如"物产",引用的典籍则有《岭表录异》《广雅》《橘谱》《南方草木状》《太平御览》《广东通志》等,譬如"番薯"条后注释"《广雅》所谓甘薯,剥去皮,肉肥白,南方以当米谷宾客,亦设之出交趾是也"。如《化州志·舆地志》卷一援引的典籍,除了《汉书》《宋史》等正史外,还有《春秋》《文献通考》《舆

地纪胜》《太平寰宇记》《北流志》及各地采访册等，如"畬禾岭，在州西北
一百五十里，猺人耕种其上。《方舆纪要》云：成化二年，贼梁定屯此，寻降"。
化州偏居一隅，图书资料十分有限，但《（光绪）化州志》尽量做到博集群书，
征引相关文献集而成章，对文献典籍的保存，具有积极意义。

广东地方文献整理与研究

论谭莹对近代广府文化的贡献

徐世中

（广东第二师范学院中文系）

谭莹（1800—1871），字兆仁，号玉生，又号豫庵，别署席帽山人、小金山渔父。广东南海人。清道光二十四年（1844）举人。先后官化州训导，升琼州府学、肇庆府学教授加内阁中书衔。著有《乐志堂文集》十八卷、《乐志堂文续集》二卷、《乐志堂诗集》十二卷、《乐志堂文略》四卷、《乐志堂诗略》二卷。此外有《豫庵笔谈》《校书札记》未刊稿。

广府文化是指以使用粤方言为语言特征，分布在以珠江三角洲为中心及其周边的粤西、粤北部分地区的地域文化。"广府文化的主要特征是开放、务实、善变。三者是互相联系的，开放是广府文化的环境特征，务实是广府文化的本质特征，善变是广府文化的表现特征。"[1] 广府文化从属于岭南文化，在岭南文化中个性最鲜明、影响最大。由于广府文化在广东民系文化中的突出地位，广府文化在各个领域中常作为粤文化的代称。

作为传承近代广府文化的重要一员，谭莹一方面从广府文化中汲取了艺术营养，另一方面也为广府文化的发展作出了突出贡献。谭莹对广府文化的贡献，主要体现在以下四方面。

一　撰写与广府文化有关的诗文

作为一种地域文化，广府文化主要包括名物、山川、民俗、语言和音乐等方面内容。谭莹作为一生主要活动于岭南的近代文人，其文学作品对广府文化

---

[1]　陈泽泓:《广府文化》，广东人民出版社，2012年，第 19 页。

的各个方面均有充分的反映。

（一）广府名物

荔枝是著名的岭南佳果，广州又是著名的荔枝之乡。谭莹对荔枝在广府栽种的历史及生产销售情况非常了解，所作《岭南荔枝词》60首，最为世人推重。钟贤培先生认为该组诗"完全可以作为岭南荔枝的发展历史来读，很有史料价值"①。

如在《岭南荔枝词》之一中，谭莹就提到当时广州荔枝种植范围之广：

> 霞树珠林今若何，岭南从古荔枝多。凭君载酒村村去，绿叶蓬蓬隔一河。（《广志》：荔枝树大如桂，绿叶蓬蓬，冬夏荣茂。）②

屈大均曾在《广东新语》云："荔支（枝）以增城沙贝所产为最，土黄润多沙，潮味不到，故荔支（枝）绝美，自挂绿以下数十种，色、香、味迥异他县。好事者当未熟时，先以兼金购之，乃得。"③谭莹在《岭南荔枝词》之六中，对此也有所提及：

> 广州东去是增城，土润沙高潮亦平。家种荔枝三百树，年年果熟问收成。④

谭莹在诗中自注云："荔枝以增城所产为最。土黄润多沙，潮味不到，故荔枝绝美。粤人谓下果曰收成。"⑤

木棉，又名攀枝花、红棉树、英雄树等，在广东各地随处可见。据屈大均《广东新语》中记载："木棉，高十余丈，大数抱，枝柯一一对出，排空攫拏，势如龙奋。正月发蕾，似辛夷而厚，作深红、金红二色，蕊纯黄六瓣，望之如

---

① 钟贤培、汪松涛主编：《广东近代文学史》，广东人民出版社，1996年，第148页。

② （清）谭莹：《乐志堂诗集》卷一，清咸丰九年（1859）吏隐园刻本。

③ （清）屈大均：《广东新语》，中华书局，1985年，第621页。

④ （清）谭莹：《乐志堂诗集》卷一，清咸丰九年（1859）吏隐园刻本。

⑤ （清）谭莹：《乐志堂诗集》卷一，清咸丰九年（1859）吏隐园刻本。

亿万华灯，烧空尽赤，花绝大，可为鸟窠，尝有红翠、桐花凤之属藏其中。"①

因木棉外形极具阳刚之美，在文学作品中，它通常是作为"英雄"的形象出现的。谭莹在《春日出北门偶憩田家漫赋》中对白云山上的木棉亦有如此咏叹：

> 木棉漫山红，岭海得大观。岭北无此花，效颦良独难。
> 嫩晴天气佳，酿暖不复寒。万山合一碧，碎翳流霞丹。
> 十丈珊瑚枝，欲拂无钓竿。气格真英雄，伫望停驴鞍。
> 自惭凡草木，兴感非无端。②

刺桐，别称海桐、山芙蓉，中国华南等地栽培较广。屈大均在《广东新语》中介绍刺桐时说："花形如木笔，开时烂若红霞，风吹色愈鲜好，绝无一叶间之。有咏者云：'一林赤玉琢玲珑，艳质由来爱著风。日暮海天无暝色，满山霞作刺桐红。'或谓刺桐即苍梧。"③谭莹在《刺桐花歌》对刺桐花盛开情况也有如下描述：

> 无端山郭水村中，十丈珊瑚照海红。彤霞璀璨明如绣，赤玉玲珑
> 琢倍工。④

（二）广府山川

白云山景色秀丽，自古以来就是广州有名的风景胜地。白云山上景点众多，是文人墨客经常到访之地。对于白云山得名的原因，屈大均在《广东新语》作了如此说明："白云者，南越主山，在广州北十五里，自大庾逶迤而来，既至三城，从之者有三十余峰，皆知名。每当秋霁，有白云蓊郁而起，半壁皆素，故名曰白云。"⑤

---

① （清）屈大均：《广东新语》，中华书局，1985年，第615页。
② （清）谭莹：《乐志堂诗集》卷一，清咸丰九年（1859）吏隐园刻本。
③ （清）屈大均：《广东新语》，中华书局，1985年，第664—665页。
④ （清）谭莹：《乐志堂诗集》卷二，清咸丰九年（1859）吏隐园刻本。
⑤ （清）屈大均：《广东新语》，中华书局，1985年，第80页。

谭莹在《春日出北门偶憩田家漫赋》一诗中也表达了对白云山优美风光的赞美之情，其诗云：

> 白云（山名）蜒蜒来，群山郁苍苍。霸气黯然收，人传歌舞冈。
> 巍峨镇海楼，一角明斜阳。北门分大小，是处酣春光。
> 树影环炮台，草色绿女墙。款步流花桥，酒旗官道旁。
> 篱落种山花，襦袢弥觉香。①

罗浮山又名东樵山，是中国道教十大名山之一，是罗山与浮山的合体，在广东博罗县西北境内，距博罗县城约 35 公里。谭莹在《罗浮图歌为智公作》中同样对罗浮山的风景有如下礼赞：

> 飞云绝顶天之枢，特遣重镇南海隅。四百三峰时有无，阴晴云海
> 变态殊。②

（三）广府民俗

广州南海神庙始建于隋朝开皇年间，至今已有 1400 多年历史，原供奉南海水神洪圣广利大王。传说有一天，一支波罗国的船队路经此地，贡使达奚司空（一说是印度人，一说是波斯人）上岸参拜，并于庙前种下了两棵波罗树，作为纪念。谁知他因植树、观光误了时辰，船队已经开走，他每日立于土墩上眺望，最后化为石人。村民把他供在南海神庙中，称之为"波罗神"，南海神庙亦因此得名"波罗庙"。广州民间以农历二月十三日为"波罗诞"，为期三天。届时四乡善男信女，争相到南海神庙朝拜，以求平安吉祥。③对于这种广府民俗，谭莹除了在《波罗曲》的序文予以推介外，还一连作了九首诗对庙会盛况进行了描绘。如《波罗曲》之一云：

> 古称淫祀岭南多，南海年来海不波。不比寻常神诞日，画船箫鼓

---

① （清）谭莹：《乐志堂诗集》卷二，清咸丰九年（1859）吏隐园刻本。
② （清）谭莹：《乐志堂诗集》卷三，清咸丰九年（1859）吏隐园刻本。
③ 叶春生，丘桓兴编著：《岭南百粤的民俗与旅游》，旅游教育出版社，1996年，第38—39页。

拜波罗。①

广府地区的迎春花市可谓是源远流长。"广州气候温和，适于各类花木生长。唐代诗人孟郊对广州的人们种花蔚成风气赞不绝口：'海花蛮草连冬有，行处无家不满园。'一千多年前的南汉时期，就已有不少种花为业的花农。花市起源于明万历年间，但早期的花市是天天都有，明代花市在五仙门。到了清代，逐渐固定在七个城门一带，所卖只是素馨花……清中叶以后，广州花市规模、品种逐步发展，花市主要集中在广州西关打铜街（今光复南路）和浆栏街（今浆栏路）一带。"② 谭莹在《羊城花市》中对此亦有反映，其诗云：

> 一路吹香月正圆，买花人比卖花先。四时绚烂同今夕，万井繁华竟百船。③

广府节俗从大的方面看来与中原内地没有多大差别，但从时序安排、对某一具体时节的重视程度以及活动方式上，却呈现出特有的地域特色。如谭莹在《端阳日感赋》中就描述了广州人端午节赛龙舟与其他地方的不同。其诗云：

> 生长南州操土风，端阳竞渡天下同。悯忠太古类游戏，讲武尤迂谁折冲。
> 第忆珠江全盛日，看斗龙舟舟泊密。村无遁迹俱太平，年复丰穰总齐出。
> 源头澳口荔支基，黄沙白沙黄竹岐。琵琶洲连大王滘，簸箕村抵大夫围。
> 顷刻往还能稍待，钲鼓齐鸣精力倍。岁岁年年健者多，雨雨风风都不改。
> 屈罗才笔擅风流，事纪龙江及大洲。先到固当书上字，毕来何碍敛贫赇。

---

① （清）谭莹：《乐志堂诗集》卷三，清咸丰九年（1859）吏隐园刻本。
② 陈泽泓：《广府文化》，广东人民出版社，2012年，第375页。
③ （清）谭莹：《乐志堂诗集》卷三，清咸丰九年（1859）吏隐园刻本。

衰旺辄言由我辈，未妨抵死争相赛。锦标夺并绣旗翻，彩段珍同
银椀赉。

五月风光二月春，三分烟水七分人。销夏湾同宫扇丽，凌波军似
棹歌新。

我生三见端阳闰，倍觉关心惊转瞬。酒颁醽醁果香浓，灯爇琉璃
花朵衬。

五百裙襦待借谁，粉围香阵总成痴。夏仲御曾随水戏，杜司勋有
惜春诗。

岂知未阅沧桑局，斫雕为朴成风俗。节镇谁贻父老书，江神倘并
蛟螭哭。

羽葆蜺旌谅宛然，似闻非复旧骈阗。著书键户多伤感，待放江湖
载酒船。①

再如，谭莹在《乙卯中元作》对广州地区中元节民俗也作了独特而具体的
描绘：

万人缘开万人喜，万人缘合万人指。万人缘结万鬼愁，万人缘散
万鬼已。

盂兰盆创自何年，救母人人岂目连。簇新花样闲僧忏，依旧萍浮
老佛缘。

卅年前事人能记，踵事增华尽游戏。风酸月苦奈何天，纸醉金迷
欢喜地。

栅头沙面又河南，水镫同放白鹅潭。东山庙胜西山庙，长寿庵先
曼寿庵。

年年七月中元节，堕珥遗簪几一月。万金抛掷供阎罗，七宝庄严
礼迦叶。

金银宫阙总成尘，缘道香花事倘真。地狱谅知还变相，天堂谁与
证前因。

年来兵燹尤难说，檀施无人话禅悦。新鬼多倍恒河沙，老衲寒于

---

① （清）谭莹：《乐志堂诗集》卷十一，清咸丰九年（1859）吏隐园刻本。

庐阜雪。

任汝揶揄佛不灵，有人听始诵心经。又闻大府新严禁，灯彩阑珊醮火星。[①]

盂兰盆会，广府人俗称"万人缘"，谭莹在诗中对此作了特别说明。

（四）广府音乐

广府音乐植根于广府文化的肥沃土壤，是典型的广府文化的表现。广府音乐在孕育过程中，既吸收来自中原等地音乐文化的精华，也接受西方音乐文化的涤荡，逐步形成自己的特色。

粤讴又名越讴，曾经是广泛流行的广府曲艺品种。它形成于清代嘉庆年间，由岭南名士招子庸、冯询在木鱼歌、南音的基础上，改变腔调而创造出来的。

对于广府这种曲艺，谭莹在《越讴序》中有详尽介绍：

粤自拥楫歌传，鼓桴讴著。素馨竹叶之制，插秧采茶所咏。中秋踏月，三春浪花。或绾髻流响，或摸鱼遣声。宛得风人之遗，咸推越俗所擅。又况河连玉带，洲近琵琶。江花江月，珠儿珠女。擅子夜之佳名，拊么弦而自诉。即弹多之所撰，已渐近于自然。屡作桓伊之唤，曷睹周瑜之顾。然而豪如羊侃，曲制采莲。情似王珉，歌翻团扇。刘宾客特赋九章，或以俚歌鄙陋。李昌谷每就一诗，恒为教坊求取。不有才人，罕聆绝唱。

铭山明府，温李之才，姜张之学。赋朝云暮雨，大有微词。悦蝼首蛾眉，非关好色。闲作冶游，特工情话。迭引曼声，俾成妍弄。赋就石城，酷如藏质。谱出前溪，群推沈玩。达可人如玉之情，传着手成春之态。将刀断水，亦逊其缠绵。捣麝成尘，罕如其激楚。合坐皆知李衮，诸伎共白王郎。悦秦观作贵人，目元稹为才子。伤春伤别，唯有司勋。咏月嘲风，谁如学士。流闻已遍，篇什转多。手录口授，都为一集。而或且谓延露陵阳，第悦鄙人之听。下里巴人，难致国中之和。委巷之声，巨公色厉。狎客之署，名流齿冷。而不知乐府靡传，

土风迭操。唐山之制，不必叶于睢麟。大晟所演，或且渝于桑濮。古来词客，例倚新声。寄宓妃娥女之思，写岸柳江梅之韵。本无伤于盛德，正赖写其中年耳。

　　仆未能识曲，敢附赏音。窃尝卧酒吞花，偎红倚翠。悦庭花之翻落，惊积雪之倒飞。几疑夏统所歌，不觉流涕。方讶成连已去，亦移我情。当夫参横斗转，标灯环炭。喝明月以如盘，剪落霞而作袖。天原不晓，曲是无愁。抗喉遏云，激齿逗雨。钏动花飞，怅美人之独处。潮平酒醒，已蜡泪之成堆。此一时也。迨至登丛台，入曲房，解明珰，踏利屣。坚石烂海枯之誓，永天长地久之约。假白雪以通辞，借回波而俪曲。鸣琴在御，竭此声之似啼。吹气胜兰，实一时之无偶。此又一时也。若乃鸳鸯打散，蝴蝶惊飞。经南浦以送君，下西洲而别汝。树梨普梨之曲，团雪散雪之歌。樱桃委池，芍药堕砌。怜骢马之一去，抚鹍弦而独悲。盈盈别泪，茫茫离绪。此又一时也。至若秋扇永捐，冬缸独对。怨旧盟之已寒，缔新欢而谁与。理抛残之锦瑟，检吹折之红箫。蛛丝密织冰弦，玳匣永安银甲。声声决绝，卓文君有越礼之悔。字字回环，苏若兰之回文宛织。此又一时也。别有租船咏史，载酒看山。不无寥落之感，久绝铅华之梦。扇影鬟丝，干卿何事。晓风残月，未免有情。星房雾阁，酒旗歌板。洛阳之红粉谁回，司马之青衫已湿。此又一时也。莫不荡魄悦魂，损心酸骨。宛听韩娥之善，欲尽秦青之技。虽云解则好之，亦复谁能遣此。痛古人之不见，嗟来日之大难。酒阑灯灺，哀感顽艳。而谓抚斯卷者，能不冠阮元瑜于坐中，数米嘉荣为前辈也哉。谁诃绮语，早付琬镌。石崇妙伎，仅同郭讷言佳。李奇新曲，差免邯郸伪托。谁夸各擅诗名，诣旗亭而共画。方睹盛传海内，有井水而能歌。①

　　谭莹在文中不仅对招子庸的杰出才华予以赞叹，而且对粤讴的思想内容与文学价值作了充分的分析和肯定，同时也指出了粤讴在当时的巨大影响。

　　除了以上内容外，谭莹诗文中反映广府文化的作品还有很多，限于篇幅，不再赘述。

---

① （清）谭莹：《乐志堂文续集》卷一，清咸丰九年（1859）吏隐园刻本。

正因自己"幼耽吟咏",再加上后来"结习难除",谭莹创作了大量文学作品。其独具特色的诗文,无疑扩大了广府文化的影响。

二 整理与广府文化有关的文献

作为近代岭南著名的文献学者,谭莹除了协助岭南富商潘仕成校勘了部分《海山仙馆丛书》外,他还积极协助岭南另一位著名富商伍崇曜整理了很多地方文献。宣统《南海县志》对此有如下记载:

> (莹)有功艺林,尤在刊刻秘籍巨编泊粤中先正遗书一事。初,粤省虽号富饶,而藏书家绝少,坊间所售止学馆所诵习泊科场应用之书,此外无从购买。自阮元以朴学课士,经史子集渐见流通,而本省板刻无多,其他处贩运来者价值倍昂,寒士艰于储蓄。莹与方伯伍崇曜世交,知其家富于资而性耽风雅,每得秘本巨帙,劝之校勘开雕。其关于本省文献者有《岭南遗书》六十二种,《粤东十三家集》各种,《楚庭耆旧遗诗》七十二卷,此外,有《粤雅堂丛书》一百八十种,王象之《舆地纪胜》二百卷,莹皆为编订而助成之。俾遗宝碎金,不至淹没,而后起有好学深思之士,亦得窥见先进典型,其宏益非浅鲜也。[①]

在谭莹整理的这些地方文献中,与广府文化有关的有《楚庭耆旧遗诗》《粤十三家集》《岭南遗书》,另外他还搜集整理、补充并重刻了《广州乡贤传》)。

《楚庭耆旧遗诗》分前集、后集与续集三部分,共七十四卷,涉及许多清代广府诗人。这些诗人均生活在乾嘉道时期,其中有部分诗人还是谭莹的好友。除谭敬昭等少数诗人在全国有影响以外,《楚庭耆旧遗诗》中大部分诗人均默默无闻,影响仅局限于岭南。为了能很好地保存这些诗人的资料,谭莹在编纂的过程中主要做了以下两方面的工作:

第一、搜集整理相关诗人作品。在《楚庭耆旧遗诗序》中,谭莹说:

> 文章公器,宜穷达而靡遗。岭海人才,庆遭逢而辈出,理原合辙,

---

① (清)郑荣、桂坫等:《南海县志》,清宣统二年(1910)刻本。

艺擅颉门，玲珑其声，波澜莫二，并当甄录，俾益流闻者也。爰与学博露钞雪篆，好写留真。或称昆弟之交，或属丈人之行，或执业所曾事，或闻声辄相思，或望重纪群，或姻联秦晋，裨残补缺，刘楚荛芜。或与古维新，或当今无辈，或精思能至，或偏嗜所存，得前后集各若干卷，署曰《楚庭耆旧遗诗》。①

这段文字表明了谭莹在搜集整理广府文献的过程中工作不易。后来，他又在《楚庭耆旧遗诗续集序》中，对这种情况作了补充介绍：

或业付琬镌，或方虞炅朽，或收从良友，或索自后人，或断楮零缣，或盈帙满笥，或应接不暇，或去留各难。义例已见于前书，遍纂无劳于复赘。或卢殷书言后事，并寄新诗；或杜牧梦遇咎征，欲焚剩稿。桓谭新论，何须班固之续成。向秀旧注，尚虞郭象之窃取。苏端明之遘疾，死屡出于误传。臧文仲之立言，殁均期其不朽。自癸卯以迄今，复得若干集而付梓焉。②

由于谭莹的精心整理，许多广府诗人的作品才得以流传下来。这些书籍也成为研究岭南诗歌必不可少的参考资料。

第二、增补与诗人有关的资料。为了便于人们阅读，谭莹在每位诗人作品前均增添了诗人简介以及时人对他们诗歌的评论。如编辑诗人潘定桂的作品时，谭莹增补的资料如下：

潘定桂，字子骏，一字骏坡，番禺人，诸生，钓石子，著有《三十六村草堂诗钞》。

陈仲卿云：骏坡诗源出李苏，而泛滥于诚斋，风发飚举，凌万一世。

谭玉生云：骏坡尊人钓石，以艳体诗得名，骏坡有句云"无恨安能作，明月有情终。"恐隔银河亦可味。

《茶村诗话》：骏坡家世饶益，幼负异才。年三十竟卒，艺林多惋

---

① （清）谭莹：《乐志堂文续集》卷一，清咸丰九年（1859）吏隐园刻本。
② （清）谭莹：《乐志堂文续集》卷一，清咸丰九年（1859）吏隐园刻本。

惜之。然句如"文能绝代关时命，交到中年半死生。悬知诸葛为名士，争说林宗是党人。才华太露终为累，忧患无端只自伤。杜陵漫作吞声哭，彭泽能为委运吟。重阳已废茱萸酒，寒露须裁吉贝衫。"所谓忧能伤人，此子不得复永年者也。固知少年人作衰飒语，终非吉兆。[1]

通过对这些材料的阅读和研究，我们对清代乾嘉道时期的岭南诗歌就会有一个清晰的了解。

《粤十三家集》刊刻于道光二十（1840）年，共一百八十二卷。其中涉及的岭南诗人有宋代的李昴英、区仕衡、赵必瑑、明代的李时行、区大相、黎民表、陈子壮、黎遂球、陈子升，清代的梁佩兰、王隼、易宏、方殿元。这十三位文人的诗文集都是有影响的作品，谭莹在《重刻粤十三家集序》中对此有介绍：

> 即如数公者，或学究天人，或道匡雅俗；或犹多稿佚，或另有文存；或析名理以注经，或观古今而断史；或救时念切评量经济之言，或阅世心劳引伸文物之疏；或中年丝竹寄情乐府以狂歌，或千古文章托业选楼而著论；或讲六书而研小学，或谈六艺以拟闲评。[2]

另外，谭莹还在序文中对岭南文学的发展状况作了较为系统的介绍，并交代了《粤十三家集》搜集整理情况。在《粤十三家集》中，谭莹分别撰写了十一篇跋语，介绍了作者生平、书籍来源、版本和校勘概况。这些跋语，每道一物，每说一事，莫不循流溯源，推究始终，给读者的阅读带来很大方便。

《岭南遗书》刊于清道光、同治年间，所收大部分为岭南先贤的学术著作，全书共分六集，总五十九种三百四十三卷。计唐代一种，宋代三种，明代十八种，其余均为清代著述。由于《岭南遗书》的整理情况大体与上面两部丛书相同，故不复赘述。

除此之外，谭莹还重新刊刻了与广府文化密切相关的《广州乡贤传》。在《重刻广州乡贤传序》中，他说：

---

① （清）伍崇曜辑：《楚庭耆旧遗诗》，清道光二十三年（1843）刻本。
② （清）谭莹：《乐志堂文续集》卷一，清咸丰九年（1859）吏隐园刻本。

道光庚寅，余修邑乘，得读潘君广州乡贤传若干卷。兰茞千春，栴檀一瓣。传惟耆旧，录比圣贤。心窃仪焉，而惜其流布之未广也。

咸丰辛酉，戎氛渐熄。营葺郡庠，怀旧思古。修废举坠，园似布金而乃就，主非砻石而靡存。名宦业待搜罗，先贤仍劳考騭。文献不足，职志阙如，重获是书，不禁狂喜。

独是明季诸贤，身骑箕尾，名重山丘。膺特典于后来，宜囊编之尚缺。又如熙朝尊宿，昭代耆英，弥极矜严，夙推公当，均当补入，亟与编成。任诮续貂，终妨饱蠹。草樵吟社诸君子，特任梓费，同付琬镌。俾作后进楷模，洵属俊流准的。芳华靡绝，桑梓必恭。悦其好义心虔，爰奋笔以为之序焉。

详检原书，如陈文恭擢之于卷端，张处士附之于篇末，颇乖义例，似烦商略。谨附阙文之义，即仍往帙所编。祭乡先生于社，早有定评。近孔圣人之居，不徒私淑。开来继往，第厕儒林文苑之班。毓秀钟灵，同应紫水黄云之瑞。楼谁望气，独夸南海衣冠。轩迹抗风，仅绍南园辞翰。地诓易生名世，启我后人。天惟未丧斯文，识其大者。元精耿耿，遗绪茫茫。名教攸关，只系一乡之宿望。音徽未沫，烂然五岭之幽光。①

从"重获是书，不禁狂喜"的文字表述中，我们可知谭莹是一个对乡邦文化极其热爱的人。

由上观之，正因为有谭莹这样一位难得的文献学者的全面负责和大力相助，一些与广府文化密切相关的珍贵文献才得以很好保存。

三　纂修与广府文化有关的方志

地方志号称是一地的百科全书，本身就应该承担起记录地域文化的责任，它全方位地记录一定地域、一定时代下经济、政治、军事、文化等各个有意义的方面，尤其注重记述具有地域特点和时代精神的事物和方面，是一方地域文化的集中反映。广府方志是广府文化的重要组成部分，其编纂者都是当时文人学士中之头面人物，不少是博古通今、主持一时一地之文坛风会者。

---

① （清）谭莹：《乐志堂文续集》卷一，清咸丰九年（1859）吏隐园刻本。

　　谭莹不仅参与了阮元主持的《广东通志》同治三年重刊本的整理，而且还参与《（道光）南海县志》、《（同治）南海县志》,《（光绪）广州府志》的编纂，是近代岭南著名的方志学家。

　　道光十年（1830），谭莹参与纂修《南海县志》，负责分纂《南海县志》中的《舆地略》一至四部分、《艺文略》一、二部分及《杂录》一、二部分。道光十五年（1835）该志刊印出版，后于同治八年（1869）重刊。

　　同治三年（1864），谭莹再次参与《南海县志》的续修。对于此次续修《南海县志》的原因，谭莹在《为阖邑人士上朱柳溪明府请重刊邑志暨续修启》有如下交代：

　　　　昔楚炬既焚，酂侯特收图籍。韩泷始赋，退之先问图经。我南海邑志，修始于庚寅，刻完于癸巳。堂开学海，阁贮文澜。竟作劫灰，讵留余烬。幸值我柳溪先生老父台大人良能准的，风雅典裁，考献征文，修废举坠。某等材同寿栎，荫藉甘棠，合桑梓以联名，喜榆枌之如旧。忍令乡邦掌故，悉付榛芜。拟将流辈弆藏，重付梨枣。并苦心于莲药，握椠怀铅。画依样之葫芦，重规叠矩。倏更四载，谁无复刻之思。将届卅年，宜有续修之举。敢求椽笔著望，凤诩乎扬班。愿捧珠槃寻盟，忍遗乎曹许。统祈俞允，俟订章程。仍恳主持，待筹费用。珍此一鳞片甲，顿还五采之观。饰以屑玉零金，弥增百宝之贵。因陋就简，窃非韩汝庆、康对山之书。抱缺守残，免如李吉甫、王象之所撰。李寿朋所特撰，创任石湖。黄才伯之纂编，补烦梦菊。[①]

　　在此次续修志书过程中，谭莹负责纂录《舆地略》《建置略》《金石略》和《杂录》，与郑翔合作分纂《职官表》《选举制》，与李征霨合作分纂《艺文略》。

　　对于此次续修，谭莹非常重视，在纂修《金石略》时，他曾经说：

　　　　世人喜考证金石，谓其可以验枣木传刻之讹，订史传时日之错也。而风气所尚，邑志多列此一门，独不思百里区区，古物有限，不得已则取神坛社庙之断碑烂碣以充之，文字既鲜雅驯，笔札尤为恶劣，如

_____

① （清）谭莹:《乐志堂文续集》卷二，清咸丰九年（1859）吏隐园刻本。

前志广收佛山祖庙各碑，中有令人不可向迩者，况地无所得，载及家藏，岂知鉴别不精，赝鼎居半，而朝秦暮楚转盼不知落在何方，尚能据为吾邑金石哉？我今续此一门，慎之又慎，不敢以杂乱为宏博也。①

也正是因为谭莹等人的重视，该志后来受到梁启超的好评。梁启超说：

> 吾于诸名志，见者甚少，不敢细下批评。大约省志中嘉道间之广西谢志，浙江、广东阮志，其价值久为学界所公认，同光间之畿辅李志、山西曾志、湖南李志……等，率皆踵谢、阮之旧，而忠实于所事，抑其次也。而宣统新疆袁志，前无所承，体例亦多新创，卓然斯界后起之雄矣。各府州县志，除章实斋诸作超群绝伦外，则董方立之《长安》《咸宁》二志，论者推为冠绝今古；郑子尹、莫子偲之《遵义志》，或谓为府志中第一；而洪稚存之《泾县》《淳化》《长武》，孙渊如之《邠州》《三水》，武授堂之《偃师》《安阳》，段茂堂之《富顺》，钱献之之《朝邑》，李申耆之《凤台》，陆祁孙之《郯城》，洪幼怀之《鄢陵》，邹特夫、谭玉生之《南海》，陈兰甫之《番禺》，董觉轩之《鄞县》《慈溪》，郭筠仙之《湘阴》，王壬秋之《湘潭》《桂阳》，缪小山之《江阴》，皆其最表表者。而比较其门目分合增减之得失，资料选择排配之工拙，斯诚方志学中有趣且有益的事业。余有志焉，而今病未能也。②

在同治八年（1869），谭莹还担任《广州府志》的分纂，在修志过程中，于同治十年（1871）去世。对于谭莹参与纂修的这部《广州府志》，刘声木在《苌楚斋五笔》中对该书有如下评价：

> 光绪初年，粤省重修《广州府志》壹百陆拾叁卷，五年冬月，粤秀书院刊本。满洲瑞文庄公麟等监修，时文庄以文华殿大学士任两广总督。番禺史穆堂宫允澄、番禺李恢垣铨部光廷为总纂，分纂为周寅清、谭莹、李征爵、金锡龄、陈璞、谭宗浚诸人，亦皆一时博学能文

---

① （清）郑梦玉等修，（清）梁绍献等纂：《南海县志》卷末，清同治十一年（1872）刻本。
② 梁启超：《中国近三百年学术史》，东方出版社，2004年，第334页。

者。全书考证详明，体例谨严，亦近代志书之善本，而每卷后著明分
纂及校对名氏，尤足为后人修志校刊之法。例如卷一后刊"番禺金锡
龄分纂""番禺金佑基初校""番禺史悠履再校""番禺金俊基三校""番
禺史悠泰四校"等类是也。[1]

由此可见，谭莹参与编纂的这些方志，体例架构完善，选材广泛，兼具经
世致用与保存文献的作用，对深入研究广府政制、政区变革、社会经济与广府
文化的发展，均具有重要的文献价值。

四　维修与广府文化有关的古迹

地方文物与地方文化虽然是两个不同的概念，但是二者又密切相关。地方
文物是指的是遗存在地方社会上或埋藏在地下的人类文化遗物，具体包括：
（1）具有历史、艺术、科学价值的古文化遗址、古墓葬、古建筑、石窟寺、石刻；
（2）与重大历史事件和著名人物有关的，具有纪念意义、教育意义和重要历史
价值的建筑物、遗址、纪念物；（3）历史上各时代珍贵的艺术品、工艺美术品；
（4）重要的文献资料以及具有历史、艺术和科学价值的手稿、古旧图书资料；
（5）反映历史上各时代社会制度、社会生产、社会生活的代表性实物。而地方
文化则是一个内涵十分广泛的大概念，它广义上指某地人们在社会实践过程中
所获得的物质、精神的生产能力和创造的物质、精神财富的总和，狭义指精神
生产能力和精神产品，包括自然科学、技术科学、社会意识形态。有时又专指
教育、科学、文学、艺术、卫生、体育等方面的知识与设施。由此可见，地方
文物与地方文化的密切关系，主要体现在其内涵上的密切关系：地方文化是地
方文物的上线系统，地方文物则是地方文化中的一个重要组成部分。

作为长期生活在岭南的文化人，谭莹对广府文物古迹的维护特别重视。针
对承载忠烈精神的广州城南三大忠祠和风雅精神的抗风轩的毁坏情况，谭莹专
门向朝廷上疏，请求重建。其疏云：

从古兴亡，讵乏忠荩。或激昂陷阵，或悲愤投江，或驰惶纳肝，

---

[1] 刘声木：《苌楚斋随笔、续笔、三笔、四笔、五笔》，中华书局，1998年，第990—991页。

或仓猝断脰。植纲常于沦丧，通胅蟹于幽微，享祀不忒宜已。若乃朔
南一辙，臣仆千春。相期百折以不回，窃比三仁而弥惨。残山剩水，
谁问奈何之天。金盌玉鱼，瞵然干净之土。仙被殉波臣而去，鬼雄知
狱吏之尊。业箕尾之各骑，兆香头而待斫。着黄袯而无愧，咏霓裳而
喜同（文陆二公，与谢叠山同举宝祐四年进士）。贞节苦心，成仁取义。
履洁含忠之素，流风余韵之存。焚楮莫椒，乌容已已。

　　尝窃谓宋室三忠之烈，洵足增吾粤五管之光者也。略殊江右，惟
祀二山（文山、叠山）。遥望崖门，屹然双庙。左有抗风轩，为前明
前后十先生坛坫旧址。并庙祀焉。迷修社事，信买邻居。萃海峤之英
灵，益忠良之涕泪，异刘郎之怀古，敢说降幡。如宋玉之招魂，各工
楚些。牙旗玉帐，飙马云车。粥鼓斋鱼，笔床茶灶。闽中十才子，或
许联镳。岭南三大家，均其嗣响。礼簪裾于异代，总槃敦于三城。理
学名标，英雄事去。撷新绿之田，薙供晚香之寺。花黄蝴蝶之飞，来
锦鹧鸪之啼。彻此钦贤之灵宇，亦征雅之丽区也。

　　言时称代，曾录打碑。累载兼年，谁赓考室。兹以同治丁卯夏四
月，烈风陡作，零雨绵蒙。栋折榱崩，石烂瓦碎。业垣墉之尽圮，即
坊表而靡存。两地毗连，一朝零落。丹楹旧容蝼蚁，玉座时走伊威。
堂皇埃芜，香火阒寂。谁访议郎之宅，雪意微茫。似闻正则之祠，滩
声呜咽。载怀兴葺，佥议捐输。志士幽人，凤怨嗟其际会。嫡机嫠纬，
亦布施以锱铢（恤嫠局银旧于此给发）。勿行不舍之檀，巧藉能炊之米。
现庄严于空际，各有因缘。肃名教于海隅，原关风化。仁见棉红榕碧，
句有纱笼。蕉黄荔丹，鼓亦铜范。菩提新种，访诃林而先拜仲翔。柏
树尚存，咏閟宫而弥思蒍相。太平宰辅，瓣香兼风度之楼。正命君臣，
仙驭谒慈元之殿。抗疏埒文溪之直，营庙同时。镌名仿炎汉之遗，出
钱成列。此亦表忠之观，端明作碑。焕然大雅之堂，浮邱复社。①

　　在该疏中，谭莹认为重建广州城南三大忠祠和抗风轩对广府文化的建设有
重要意义。

---

① （清）谭莹：《乐志堂文续集》卷二，清咸丰九年（1859）吏隐园刻本。

另外，有感于广府名人梁佩兰[1]墓地被毁的情况，谭莹专门发公启约同人一起集资重修其墓，并兼营祀典。其公启云：

国初梁药亭先生，熙朝老宿，海峤英灵。早历文林，晚跻翰苑。主骚坛于南裔，结吟社于西园。偕德曜以幽居，芙蓉绕谷。住随如之旧里，丛桂留人。盛德绝伦，逸才旷代。生同屈、邝，友订盟心。来有王、朱，君能抗手。不愧三大家之目，怜江左之盛名。殆综十先生之传，泂岭隅之闲气。溯曲红而接轸，齐独漉以扬镳。韩苏独此正宗，冯黎均其嗣向。

墓在广州北门外若干里诃子岭，葬同士行，卜有眠牛。陵比江都，过辄下马。兰芬玉颖，碑版屹然。月死珠伤，簪裾逖矣。几至忽诸之叹，庸安逝者之心。委奉尝于破庙，附供养于丛祠。考旋葬于康熙五十年辛卯，忆曾修于道光元年辛巳。骎骎霜露，凄恋烟霞。牧笛樵讴，殇魂鬼火。笑要离之徒近，知太傅之为谁。绝异巢由，买山有约。并无忠武，伐墓公然。王孙安知，葬令为乎长乐。将军乃故，讼难恃乎安生。亟当刊醉吟之碑，修谪仙之祀。重为砻石，专待布金。兰茞告虔，松楸无恙。佛有华严之劫，君非冥漠之伦。亦后死之因缘，尽真灵之位业。

所望捐赢斥羡，佽助慨然。庶使继往开来，英华靡绝。或谋隙地，另辟诗龛。即许丁卯之庄，铸贾阆仙之像。青霞庙近，白雪楼高。迭奏神弦，仍复社事。

昔者白杨作柱，尚书之冢全非。今兹秋菊荐馨，水仙之祠一例。植花酹酒，较何点以弥殷。种萋获砖，传张琼分孔易。台登得月，壶觞同调文溪。轩绍抗风，领袖原如典籍。定媲耒阳墓碣，过者题诗。倘有征君祭田，阿蒙作记。[2]

---

① 梁佩兰（1630—1705），字芝五，号药亭，晚号郁洲。广东南海人，清初著名诗人，与屈大均、陈恭尹并称"岭南三大家"，时流若王士禛、朱彝尊、宋荦、潘耒等，都非常推重他。著有《六莹堂集》。

② （清）谭莹：《乐志堂文续集》卷三，清咸丰九年（1859）吏隐园刻本。

从启文中可以看出，谭莹对梁佩兰的文学成就予以了客观公正的评价。对于借重修梁佩兰墓的机会来恢复广府诗坛社事的意义，谭莹也表达得非常清楚。

赤岗塔是广州市明代建筑中较具特色的古塔之一，与琶洲塔、莲花塔并称为广州明代三塔。同治六年（1867），赤岗塔被毁。尽管有人提议重修，但此事最后不了了之。对于这一羊城著名古迹的被毁，谭莹心痛不已。后来，他应全省绅士之请，向当时广府地方官员呈上启文，请求重修赤岗塔。其启云：

> 窃以锦石英灵，重镇实须环卫。赤冈聚落，隔河仍与毗连。殆全粤之所关，三城保障。与琶洲而并峙，两地庄严。黄木湾空，俾梯航之共慑。六榕塔古，如锁钥之相需。旗鼓麾幢，河山巩固。帆樯楼橹，烟雨合离。此赤冈一塔所由眆乎？尔其创自前明，迄乎昭代。鱼龙百变，蟒玉千春。楼敞合江，亭犹浴日。笠檐蓑袂，翠羽文螺。寺寺钟鱼，村村农圃。
>
> 忆重修于道光甲辰二月，惜遽毁于同治丁卯九秋。屡令输将，敢言兴葺。幸值陶刘勋阀，羊杜威名。五管清怡，百废具举。窃冀于本年合捐，增建贡院号舍。羡余存项，许拨银四千两，俾成盛典，旋复壮观。榱桷一新，烟霞万古。永原同于净慧，登独艳乎慈恩。睹十郡之森罗，作重溟之控御。涌现或来千佛，狮海波恬。威灵同祀六侯，虎门尘靖。溯五仙之聿至，原盛衣冠。造七级而岿然，伊谁功德。坡老本前身奎宿，合供宝陀。扶胥有海日神山，联登丹地。[①]

在该启文中，谭莹一方面强调重修赤岗塔的重要性，另一方面也对修塔的资金来源作了充分说明。

除了以上这些疏、启文之外，谭莹还针对其他广府文化古迹写了不少募疏和碑记，如《重修波罗江南海神庙募疏》《重建三官庙碑记》《重修河南小港桥是岸寺碑记》《重修五仙观碑文》《拟广州北门外明季绍武君臣冢碑》等等。从这些文章中可以看出，谭莹对保护广府文物古迹不遗余力。

综上所述，谭莹在广府文化的传播、整理与保护等方面作出了卓越贡献。研究谭莹与广府文化之间的关系，对促进广府文化的研究无疑具有重要意义。

---

① （清）谭莹：《乐志堂文续集》卷二，清咸丰九年（1859）吏隐园刻本。

参考文献

［1］（清）谭莹.乐志堂诗集［M］.清咸丰九年（1859）吏隐园刻本.

［2］（清）谭莹.乐志堂文集［M］.清咸丰九年（1859）吏隐园刻本.

［3］（清）谭莹.乐志堂文续集［M］.清咸丰九年（1859）吏隐园刻本.

［4］（清）郑梦玉等，（清）梁绍献等.《南海县志》［M］.清同治十一年（1872）刻本.

［5］（清）伍崇曜.楚庭耆旧遗诗［M］.清道光二十三年（1843）刻本.

［6］刘声木.苌楚斋随笔、续笔、三笔、四笔、五笔［M］.北京：中华书局，1998.

［7］梁启超.中国近三百年学术史［M］.北京：东方出版社，2004.

［8］陈泽泓.广府文化［M］.广州：广东人民出版社，2012.

［9］钟贤培，汪松涛.广东近代文学史［M］.广州：广东人民出版社，1996.

［10］戴伟华.地域文化与唐代诗歌［M］.北京：中华书局，2006.

方寸之痕天海间：
寻觅广州十三行印章的成果与意义 *

冷 东

（广州大学广州十三行研究中心）

乾隆二十二年（1757）实行"一口通商"政策至道光二十二年（1842）《南京条约》签订，清朝通过粤海关管理"以官制商、以商制夷"的外贸体制和商会组织，无论学术界还是社会民众皆已习惯称之为"十三行"，似乎已成定论。[①] 但是"十三行"之名最早起始于何时？为何冠以"十三行"之名？又是学术界"一个没有解决的历史疑案"。[②]

2016 年 10 月 13 日，由广东省、广州市社科联主办，市地方志学会和广州大典研究中心承办的"2016《广州大典》与广州历史文献保护学术研讨会"在广州图书馆 10 楼大会议室举行。市人大常委会主任、《广州大典》主编陈建华同志出席会议并讲话，期间提出希望广州大学广州十三行研究中心能够将"十三行"起源及名称概念考证清楚。在陈建华主任指示和激励下，研究中心成立课题组，全力投入这个课题研究，并选定以印章作为突破口。因为印章是权力和职能的标志，更是身份和名称的信物，也是中国传统文化的精髓，是验

---

* 本文为 2017 年国家社科基金重点项目《广州十三行与海上丝绸之路发展变化研究》（项目批准号 17AZS010）阶段性研究成果。

① 明末清初人屈大均的著作《广东新语》中收入的《广州竹枝词》，已有"洋船争出是官商，十字门开向二洋，五丝八丝广缎好，银钱堆满十三行"的诗句，从此"十三行"的名称延续至今，为学界民众所接受。屈大均：《广东新语》，中华书局，1985 年，第 427 页。

② 参见彭泽益：《清代广东洋行制度的起源》，《历史研究》1957 年第 1 期；彭泽益：《广州十三行续探》，《历史研究》1981 年第 4 期。

明"十三行"正身简单有效的方法。

鉴于国内一百多年的十三行研究及文献整理均未发现广州十三行印章的任何蛛丝马迹，课题组将视野投向海外所收藏的原始中文档案。经过两年的努力，取得了一定成绩，汇报如下。

一　寻觅广州十三行印章的收获

印章是权力和职能的标志，更是身份和名称的信物，也是中国传统文化的精髓。作为 17 至 19 世纪在中西贸易和文化交流中发挥重要作用的商会组织和商人团体，广州十三行有印章吗？

最早提及这个问题的是杨联陞先生。他在 1958 年发表的《剑桥大学所藏怡和洋行中文档案选注》一文中，对怡和洋行保存的道光十二年（1832）义和馆租约进行了介绍。[①] 梁嘉彬先生对此文非常重视，在《广东十三行考》中强调，杨君文称义和馆租约结尾"会馆公立"四字上有"外洋会馆图记"六字篆文图书。[②] 但是那个时期还不允许拍照和复印，杨联陞先生只是转录合约内容，梁嘉彬也只是转引文字，提出有图章及图章文字，却没有公布该印章照片，他人无法得见此枚印章的真容，也未见梁嘉彬考证该图章是否为"十三行"商会印章。2013 年，台湾地区陈国栋教授来广州大学作了"广州十三行名称由来"的讲座，展示了一枚"十三行"印章图片，遗憾的是没有提供具体出处，没有指明该印章上文字即为"外洋会馆图记"六字，也没有具体解释为何判定该章是"十三行"印章。

在前期学者研究成果和提供线索的基础上，两年来课题组成员在欧美各国广泛寻觅，在英国国家档案馆和剑桥大学图书馆怡和洋行中文档案中发现五份盖有"外洋会馆图记"的原始文献，按照时间年代排列如下：

第一份文件是清嘉庆十六年（1811）十家行商写给英国广州商馆大班的公函：[③]

---

① 杨联陞：《剑桥大学所藏怡和洋行中文档案选注》，台北《清华学报》1958 年第 1 卷第 3 期。

② 梁嘉彬：《广东十三行考》，广东人民出版社，1999 年，第 356—357 页。

③ 英国国家档案馆 FO 1048/11/67。

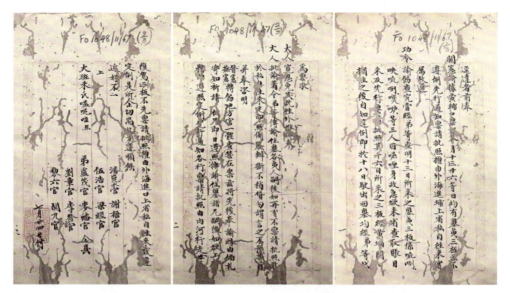

图 1　清嘉庆十六年（1811）十家行商写给英国广州商馆大班的公函

　　径达者：前奉关宪谕，据黄埔口禀报，本月十三、十六等日，均有澳夷三板并不遵例先行通知禀请批照，擅由外海进埔上省私自往来，实属故违功令，谕敕查究。当经弟等查明，十三日所来之澳夷三板，系庇列、央庇列、煲炉等三人因必厘身故，急欲来省查取账目，未及先行禀请批照。其十六日所来之三板，经黄埔关口拦住之后，自知违例，即于十八日驶出回澳，均经弟等代为禀求大人宽恩，免其既往外，唯□奉大人批谕，着令弟等传谕往澳各夷人，嗣后如再有不禀请批照敢于私自往来，定即照例严办，断不稍贷，勿谓言之不预等目，并奉咨明督宪、抚宪转饬地方官一体查禁在案，兹将先后奉谕缘由备札寄知，祈请仁兄即日遵照，传谕往澳诸兄，嗣后如欲上省，务要遵照定例，先行通知各行禀请批照，由内河行走，毋又复驾三板不先禀请批照，擅由外海进口上省私自往来，致违定例。是所企切，尚此定达，顺候近好不一。

　　上　大班未氏益花臣照

　　　　　　弟　潘昆水官、伍浩官、卢茂官、刘章官、黎六官、谢梧官、梁经官、麦蟠官、李发官、关九官　同具

　　　　　　　　　　　　　　　　　　　　　　　七月廿四日付

收信人益花臣（John Fullarton Elpinstone）是英国东印度公司广州商馆大班。

寄信人是署名各商行的行商，并皆赘以"官"字结尾。上排中间者卢茂官，是广利行创始人卢观恒，原名熙茂，商名茂官，时任行商总商，故列为首。潘昆水官为丽泉行行商潘长耀，商名水官。伍浩官为怡和行行商伍秉鉴，商名浩官。刘章官是东生行义和馆租约的行主刘德章，商号章官。黎六官为西成行行商黎颜裕，商名柏官。谢梧官为东裕行行商谢嘉梧，商名梧官。梁经官为天宝行行商梁经国，商名经官。麦蟠官为同泰行行商麦觐廷，商名蟠官。李发官为万源行行商李应桂，商名发官。关九官为福隆行行商关成发，商名九官。[1]

第二份文件是清嘉庆十九年（1814）十家行商发出的公函：[2]

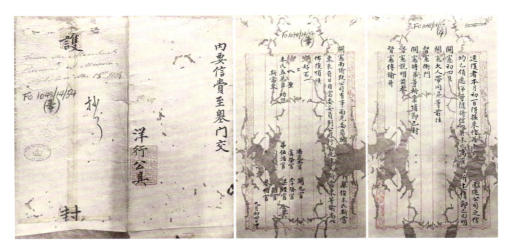

图2　清嘉庆十九年（1814）十家行商发出的公函

径复者：本月初一日得接来信，并□□面还公司之信，均已领悉，弟等随将信内并未氏万罗□所述情节已回明关宪。初四日关宪大人带同弟等前往督宪衙门，关宪将弟等所禀情节已对督宪说明。兹奉督宪传谕并关宪面谕，既公司有事面见委员办□□，俟未氏斯当东来省日自当委妥员到公司，行面见未氏斯当东等谕。尚此布复，顺候近好不一。

① 梁嘉彬：《广东十三行考》，广东人民出版社，1999年，第256—345页。
② 英国国家档案馆 FO 1048/14/54。

上　未氏叭厘、益花臣、斯当东　均照

弟　潘昆水官、卢荣官、伍浩官、刘□官、麦□官、

关九官、李发官、梁经官、谢梧官、黎柏官　同具

九月初四日冲

与其他盖章公函不同，此函盖章不在公文上，而是在信封的表面，注明"内要信赍至澳门交"，在"洋行公具"上盖章。在信封另一面"护封"的字上盖了另一方印章。并在信封上另外贴上红纸注明收信人信息，"英吉利国大班未氏益花臣收拆"。

收信人叭厘（又作巴林，Francis Baring），英国东印度公司董事部主席。益花臣前已介绍。斯当东（George Thomas Staunton）即英国广州商馆中国专家小斯当东。他在1793年乾隆皇帝接见马嘎尔尼勋爵时是随员中的小侍从，1800年再次来到中国。1801年老斯当东去世，他承袭父亲爵位，并于1814年当选为东印度公司驻广州商馆的管理机构——特选委员会的成员。1816年，他又被选为特选委员会主席，全面负责东印度公司对华贸易事宜。

这份档案署名行商也是十家，但与嘉庆十六年的档案比较，已经发生变化。总商为伍秉鉴伍浩官，取代了卢观恒卢茂官。嘉庆十七年（1812）卢观恒去世，其子卢文锦接办行务，商名改为卢荣官。西成行行商黎六官变为黎柏官。其余八家行商名称没变。

第三份文件是清道光十年（1830）七家行商写给英国大班的公函：[①]

敬达者：道光十年二月二十四日，弟等曾将上年英吉利国大班美士部楼顿等禀请贸易章程一案，奉督关二宪核定章程。嗣后夷商不许滥信洋商银两，每年买卖事毕，将洋商有无尾欠之处报明关部查考。如曾经报明者，将来如有倒闭，照例分赔。如未报明，即不赔缴，控告亦不申理等。因曾于二月二十四日致书仁兄，转知贵国列位真地文悉照新定章程办理，谅邀查照。兹于四月二十九日得接仁兄回信，谓弟等前书未将旧商所欠旧账声明认还，似属未合，至新商将来如有拖欠，不能照向例代赔，事属公允等语。弟等因思前书未将旧商所欠旧账□明办理，实系一时疏忽。且前奉督宪核定，现在洋商负欠各夷商

_____

① 英国国家档案馆 FO 1048/30/14。

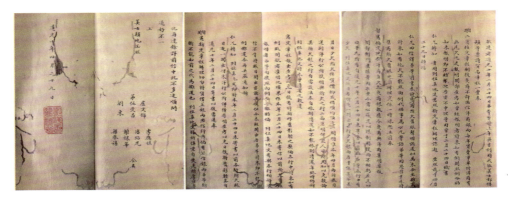

图3　清道光十年（1830）七家行商写给英国大班的公函

银数，应令夷商与洋商算明，禀报关部衙门查核等因在案。今当公议定以限制，务使两不相亏，庶足以昭，平允所有。自道光十年二月二十四日未寄书以前，如弟等各行中有少欠列位真地文账目者，祈逐一开出，某行少欠银两若干，系某年某月日少欠，少欠系货价抑或借项，均需逐一开明，准本年四月内将账目送到洋行公所投明。与所欠之行二面算明，俾众人皆所周知，以免后论。其所欠银之行自当设法各自依期清还，如不能依期清还，年终时仍祈列位真地文将未曾清还之数，遵宪定章程报出查考，以免日后有将新作旧影射之弊。倘各行中将来如有倒败闭歇者，查明此项果系本年二月二十四日未寄信以前所欠，曾经报明者弟等自应照向例分年摊赔。倘列位真地文有与各行相好过信，不肯将账目开出亦听其便，但今未经开出者，弟等将来即不能照例摊还。合再具函通知，祈仁兄转知列位真地文，即将本年二月二十四日未寄书以前各行所欠账目逐一开出，付来洋行公所，俾得存明查考，以免日后新旧影射。其自道光十年二月二十四日寄书以后当遵奉督关宪新定章程办理，切勿将货价并银两滥信行商，倘有滥信银两，弟等断不能如前之代为摊还也。列位真地文务祈慎重自爱，是所厚望。专此再达，余详前信中此不多述。顺问近好不一。

　　上　美士颠地玉照

　　　　　　　　　　弟　卢文锦、伍受昌、刘东、
　　　　李应桂、潘绍光、谢棣华、梁承禧　同具
　　　　　　　　　　　　　道光十年四月二十九日

收信人颠地（Lancelot Dent）是英国散商，曾在 1839 年向英国外交大臣巴麦尊吁请发动对华战争。此件中署名的行商发生很大变化。一是行商的数量减少为七家；二是总商由伍秉鉴之子伍受昌接替，史称浩官三世；三是直接署名，而不是署商行名称或行商商名。该七家为伍受昌（怡和行）、李应桂（万源行）、卢文锦（广利行）、潘绍光（同孚行）、谢棣华（东兴行）、刘东（生）（东生行）、梁承禧（天宝行）。[①]

第四份文件是清道光十二年（1832）的义和馆租约，兹加标点，迻录如下：[②]

> 立批约洋行会馆，今有公受东生行义和馆一间，深陆大进，租与港脚美士渣典居住，每年租银陆千伍百元。言明递年十二月内交收清楚。租赁以三年为期。期满另议，再换新批。因东生行原欠美士渣典银陆万伍千元。今公议分限三年，各行代为清还。自道光十一年十二月起，头期还银贰万叁千元，十二年十二月还银贰万壹千元，十三年十二月还银贰万壹千元。此馆递年即按照还过银两数目交租，十二年十二月应交租银贰千叁百元，十三年十二月应交租银肆千肆百元，十四年十二月应全交租银陆千伍百元，毋得拖欠，倘期内拖欠租银，会馆即将此馆取回租与别人，不得占住。如美士渣典不租，先一个月通知会馆另租别人。馆内瓦面墙壁破烂，楼阁门扇被白蚁食烂。俱系会馆修整。馆内门扇，三年油一次，亦系会馆支理。其墙壁上盖年年粉饰，俱系美士渣典自行支理，与会馆无涉。自租之后，不得携带夷妇在馆内居住，又不得囤贮违禁货物，如违，会馆立即取回，毋得异言。今立批约二纸，各执一纸为据。
>
> 道光拾贰年叁月　　日
>
> 　　　　　同孚行、怡和行、广利行、东裕行、
> 　　　　中和行、万源行、天宝行、兴泰行、顺泰行
> 　　　　　　　　　　　　　　会馆公立

契约中明文规定"今立批约二纸，各执一纸为据"，按道理是怡和洋行和东生行各保留一份，奇怪的是为何另一份契约也在怡和洋行手里？仍有待考证。

---

① 梁嘉彬：《广东十三行考》，广东人民出版社，1999 年，第 256—345 页。

② 剑桥大学图书馆藏怡和洋行档案，MS JM/H2/3/3.

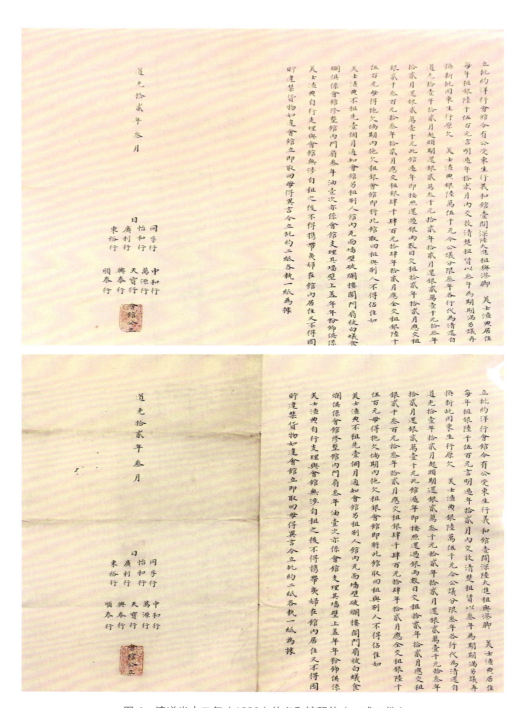

图 4　清道光十二年（1832）的义和馆租约（一式二份）

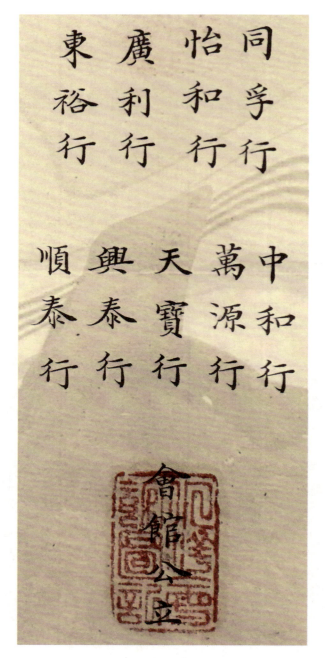

图 5 . 印章

"美士渣典"为"Mr. Jardine"之译音，即为英商查顿洋行的创始人查顿。东生行为"十三行"之一，行商刘德章，商名章官。义和馆为东生行物业，租赁给查顿洋行作为商馆。为之担保的同孚行（行商潘有度）、怡和行（行商伍元华）、广利行（行商卢文锦）、中和行（行商潘文涛）、东裕行（行商谢嘉梧）、万源行（行商李应桂）、天宝行（行商梁经国）、兴泰行（行商严启昌）、顺泰行（行商马佐良），则是道光十二年（1832）存在的几家行商。①

第五份文件也是清道光十二年（1832）的借款合同，上边既有"外洋会馆图记"的印章，还有九家行商的画押印章。签字签押是中国传统社会民间及官方常见的文书形式，当事人在契约文书上签字签押，体现签押者对契约文书内容的真实性、有效性以及约束力的承认和负责。此乃第一次发现行商画押印章。

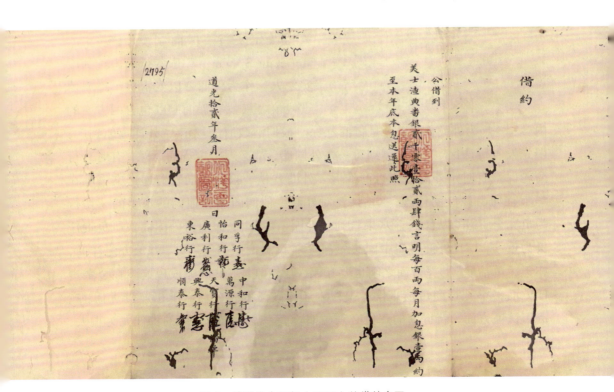

图 6　清道光十二年（1832）的借款合同

---

① 梁嘉彬：《广东十三行考》，广东人民出版社，1999 年，第 256—345 页。

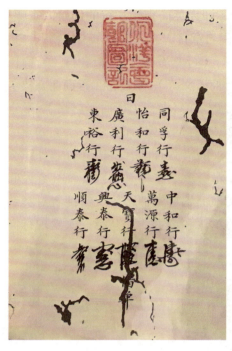

图 7 "外洋会馆图记"印章

两年来的成果中，除了发现"外洋会馆图记"印章，还发现了多家行商的公章和往来信函，从印章的文字来看，内容多种多样。从外洋行与外国各公司商务往来的公函来看，形式多种多样，通常不钤印，各行商做法不一，或签名，或盖章，或者两样兼有，有时则匿名。

这些行商印章和信函体现了"保商制度"的具体实施。为了加强对外贸易的垄断和对外商的管制，乾隆十年（1745）清两广总督兼粤海关监督策楞决定实行"保商制度"（Security Merchant System）："于各行商内选择殷实之人，作为保商，以专责成，亦属慎重钱粮之意。"[1] 保商制度包含两方面的内容：一是为外商作保，一是行商互保。根据清政府的规定，"外洋夷船到广，俱先投省行认保"[2]。具体到每一条外国船，都必须指定行商承保，有时是行商轮保，有时是外商自择行商作保。外商购销、报关、向官府递送文书等在华事宜均由该保商代理，"并且要对外商、他们的船和他们的水手的一切行为负完全责任，从买一篮水果直到一件谋杀案"[3]，保商对外国商人所负责任极为重大，一旦外商触犯中国法律，"不独该夷商照新例惩办，并保办之洋商，亦干斥革治罪"[4]。行商之间也要互保，互相监督，共同完成税饷。在金融责任方面，举凡行商负债难偿，欠税未还，破产倒闭，均需承担连带责任；在资历认证方面，新行商的产生必须由旧行商举荐承保，总商的责任尤为重大，

---

① 　故宫博物院文献馆编：《史料旬刊》1930 年第 4 期，天 122 叶。

② 　（清）梁廷枏著，袁钟仁点校：《粤海关志》，广东人民出版社，2014 年，第 321 页。

③ 　［美］马士著，张汇文等译：《中华帝国对外关系史》第 1 卷，上海书店出版社，2006 年，第 81 页。

④ 　齐思和等整理：《筹办夷务始末》（道光朝），中华书局，1964 年，第 264 页。

实际上这是户籍管理制度中的保甲制度在外贸管理中的应用。保商制度使得行商制度更为具体，也体现了"以官治商，以商制夷"的特点，一方面加强了行商在外贸中的权力，另一方面也加强了行商对清政府的依附性。保商制度是公行制度的重要组成部分和关键环节，是清政府有效控制中西贸易的保证。

而"外洋会馆图记"，则是制度和政策的体现。这次发现印有"外洋会馆图记"印章的五份公函即是例证。

嘉庆十六年（1811）十家行商给英国广州商馆大班的公函体现了澳门与广州之间的往来管理制度。乾隆九年（1744），首任澳门同知印光任具议请准管理进出口外船和居澳民番七项规条，第一条称："洋船到日，海防衙门拨给引水之人，引入虎门，湾泊黄埔。一经投行，即着行主、通事报明。至货齐回船时，亦令将某日开行预报，听候盘验出口。如有违禁夹带，查明详究。"[①] 澳门与广州之间的交通管理，是清代外贸制度的基础，而英国东印度公司的人员没有申请和得到批准，擅自往来澳门、广州，这样引起清朝政府的警觉和不满，才责令行商晓谕英国东印度公司，严格遵守有关规定。

嘉庆十九年（1814）十家行商发出的公函内容，关乎中外文书往来制度。两广总督李侍尧奏准颁布《防范外夷规条》五款，其中第四条规定革除外夷雇人传递信息之弊，规定了严格的中外文书信件传递制度，主要依靠十三行商作为与外商联系的中介，居中转达官府对外商的谕令、告示和外商的公文意见要求等。广州在鸦片战争前是中国最重要的通商口岸，乾隆二十二年（1757）被清政府指定为唯一与西方国家进行海路贸易的口岸，成为中西商贸及文化交流的中心，也对承载信息交流的邮政业提出了更多的要求。但清政府拒绝与通商各国建立正常的邮政联系，传统邮驿体系只传递官方公文情报，不受理民间和海外邮件，满足不了海外贸易和文化交流的需求，英国政府及商人集团亦对此种制度极为不满，不断提出交涉，这封公函就是清朝政府的回复谕令，仍然坚持已定制度，要求英国方面遵守。

道光十年（1830）七家行商写给英国大班的公函是关于前文提及的"商欠"问题，向英国东印度公司大班传达清政府有关"商欠"问题的处理原则和处理程序。

---

① 英国国家档案馆 FO 1048/32/31。

道光十二年（1832）九家行商的两份公函，第一份文件表面上是东生行与英国怡和洋行关于义和馆的租约，但因为东生行欠了英国怡和洋行巨额"商欠"，义和馆的租金不足以补偿债务，因此由外洋会馆出面保证其他债务的赔偿问题，并加盖公章以证明权威性和可靠性。在"十三行"已显颓势并拖欠巨款的情况下，契约中除了规定债务赔偿和房屋租赁细节外，仍不忘向外商宣示严禁将外国女性带入商馆居住。[①]另一份则是以商会名义担保借款。

二 "外洋会馆图记"是十三行商会印章吗?

如果"外洋会馆图记"是"十三行"商会组织的印章，为何印文不用"十三行"字样而用"外洋会馆图记"字样？这要梳理一下清代广州外贸制度和商会组织的形成变化。

康熙二十三年（1684）开海禁，次年设粤海关。当时广东巡抚李士桢发布《分别住行货税》的文告，将参加贸易的商行分为金丝行和洋货行两大类，分别交纳住税和行税。其布告称：

> 省城、佛山旧设税课司，征收落地住税。今设立海关，征收出洋行税，地势相连，如行、住二税不分，恐有重复影射之弊。今公议设立金丝行、洋货行两项货店。如来广省本地兴贩，一切落地货税，分为住税，报单皆投金丝行，赴税课司纳税；其外洋贩来货物，及出海贸易货物，分为行税，报单皆投洋货行，候出海时，洋商自赴关部纳税。诚恐各省远来商人，不知分别牙行近例……除关部给示通饬外，合行出示晓谕。为此示仰省城、佛山商民牙行人等知悉：嗣后如有身家殷实之人，愿充洋货行者，或呈明地方官承充，或改换招牌，各具呈认明给帖。即有一人愿充二行者，亦必分别二店，各立招牌，不许混乱一处，影射蒙混，商课俱有违碍。此系商行两便之事，各速认行

---

① 为减少西方人对中国的影响，清政府对外国人士来华的活动和生活进行了严格限制。其中，长期禁止西方商人的女眷来华就是限制内容之一。

招商，毋得观望迟延，有误生理。[①]

这就将国内商业和对外贸易分别开来，为清代广州洋行制度创设之始。

康熙五十九年（1720）组织公行，众商共同盟誓，并制订行规十三条，俾十六家行商共同遵守。其要点如下：为防止夷商买贱卖贵，各行商应与夷商相聚一堂，共同议价，有单独议价者应受惩罚；他处或他省商人来省与夷商交易，本行应与之协定货价，以期卖价公道，有自行订定货价或暗中购入货物者罚；货价既经议妥，货物应力求道地，有以劣货欺瞒夷商者罚；自夷船卸货及订立装货合同时，均需先期交款，以后并须将余款交清，违者处罚；夷船欲专择某商交易时，该商得承受该船货物之半，另一半须由其他行商摊分，有独揽全船货物者罚；行商中对公行负责最重及担任经费最大者，在外洋贸易中占一全股，次者占半股，其余占四分之一股；占一全股之头等行五家，占半股之二等行五家，占四分之一股之三等行六家，新入公行者，应纳银一千两为经费，并列入三等行内。[②]

公行组成后，共同订定进出口货价，增强了行商的团结力和对外商的约束力，深为外商所忌，被英公司称为"悬在大班头上的一把达摩克里斯（Damocles）的剑"。[③]英商不断从中破坏，收买个别行商，贿赂官吏。公行成立仅一年，即康熙六十年（1721）就被废止。

外商以广州贸易屡受压迫，转而往厦门、宁波等处贸易。洪仁辉事件以后，乾隆二十二年（1757）经两广总督奏准，加征浙海关关税，上谕专限广州一口与西方商船贸易，由此开始了长达八十余年的广州"一口通商"时期。行商地位大为增强。乾隆二十五年（1760），同文行潘启官等九家行商呈请复立公行，专办欧西货物，得粤海关监督准许，嗣后公行遂分外洋行、本港行、福潮行三项名目。福潮行负责广东本省及广东与外省的贸易事务，本港行负责广东省与暹罗等少数亚洲国家的贸易。外洋行则专门负责欧洲、美国、印度等国船只来华贸易缴税等事宜，反映了自 18 世纪中叶起以英、法、荷等国为主的西方国

---

① （清）李士桢：《抚粤政略》卷六《文告》，文海出版社，1988 年，第 55 页。

② 梁嘉彬：《广东十三行考》，广东人民出版社，1999 年，第 84—87 页。

③ ［美］马士著，中国海关史研究中心组译：《东印度公司对华贸易编年史（1635—1834 年）》第一、二卷，中山大学出版社，1991 年，第 355 页。

家对广州的贸易，居于越来越重要的地位，适应了广州口岸中西贸易迅速发展的趋势。外洋行行商垄断了对欧洲（及 1784 年以后加入的美国）的贸易，排除了本港行、福潮行等其他也在广州开业的行商。因此印章"外洋会馆图记"中的"外洋"，正是针对外洋行而言。

外洋行作为专门负责与欧美国家贸易的组织，自然要有办公地点即会馆，"外洋行会馆"应运而生，当时称为"公所"（Consoo），并且得到粤海关同意征收"行佣"为会馆运转费用，西方文献称为"公所基金"（Consoo Fund），即从行商经营的贸易中抽收佣金，以充公行运作的经费，为外洋行提供了经济保证。关于行佣的由来，嘉庆六年（1801）总督吉庆、监督三义助的奏疏称：

> 查行用原系各行中所抽羡余，以为办公养商之用。迨乾隆四十五年（1780），因革商颜时瑛、张天球拖欠夷账，着落各商摊还，据各商定议，将本轻易售之货，公抽用银，分年还给……此次原案亦止加抽进口货物共二十二样……至乾隆四十七年（1782），前监督李质颖因议速清夷欠，饬令洋商增抽行用。据旧商十家联名禀请，加抽进口出口货物共四十七样……递年清还夷欠，捐办军需，从无短少贻误。[①]

这些行佣，就存放在公所。"外洋行会馆"是十三行商馆区地标性的建筑，夷馆南侧广场是填江造成的，临接珠江设有码头。夷馆东侧跨过小河有十三洋行及一座城楼，十三行街北侧的洋行中有称作"公所"的集会处，夷馆西侧设有围墙与外侧洋行相隔。洋行除了同文行设在同文街外，其余多设置在十三行街之外。它们从靖海门外起到十三行街东端止，依次排列有四家商行在西濠东部。[②] 梁嘉彬先生考证："十三行行地初称十三行街，自 1926 年拆修马路后，改称十三行马路，距十七甫马路怀远驿街约一里。附近有白米街、故衣街、油栏直街、豆栏直街、盐亭街，想皆当年交易米、油、豆、盐、故衣之场所。又十三行马路附近有怡和大街，为伍怡和行故址，同文大街为潘同文行故址，宝

---

① 故宫博物院编：《清代外交史料·嘉庆朝》第 1 册，北平故宫博物院，1932 年，第 6 页。
② 章文钦：《广东十三行与早期中西关系》，广东经济出版社，2009 年，第 203—205 页。

顺大街为梁天宝行故址，普安街为卢广利行故址，其十三行会馆则正对靖远路，面海。1927 至 1928 年间，始由各行业主子孙公议，售与大信银行，又展转为东亚银行、华益银行矣。"①

外洋行会馆作为中西交流的重点场所，又是一座很有中国特色的建筑，到广州来的外国人常常被带到这里来参观。进入行商公所的通道也给西方人士留下深刻印象。他们称，洋行公所是"一组很漂亮、宽敞的中国式建筑"，"进入公所的通道是一道宽阔的花岗石台阶，还有两扇沉重的门，这门是用非常贵重的木料做的，打磨得非常光亮"②。

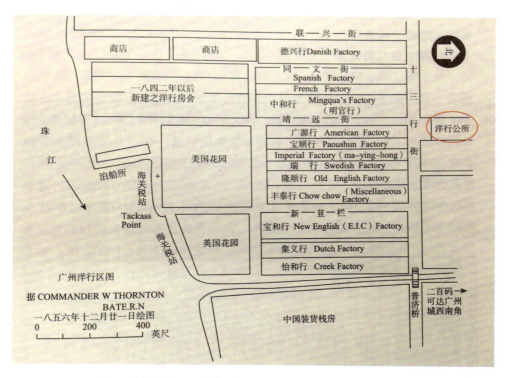

图 8　广州洋行区图（转引自 *Images of the Canton Factories*）

---

① 梁嘉彬：《广东十三行考》，广东人民出版社，1999 年，第 55—56 页。
② ［美］威廉·C·亨特著，冯铁树译：《广州"番鬼"录》，广东人民出版社，1993 年，第 17—18 页。

图 9　洋行公所（转引自 *Images of the Canton Factories*）

图 10　*Trial of the Pirates at the Consoo House*

外洋行的重要职责之一是负责商欠的处理。商欠发生于康熙末年，道光年间恶性发展。据英国学者格林堡（Greenberg）估计，在外洋行存在的 82 年间，

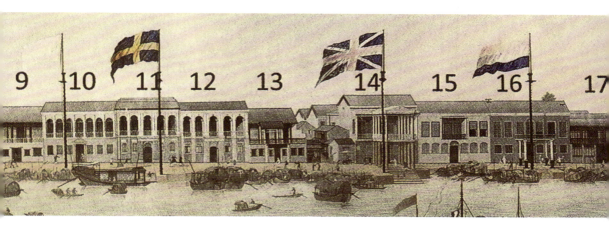

无力偿付的行商债款总数约在 1650 万元以上。[1] 最后在中英《南京条约》的赔款中，留下 300 万元的商欠，作为旧行商对英商的最后一笔债款。而商欠款项如何由其他行商分摊偿还，就在会馆中商讨决定。[2]

外洋行会馆负责对外司法的处理。清道光元年（1821），来广州贸易的美国商船上的一名意大利籍水手被控打死一名中国妇女，引发中美之间"特兰诺瓦事件"冲突，最后该名水手被中国官方绞死。事件为近代中美关系史、中外关系史学者所关注，为影响近代治外法权的关键事件之一。[3] 案件审理过程中，该名水手就被关在外洋行会馆（the council-house of the Co-hong），而中美贸易也在水手遗体交还给美国人后再度开放。[4]

外洋行会馆负责外交关系的处理。1833 年 12 月 10 日，英国任命律劳卑男

① ［英］M. 格林堡著，康成译：《鸦片战争前中英通商史》，商务印书馆，1961 年，第 57 页。

② 英国大英图书馆 G/12/128，1800/03/21。

③ 参见 John King Fairbank, *China Watch*, Cambridge: Harvard University Press, 1987, p.1; Jonathan D.Spence, *The Search for Modern China*, New York: W. W. Norton & Co., 1991, p.127; 李定一：《中美早期外交史（1784—1894 年）》，三民书局（台北），1985 年，第 74—80 页；吴孟雪：《美国在华领事裁判权百年史》，社会科学文献出版社，1992 年，第 14—16 页；"Marine List, Port of New York," Monday, March 18-From Canton, *National Advocate, for the Country*, New York, NY, 1817—1823, March 19, 1822, No. 954, p.4, Col. B［Gale: NCNP］.

④ India Office Records（IOR）G/12/223, *Canton Consultations*, p.179.《美国驻中国广州领事馆领事报告（1790—1906）》第 1 册，广西师范大学出版社，2007 年，第 324—433 页。

爵为英国新设置的驻华商务总监督。律劳卑于 1834 年 7 月 15 日到达澳门,在未经两广总督许可的情况下,于 7 月 25 日擅自进入广州,与清朝官员进行了一系列的交涉和冲突。总商伍秉鉴召集所有英国商人在会馆开会,宣布官府谕令,由于律劳卑拒绝清朝官员的谕令,被驱逐回澳门,10 月 11 日病死澳门,史家亦称之"律劳卑之败"。

清朝道光十九年(1839),林则徐召集怡和行伍绍荣、广利行卢继光、同孚行潘绍光、东兴行谢有仁、天宝行梁承禧、中和行潘文涛、顺泰行马佐良、仁和行潘文海、同顺行吴天垣、孚泰行易元昌、安昌行容有光等 11 家行商,令他们将鸦片走私活动"据实供明,以凭按律核办"①,并发给总商伍绍荣勒令外商缴烟具结的谕帖一件,令他们速往商馆传谕外商,令其在三天内取结查复,如有违犯则货物没收,人即正法。行商在洋行会馆紧急开会,与外商共商如何应对林则徐缴烟谕令,并决定交出鸦片。

清朝道光二十二年(1842)英国军队进入广州城,广州民众奋起焚毁洋馆,抗议英军入城,钦差大臣耆英被迫通知英人暂缓入城。1846 年,耆英派员与英人密订进城日期,数千群众闻讯闯入府衙,烧毁知府的官服。1849 年,英人重提入城要求,广州大批民众涌入外洋行会馆,强烈表达书面抗议,十余万民众齐集珠江两岸示威,英人被迫暂时放弃入城要求。②

外洋行会馆推动了牛痘的推广。中国传统医学治疗天花的方法为"人痘法",但是无法根除天花。患病儿童"生死克期于数日间,致此而殇者累累,每年传染所被,虽于京师通衢所见以车日载婴孩之尸数十,人皆惊戚不已"③。"人痘法"传入西方后,英国医生詹纳借鉴后试验接种牛痘成功,发表《对天花牛痘疫苗的成因及其效果的研究》一文。④嘉庆十年(1805),葡萄牙商人许威特把牛痘"活苗"引入澳门。同年四月,英国东印度公司医生皮尔逊

---

① (清)林则徐著,中山大学历史系中国近代现代史教研组、研究室编:《林则徐集(公牍)》,中华书局,1963 年,第 57 页。

② 黄任恒编纂,黄佛颐参订,罗国雄、郭彦汪点注:《番禺河南小志》卷 5 "前事",广东人民出版社,2012 年,第 193—205 页。

③ (清)朱方增:《种牛痘序》,《续修四库全书》第 1012 册,上海古籍出版社,2002 年,第 399—400 页。

④ 黄启臣:《人痘的西传与牛痘的东渐》,《岭峤春秋:岭南文化论集(二)》,中国社会科学出版社,1995 年,第 610—614 页。

（Alexander Pearson，1780—1874）在澳门接种成功，并编印介绍牛痘接种术《牛痘奇法》。十三行会隆行商人郑崇谦将其翻译为《种痘奇书》一卷，刊行济世，成为最早传播牛痘法进入中国的鼻祖。[1] 为在广州推广牛痘术，行商郑崇谦、伍怡和、潘同文、卢广利等人邀请皮尔逊至广州，捐献重金在洋行会馆内设立牛痘局宣传推广[2]，当年就有数千儿童接种，开中国牛痘术先河。为在全国推广牛痘术，道光八年（1828），行商潘仕成出资购买大批牛痘疫苗，亲自押送运抵京师，并于宣武门外南海邑公馆设立种痘局，使牛痘术很快在中国得以普及。[3]

综上所述，公所即是外洋行的会馆和办公地点，行使外洋行商会组织贸易、金融、外交、司法、宗教、文化、慈善等各种功能，处理见证了一系列重大历史事件，"外洋会馆图记"就是外洋行的公章。

三　发现广州十三行印章的意义

"外洋会馆图记"作为清代外贸制度下商会组织的公章，也为"十三行"之名最早起始于何时，以及为何冠以"十三行"之名等问题提供了身份和名称的信物，可以对诸多悬而未决的问题提出新的诠释。

（一）正"十三行"之名

"十三行"是由多家行商组成的商会组织，据彭泽益教授统计，从康熙五十九年（1720）至道光十九年（1839）纳入统计的 38 个年份中，共有行商 404（或 421）家，行商最多年份为乾隆二十二年（1757）的 26 家，最少年份为乾隆四十六年（1781）的 4 家，通常为 10—13 家（占 20 个年份），实数为 13 家的有嘉庆十八年（1813）和道光十七年（1837）两个年份。[4]

在清代，有关"十三行"的名称主要有"洋货行""公行""外洋行""洋行""洋商""十三行洋商"等。更多的是各行商的具体商号名字，如伍秉鉴的

---

[1]　梁嘉彬：《广东十三行考》，广东人民出版社，1999 年，第 308—310 页。

[2]　（清）瑞麟、戴肇辰等修：《（光绪）广州府志》卷一百六十三《杂录四》，《嘉庆辛末》条。

[3]　冼玉清：《丘熹和他的〈引痘略〉》，《广东文献丛谈》，中华书局，1965 年，第 12—14 页。

[4]　彭泽益：《清代广东洋行制度的起源》，《历史研究》1957 年第 1 期。

怡和行，商名浩官；卢继光的广利行，商名茂官；潘绍光的同孚行，商名正官；谢有仁的东兴行，商名鳌官；梁承禧的天宝行，商名经官；严启昌的兴泰行，商名孙青；潘文涛的中和行，商名明官；马佐良的顺泰行，商名秀官；潘文海的仁和行，商名海官；吴天垣的同顺行，商名爽官；易元昌的孚泰行，商名昆官；罗福泰的东昌行，商名林官；容有光的安昌行，商名达官等。在后世研究成果中，指称"十三行"的名称进一步增多，最为普遍的是"广州十三行"，其次是"广东十三行"，还有"广州行商""广州外洋行""广东十三洋行""广东洋行""广东行商""十三行""广府十三行""岭南十三行""南海十三行"等。[①]

十三行研究的奠基者梁嘉彬先生最初使用"广州十三行"，稍后使用"广东十三行"，后来则将二个名称并列使用。彭泽益教授先用"广东十三行"，后用"广州十三行"。黄启臣教授曾与梁承邺教授合作编著《梁经国天宝行史迹：广东十三行之一》，用"广东十三行"。潘刚儿、黄启臣、陈国栋合作编著《广州十三行之一：潘同文（孚）行》，用"广州十三行"。章文钦教授许多论文以"广州十三行"为名，但在2009年出版的重要著作《广东十三行与早期中西关系》书中，"广州十三行"和"广东十三行"交叉使用。以上这些现象的出现主要是在界定十三行的历史定位和内涵标准方面有不同的考虑。"十三行"有时与清朝时期的名称相对应，有时与十三行所在地相对应，有时与十三行行政隶属管理相对应，有时与十三行地位作用相对应。

印章标志着制度或者商会组织的成熟和确立，"外洋会馆图记"的发现证明，外洋行才是"十三行"的正名，"外洋会馆图记"是外洋行的公章，这是十三行研究的一个发展，今后应该将这一阶段的海外贸易组织定名为"外洋行"方为严谨。

（二）溯"十三行"之源

"十三行"最早起始于何时？这是自20世纪以来学术界一直存在争议的一个问题。主要有明代起源说、顺治四年（1647）起源说、康熙二十四年（1685）粤海关设立之前起源说、康熙二十四年（1685）粤海关设立之后起源说、康熙五十九年（1720）起源说、雍正五年（1727）起源说、乾隆二十五

---

① 赵春晨、冷东主编：《广州十三行历史人文资源调查报告》，广州出版社，2012年，第85—97页。

年（1760）起源说等等。[①]"外洋会馆图记"的发现证明了外洋行是"十三行"的本名，因此外洋行成立的 1760 年便是"十三行"的起源之年。当然，1760 年只是狭义"十三行"的起源之年。从"十三行"作为商会组织的海外商贸功能来看，此类组织的渊源可以上溯。最初一些外国学者提出"十三行"起于康熙五十九年（1720）或乾隆二十五年（1760），近年越来越多的学者主张或采信起于明嘉靖年间（1522—1566），时间已经上推了近两个世纪。这表明，近百年来学术界的研究工作取得了不小的进步，研究的视域已经大为扩展，研究的内容也大为丰富了。时至今日，人们已经面临以往习惯称呼的"清代广州十三行"是否应当改称为"明清广州十三行"才更加名副其实的问题了。与确定起始年代相比较，弄清楚中国对外贸易组织和贸易制度的起源过程、性质及特点，显然是更重要的。因此，今后不仅要研究"十三行"之名，更要研究"十三行"之实。

（三）核"十三行"之实

至于屈大均时代流行的"十三行"名称的本义是什么，正如赵春晨教授指出的，既可以是指行商团体，也可以是指行商从事对外贸易活动的一个特定地域，即广州的十三行商馆区。笔者在英国国家档案馆发现一件嘉庆十九年（1814）南海县衙张贴的题为《为严禁民人与夷人交涉滋事以肃功令事》的告示，宽约 0.8 米，高约 1.5 米，内容如下：[②]

> 照得各国夷人来广贸易买卖货物，皆由洋商经理，民人不得与夷人私相交易，以杜弊端，久经奉行，饬禁在案。兹查盐仓街广和鬼衣店铺民游正年，率同工伴陈亚宾等往保顺夷馆，向英吉利国夷人讨取工银，吵闹争殴，当经差拘。游正年外匿，拘获陈亚宾讯供不讳。除将陈亚宾枷号押赴十三行示众，并严拿游正年等从重治罪外，合而出示严禁，为此示谕各铺及诸色人等知悉，尔等如有买卖夷人物件需向洋行商人经理，毋得私与夷人交易，致滋事端。倘敢仍循故辙，一经

① 参见赵春晨：《有关广州十三行起始年代的争议》；赵立人：《论十三行的起源》。均载赵春晨、冷东主编：《广州十三行研究回顾与展望》，广东世界图书出版公司，2010 年。
② 英国国家档案馆 FO 1048/14/2。

访闻或被告发，定拿尔等从重究治。事关汉夷交涉，断不宽贷，各宜
凛遵特示。

嘉庆十九年正月
发仰十三行张挂晓谕

从告示内容中得知，广州商铺店主游正年与英国商馆产生商业纠葛，率工
人陈亚宾到英国广州保顺夷馆讨取工银，吵闹争殴，为南海县衙缉捕。告示严
申外国商人来华贸易，皆由洋商经理，民人不得与夷人私相交易，以杜弊端，
久经奉行，饬禁在案。而且将陈亚宾枷号押赴十三行示众，告示发仰十三行张
挂晓谕，"十三行"的地理属性非常明确。其后十三行也逐渐成为这一商会组
织的同义词，延续至今。

（四）凸文献学之重

从目前掌握的情况来看，海外收藏的与广州十三行研究相关的中文档案文
献广泛而丰富，学界已经基本掌握了收藏状况，并在研究利用方面取得了较为
丰富的成果。但是绝大部分海外中文档案文献收藏在诸多地点，文献本身也多
呈局部专题的状态，在阅读和研究利用上存在较大困难。其中收藏集中、内容
丰富、价值重大的中文档案文献主要有以下三种：

1.《葡萄牙东波塔档案馆藏清代澳门中文档案汇编》[①]

这是一部具有重要学术价值的历史档案文件汇编，是根据澳门历史档案
馆近年来从葡萄牙东波塔档案馆（Instituto dos Arquivos Nacionais da Torre do
Tombo）缩微胶卷复制回来的清代官私中文文书编注而成的。这批档案主要形
成于 18 世纪中叶至 19 世纪中叶，即在中国清代乾隆朝初期到道光朝末期。档
案包含了当年在葡萄牙租居澳门的特殊情况下，中葡双方的公务往来文书（按
照当时的规定，中文是双方文移往来的正式文字），反映了当时澳门社会状况、
人民生活、城市建设、工农业生产和商业贸易、赋税差饷、与内地商馆如广州
十三行等的财货往来，以及与中国各省的经济联系、华洋杂处以及引起的矛盾
纠纷、与东西洋各国的航运交通和对外贸易，还包含着因而产生的各种账目、
信札、契约、合同等。

---

① 刘芳辑、章文钦校：《葡萄牙东波塔档案馆藏清代澳门中文档案汇编》，澳门基金会，1999 年。

2. 英国国家档案馆 FO/1048 档案

这是英国国家档案馆关于广州商馆的中文史料，总数约有 1200 余件，除 1 件是乾隆五十八年（1793）的文献，其它文献涵括时段均介于嘉庆七年（1802）至道光十五年（1835）期间，凡此时段英国东印度公司与广东各级官府、粤海关、外洋行商人往来的谕令、禀文、信函、章程、名单、契约、债条等文件的正本、草稿、抄本、副本林林总总，文献价值极高。

3. 英国剑桥大学怡和洋行中文档案

英国怡和洋行（英文名称：Jardine，Matheson and Company），中文前名"渣甸洋行"，是最早进入中国的外国洋行之一。该洋行的创办人威廉·查顿（William Jardine，1784—1843）与合伙人詹姆士·马地臣（James Matheson，1796—1878）于 1832 年在广州开设了怡和商馆，通过与广州十三行密切的商务往来发展壮大，成为日后影响世界的著名财团怡和洋行。怡和洋行保留了大量中文档案，后来捐给剑桥大学图书馆，设立了怡和洋行档案资料室。

此外还有《达衷集：鸦片战争前中英交涉史料》是英国东印度公司广州商馆所保存的与十三行行商及中国官方来往的函件、公文底稿，共有文件 103 篇，抄本原藏英国牛津大学图书馆，20 世纪 20 年代为许地山先生校录，由上海商务印书馆出版，成为研究中英关系的重要资料。[1] 佐佐木正哉《鸦片战争前中英交涉文书》[2] 与黄菊艳《英国东印度公司——商船货物监管人特别委员会中文档案介绍》[3] 等专著，杨国桢《洋商与大班：广州十三行文书初探》[4]、《洋商与澳门：广州十三行文书续探》[5] 等论文，对海外各地收藏中文档案的情况进行了介绍。但都不能与上述三大海外中文档案文献比肩。

在三大海外中文档案文献中，《葡萄牙东波塔档案馆藏清代澳门中文档案》已经公开出版，并有了非常详尽的研究成果。中山大学国家社科基金重大课题招标项目"清代广州口岸历史文献整理与研究"课题组已经购买英国国家档案馆 FO/1048 档案全套缩微胶卷，计划在近年整理出版。此外吴义雄《海外

---

① 许地山编：《达衷集：鸦片战争前中英交涉史料》，商务印书馆，1931 年。
② ［日］佐佐木正哉：《鸦片战争前中英交涉文书》，岩南堂书店，1967 年。
③ 黄菊艳译：《英国东印度公司——商船货物监管人特别委员会中文档案介绍》，赵春晨、冷东主编：《广州十三行研究回顾与展望》，广东世界图书出版公司，2010 年。
④ 杨国桢：《洋商与大班：广州十三行文书初探》，《近代史研究》1996 年第 3 期。
⑤ 杨国桢：《洋商与澳门：广州十三行文书续探》，《中国社会经济史研究》2001 年第 2 期。

文献与清代中叶的中西关系史研究——英国东印度公司广州商馆中文档案之价值》①，游博清《英国东印度公司对华贸易档案知见录》② 等论文，对 FO/1048 档案的内容和意义作了详尽介绍分析，其他学者也有了较为详尽的研究成果。已有少数学者注意到怡和洋行中文档案的重要性，1979 年张荣洋利用这批档案，推出了《官员与怡和洋行商人：一个十九世纪早期的中国代理行》，公布了许多以前未被人所知的历史。③ 杨联陞发表《剑桥大学所藏怡和洋行中文档案选注》④，对怡和洋行保存的 6 份中文档案进行了注释研究，内容涉及怡和洋行与十三行贸易往来的契约文书。陈国栋《红单与红单船——英国剑桥大学所藏粤海关出口关票》⑤，分析考证了红单（船牌）的格式及内容，探讨了外贸船只的运行情况。

　　事实证明，正是这些海外收藏中文档案，特别是《剑桥大学所藏怡和洋行中文档案选注》和英国国家档案馆 FO/1048 档案解决了海外文献阅读和研究利用上的难题，使得十三行印章研究领域取得突破。今后海外中文原始文献的收集整理，将是广州十三行研究和广州大典二期工程的工作重点。

结　语

　　印章者，"执政所持信也"，在中国传统社会具有体现身份、权力的功能。学术界主要从古文字学、玺印的鉴赏以及印学史的角度来对印章进行研究，有大量专著和论文，此外还有供鉴赏、临摹、研究的印谱，具有较高的鉴赏临摹价值和史料价值。但有关广州十三行印章学领域的研究却是空白，行商印章绝

---

① 　吴义雄：《海外文献与清代中叶的中西关系史研究——英国东印度公司广州商馆中文档案之价值》，《广东社会科学》2018 年第 3 期。

② 　游博清：《英国东印度公司对华贸易档案知见录》，台北《汉学研究通讯》2013 年第 32 卷第 2期（总 126 期）。

③ 　张荣洋：《官员与怡和洋行商人：一个十九世纪早期的中国代理行》，伦敦：Curzon 出版社，1979 年；张荣洋：《早期行商：陈寿官的时代（1720—1759）》，Karl Reinhold Haellquist 编：《亚洲贸易路线：陆路与海路》，伦敦：Curzon 出版社，1979 年；张荣洋：《广州的行商》，哥本哈根：NIAS-Curzon 出版社，1997 年。

④ 　杨联陞：《剑桥大学所藏怡和洋行中文档案选注》，台北《清华学报》1958 年第 1 卷第 3 期。

⑤ 　陈国栋：《红单与红单船——英国剑桥大学所藏粤海关出口关票》，《海洋史研究》2014 年第1 期。

大部分已经湮灭流失，所存者极少，发掘研究行商印章及对广州印玺学作出贡献，已经成为研究者的迫切任务。通过对海外发现的广州十三行印章印文的研究，辅以其它历史文献考证，得以梳理出广州十三行的产生、发展变化及其社会影响，说明十三行印章具有重要的史料价值，也是研究清代外贸制度重要的资料依据。

虽然十三行印章研究取得了初步成果，但是仍有漫长艰苦的道路要走。例如十三行印章的实物尚未发现；"外洋会馆图记"的产生、使用、管理等内容尚不清楚；除了十三行商会的印章，还发现了数十家行商增加使用的印章和个人中英文私章，其整理研究是个艰巨任务；此外还有外国公司及个人的印章，与中国传统文书制度的关系和交流也值得关注；还有大量签字画押等文书形式的使用规则和习惯，也需要厘清；还有发现了大量同时代行外商人的印章，所体现的与行内商人及外国商人的商贸关系，远比现在认定的贸易体制复杂丰富。

除了"外洋会馆图记"和单独的行商印章，十三行商还以丰富多彩的方式表明身份和义务的约束。如往来信函上特有的签字印章，通常不钤印而是集体署名，各行商做法不一，或签名，或盖章，或者两样兼有，有时则匿名。多种多样特殊格式的信封、信纸，外销金属器、外销画上的戳记，产生在广州的中国最早的商标广告，皆可视为印章的变化形式。

十三行商及其后人热衷于文物和古印玺的收藏，潘有为所辑《看篆楼古铜印谱》、潘正炜在从所藏古印玺 1700 余枚中挑选精品拓刻成《古铜印谱》，成为清代岭南鉴藏家之魁首，大大推动了岭南印玺收藏及研究，岭南学界领军人物多积极参加印玺的收藏与研究，在古印玺的搜集和篆刻理论方面均取得了骄人的成就，构成清代学术文化的一个重要方面，也是十三行研究和广州大典文献整理需要关注的领域。

衷心期待得到各方专家的批评指正，开展进一步的合作整理与研究，争取在这个领域取得更多的进展。

民国广东丛书初探

李绪柏

（中山大学）

广义的丛书指"总聚众书为一书"，凡汇刻各类书籍于一编，或集一人各类著作为一集的，都叫丛书，也叫丛刊、全书、遗集、合集等等。

清代是广东丛书辑刊的鼎盛时期，就数量、质量、品位而言，已跻身全国先进行列。进入民国，广东丛书辑刊的黄金时期已经过去，但仍以新的内容、形式继续发展，可谓余波回澜。

一 民国广东丛书的界定与概况

"民国广东丛书"需要加以界定。时间上以民国时期（1912—1949）为主，部分涉及清末民初和1949年之后。地域上包括今广东省（除怀集）、海南省和广西钦州、北海部分地区，考虑到地理、人文、社会诸因素，还包括香港、澳门二地。丛书则指在此期间，凡广东籍人士及境内机构或社团所辑刊、汇刊、选刊、撰著的所有丛书。

准此原则，本文以上海图书馆编《中国丛书综录》（1959年版）、上海图书馆编《中国近现代丛书目录》（1979年版）、施廷镛编撰《中国丛书综录续编》（2003年版）、阳海清编撰《中国丛书广录》（1999年版）为主，同时参考黄荫普著《广东文献书目知见录》（1978年版）、骆伟主编《广东文献综录》（2000年版）、2016年《广州大典》课题组编《民国时期广东文献书目》及各图书馆馆藏目录诸书等等，加以搜集整理、甄别挑选，以辑刊时间为序，制成一表。虽难免有所错误、遗漏或重叠，但民国广东丛书辑刊概况，可借此略窥一斑。

表 1　民国广东丛书一览表 ①

书　名	辑撰者	收书	卷数	版　本
读书堂丛刊	简朝亮撰	12	106	清光绪至民国间读书堂刊本
风雨楼秘笈留真	邓实辑	10	11	清宣统至民国间顺德邓氏风雨楼影印本
微尚斋丛刻	汪兆镛辑	6	11	清宣统至民国间番禺汪氏微尚斋刊本
酥醪洞主丛刻	陈铭珪撰，陈伯陶编	3	14	清末民初广州富文斋刊本
中西医学全书	羊城医学会编	12	32	1912 年羊城医学研究会石印本
新世纪丛书				1912 年广州晦鸣学舍
我佛山人笔记（四种）	吴沃尧撰	4	4	1915 年瑞华书局石印本
验料丛编（五种）	粤路总工程处编			1915 年铅印本
翠琅玕馆丛书（重编本）	黄任恒重辑	75		1916 年据刘氏藏修堂丛书刊版重编本
艺术丛书		45	129	1916 年保粹堂据清光绪翠琅玕馆版重编印本
宋明两大忠集合编	骆本钊编	2	22	1916 年花县骆氏诵芬堂铅印本
饮冰室丛著	梁启超著			1916 年上海商务印书馆
龙溪精舍丛书	郑国勋辑	71		1917 年潮阳郑氏刊本
医方全书	何梦瑶撰	6	16	1918 年广东两广图书局排印本
广雅书局丛书	广雅书局辑	154		1920 年番禺徐绍棨汇编重印本
半帆楼丛书	邬庆时辑	27	49	1920—1930 年刊本
新文化丛书		1		1921 年香港大光报社
康民尼斯特丛书		2		1921—1926 年广州人民出版社、汉口长江书店
社会服务丛书		1		1922 年广州美华浸会印书局
民钟社丛书		1		1923 年民钟社

---

① 　表内丛书收书种数据前文所述目录诸书及可见存目进行统计，未尽完备；版本项亦悉据前文所述目录诸书著录方式进行汇总，故未尽统一。

书　名	辑撰者	收书	卷数	版　本
岭南农科大学丛刊		2		1924 年广州岭南农科大学
青年丛刊（第一集）	潮安青年图书社编辑			1924 年潮州青年书店
无政府主义名著丛刻				1924 年广州晦鸣学舍
中国国民党陆军军官学校丛书（第一集）		1		1925 年黄埔陆军军官学校
清代学术丛书	黄宝熙辑	5	60	1925 年香山黄氏古愚室影印本
小瀛壶仙馆丛刊	蔡卓勋撰	10	19	1925 年岭东蔡氏铅印本
述窠杂纂	黄任恒辑	4	19	1925 年南海黄氏排印本
岭南玉社丛书（第一集）	岭南玉社辑	7	7	1925 年广州排印本
农民丛书（第 4 种）	中国国民党中央执行委员会农民部编辑			1925 年中国国民党中央执行委员会农民部
农民运动丛书		1		1926 年中国国民党中央执行委员会农民部
中山大学语言历史学研究所史料丛刊		2		1926—1928 年广州中山大学语言历史学研究所
国民革命军总司令部政治部丛书	国民革命军总司令部政治部编	5		1926 年广州国民革命军总司令部政治部
政治讲义丛刊		5		1926—1927 年广东地方武装团体训练员养成所政治训练部
中山大学第一种丛书		1		1926 年中山大学出版部
唐明二翁诗集	翁辉东辑	2	2	1926 年潮安翁氏铅印本
万木草堂丛书	康有为著，张伯桢校	4	57	1926 年刊本
未明社丛书		2		1927 年广东民钟社
黄埔小丛书		6		1927 年中央军事政治学校政治部
中山大学政治训育丛书		11		1927—1928 年广州中山大学训育部编辑科、宣传部

续表

书　名	辑撰者	收书	卷数	版　本
民众小丛书		1		1927 年广东民钟社
救党运动丛书		2		1927 年国民革命军总司令部政治部
黄埔丛书	中央军事政治学校政治部编辑委员会编	6		1927—1929 年中央军事政治学校政治部
中山大学图书馆丛书（第 1—3 种）		3		1927—1929 年广州中山大学图书馆研究会
政治训育丛书		1		1927 年国立第一中山大学政治训育部宣传部
两广浸信会小丛书		1		1927 年广州两广浸会事务所
广州文学会丛书（2 集）				1927 年香港受匡出版部
妇女运动丛书		1		1927 年中国国民党中央执行委员会妇女部
广东特别委员会宣传委员会丛书之三	广东特别委员会宣传委员会编			1927 年广东特别委员会宣传委员会
农民运动丛刊		2		1927 年广东地方武装团体训练员养成所政治训练部
中山大学政治训育丛书（第 1—2 集、第 3 集）	甘乃光等讲；何思源、戴季陶合著			1928—1929 年上海三民书店
民俗学会小丛书	民俗学会编	2		1928 年中山大学语言历史学研究所
民俗学会丛书	民俗学会编	19		1928—1929 年中山大学语言历史学研究所
革新丛书		1		1928 年广州革新书局
中山大学语言历史学研究所考古学丛书		1		1928 年广州中山大学语言历史学研究所
中国国民党广东省党务指导委员会民众训练委员会丛书		1		1928 年中国国民党广东省党务指导委员会

续表

书　名	辑撰者	收书	卷数	版　本
中山大学附属小学校丛书	中山大学附属小学校训育部编辑	7		1928—1929 年广州中山大学附属小学
南村邬氏家集	邬庆时辑	9	10	1928 年番禺邬氏刊本
岭南大学农科学院丛书		1		1928 年广州私立岭南大学出版委员会
中山丛书	孙中山著			1928 年广州光东印务局
中国鸟学丛书（2、3集）	任国荣著			1928—1929 年广州国立中山大学生物系
中国兽学丛书（第1集）	石声汉编			1928 年国立中山大学
国学别录	方元撰	3	3	1928 年惠阳方氏山馆排印本
中国哺乳类学丛书（3集）	石声汉辑译			1928—1930 年广州国立中山大学生物系
中山大学理科丛书		2		1929 年广州中山大学出版部
中山大学语言历史学研究所民俗学会丛书		1		1929 年广州中山大学民俗学会
宣传丛书		2		1929—1930 年中国国民党广州特别市党部宣传部
中山大学民俗丛书		1		1929 年中山大学民俗学会
中山大学理科生物学系丛书		1		1929 年广州中山大学
岭南大学学术讨论会丛书		1		1929 年广州思思学社
聚德堂丛书	陈伯陶辑	12	56	1929 年东莞陈氏刊本
广州文学会丛书		2		1930 年南京拔提书店
中华编译社丛书		2		1930 年广州中华编译社
青野文艺丛书		2		1930—1931 年广州青野书店
荔枝丛书	荔社主编	1		1930 年广州金鹊书店
泰山文艺丛书		2		1930 年广州泰山书店
粤秀丛书		1		1930 年广州国立中山大学附属小学

续表

书　名	辑撰者	收书	卷数	版　本
广州市政府建设丛刊（第 7 种）	广州市政府编			1930 年广州市政府
寓园丛书	张其淦撰	7	85	1930 年排印本
养蒙三种	郭泰隶编	3	3	1930 年潮阳郭氏辅仁堂刻本
客人三先生诗选	古直编	3	3	1930 年排印本
广州市市立世界语师范讲习所丛书		1		1931 年广州市市立世界语师范讲习所
广东戏剧研究所丛书		1		1931 年广东戏剧研究所
万人文学丛书		1		1931 年广州泰山书店
西南民族丛书		1		1931 年中山大学文史研究所
警务统计丛刊		1		1931 年广东省会公安局统计局统计股
梁氏丛著		3		1931—1933 年广东佛山攖宁书室、日新舆地学社
星星丛书（第一种）		1		1931 年广州星星社
水产丛书		1		1931 年广东建设厅水产试验场
邬家初集	邬庆时辑	10	12	1931 年广州邬氏汇印本
邬氏家集	邬庆时撰辑	28	51	1931 年广州邬氏汇印本
春藻遗芳（一名番禺邬氏家集）	邬庆时编	9	11	1931 年广州邬氏刻本
中山大学法学院经济调查处丛书		3		1932—1934 年广州中山大学经济调查处
广东新兴戏剧团体联盟戏剧丛书		1		1932 年
计划丛书		4		1932—1933 年广东建设厅农林局推广课
广东统计丛刊		2		1932—1933 年广东省政府秘书处
报告丛书		5		1932—1933 年广东建设厅农林局推广课

书　名	辑撰者	收书	卷数	版　本
推广丛书	广东建设厅农林局编	40		1932—1935 年广东建设厅农林局
中山大学理工学院丛书		3		1932—1933 年广州中山大学
法规丛书	广东建设厅农林局编	3		1932—1933 年广东建设厅农林局
邬氏丛书	邬庆时撰	22	40	1932 年广州刊本
国立中山大学法学院经济调查处丛书				1932 年广州中山大学法学院
沧海丛书	张伯桢辑	24	42	1932—1934 年东莞张氏刊本
信古阁小丛书	黄任恒辑	8	10	1932—1934 年南海黄氏排印本
中兴学会丛书		1		1933 年广州明智书局
中山大学农科学院农村社会丛书		1		1933 年广州中山大学出版部
广州大学文科丛刊		1		1933 年广州大学
广州大学法科丛刊		8		1933 年广州大学法科学院
唐宋三大诗宗集	易大厂辑	3	5	1933 年上海民智书局排印本
北宋三家词	易大厂辑并撰校记	3	6	1933 年上海民智书局排印本
学术丛书		3		1934—1936 年岭南大学青年会
广州市社会局小丛书		1		1934 年广州市社会局
中山大学经济调查处丛刊	中山大学经济调查处主编	2		1934 年广州中山大学出版部
广州市政建设丛刊		8		1934 年广州市政府
报告丛书				1934 年广东建设厅琼崖实业局
中山大学农学院丛刊	中山大学农学院稻作试验场编	1		1934 年广州中山大学农学院稻作试验场
研究丛书		3		1934—1935 年广东省建设厅农林局
自明诚楼丛书	龙官崇辑	5	25	1934—1937 年顺德龙氏中和园刊本

续表

书　名	辑撰者	收书	卷数	版　本
中山大学农学院农林研究委员会丛刊		13		1934—1940 年
绣子先生集	李黼平撰	3	20	1934 年排印本
清代燕都梨园史料	张江裁辑	38	54	1934 年北平邃雅斋排印本
岭南大学农学院研究丛刊		1		1935 年广州私立岭南大学农学院
工商日报丛书	工商日报编辑部主编		3	1935—1936 年香港工商日报
植蔗丛书	广东省蔗糖营造场主编	3		1935—1936 年广东省蔗糖营造场
广东经济研究会丛书		1		1935 年
沧海丛书（第四辑）	张伯桢辑	2	6	1935 年番禺汪氏北平刊本
芋园丛书	黄肇沂辑	130	723	1935 年南海黄氏据旧版汇印本
海南丛书	王国宪辑	21	48	1935 年琼州海南书局排印本
层冰堂五种	古直撰	5	16	1935 年中华书局排印本
广东省三年施政计划统计丛刊	广东省调查统计局编	3		1935—1937 年广东省调查统计局
琼崖农业研究会丛书			3	1935—1946 年广州国立中山大学琼崖农业研究会
中山大学文科研究所社会经济史丛书			1	1936 年广州国立中山大学文科研究所
中山大学研究院教育研究所丛书			1	1936 年广州中山大学出版部
民众教育丛书	广东民众教育馆主编		1	1936 年广东民众教育馆
世界文学编译社丛书			1	1936 年香港世界文学编译社
广州音乐院丛书			1	1936 年广州音乐院
广州音乐学院丛书（第 14 种）			1	1936 年广州音乐学院
方园丛书	方园社主编		1	1936 年广州方园社

书　名	辑撰者	收书	卷数	版　本
希山丛著	罗师扬撰	5	11	1936 年兴宁罗氏排印本
饮冰室合集	梁启超撰，林志钧编	118	149	1936 年上海中华书局印行
美术丛书	邓实辑	279	434	1936 年上海神州国光社排印本
宣传丛书				1936 年中国国民党广东省党部宣传科编纂股
农情丛书			1	1936 年广东省建设厅农林局推广课
健康知识丛书			1	1936 年广州健康知识社
岭南大学图书馆丛书			4	1936—1939 年广州岭南大学图书馆
中国新建筑月刊社丛书	中国新建筑月刊社主编		1	1937 年广州市中国新建筑月刊杂志社
民族解放小丛书			1	1937 年广州启蒙书店
广东国民军事训练委员会丛书（4）	广东国民军事训练委员会编者刊			1937 年
大时代丛书				1937 年广州上海杂志公司
清代燕都梨园史料续编	张江裁辑	13	13	1937 年北平松筠阁书店排印本
北平史迹丛书	张江裁辑	2	2	1937 年国立北平研究院史学研究会排印本
经济丛刊			3	1937—1938 年广东省银行经济研究室
抗战丛书			1	1938 年香港华光出版社
中山日报社抗战丛书	中山日报社出版委员会主编		2	1938 年广州中山日报社
救亡小丛书	何秋萍编		2	1938 年广州救亡出版社
大公社丛书	大公社主编		1	1938 年广州大公社出版部
华南丛书			1	1938 年广州胜利出版社
战地生活丛刊			8	1938 年广州上海杂志公司
救亡小丛书			1	1938 年广州救亡日报社

续表

书　名	辑撰者	收书	卷数	版　本
广州市立中山图书馆丛书	广州市立中山图书馆主编	1		1938 年广州市立中山图书馆
战时青年丛书		1		1938 年广州战时青年出版社
天文台半周评论丛书		4		1938—1940 年香港天文台半周评论社
京津风土丛书	张江裁辑	17	17	1938 年双肇楼排印本
大时代小丛书		2		1938 年广州新生书局
社会科学丛书				1938 年广州中华书局
抗战丛书		1		1938 年广州战情汇编社
民族文化丛书（第 3 种）				1938 年广州民族文化研究会
战时民众丛书	冯和法主编			1938 年广州黎明书局
英文学生丛书				1938 年广州中华书局
战时儿童丛刊（2 集）				1938 年广州战时儿童教育社
中山日报社丛书（第 1 辑第 2 种）	陈淦等主编			1938 年广州中山日报社出版委员会
自由中国丛刊	北鸥主编	2		1938—1939 年广州生活书店
近代丛刊		1		1939 年香港众社
社会教育丛书（第二辑）	广东省政府教育厅编			1939 年广东省政府教育厅
燕都风土丛书（一名双肇楼丛书）	张江裁辑	4	4	1939 年燕归来簃排印本
非常时丛书		4		1939—1941 年香港青年协会书局
社会经济参考丛书		1		1940 年香港商务印书馆
广东施政常识小丛书		2		1940 年新建设出版社
民族正气小丛书		1		1940 年广东省政府秘书处第二科
人世间社丛书	许达年编辑			1940 年香港人世间社
星报小丛书		1		1940 年香港星报出版社

续表

书　名	辑撰者	收书	卷数	版　本
广东省政丛书	广东省政府秘书处编译室主编	5		1940—1943年广东省政府秘书处第二科
中国的悲剧丛书		1		1940年香港海燕书店
欧战丛刊		2		1940—1941年香港太平洋出版公司
政治·经济·社会文化丛书				1940年曲江犁市新建设出版社
民革通讯社时事问题小丛书		2		1940年香港民革通讯社
妇女知识丛书		7		1940—1941年香港妇女知识丛书出版社
集体创作丛书		2		1940年香港奔流书店
光华丛书（之三）		1		1941年香港光华出版社
新地文学丛书	巴人主编	2		1941—1946年香港海燕书店
父子医务所医学丛书		1		1941年广东梅县父子医务所
衮艳丛刊		1		1941年广州艺文堂出版部
国际时事丛刊		1		1941年曲江国际反侵略运动大会中国分会广东支会
训练丛书		1		1941年广东省地方行政干部训练委员会
政治丛书		1		1941年广州港粤三友出版社
学术丛书				1941年广州岭南大学青年会
广东省立战时艺术丛书	广东省立艺术学院编			1941年梅县广东省立艺术学院
民族文化丛书学术丛书第3种				1941年曲江民族文化出版社
广东省教育厅辅导丛书（中等教育辑　1）				1941年广东省教育厅第一科
农业推广丛书	广东省政府建设厅农林局出版委员会编			1941年曲江南洲印务局

续表

书　名	辑撰者	收书	卷数	版　本
公务员修养丛书（共四辑）	广东省政府秘书处编			1941—1942 年曲江广东省政府秘书处
广东省银行经济丛书	张葆恒主编	1		1942 年广东省银行经济室
时事小丛书	第七战区司令长官司令部编纂委员会编	3		1942 年广东新建设出版社
东联翻译丛书		1		1942 年东亚联盟中国总会广州分会汕头支会
梦雨天华室丛书		1		1942 年香港聚珍印务书楼有限公司
农林推广丛书（2 种）	广东农林局编			1942 年广东农林局
整风文丛		3		1942—1948 年香港红棉出版社
正闻学社丛书	正闻学社主编	9		1943—1950 年香港正闻学社
广州民声日报丛书		1		1943 年广州民声日报社
中山大学训导丛书（第一种）	陈邵南主编	1		1943 年广州国立中山大学训导处
中正丛书		1		1943 年广东曲江大道文化事业公司
中日文化丛书		1		1943 年广州中日文化协会广东省分会
中国史迹风土丛书	张江裁辑	13	13	1943 年东莞张氏拜袁堂排印本
丘仙根黄公度二先生遗稿合刊	丘逢甲、黄遵宪著，施梅樵编	2		1943 年台中东亚书局
励志丛书		1		1944 年
诗站丛刊		1		1944 年广东萌芽社
新青年文化丛书	苏冠明主编	3		1944—1947 年澳门慈幼印书馆
岭南大学农学院柑桔研究社研究丛刊		1		1944 年广州岭南大学农学院
国立中山大学训导丛书（第 3 种、第 4 种）				1944 年广东国立中山大学训导处

续表

书　名	辑撰者	收书	卷数	版　本
公教史地丛书	苏冠明主编	2		1945—1946 年澳门慈幼印书馆
中山大学研究院文科研究所丛书		1		1945 年广州中山大学研究院文科研究所
灵修小丛书	白德美纪念出版社主编	35		1946—1949 年澳门慈幼印书馆
新青年小说丛书	苏冠明、梁丞夏主编	24		1946—1949 年澳门慈幼印书馆
战后世界与中国丛刊		1		1946 年香港大千印刷出版社
中心丛书		1		1946 年广州中心出版社
公教小读物丛刊	白德美纪念出版社主编	6		1946—1949 年澳门慈幼印书馆
星火文丛		1		1946 年香港星火文艺出版社
新文献丛书		2		1946 年香港新中国文献出版社
北方文丛	周而复主编	17		1946—1949 年香港海洋书屋等
中国现代史料丛刊		1		1946 年香港现代史料社
文艺修养丛书	文艺修养社主编	1		1946 年广州国华书局
通俗丛书		4		1946 年香港东方出版社
青年生活丛刊		1		1946 年广州海星图书公司
实用知识丛书		1		1946 年广州实学书局
广东省银行丛书		1		1946 年广州广东人民银行
经纬社丛书		1		1946 年广州经纬社
广东省立图书馆丛刊	广东省立图书馆编	2		1946—1947 年广东省立图书馆
粤秀丛书		1		1946 年广州粤秀出版社
梁校长著作五种	梁赞燊著	5		1946 年广东肇师出版委员会
我们的祖国小丛书		3		1946—1947 年香港新中出版社
人人通俗小丛书		1		1947 年香港中国出版社
少年丛书		1		1947 年广州实学书局

续表

书　名	辑撰者	收书	卷数	版　本
民主文库		2		1947 年香港南侨编译社
自由丛刊		12		1947—1948 年香港自由世界出版社
中山大学地理学系丛书		1		1947 年广州国立中山大学地理系
中山大学法学丛书（第 2 种）		1		1947 年上海中华法学社
芭蕉丛书		1		1947 年香港芭蕉社
民大丛书		2		1947 年广东国民大学
文萃丛刊		6		1947 年香港文萃出版社
通俗说部丛书		1		1947 年广州大成书局
广州知用学社丛书		1		1947 年广州知用中学图书馆
诗星火丛书（之六）		1		1947 年香港诗星火社
中国工人丛刊	中国工人社编	3		1947 年香港中国工人社
建设研究丛书		1		1947 年广东建设研究委员会
文艺理论丛书		1		1947 年香港海洋书屋
广东实业丛书	伍顽立主编	1		1947 年广东实业公司
青年生活新丛		1		1947 年香港半岛书屋
万人丛书		4		1947—1948 年香港海洋书屋
文海诗丛	卢森主编	1		1947 年广州文海出版社
人间诗丛		2		1947—1948 年香港人间书屋
内幕新闻丛刊	经济资料社编	2		1947—1949 年香港小吕宋书店
青年生活丛书		5		1947—1949 年香港青年知识社
新世纪丛刊		3		1947—1948 年香港生活书店
火柴头漫画丛书	李春如主编	1		1947 年广州火柴头出版社
华萃出版社丛书		1		1947 年香港华萃出版社
理实丛刊		1		1947 年香港新中出版社
学生文丛		3		1948 年香港学生文丛社
新时代问题丛书	程野声主编	3		1948 年香港美理学会

书　名	辑撰者	收书	卷数	版　本
中山大学丛书		2		1948—1949 年广州国立中山大学出版组
人间文丛		6		1948—1949 年香港人间书屋
百姓丛刊		1		1948 年香港初步书店
通俗小丛书		1		1948 年香港学生书店
毛泽东研究丛书		2		1948—1949 年香港新民主出版社
解放丛书		1		1948 年香港中国出版社
新中国少年丛书		1		1948 年香港新少年社
珠海大学边疆丛书	珠海大学中国边疆研究室主编	2		1948 年广州珠海大学编辑委员会
社会科学小丛书		6		1948 年香港南海出版社
新青年戏剧丛书	白德美纪念出版社主编	10		1948—1950 年澳门白德美纪念出版社
广东经济调查丛书		1		1948 年经济建设出版社
新诗歌丛书		2		1948 年香港新诗歌社
民众读物小丛刊	程野声主编	2		1948—1949 年香港真理学会
人间小译丛		1		1948 年香港人间书屋
潮州古今文献丛书		1		1948 年香港潮州图书公司
新中国儿童文库	司马文森主编	1		1948 年香港智源书局
新文化丛刊		2		1948 年香港新文化丛刊出版社
奥列姆乐理连丛		2		1948 年香港前进书局
大众文艺丛刊		6		1948—1949 年香港生活书店
海燕文艺丛刊	香港达德学院文学系系会主编	1		1949 年香港达德学院文学系系会
文坛丛书	卢森主编	2		1949 年广州文坛丛书出版社
潮州文艺丛书		2		1949 年香港潮州图书公司
中华论坛丛刊		1		1949 年香港中华论坛社
学习丛书		2		1949 年香港学生文丛社
工商小丛书		1		1949 年香港南方论坛社

续表

书　名	辑撰者	收书	卷数	版　本
新教育丛书		1		1949 年香港红棉出版社
新教育丛书		3		1949 年香港新民主出版社
新民主知识丛书		1		1949 年香港新民主出版社
新时代问题丛书		1		1949 年香港新生出版社
新文化丛书		2		1949 年香港新文化丛刊社
人民丛刊		1		1949 年香港人民丛刊社
干部学习丛书		1		1949 年香港自由出版社
新民主丛刊		1		1949 年香港新民主出版社
新民主历史丛书	中国现代史研究委员会主编	1		1949 年香港新民主出版社
广东文献丛书		1		1949 年广东省文献委员会
自由中国社丛书		1		1949 年香港自由中国社出版部
新经济丛书		1		1949 年香港经济导报社
新青年丛书		1		1949 年九龙南国书店
求实文艺丛刊		3		1949 年香港求实出版社
广州市市立艺术专科学校丛书				1949 年广州原艺社
白绿周报丛书	胡俊彬、苏觉侨主编	1		1949 年广州培英中学
经济丛书		2		1949—1950 年香港经济导报社
黄埔小丛书				国民革命军军官学校政治训练处
抵抗小丛书		1		广州抵抗社
文汇出版社丛书		1		广州文汇出版社
语文丛刊		1		香港中国新文字学会
政治常识小丛书				广东省政府秘书处编译室
民众丛书		1		广东民钟社
南村草堂丛书	邬启祚辑			

续表

书　名	辑撰者	收书	卷数	版　本
广东丛书	广东丛书编印委员会辑	14	127	民国商务印书馆长沙影印排印本
白坚堂丛书第一集	邬庆时辑	5	10	民国邬氏广州刊本
南园丛书	简照南辑	11	23	民国南海简氏刊本
客人丛书	古直辑	3	8	民国梅县古氏铅印本
励耘五种不分卷	陈垣撰	5	5	民国刻本
励耘书屋丛刻	陈垣撰	13	56	民国刻本
层冰草堂丛书	古直撰	9	16	民国中华书局排印本
潮州民歌		31	463	民国潮州李万利刊本
康南海文集汇编八卷梁任公文集汇编六卷续集一卷	康有为、梁启超撰	2	15	石印本

据初步统计，民国广东辑刊丛书达 325 部。考虑到此期前后仅 37 年，这个数量已颇为可观了。为了更为直观，特将逐年丛书数列表如下（以首次出版时间统计）。

表 2　民国时期广东各年度丛书出版数量统计表

年份	数量	年份	数量	年份	数量	年份	数量
1912	2	1922	1	1932	12	1942	6
1913		1923	1	1933	6	1943	7
1914		1924	3	1934	11	1944	5
1915	2	1925	6	1935	10	1945	2
1916	4	1926	7	1936	14	1946	19
1917	1	1927	13	1937	7	1947	26
1918	1	1928	14	1938	20	1948	21
1919		1929	7	1939	4	1949	23
1920	2	1930	10	1940	12	年份不详	20
1921	2	1931	11	1941	13	总计	325

从出版时间看，1913 年、1914 年、1919 年无丛书辑刊记载，1917 年等辑刻丛书仅 1 部，1938 年、1947 年、1948 年、1949 年均为 20 部以上，而最高年份乃 1947 年，达 26 部。

如果以 1912 年至 1936 年为早期，25 年间辑刊丛书 140 部，年均约 5.6 部；1937 年至 1945 年为中期，9 年间辑刊丛书共 76 部，年均约 8.4 部；1946 年至 1949 年为后期，4 年间辑刊丛书 89 部，年均约 22.3 部。可见虽在抗战期间，广东丛书辑刊数量并未大幅度下降，反而有持续高涨之势；而解放战争时期，4 年间辑刊丛书数量约占了全部丛书总量的三分之一，更是繁荣。

需要指出的是，民国期间香港总共辑刻丛书 79 部，其中 75 部辑刊于 1937 年全面抗战爆发至 1949 年新中国成立期间，足证此期香港在文化出版事业上的重要作用和地位。此外，抗战期间广东政府迁入韶关、连州等地，粤北又是第七战区司令长官司令部所在地，地位十分特殊，故粤北丛书数量较多，可与粤东媲美。

从版本性质看，民国广东丛书 325 部，除去传统刻本 28 部和石印本 3 部外，或标明"排印本"，或标明"铅印本"，或虽未标明，但明显属于铅印本者共 294 部，约占全部丛书的 90%。毕竟进入近现代，铅印本比重大大增加，可以理解。

从出版规模部帙看，相差较为悬殊。有学者将每套丛书含子目 10 种以下的称为小型丛书，11—30 种的为中型丛书，31—100 种的为大型丛书，100 种以上的为超大型丛书。[1] 以此为准，除子目不详者 42 部外，民国广东小型丛书有 251 部，中型丛书有 22 部，大型丛书有 6 部，超大型丛书有 4 部，可见小型丛书占了绝对多数，占比高达约 77%。

究其原因，一为其时小书店、小出版社、小社团林立，多若繁星，大多存世时间不长，往往先标丛书之名，出版一二种之后，即旋生旋灭，昙花一现。此外，图书散佚问题严重，如 1926 年广州《国民革命军总司令部政治部丛书》，收书 5 种：

  2 中国国民党是什么 16 页

  6 取消不平等条约 14 页

  19 政治工作须知 周恩来等著 34 页

---

[1] 黄国荣：《民国丛书三论》，《历史文献研究》2014 年第 2 期，第 167 页。

21 革命史上几个重要纪念日 蒋光赤等著 页数不连

23 中比不平等条约（1865 年签订） 20 页 ①

其子目有明确编码，即以收书 23 种而论，也已缺失了绝大部分，这种情况可能相当普遍，值得引起重视。

二 民国广东刻本丛书的特色与价值

民国广东丛书新旧杂陈，既有传统雕版的刻本丛书，也有新式标点的铅印丛书（包括石印），为方便起见，特分开叙述。

（一）民国广东刻本丛书的特色

1. 保持传统线装书风格。 刻本丛书大多保持了线装书原貌，且都有卷数可寻（或不分卷）。从结构上说，均可纳入《中国丛书综录》确立的分类体系。例如 28 部刻本丛书，汇编丛书 23 部，其中杂纂类 15 部、氏族类 5 部、独撰类 3 部，无辑佚类、郡邑类；类编丛书 5 部，其中子类 2 部、集类 3 部，无经类、史类。

2. 清刻旧版占据绝大多数。 28 部刻本丛书，其中有相当一部分是清代传统雕版的重编、改编、选编或续编。如：《翠琅玕馆丛书》是民国五年（1916）据刘氏藏修堂丛书刊版重编本，《芋园丛书》是民国二十四年（1935）南海黄氏据旧版汇印本。② 说明民国广东丛书与清代广东丛书之间有天然的不可割裂的连续性、继承性关系。

值得注意的是，刻本之中，清代所刻旧版 14 部，民国新刻 14 部，差别不大。但清代旧版之中，大型丛书有 2 部（《翠琅玕馆丛书》《艺术丛书》），超大型丛书有 2 部（《广雅书局丛书》《芋园丛书》），全部子目 394 种；民国新刻只有大型丛书 1 部（《龙溪精舍丛书》），无超大型丛书，全部子目 71 种。两者规模部帙差别显著，说明卷帙浩繁的丛书以清代旧刻本居多。

3. 经史类丛书明显衰落。 民国广东丛书之中，经史类地位一落千丈，再也

---

① 上海图书馆编：《中国近现代丛书目录》，上海图书馆，1979 年，第 651 页。

② 上海图书馆编：《中国丛书综录》，上海古籍出版社，1982 年，第 223、308 页。

未能出现清代广东曾经彪炳一时的"经学四大编"(《十三经注疏》《通志堂经解》《古经解汇函》《皇清经解》)以及卷帙浩繁的《二十四史》《纪事本末汇刻》等皇皇巨著。刻本类编丛书之中,无经类、史类,就是明证。经本居四部之首,自民国元年(1912)蔡元培上任教育总长之初便发布命令,通令全国的中小学废止读经,结束了经学地位崇高的历史。广东虽然在 1929 年陈济棠主粤期间,曾发起尊孔读经的复古运动,但昙花一现,无果而终。

(二)民国广东刻本丛书的价值

探讨丛书价值,因立场、取舍、偏重不同,势必见仁见智,言人人殊。为突出重点,避免面面俱到,陷入琐碎,下面择其突出者,略为叙述。

1. 凸显"文化世家"的特殊传统。氏族类丛书,一名家族类丛书。邬庆时所辑《邬氏家集》之类达 5 部之多,这些邬氏家集丛书,虽版本不一,然重复迭出,大约以其祖父辈著述为主,以后汇辑出版,旧版片不变,只是陆续掺杂加入邬庆时自己的个人著述,拼凑而成。

邬氏为番禺望族,积学明理,耕读传家,祖父辈多有著述及诗文集刊梓,可称"文化世家",邬氏系列丛书正是岭南文化中这一特殊现象的集中体现。

2. 学术著述成就的代表。独撰类丛书,自以简朝亮、陈垣为大家,卓著声名,是清末、民国间广东著述成就的集中代表。简朝亮乃典型旧式学者,《读书堂丛刊》是其生平代表性著述的汇辑,如《尚书集注述疏》一书,梁启超称其"采择汉宋各家说很有别裁,不失为一良著"[①]。推崇尤高。陈垣乃近现代广东知名学者,长于史学研究,《励耘书屋丛刻》是他学术成就的集中体现,如《元西域人华化考》,公认是现代中国元史研究的开拓性著作之一。

3. 清代史学成就的总汇。广雅书局刊刻诸书均在清光绪年间,直至 1920 年才由徐信符汇编重印,始冠以《广雅书局丛书》之名。因此,《广雅书局丛书》属于典型的"先为单刻而后汇印者";或者准确地说,属于"本为单刻并未汇印而由藏家汇拢且取得公认者"[②]。

广雅特色莫若史学诸书,史书数量占十之八九,其中尤以补史、考史、

① 梁启超:《中国近三百年学术史》,天津古籍出版社,2003 年,第 207 页。

② 阳海清:《中国丛书广录·后记》,阳海清、陈彰璜:《中国丛书广录》,湖北人民出版社,1999 年,第 1188 页。

史注诸作，比重最大，最有价值。后世学者称，"清代史部撰述，网罗略备"①。"治史学者诚不可不读也"②。其汇辑清代史学著述，有总结一代学术成就之功。

4. 艺术丛书别开生面。进入民国，广东经史类丛书衰落萎缩，而艺术类丛书则一枝独秀，大放异彩。1916 年，保粹堂主人黄任恒购得《翠琅玕馆丛书》版片，剔除其经史、小学、诗文诸书，重新编排，取名《艺术丛书》，该书分为：书学、画学、杂技、物谱、杂品五类，收书 45 种 129 卷。虽属改编，却有化腐朽为神奇之功。

2003 年，北京图书馆出版社影印出版《艺术丛书》，在《影印出版说明》中指出，《翠琅玕馆丛书》原较庞杂，且无分类，编者"以其独到的视角，选取其中关涉艺术、篇什精致、博雅实用之著述四十五种贯而通之，成此一编"，"今天我们翻开本书，不但可以学习和了解各项传统艺事的技法，掌握文物收藏鉴赏知识，从中体味中国传统艺术的精髓，更可领略蕴含其中的人生智慧。凡此种种，正是我们影印本书的目的"③。评价颇高。

三　民国广东铅印丛书的特色与价值

铅印丛书大都为章节体，新式标点，无卷数可言，与刻本丛书风格面貌迥然不同。此外，在内容体裁和规模部帙方面，差异也不言而喻。

（一）民国广东铅印丛书的特色

1. 规模部帙普遍偏小。294 部铅印丛书之中，除无子目丛书 43 部外，小型丛书有 237 部，中型丛书有 9 部，大型丛书有 3 部，超大型丛书有 2 部（《饮冰室合集》《美术丛书》），可见新式铅印丛书规模部帙普遍偏小，小型丛书占了绝对多数。

2. 机构、社团是辑刊主力。与传统的刻本丛书辑刊者多以个人为主不同，新式铅印丛书，其辑刊者大多是政府机关、党派、军队、学校、报社、出版社、

---

① 谢国桢：《明清笔记谈丛》，中华书局，1962 年，第 168 页。
② 中华书局编辑部编：《丛书集成初编总目索引》，中华书局，2012 年，第 41 页。
③ 佚名辑：《艺术丛书》，北京图书馆出版社，2003 年，第 1—4 页。

群众团体等,这些机构、社团无疑是丛书辑刊的主力,个人作用退居其次。

3.传统分类难以容纳。新式铅印丛书体裁多样,内容广泛,《中国丛书综录》确立的分类体系无法容纳,但新的丛书分类又未建立。

学界有一种说法是,丛书大体上可分综合性与分类性两大类。综合性又分杂纂、举要、搜异、辑佚、影旧;分类性又分专代,专人、专地、专类。① 这里综合性丛书与传统的"汇编丛书"相近,但专类丛书与旧式经史子集的"类编丛书"完全不同。民国广东新式铅印丛书,大体上分为综合丛书和分类丛书(也称专类丛书)较妥,后者数量更多、更为普遍,如:政治时事丛书、教育丛书、新学丛书、国学丛书、宗教丛书、经济丛书、史地丛书等等。

(二)民国广东铅印丛书的价值

1.近现代广东发展史的浓缩。广东是近代革命策源地,如果将新式铅印丛书按时间顺序排列,那么,《新文化丛书》《无政府主义名著丛刻》《农民运动丛书》《黄埔丛书》《抗战丛书》《战后世界与中国丛刊》《解放丛书》《新民主丛刊》等等,可以说近现代广东发生的一系列重大事件,如新文化运动、第一次国共合作、北伐、抗日战争、解放战争等等,在丛书中都有真实记录和客观反映,不啻一部浓缩的社会发展史画卷。

2.学术丛书姹紫嫣红。近现代广东的教育、学术、文化有长足的进步,不少学校、图书馆、社会团体都编辑出版了名目繁多的大量丛书,如:《广州音乐学院丛书》《广州大学文科丛刊》《广州市市立世界语师范讲习所丛书》《岭南大学学术讨论会丛书》《广东戏剧研究所丛书》《广州市立中山图书馆丛书》《广东省立图书馆丛刊》等。

高校是辑刊学术丛书的主力,以广东国立中山大学最为突出,前后辑刊丛书达30多部。其中,中山大学语言历史学研究所最为声名卓著,辑刊有《中山大学语言历史学研究所史料丛刊》《民俗学会丛书》《中山大学语言历史学研究所考古学丛书》多种,最具学术价值。

3.孙中山、梁启超雄视一世。梁启超与孙中山是广东的骄傲和标志性人物。二人全集、全书版本繁多,举不胜举。

以《中山丛书》或《中山全书》而论,民国时期版本有数十种之多。因其

① 黄国荣:《民国丛书三论》,《历史文献研究》2014年第2期,第169页。

繁富，难以抉择，本文所选 1928 年光东印务局出版的《中山丛书》，主要是因为其出版社在广州。

梁启超也是如此。本文选择 1916 年商务印书馆印行之《饮冰室丛著》及 1936 年林志钧编纂的《饮冰室合集》，因其较为合适作为民国广东丛书的代表。

孙中山是革命先行者，民主革命的领袖；梁启超叱咤清末民初政治、学术舞台数十年，二人的地位和著述的分量自不待言，大为民国广东丛书生色，是广东丛书浓墨重彩的一页。

4. 戏曲史料独具一格。东莞张江裁，自少侨居京师。先后辑有《北平史迹丛书》《京津风土丛书》《清代燕都梨园史料》《清代燕都梨园史料续编》等，虽部帙不大，但独具一格，令人耳目一新。

其中《清代燕都梨园史料》及《清代燕都梨园史料续编》，是研究清代戏曲的重要资料，该书共收辑了乾隆、嘉庆、道光、咸丰、同治、光绪、宣统和民国初年的 51 种戏曲著述，内容涉及这一历史时期北京戏曲的演出活动、班社沿革、名优身世、表演风格、观赏时尚以及梨园轶闻掌故，具有相当珍贵的史料价值。伦明、顾颉刚、郑振铎、程砚秋等学者名流，均为之作序或题词，足见重视。1988 年中国戏剧出版社重新点校排印出版。

《广东日报》史料价值探微

卢明佳

（华南师范大学）

清末十年，广东的文献资料散佚比较严重，档案、报纸或日记手稿都相对较少，这也导致了清末广东地方史研究相对空白。笔者发现藏于广东省立中山图书馆的《广东日报》目前尚未被学界完全利用，其办刊时间始于 1904 年，止于 1906 年，虽有残缺，但目前仍存留 5000 多页[①]，是目前所知的清末以报道广东新闻为中心的报纸中保存较为完整的一份。[②]《广东日报》为研究清末广东的学堂建设、官场生态、经济民生以及社会变迁提供了丰富的第一手资料。本文拟对该报的基本情况、史料价值进行探讨。

一 《广东日报》的基本情况

《广东日报》于 1904 年 3 月 31 日（光绪三十年二月十五日）在香港创刊，报社设在士丹利街。郑贯一主编，黄世仲、陈树人、胡子晋、劳纬孟等编撰。《广东日报》同时发行文艺附刊《无所谓》，后改名《一声钟》，每日两页，随报免费赠送。1905 年，《广东日报》由李汉生接办。1906 年 3 月起自行停刊。日报一年定价六银元，长年订购每年五银元，每月定价六银毫，零售每张五铜仙。

---

① 广东省立中山图书馆已对其完成数字化扫描工作，读者注册图书馆账号后，通过图书馆账号登录后，访问缩微文献全文数据库即可在线阅读。

② 目前清末广东报纸保存比较完整的还有《岭东日报》，保存于中山大学历史系资料室与广东省立中山图书馆。其他如《珠江镜》《安雅书局世说编》《南越报》等皆散佚严重，仅存数量不多。

广州、佛山、澳门之外地区订购则需要增加邮费。现藏于广东省立中山图书馆，但有残缺。具体每月现存情况如下：

表1 《广东日报》报纸每月现存天数数量　　　　单位：天

	1月	2月	3月	4月	5月	6月	7月	8月	9月	10月	11月	12月
1904年			0	7	26	10	15	22	7	17	25	26
1905年	17	16	12	22	25	25	25	26	23	25	26	25
1906年	15	0	0									
总计	437											

注：表中数据根据广东省立中山图书馆《广东日报》馆藏情况所得。

从表1可知，《广东日报》历时2年，目前仍保存437天，完整度为60%。需要指出的是，现存的报纸中每天的页面基本都是完整的。[①]每份报纸共8页，除第4页有少量广告外，第1—4页为新闻报道与评论，常设栏目有"言论界""粤垣访稿""两粤要事""两粤杂闻""中国事""外国事""本港事""电报"，另外还有非常设栏目"批评门"与"特别通信"。另外4页则是各种广告。

报道新闻的"言论界"作为报纸的头篇文章，往往表达了该报的态度与立场，主要刊载对于国内或两广地区发生的重大事件的评价，基本是批判性的基调，一般是一天一篇。作为评论性的文章，这一栏目基本要半页甚至更多的篇幅。这一栏目反映了《广东日报》对于社会动态的把握与态度，立足点是对全国或者广东省比较重大事件的披露与批判。可以说，该栏目是《广东日报》的核心与思想的最终体现。

"批评门"，有时则易名为"时事短评"。顾名思义，是对社会腐败丑陋现象的批评。栏目时有时无，主要视社会事件的大小而定。虽名为"批评门"，但其言论性相对较弱，其性质属于报道与评论的中间地带，可以算是对"言论界"的补充。"特别通信"则是刊载各方对于重大事件的来信，有时则易名为"来书照登"。栏目亦是时有时无，主要是通过刊登各方来信向读者展现其他栏目新闻的多方面貌，是对其他粤省新闻的详细补充。二者篇幅长短不定。

"粤垣访稿""两粤要事""两粤杂闻"（后易名为"内地纪闻"）作为常设

---

① 随报附送的文艺附刊《无所谓》（后改名《一声钟》）散佚严重。

栏目，皆是对两广地区新闻的报道。"粤垣访稿"主要侧重于报道官场生态，"两粤要事"与"两粤杂闻"则偏向于报道社会经济民生。三个栏目基本每天各有10—20则报道。其中，官府牌示或者官员书信也会刊载于此。此三者也与"言论界"栏目相互呼应，但凡"言论界"刊载对广东地区社会问题的批判性文章，皆可从此三栏目中查阅到更加具体详细的新闻信息。简言之，这三个栏目是窥探清末广东社会变迁的窗口，因而三者所占篇幅也最长，基本是2页，甚至更多。

"交涉栏"则是对于清政府与列强交涉情节的披露，或者报道中外交往中的摩擦事件，可以说是了解外交动态的一扇窗口。"中国事"则是报道两广以外的国内事件，主要以清廷中枢或是各省督抚的各项事宜为报道中心。"外国事"报道的是与中国事务息息相关的外国新闻。"本港事"则是针对香港本地发生的事情。"电报"则是刊载来自海外的电报，这些电报所包含的内容杂而多，但基本以外国事务为主。"交涉栏""外国事""中国事"总篇幅多为1—2页。"本港事"与"电报"篇幅约占半页。

"广告"也是《广东日报》的重要内容之一，占将近50%的篇幅。广告看似微不足道，但实则包含着重要的信息。它记录着与该报长期合作的商家信息，展现当时社会的消费取向，反映了斯时的社会变迁。诚如戈公振所言，"广告为商业发展之史乘，亦即文化进步之记录"[1]。总的来说，该报的广告以医药广告居多，且常年不变，如大仁堂[2]的丸散膏丹、黄志居草堂[3]的寿世普宁茶以及博济轩[4]的丸散甘露茶等等皆是该报常驻广告。

此外，文艺附刊《无所谓》是对《广东日报》同时段的新闻内容的呼应补充。附刊共4页，除广告外另设有5个或5个以上栏目，约占一页半至两页的篇幅。附刊的栏目除"杂文""粤讴""新戏"（后易名"班本"）常设外，其他栏目时有变动，或增或删。"杂文""粤讴""新戏"三个栏目则体现了该报运用各种手法针砭时弊的做法。如"杂文"栏目以文学性的手法鞭挞时事，"粤讴"与"新

---

① 　戈公振:《中国报学史》，中国和平出版社，2014年，第220页。
② 　该店老铺位于广东番禺员冈，分店设于香港西营盘马路。
③ 　该店铺面共有三间，分别设于香港西营盘大街284号、文武庙直街左边178号、红磡老龙坑口2号。
④ 　该店位于香港大马路万隆戏院左边第二间。

戏"两栏目 ① 把时事新闻糅合到粤省本土文化中，把时闻轶事编成粤讴或者戏剧有利于口头流传，扩大了传播效果。

由上可知，《广东日报》虽是筹办于香港，但无论是派送服务、报道内容或者宣传角度上都是立足于广东，尤其是以报道内容而言，作为所在地的香港的报道内容远远不及广东省。通过《广东日报》，我们可以还原斯时广东地区多方面的社会面貌，从中透视清末广东的社会变迁。

二 《广东日报》的史料价值

《广东日报》虽在 20 世纪 90 年代为部分学者所关注利用 ②，此后陆陆续续有学者在研究论文或著作中利用该报，但数量不多。另外，虽然在各种报刊史、新闻史辞典中都有收录《广东日报》这一词条，并附上几百字的介绍，但就笔者所见，专文研究或介绍《广东日报》的文章目前为零，可见对其重视与利用程度仍亟须提高。该报的史料价值主要体现在内容的广泛性与连续性上，有助于纠正史实错误，丰富历史细节。下面略为举例，以为管窥。

第一，展现近代广东的近代化历程。清末最后十年，清政府为挽救统治危机，推行各项新政，涉及军事、教育、司法等方面，新政种种措施无疑推动了中国各省的近代化进程。兹以教育近代化为例，展示《广东日报》如何记录斯时广东教育近代化转型的挫折与困境。在《广东日报》纪念其创刊一周年的纪念词中提到："迄今一周岁，而此一岁之中……至于学界阻力之蟊贼，尤为本报所三致意焉。" ③ 可见关心教育事业乃是《广东日报》的重心所在。《广东日报》一方面是积极赞美与宣传社会各界资助教育的事迹，以此来鼓舞时人踊跃参与新式教育的推广。其中最典型的便是六榕寺僧人铁禅捐资资助游学生一事。 ④ 此外，《广东日报》还时刻关注学堂建设动向，如某处建设新学堂、某处清查

---

① 粤讴是以广东方言歌唱的曲艺，新戏则是戏剧唱本。

② 桑兵的《晚清学堂学生与社会变迁》、关晓红的《晚清学部研究》两书皆有引用《广东日报》的材料，但所引不多。

③ 贯公：《书本报出世一周年之纪念日及祝报界之前途》，《广东日报》1905 年 3 月 20 日。

④ 《和尚舍款助游学》，《广东日报》1904 年 4 月 28 日。

庙产以资兴学，皆是该报的常见报道内容。①这些报道对于我们认识理解斯时教育的进步提供了详细的材料，还原出了具体教育转型的图景。

另一方面，该报也重点关注阻碍学务发展进步的现象，"阻学"一词在《广东日报》中被频繁使用，这一词汇是当时该报对社会上抵制学堂现象的高度概括。在该报看来，"阻学"现象具有三方面特征。抵制时间上，既有发生在兴办学堂之前，也有发生在学堂开设期间。抵制人群上，包括了寺僧、乡民、士绅等众多群体。抵制方式上，主要有三种：毁学——通过暴力行动砸毁学堂；踞款阻学——占据地方公产，阻止其他士绅将公产提取作为办学经费；藉学渔利——部分士绅利用办学的名义，趁机夺取地方公产，为自己牟取私利。

需要指出的是，《广东日报》办刊的起止时间与清末广东学堂数量爆炸性增长的三年恰好重合，这使该报的史料价值在无形之中被扩大了。1904年广州城内只有学堂24所②，1907年全省学堂数量为1489所。③考虑到广州作为省城，教育相对省内地区比较发达，1904年其学堂数量仅有24间，那么广东省内除广州府之外的8个府、4个直隶州、2个直隶厅的学堂数量应低于24所，因而1904年广东省内的学堂数量应低于360所。④1904年从低于360所到1906年的1489所，毫无疑问是爆炸式的增长，而《广东日报》保存了斯时的教育转型景象的正反两方面的材料，无疑为我们认识与了解斯时的教育近代化进程提供了真实可靠的材料。

第二，纠正史实错误。近代广东由于文献散佚，导致一些史实记载错误，进而以讹传讹。如关于广州名刹长寿寺没入官产的原因在多处资料中出现讹误，《广州市志卷一：大事记》记载1904年两广总督岑春煊以长寿寺住持"不洁"，令毁该寺，寺产尽没入官。⑤罗镇邦与余藻华在《岑春萱拆长寿寺》一文

---

① 如《澄海兴学之提议》，《广东日报》1904年5月10日；《调查佛山之庙尝续闻》，《广东日报》1904年5月16日等。

② 《广东省城民立官立学堂之最近调查表》，《广东日报》1904年5月21日．

③ 方志钦、蒋祖缘主编：《广东通史》（近代下册），广东高等教育出版社，2010年，第1174、1175、1183页。

④ 360所是24（广州府1904年学堂数量）乘以15（从当时广东内的9个府、4个直隶州、2个直隶厅相加所得）得到的乘积。由于缺乏1904年广东省内学堂数量统计结果的原始资料，只能退而求其次，通过这种方法求得1904年全省学堂的大致数量上限。

⑤ 广州市地方志编纂委员会编：《广州市志卷一：大事记》，广州出版社，1999年，第70页。

说，该寺僧人因不守清规、窝藏归女，为坊众察觉、纠众乘夜将寺当场包围，搜出赃证，岑春煊为消除该寺对外界的坏影响起见，仍派候补道李益智督拆。[①]
张锦顺在回忆广州的宗教建筑时指出，岑春煊"对长寿寺则借口寺僧不守清规，发现妇女金镯而予全数拆毁，寺产没官"[②]。此后，许多研究人员也以讹传讹，将和尚窝藏妇女，寺中僧人不守清规视为长寿寺被没入官产的根本原因。[③]然而，翻阅《广东日报》1905 年 3 月至 6 月的报道，事实的真相是时敏、商业两学堂借用长寿寺寺内等地方为校地后，由于事先并未与寺僧完全商妥，导致数日后寺僧在士绅伍铨萃的嗾使下冲进设于寺内的两学堂，大肆毁砸校具桌椅等东西。毁学影响极其恶劣，岑春煊便以寺僧聚众毁学为由，下令没收长寿寺所有寺产。

那么为何两件毫不相关的事情会被错误地连接在一起，且不断被后人重复错误？借助《申报》，可以查到长寿寺于 1881 年曾毁于火灾。斯时的《申报》详细地记录了事件的来龙去脉：广东布政使、按察使鉴于广东"溺于福田利益之说，以佞佛饭僧、诵经修庙为功德"，不仅导致男女混杂，有伤风化，且寺观"接纳妇女建醮祭祷，夜以继日，观众如堵，几酿事端"，因而立碑告示："严禁妇女入寺烧香，以维风化。"但是出示禁令之后，仍有些寺庙与妇女拒不遵守。有妇女从旁经过，适逢官府命令地保将告示贴于寺前，因而众人误以为众妇女与寺僧乃藐视法令，愤慨不已。有好事之徒率先发难，寺僧为保护妇女，便将其请于寺内。民众愈加愤慨，越聚越多，掷石纵火，后虽被弹压下去，但民愤未消。翌日，民众再次聚集到寺前，将后门打毁后，冲进寺内将客堂、僧房、藏经所尽皆焚毁。同时又在寺内搜到妇女用品。愈加愤慨，便将长寿寺焚于一炬。[④] 由此可见，回忆者是将 1881 年长寿寺被毁与 1905 年毁学案混为一谈了。

---

① 罗镇邦、余藻华：《岑春萱拆长寿寺》，《岭南文史》1991 第 4 期第 57 页。注：萱应为煊。

② 张锦顺：《广州的宗教建筑——寺和塔》，《海潮音》1978 年第 61 卷 12 期，第 32—33 页。转引自黄运喜：《清末民初庙产兴学运动对近代佛教的影响》，《国际佛学研究》创刊号，1991 年 12 月，第 297 页。

③ 如李若晴在《岭南佛教社会变革中的寺院书画收藏——书画研究史上的一个新视角》文中指出岑春煊初无查没长寿寺之意，但在高额摊派遭拒后，才以寺内搜到妇人簪花为由查封长寿寺。徐续在《对庐诗文集下册：对庐文集》中提到：粤督岑春煊下令拆毁长寿寺的原因是寺僧六根未净，窝藏妇女，罪证确凿。

④ 《众怒烧寺》，《申报》1881 年 11 月 26 日第 2 版。

可见《广东日报》在毁学案发生后，进行了持续 1 个月的追踪报道，为我们还原斯时的历史面貌、纠正史实错误提供了真实可靠的材料。

第三，丰富历史细节。历史研究是在不断地逼近历史的本来面貌，但是无论我们如何逼近，始终无法触摸到历史的原始样貌，这主要源于许多不为研究者所知的历史细节被遗漏，因而在各种文献材料中拾取未被发现的历史细节有助于我们发现历史的真相。《广东日报》作为"历史的报刊"，它呈现出来的便是斯时的社会景象，尽管这一景象并不是完整的，但是通过与其他材料相互结合，有助于丰富我们眼中的近代广东历史图像。兹取两例以证之。1902 年，时任两广总督陶模与广东巡抚德寿在原广东水陆师学堂旧址上开办的广东武备学堂，其宗旨为"养成陆军将校之所，施陆军中等以上之教，分授各种武学以实习战斗"[1]，1905 年改为广东陆军中学堂，培养出了一批优秀的军事人才。但是许多材料只记载了该学堂的基本信息，对于更详细的信息则语焉不详，对斯时学堂内部的情况更是一无所知。所幸《广东日报》为我们打开了一扇新的窗户。原来广东武备学堂在创办后便屡屡发生风潮，迨至 1904 年，学堂内部争端有增无减。对此，《广东日报》连载 50 篇文章披露学堂内部的各种事端，以期武备学堂有所改进。在这 50 篇报道中主要叙述以下四方面：教习张哲培与学生之间的冲突，学堂内部闽粤、满汉的畛域之分，教习学识不足而闹出笑话以及学堂人员压制学生。[2] 这些报道为我们呈现了广东武备学堂的另一面，丰富了我们对于该学堂的认知。

再如 1905 年由广东省学务处主办的第一届省运会的详细细节也可在《广东日报》中得到补充。向勤虽在《晚清时期广东第一次省运会》一文[3] 大致介绍了此次运动会的基本情况，但过于简略，许多细节只一笔带过，并未有更详细的介绍，无法还原更详细的历史场景。如当时进取等私立学堂学生愤愤离场的原因，向勤先生则简单地指出是因为评判员错判名次。《广东日报》则对此事进行了详细的报道，如下：

---

① 《内政通纪卷七：广东武备学堂简要章程》，《政艺通报》第 2 卷第 23 期，第 1 页。

② 可见《武备改良历史（六续）》，《广东日报》1904 年 4 月 28 日；《武备改良历史（廿五续）》，《广东日报》1904 年 6 月 1 日；《武备改良历史（廿八续）》，《广东日报》1904 年 6 月 6 日；《武备改良历史（卅一续）》，《广东日报》1904 年 6 月 10 日。

③ 向勤：《晚清时期广东第一次省运会》，《岭南文史》1993 年第 2 期。

十七日省城运动会，未及二时许，忽私各学堂，全行解散退会，纷纷出场而去。闻此事之原因，由于各学堂学生运动时，官派出之裁判各员，偏重官立学堂各生。于私立学堂各生，屡加裁抑，于各生竞走时，连次齐奔。应以夺得红黄白旗者为高下，乃司旗者竟用手举旗，私立学生先到者，则用手推之；官立学生来，则趋前以旗受之。私立学生趋至前，为司旗所推跌者，不下十数次。盖视带辨别也。其中尤以包某为最蛮横，屡用足踢跌私立学生，有评判员与之争者，则云我见他是第一，便是第一。第一日各学生已啧有烦言，至第二日演至戴囊竞走，□进取学堂学生第一，乃评判员将一旗箱子给予第二学生。第一之学生与之争，致所戴之囊脱下，评判员益借此借口，并第二第三旗不给。旁观代为不平，于是各私立学堂，无谕教员学生，咸表同情，欲行退会。先由代表员与包某交涉，告以退意。见包某不理，但云汝等退即退耳，徒坏汝等名誉，不能解散此团体也。众于是愈愤，欲决意退会，计一刹那顷，各私立学堂退去者，共计进取时敏、广东公学、启明、南武、东明、宏育、求是、自求、启智、义育、广仁、梁五全、时济等十余间。时甲席诸人，犹未之知也，仅有一南海陈令，稍为慰留，而学堂人多列队而比。陈令乃急上禀知，于是甲席诸大员，相将下阶，而前列各学堂之学生，已经去远，尚有普益、宝华、沙头、善庆等学亦已同出会场口，诸大员商请水提李准，发令交与林委员拦住会场门，极力调停，众人始稍稍止步。未几官立学堂。亦有随宜，师范附属小学，东关公学三间，又行退会。各大员又急往左会场用力弹压，属守会门，不准一学生出入。旋经各大员请未退之评判员，到甲席商议调停之策，学使于式枚谓某员办理不善，其旗应以次插在地上，由学生自拔，方免流弊执拗。当与在场各大员议定，分派巡官，沿途拦截，分头邀请复行莅会，而各私立学堂，已经退会，决意不往莅会。闻总评判员为姚守绍书，于式枚亦不满意于彼云。①

此处将全文附上，可让读者一睹历史细节之魅力，若无报刊资料的佐证、

---

① 《看看官场对于学界如是如是》，《广东日报》1906 年 1 月 20 日。

参考和补充，或许对于晚清广东第一次省运会私立学堂退出比赛会场的原因只有干巴巴的几个字——"评判员错判名次"，但是通过该报看见的是一幅充满紧张冲突的画面，裁判员屡屡偏袒官立学堂的学生，甚至因此大打出手。南海县令以及诸大员对私立学堂学生的挽留以及比赛规则的修改等画面恍如迎面而来。这些冲突的背后是官立学堂与私立学堂之间的对立冲突，还是新式运动方式引入中国时的"水土不服"，则有待研究者后续研究，方能厘清。简言之，上述两例子向我们展示了历史细节的魅力与重要性，同时也映衬出《广东日报》的史料价值。

本文通过对《广东日报》基本情况与史料价值的介绍，意欲向学界推荐这一份尚未被充分利用的报纸，希冀引起研究者的重视与利用。此外，需要指出的是，广东省立中山图书馆还收藏着不下 100 种的报刊资料尚未被挖掘①，笔者亦希望通过该报引起学界对于这一宝库的高度关注与使用。

---

① 目前已经数据化，读者注册图书馆账号后，通过图书馆账号登录后，访问缩微文献全文数据库选择需要的报刊即可在线阅读。

民国广东蚕桑调查报告及其价值[*]

倪根金　周彦乔

（华南农业大学中国农业历史遗产研究所　广州农业文化遗产研究基地）

广东蚕桑生产历史悠久，是我国三大蚕桑产区之一，其历史产量曾位居全国前列。民国时期，广东蚕桑事业呈现出由盛而衰的状态。具体而言，1911年至1929年是粤省蚕桑事业的兴盛时期，在此期间，粤省各地区桑蚕生产规模不断扩大，生丝出口量较多也较为稳定，虽然在生产过程中存在一些问题，但并未引起较大影响，整体上看，粤省丝业经济十分活跃。1930年至1937年是粤省蚕桑事业的衰退时期，此时，粤地蚕桑事业在生产和销售环节中暗含的问题全面暴露，丝质下降，丝厂倒闭，贸易衰退，粤地蚕桑业陷入窘境，虽然政府和一些有识之士积极推行蚕桑业改良，以求振兴蚕桑事业，但受技术和认知所限，改良并不彻底，而且时间较短，没能达到复兴蚕业的预期。1938年至1949年，粤地蚕桑事业全面衰落，受战争影响，粤地主要的蚕桑生产区域逐渐沦陷，打破了粤省蚕桑业原有的生产体系，丝业经济更加萎靡不振，虽然在抗战胜利后的短暂时期，国民党政府曾对粤地蚕桑业有一定扶持，给予蚕农以贷款支持，但是并没能从根本将其挽救起来，粤省蚕桑业依旧处于衰败境地。民国广东蚕桑事业的衰败给社会经济带来许多负面影响。为了遏制蚕桑业的颓势，复兴粤地丝业经济，在民国社会调查热潮的影响下，广东地方政府有关部门和一些有识之士积极实践，他们以了解蚕桑业现状、找出蚕桑业现存的问题为出发点，展开了对粤省蚕桑业的多方位的调查活动，并形成了大量的调查报告。这些调查报告较为清晰地描述了当时蚕桑业发展的情况，初步反

---

[*]　本文为国家社科基金重大项目"岭南动植物农产史料集成史料汇考与综合研究"（项目编号：16ZDA123）阶段性成果。

映出蚕桑业内存在的问题与改进方向，为粤省挽救蚕桑事业提供了不少有益的建议。多年来，中外学者对广东近代蚕桑生产问题多有涉及，但探讨主要集中在广东蚕丝业的改良、广东蚕丝复兴运动、广东丝业贸易等方面[①]，而对民国广东蚕桑业的调查及其调查报告的研究关注度较低，研究成果相对缺乏，这为笔者留下了研究空间。

一　民国广东蚕桑调查兴起的背景

（一）民国调查之风的盛行

现代意义上的社会调查最早出现于 19 世纪初期的欧洲，是近代资本主义社会和近代学术发展的产物。[②] 随着人类学、社会学和民族学的发展，19 世纪中期以后，社会调查渐渐普及并被西方社会接受，政府和一些学者将其视为了解国情、研究社会的有效方法。

鸦片战争后，西方侵略者打开了中国的大门，他们以军事侵略和经济制约为主要目的，对中国展开了社会、自然调查，同时，也在无形中将社会调查的方法传入中国。戊戌变法时期，中国开始有意识地学习西方社会调查的理论与方法。20 世纪初期，中国有大量学生赴日留学，在日本社会调查风气的影响下，许多中国留学生开始投入到社会调查实践中，湖北、浙江等省的留日学生更相继成立了专门的社会调查组织，以开展社会调查活动。与此同时，国家也开始

[①]　具体成果有：佛山地区革命委员会《珠江三角洲农业志》编写组：《珠江三角洲农业志（四）·珠江三角洲蚕桑业发展史》，1976 年；章楷：《广东近代丝蚕业琐谈》，《丝绸史研究》1989 年第 1 期；张晓辉：《广东近代蚕丝业的兴衰及其原因》，《暨南学报》（哲学社会科学版）1989 年第 3 期；黄慰恩：《广东近代蚕业畸形发展的技术考察》，《中国农史》1989 年第 4 期；章净：《民国广东蚕丝复兴运动》，《广东史志》1990 年第 3 期；黄世瑞：《广东对外开放史上蚕丝业的兴衰及其经验教训》，《农业考古》1996 年第 1 期；张茂元：《近代珠三角缫丝业技术变革与社会变迁：互构视角》，《社会学研究》2007 年第 1 期；蒋国宏：《民国前期广东蚕种改良的绩效与不足》，《南通大学学报》（社会科学版）2012 年第 6 期；［美］苏耀昌：《华南丝区：地方历史的变迁与世界体系理论》，中州古籍出版社，1987 年；徐德志、黄达璋等：《广东对外贸易经济史》，广东人民出版社，1994 年；吴建新：《南国丝都——顺德蚕桑丝绸业发展史研究》，《顺德文丛》第三辑，人民出版社，2011 年。

[②]　李志英、罗艳、傅奕群：《认知中国：近代中国社会调查的人群聚类分析与研究》，商务印书馆，2013 年，第 42 页。

成立专门的调查机构，如 1906 年，宪政编查馆就奏请在各地设立调查局，商部也奏请设立矿政调查局，各省还多设学务调查局等，着重对国内学务及商贸实业进行调查。正是在国家和社会的双重作用下，1909 年后的中国迅速掀起了一个现代社会调查的潮流。[①] 民国时期，全国各地调查工作进一步发展。一方面，政府及有关部门为了解社会、经济、资源真实情况，便于其管理与指导工作，积极组织相关人员进行调查。另一方面，在政府调查风气的影响下，一些高校科研单位、学术团体和个人出于学术研究目的，纷纷加入调查行列，对经济、教育、农业等各个方面进行调查。国民政府建立后至 20 世纪 30 年代中后期，国内调查活动更是形成了一个高潮。在调查热潮的影响下，面对广东蚕桑事业的下滑趋势，民国粤省政府及有关部门积极组织相关人员，对省内各地区的蚕桑事业进行实地调查，一些科研团体和学者个人也自发加入到调查行列中，民国粤地蚕桑调查活动日益增多。

广东蚕桑生产与社会经济政治紧密相连。民国初期，粤省的生丝贸易出口量一度在全国范围内处于领先地位。以 1927 年为例，据《广东丝业贸易概况》所载海关布告，广州输出生丝 153845 担，比第二名上海多了三分之一，是第三名苏州的 5 倍，占全国出口量的 45%。可见当时广东生丝出口实力强大，在国际丝业贸易中占有一席之地，是粤省经济的重要支柱，具有不可替代的经济地位。1936 年叶超《广东珠江三角洲蚕丝业调查》载："广东商品对外贸易，除丝、茶为大宗以外，尚有少数之鸡蛋、桂皮、糖姜、藤竹器等类……自民元以来，粤丝输出占广东总输出额，历年均在百分之五六十之上。若连输出之水结、屑物及丝织品绣品等计之，实占粤省对外贸易之百分之八十。历年来洋货输入激增，而粤省经济仍不致大受影响者，实赖生丝输出为相抵也。"[②] 而作为蚕桑重镇的顺德，当时被誉为"广东的银行"。稳定的蚕业出口量给广东带来许多经济利益，在一定程度上调节了省内的经济平衡，缓解了因洋货大量输入而带来的负面影响。

然而，始于第一次世界大战的粤丝贸易繁荣并没有持续整个民国时期。1931 年，广东的蚕丝出口数量急剧下降。此后数年，粤丝出口量则保持在较低

---

① 黄兴涛，夏明方主编：《清末民国社会调查与现代社会科学兴起》，福建教育出版社，2008 年，第 11 页。

② 叶超：《广东珠江三角洲蚕丝业调查》，《中国丝业》1936 年第 2 卷第 5 期，第 108 页。

水平，粤丝事业由盛转衰，广东蚕丝业逐渐陷入"内忧外患"的窘迫境地。所谓"内忧"主要是指民国粤省自身生产的蚕丝质量不佳。究其原因，很大程度上是由于蚕农养蚕知识老化、缫丝技术落后所致，特别是在选育蚕种的环节上没有意识到科学选种的重要性。史载"广东蚕种，向无科学的检查，饲育成败，一以命运为转移，故其收获之茧，良窳不齐"①。甚至比过去还不如，"从前轮月土种每蚕重量尚达二分以上，近则减至分余，重量如此，丝质更不堪问"②。品质不佳、技术保守，致使粤丝常常滞销，缫丝厂多为亏本经营，甚至有相当部分的丝厂因过于亏损而被迫停业。1927 年的《广东缫丝厂调查》反映"当民国十二年丝价未跌落时，则约有缫丝厂二百间，今则仅存者约一百二十间耳"③。而"外患"则是指丝市新品的出现大大冲击了粤丝原来占有的市场，粤丝贸易急速缩减。具体而言，民国时期，国外兴起的人造丝成为粤丝的一大劲敌。1929 年的《广东丝业之调查》云："况近年各国人造丝，又复乘时崛起，努力外竞，骎骎乎大有取生丝而代之。"④ 可见，成本低廉、丝质稳定、机器生产的人造丝对天然丝生产为主的粤地丝业产生了极大冲击。其次，日本丝是民国粤丝的另一大劲敌。民国以降，日本凭借细致的研究、先进的科学、精良的技术，对蚕丝业进行改良，大大提高了生产效率和生丝品质，在世界生丝市场上"攻城略地"。据统计，1933 年前后"除意法等国少数生产外，日本竟占全世界产额百分之七十五，华丝仅占百分之十八，粤丝又为百分之十八中六成"⑤。受其影响，粤丝乃至全国的丝业贸易萎缩严重。

因此，为振兴内忧外患的蚕桑事业，挽救衰落的丝业经济，促进粤省蚕桑业的良性发展，就成为民国时期广东政府、商界、农业界、科教界等团体和个人一次又一次开展蚕桑调查的原因和动力。

---

① 杜颂谟：《容桂制丝业调查概况报告》，仲恺农工学校编：《仲恺农工学校学生毕业论文集》（第一辑），1930 年，第 17 页。

② 廖崇真：《广东蚕丝业复兴之途》，广东建设厅蚕丝改良局编：《广东蚕丝复兴运动专刊》，1933 年，第 10 页。

③ 李咸士：《广东缫丝厂调查》，《农事月刊》1927 年第 5 卷第 4 号，第 44 页。

④ 建设委员会统计事务处：《广东丝业之调查》，《农事双月刊》1929 年第 7 卷第 4 号，第 34—35 页。

⑤ 邓浩存：《从蚕业衰落说到广东经济之危机》，广东建设万蚕丝改良局编：《广东蚕丝复兴运动专刊》，1933 年，第 85—86 页。

（二）广东具有开展蚕桑调查的基础和条件

首先，受民国调查之风盛行的影响，广东省各级政府对省内农业、蚕桑调查重视并持鼓励、开放态度。针对粤省当时萎靡不前的蚕桑事业，政府十分重视，开放省内蚕桑区域，鼓励有关部门和相关学术团体对各蚕桑区域进行调查。同时，粤省政府还主动组建调查队伍，分派桑蚕调查任务，更特批调查专款予以支持。政府的大力支持与开放的调查政策是民国广东蚕桑调查得以开展的基础。

其次，民国广东具有能够从事蚕桑调查的专业人才。民国时期，广东地区部分科研机构为提高自身的科研能力，多聘请外籍蚕桑专家，如美国学者考活教授、巴布维副教授等人，指导其蚕桑的生产与教学工作。这些外籍蚕桑专家，具有扎实的专业知识和先进的饲育理念，为粤省蚕桑调查提供人才支持。此外，粤省本地也培养出一些蚕桑专家，他们其中有许多人曾赴日本留学或受到日本蚕桑技术的影响，掌握了一些较为先进的技术，并具有丰富的蚕桑经验。同时，他们精通粤语，熟悉广东的民风民情，方便了广东蚕桑调查工作的开展。

广东有开展蚕桑调查的传统。清光绪时期广东进行了不少农业调查，如《潮州糖业调查概略》《南海县西樵塘鱼调查问答》《徐闻县实业调查概略》《广东阳春县实业调查报告》《粤闽南澳实业调查概略》，其中在蚕桑方面有姚绍书的《南海县蚕业调查报告》，这些广东晚清农业调查，为民国蚕桑调查积累了经验，打下了一定基础。

最后，随着民国社会调查的进一步发展，粤地调查者普遍掌握了基本的调查方法。他们能够结合蚕桑生产的特点，针对需要调查的重点问题，深入各个蚕桑生产区域，进行实地考察，同时能够综合运用观察、访谈、实验等多种调查方法，完成调查任务。整体上看，民国广东具备开展蚕桑调查的基础与条件。

二　民国广东蚕桑调查的组织者

（一）大专院校

民国时期，粤省的大专院校是研究种桑养蚕技术和培育蚕桑人才的重镇。与其他组织相比，大专院校拥有更多的国内外的蚕桑专家，更为先进的蚕桑业生产理论与实验技术，以及政府或外国丝团资助的研究经费，具有相对集中的蚕桑科研优势，能够承担并组织社会调查活动，是广东桑蚕调查的主要组织者。

具体而言，在民国政府的号召下，粤地大专院校组织了一些卓有成效的蚕桑调查。例如，在 1923 年，时任广东省省长廖仲恺先生十分重视广东蚕丝业的发展，鼓励科研学校进行丝业调查，并指派广州岭南大学农学院对华南蚕丝业展开调查。这次调查由岭南大学农学院蚕业系组织，"调查工作主要是由巴士韦尔以及五位广东蚕业科技人员、大学生完成的。调查人员走遍了大多数主产蚕丝的县份共 146 个市镇以及 71 个蚕丝市场，并调查采访了 340 户蚕农、152 间蒸汽缫丝厂和 23 家脚力缫丝厂"[1]，并在此基础上写出了颇有影响的《南中国丝业调查报告书》。

此外，大专院校中蚕桑系的老师和学生们也自发地开展蚕桑业调查，成为国民广东蚕桑调查的组织者。如 1936 年，国立中山大学农学院院长邓植仪先生曾借出席国际土壤学会会议之便，顺道赴欧美各国，调查其生丝外销情形，并写成《广东生丝外销调查报告书》。同年，就读于国立中山大学蚕桑系的叶超同学，在暑假期间，"与同学四人，乘实习之便，奉派往广州三角洲内之中山、顺德、南海、三水各蚕桑区域，作蚕丝业状况之调查"[2]，并将所见、所调查记录于《广东珠江三角洲蚕丝业调查》之中。

再者，在日常的教学中，部分学校将蚕桑调研设为蚕桑专业学生的必修环节，积极鼓励学生开展蚕桑调研。如仲恺农工学校就曾要求其第一届蚕丝科毕业生"于修业中最后一学期，应撰成绩报告或研究报告或调查报告一篇呈核，谓之毕业论文"，该届 18 位毕业生针对粤地蚕种、栽桑、生丝、蚕具等问题进行考察，形成了三篇调查报告，即《调查顺德大良公和祥永隆南纶凤经龙纬等丝厂之报告》《顺德容桂制丝调查》和《容桂制丝业调查概况报告》。可见，大专院校的有力组织促进了粤省蚕桑调查工作的开展。

（二）政府机构

随着粤丝质量的下降与贸易的衰落，粤省政府渐渐意识到蚕桑业存在一些

---

[1] ［美］霍华德、巴士韦尔著，刘仕贤选译：《华南蚕丝业之调查》，广东省农业科学院蚕业研究所，1981 年，第 1 页。

[2] 叶超：《广东珠江三角洲蚕丝业调查》，《中国丝业》1936 年第 2 卷第 5 期，第 108 页。

问题。为了解粤地蚕桑业现状，解决蚕桑业问题，民国粤省政府组织相关部门对各个蚕桑区域进行多次调查。其中，1928 年，广州政治分会建设委员会统计事务处派人对广东丝业进行调查，着重关注广东丝业的沿革、粤丝的成色与粗细、丝厂器具数目、工人数量等问题，并形成《广东丝业之调查》，反映出丝业的基本情况。1932 年，陈梦士奉农林局之命，到"茂名，阳江，廉江等县，调查天蚕生产情形，并采集蚕茧以供研究"①。1936 年，广东省建设厅派邝嵩龄到顺德、中山、南海等县调查蚕业改良状况，并将调查所得整理成《南顺各属蚕丝业调查报告》，在《广东蚕声》上发表。

由政府机构组织的蚕桑调查一般具有调查时间长、调查区域广、调查内容更为系统的特点。由于调查过程中，多有专业技术人员的指导，因此其调查报告更为全面、客观、针对性强，有助于后续的相关研究。可以说，民国粤省政府及其有关机构是民国广东蚕桑调查工作的重要组织者与参与者，政府的大力支持加快了广东蚕桑调查事业的进程。最后还需要补充一点，日军占领广东时期，也曾对珠江三角洲的香云纱生产工艺进行过调查，发表在日本学术期刊上。

三　民国广东蚕桑调查报告的基本类型

民国时期，粤省对蚕桑事业的调查起步较晚，直至 1922 年，才有了较为系统的蚕桑调查。究其原因，一方面是受世界丝市影响，民国初期粤省蚕桑事业呈现出繁荣景象，其中暗含的危机还没有暴露，人们没能清醒地认识到蚕桑业的全貌，进而忽略了蚕桑调查的必要性。另一方面则是受政治格局的影响，民国之初粤省常遇变乱，令蚕桑实地调查活动难以开展。关于民国粤地最早的且较为完整的蚕桑调查报告是 1922 年 1 月出版的《广东省蚕业调查报告书》②，该次调查由广东省地方农林试验场组织，由蚕桑技术员刘伯渊主持，深入到全省十多个种桑养蚕的乡县，调查了三个多月，拉开了民国粤省蚕丝调查活动的帷幕。此后，在其刺激和引导下，粤省蚕桑调查活动日渐增多，渐渐走向蚕桑调查的高潮。

---

① 陈梦士：《天蚕调查报告》，《广东建设月刊》1932 年第 1 卷第 2 期，第 27 页。
② 刘伯渊：《广东省蚕业调查报告书》，广东省地方农林试验场刊行，1922 年。

　　1924 至 1929 年是民国粤省蚕桑调查的一个小高潮。六年中，涌现出 16 篇调查报告，其中出版于 1925 年的《南中国丝业调查报告书》①（即《华南蚕丝业之调查》②，为另一译本）细致而全面地勾勒出民国粤省蚕桑的基本景象，奠定了民国粤省蚕桑业改良的基础与方向，报告极具研究价值，对改良蚕桑业意义重大。而 1932 至 1936 年是粤省蚕桑调查的另一个活跃期，在此期间出现了 10 篇调查报告。与之前的调查报告相比，这些报告中涉及了更多有关各地蚕桑改良区和改良技术的调查，反映出当时粤省蚕桑业的技术改良与进步。此外 1942 至 1949 年间也出现了 6 篇调查报告，这些报告虽然调查地点不同，但调查原因几近一致，主要是对抗战中和抗战胜利后的粤省蚕桑业做调查，以期说明抗战时期粤省蚕丝的真实状况，并研究战争对粤省蚕桑业的影响。

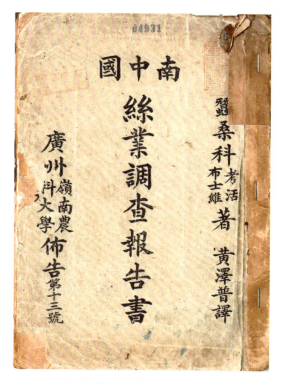

图 1 《南中国丝业调查报告书》

① ［美］考活、布士维著，黄泽普译：《南中国丝业调查报告书》，岭南农科大学，1925 年。
② ［美］霍华德、巴士韦尔著，刘仕贤选译：《华南蚕丝业之调查》，广东省农业科学院蚕业研究所，1981 年。

随着民国广东蚕桑调查的开展，越来越多的调查报告涌现出来。这些调查报告虽然调查的范围不一、关注的重点各异且写作形式多样，但都以反映当时粤地蚕桑生产的真实情况为调查的出发点，以期能在客观了解粤地蚕桑现状的基础上，振兴蚕桑事业。依据调查内容，可将调查报告划分为综合性调查报告和专题性调查报告两大类。

（一）综合性调查报告

综合性调查报告涉及的问题较为全面，反映的情况较为细致且丰富，是对民国广东地区蚕桑问题的全面梳理与讨论，报告一般篇幅较长，且颇具指导意义。按照调查的区域大小，可将其分为全省性调查报告与地方性调查报告。

1. 全省性调查报告

此类报告是在对全省的蚕桑区域调查后形成的，反映的是省内蚕桑事业的综合情况，具有较强的整体性。其主要调查成果详见下表：

表 1　全省性调查报告

题　目	著　者	版　本
《广东省蚕业调查报告书》	刘伯渊	1922 年广东省地方农林试验场
《南中国丝业调查报告书》	［美］考活、布士维著，黄泽普译	1925 年广州岭南农科大学
《广东珠江三角洲蚕丝业调查》	叶超	《中国丝业》1936 年第 2 卷第 5 期
附：《华南蚕丝业之调查》（即《南中国丝业调查报告书》）	［美］霍华德、巴士韦尔著，刘仕贤译	1981 年广东省农业科学院蚕业研究所（原书为英文，1925 年由香港出版）

其中刘伯渊《广东省蚕业调查报告书》是民国时期有关粤省蚕桑事业的最早的综合性调查报告，该报告反映了当时全省各蚕桑区域的生产情况，记录了农人栽桑养蚕的方法与蚕丝贸易形式，初步勾勒出民国粤地蚕桑景象。而随后出版于 1925 年的《南中国丝业调查报告书》则从更为细致的角度全面考察了全省的蚕桑事业，报告阐述了广东蚕业的发展历程与重要意义，重点讨论了桑树栽培、蚕茧生产、丝业市场、农人生活等一系列问题，并对广东蚕桑未来的发展方向作出具体指导。于当时而言，该报告具有很强的问题意识与现实意义。

2. 地方性调查报告

地方性的调查报告指的是对广东省内某一蚕桑区域进行综合调查后形成的报告。这类报告调查地点有限，调查目的明确，报告主要反映出被调查地的具体情况，具有一定的独立性。主要调查成果详见下表：

表 2　地方性调查报告

题　目	著　者	版　本
《调查容桂蚕丝记》	侠吾	《农社年刊》 1924 年第 1 期
《考察顺德蚕桑后之感想》	陈棉寿	《农声》 1924 年第 23 期
《清远蚕桑概况调查报告》	梁鹏熙	《农声》 1928 年第 101—102 期
《调查南属蚕桑情形》	不详	《蚕业导报》 1931 年第 2 卷第 1 期
《合浦蚕业情况调查报告》	吴至勋	《广东蚕声》 1936 年第 2 卷第 5 期
《南顺各属蚕丝业调查报告》	邝嵩龄	《广东蚕声》 1936 年第 2 卷第 6 期
《广东省西江各县蚕丝业》	邓浩存、司徒廉、张仁侠	1942 年广东省建设厅农林局西江蚕桑改良场
《广东顺德县蚕丝业之现状》	连子诚	《经济月报》 1943 年第 1 卷第 3 期
《广东省顺德战后蚕丝业调查报告书》	黄永显、梁锦标、谭宝珠	1946 年国立中山大学农学院蚕桑系毕业论文
《顺德容奇桂洲之蚕丝现况调查》	郑明德	1949 年国立中山大学农学院蚕桑系毕业论文
《广东德庆县的丝业调查》	林炳成	《工业合作》 1943 年第 4 卷第 1 期

由表可知，在地方性的调查报告中，有关顺德县的蚕桑调查较多。究其原因，可能是因为民国时期的顺德蚕桑业已比较成熟，超过南海县，在省内处于领先地位，具有较强的号召力与吸引力，亦有较高的研究价值，因此能够吸引大量调查者，从而出现了更多的调查报告。其中，《调查容桂蚕丝记》和《考

察顺德蚕桑后之感想》主要反映了民国初年顺德县主要蚕桑区域的生产概况。《广东顺德县蚕丝业之现状》则重点关注第一次经济危机及太平洋战争对顺德蚕桑业的冲击与影响。《广东省顺德战后蚕丝业调查报告书》和《顺德容奇桂洲之蚕丝现况调查》则讨论了抗日战争时期顺德蚕业的衰落与战后蚕业振兴的艰难。

此外，在抗日战争时期，受战争影响，粤省三角洲蚕桑区如顺德、南海、中山等相继沦陷，蚕桑事业急速衰落，为扭转颓势，中央农林部和广东省政府曾提出大力发展西江沿岸的蚕桑事业，重建抗战中的蚕桑区域，《广东省西江各县蚕丝业》即是在此背景下调查而成的。报告调查了西江主流及其支流的各县各乡的栽桑、育蚕、制丝及蚕种制造等情况，总结了西江各县的生产能力与发展潜力，迈出振兴西江流域蚕桑业的第一步。

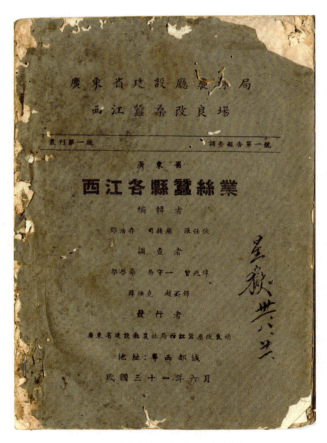

图 2　《广东省西江各县蚕丝业》

（二）专题性调查报告

专题性调查报告涉及的内容较为单一，主题比较鲜明，问题相对集中，一般篇幅较小。虽然专题性调查报告讨论的内容较为局限，材料不及综合性调查报告丰富，反映出的问题也不如综合性调查报告普遍，但它具有较强的针对性，能够对粤省蚕桑的某一问题进行集中调查与深度挖掘，进而可与综合性调查报告互相补充。依照调查内容，可将民国时期广东蚕桑报告分为以下四类。

1. 桑业调查类

这类调查报告主要是对省内桑树繁殖、栽培产量、桑市贸易等问题的调查，具体调查成果详见下表：

表 3　桑业调查报告

题　目	著　者	版　本
《顺香两县各蚕桑区肥料调查报告书》	沈会儒	《南中国丝业调查报告书》 1925 年
《广东植桑业之调查》	作者不详	《中外经济周刊》 1926 年第 153 期
《顺属容桂及大良桑业调查》	谭自昌	《蚕业导报》 1929 年第 1 卷第 2 号

其中，未著名作者的《广东植桑业之调查》统计了顺德、南海、香山、新会、鹤山、三水、番禺、东江流域等地的桑田面积，分述了各地的桑树栽培技术，对全省桑区做了基础性的调查与说明。而刊于《南中国丝业调查报告书》后的《顺香两县各蚕桑区肥料调查报告书》则调查了顺德和香山两地桑区的肥料使用情况，当地使用的肥料品种多样，有人粪尿、花生麸、黄豆麸、畜粪、塘泥、涌泥、旧墙坭、蚕粪、垃圾、鸟毛以及化学田料，调查指出化学田料见效较快，深受桑农认可，但长久使用容易使土壤硬化，因此可向土壤上撒石灰，用石灰中和掉化学田料中的硫酸性物质，从而达到改善土质的效果。

2. 蚕业调查类

这类调查报告主要是对省内蚕的种类、蚕资源、饲育方法、蚕农生计等问题的调查，具体调查成果详见下表：

表 4　蚕业调查报告

题　目	著　者	版　本
《天蚕调查报告》	陈梦士	《广东建设月刊》 1932 年第 1 卷第 2 期
《广东蚕及蚕业之初步考察》	桂应祥、杨邦杰	《农声》 1932 年第 156—157 期
《南海土丝织造业调查概况》		《广东蚕声》 1937 年第 3 卷第 2 期
《顺德蚕业改良实施区观感》	崔载阳、陈孝禅	《广东蚕声》 1936 年第 2 卷第 6 期
《英德天蚕调查报告书》	温世初、潘衍庆	《广东农业通讯》 1941 年第 2 卷第 1 期
《云浮县天蚕丝业调查报告》	梁启桑	《广东农业战时通讯》 1941 年第 2 卷第 6—7 期
《南雄县天蚕调查报告》	吴守一	《广东农业通讯》 1940 年第 1 卷第 1 期
《阳山天蚕调查报告书》	王贵儒	《广东农业通讯》 1940 年第 1 卷第 2 期

　　天蚕是一种野蚕，多寄生在樟树、枫树、水柳、沙梨等树上，并以这些树叶为食料。由表可知，民国时期，省内云浮、南雄、阳山、德庆等地均有对天蚕展开调查并形成相应报告。报告指出在云浮、南雄、阳山、德庆等地枫树与樟树分布较广，天蚕分布也较广，天蚕具有较高的商业价值，但当地蚕农们并没有意识到，也不懂应如何饲养，因此，蚕农饲养积极性较低，多是任其自生自灭。当天蚕成熟后，蚕农们会尽量将其捉尽制丝，而不留种，加之樟树木材珍贵，农人常砍树变卖，破坏了天蚕生长的环境。因而，民国粤省各地天蚕丝产量一直处于较低的水平。

　　3. 丝业调查类

　　这类调查报告是专题性调查报告中数量最多的，报告从丝厂数量及设置、缫丝工具与技术、丝厂组织与管理等方面，介绍粤省丝业现状及其存在的问题，探讨丝业的发展方向。同时，丝业调查报告还能反射出桑树种植和蚕儿饲育环节的部分问题，从而为民国粤地蚕桑事业的改进与发展提供新思路。主要调查成果详见下表：

表 5 丝业调查报告

题 目	著 者	版 本
《往顺德调查蚕桑丝厂记》	郭华秀	《农事月刊》1924 年第 2 卷第 8 号
《旅行顺德观察蚕丝述要》	陈奋庸	《农声》1924 年第 22 期
《广东丝业之调查》	作者不详	《中外经济周刊》1926 年第 146 期
《广东缫丝厂调查》	李威士	《农事月刊》1927 年第 5 卷第 4 号
《容奇纪游——容桂丝业的观察》	黄永安	《农事月刊》1927 年第 5 卷第 4 号
《顺德县属缫丝厂最近概况》	李威士	《蚕丝丛刊》1927 年第 1 卷第 1 号
《赴顺德县分送蚕纸及考察缫丝厂报告书》	李威士	《蚕丝丛刊》1927 年第 1 卷第 1 号
《广东丝庄丝厂之调查》	作者不详	《工商月刊》1929 年第 21—24 期
《广东丝业之调查》	建设委员会统计事务处	《农事双月刊》1929 年第 7 卷第 4 号
《调查顺德大良公和祥永隆南纶凤经龙纬等丝厂之报告》	傅任负	《仲恺农工学校学生毕业论文集》（第一辑）1930 年
《顺德容桂制丝调查》	陈汉新	《仲恺农工学校学生毕业论文集》（第一辑）1930 年
《容桂制丝业调查概况报告》	杜颂谟	《仲恺农工学校学生毕业论文集》（第一辑）1930 年
《广东南海县民乐市丝织业概况》	叶深	《广东蚕丝复兴运动专刊》1933 年
《顺德县黄连丝绵业调查报告》	邓浩存	《蚕声》1935 年第 1 卷第 1—2 期
《广东德庆县的丝业调查》	林炳成	《工业合作》1943 年第 4 卷第 1 期
《广东顺德纱绸织造业调查报告》	钟斐	《广东建设研究》1946 年第 1 卷第 2 期

4. 蚕丝贸易类

这类调查报告围绕育蚕和缫丝生产成本、生丝销售的途径及方式、丝业贸易收入、国际丝业市场等问题展开，从更为直观的经济角度，评估粤省丝业的商业实力与经济地位。具体调查成果详见下表：

表 6　蚕丝经济类调查报告

题　目	著　者	版　本
《广东丝业贸易概况》	李泰初	1930 年中华编译社丛书第三种
《广东本年育蚕及丝业之状况》	商品陈列所	《农商公报》1931 年第 110 期
《广东丝业现在之实际概况》	谭自昌	《广东蚕丝复兴运动专刊》1933 年
《广东生丝外销调查报告书》	邓植仪	《广东蚕声》1936 年第 2 卷第 1 期
《粤省对外贸易调查报告》	蔡谦	1939 年商务印书馆

其中，商学博士李泰初于 1930 年出版的《广东丝业贸易概况》强调了粤省丝业在经济上的重要地位，总结了粤地丝业的组织与生产情况。面对当时粤省丝业下滑的危机与他国丝业劲敌的崛起，报告提出了可行的丝业改进意见，一方面要减轻自身丝业生产的成本，完善丝厂生产的硬件设施，提高蚕丝质量，另一方面要加强政府在丝业发展过程中的作用，政府应适当降低税率、维护丝业贸易秩序、扶助丝商，从而振兴蚕丝实业。另外，邓植仪的《广东生丝外销调查报告书》也颇具特色。该报告是邓植仪远赴欧美各国调查所得，报告重点关注了粤丝在国外的价格及其与他国丝品的竞争实力，结合各国生丝消费的真实需要，指出粤丝外销的方案，并建议粤省学习伦敦、里昂、纽约等地，在国外设立贸易专员，时刻关注丝业市场的变化，并直接与生丝制造者联络，使供求两方息息相关，增强粤丝的生产积极性与外销实力。

应当说明的是，综合性调查报告与专题性调查报告是相对的，并非是绝对的，因此，二者之间并没绝对分明的界限，也无需将这两类报告对立起来。

四　民国广东蚕桑调查报告的价值

首先，调查报告关注蚕桑业发展，问题意识明确，以客观事实为基础，真实地反映粤地蚕桑业的生产状态与行业内存在的问题，如养蚕育种的技术缺陷、丝厂生产与管理的弊端、过于被动的丝业贸易等等，引起了社会广泛重视与讨论，并对当时农人的蚕桑生产起到指导作用，对振兴蚕桑事业，恢复粤丝经济具有积极意义。虽然民国粤地蚕桑业最终未能复兴，但调查报告成功唤起了人们对蚕桑事业发展的思考，为新中国成立后蚕桑业的发展打下基础。

其次，调查报告不仅是民国广东蚕桑业发展的见证者，更是民国广东蚕桑史的记录者，具有很高的学术价值。调查报告较为清晰地记载了民国广东地区蚕桑业的发展脉络、生产能力、经营模式、技术水平、蚕桑农人生活等多个方面，是研究民国广东蚕桑史的珍贵材料。从蚕桑调查的角度切入，可以更为细腻地了解蚕桑业的发展，进而丰富粤地蚕桑文化，充实蚕桑史的研究。

再者，以史为鉴，调查报告中呈现出的经验和教训能为现代蚕桑业的发展、转型与深化改革提供借鉴，具有现实意义。第一，蚕桑业的生产需要因地制宜，适宜的生产环境、先进的生产技术与专业的人才队伍是其发展的基础。第二，政府应适当进行宏观调控，规范丝业行为，维护蚕桑业秩序，保障蚕桑业的健康发展。第三，在丝业贸易中，既要密切关注国际丝贸市场，又不能过分依赖国际市场，要掌握贸易的主动权，从而促进粤省乃至全国经济的发展。

民国广州医学文献综述

张　正　张晓红　刘　莹

（广州中医药大学）

一　民国时期岭南（含广州）医学文献研究现状

自 20 世纪 40 年代起，就有学者开展岭南医学史的研究，1949 年 3 月，苏寿琪在《广东文物特辑》发表《清代广东中医药文献》，整理了 102 种广东中医药古籍目录，并提出"如能翻印成岭南医学丛书，则嘉惠于本省人民之健康者。盖疾病与地理有连带关系，采本省医界前哲之宝贵临床经验，以治疗本省之病者，当较胜采用其他书本多矣。"

20 世纪 70 年代末，邓铁涛教授倡议对岭南医学进行有组织、有系统的深入研究，并在他及广东医史同仁的努力下，最终于 1997 年成立广东中医药学会岭南医学专业委员会，标志着岭南医学研究走上了正规、系统的发展道路。2006 年，广东开始中医药强省建设后，岭南医学流派的研究与传承工作进一步深入开展。研究工作主要围绕岭南医学典籍整理、理论研究、临床各科、南药开发和对外交流展开，岭南医学文献研究也进一步成熟和发展。

（一）综合研究

广州市名老中医吴粤昌，从 20 世纪 50 年代起搜集岭南医药史料，至 1984 年完成《岭南医征略》[①]，该书从经、史、子、集及书目、方志中辑录资料，为 500 余位岭南医家作传，至今仍是研究岭南医学的重要参考书目。其中有民国医家 81 人，对医家著述颇有论及。

---

① 吴粤昌：《岭南医征略》，广州市卫生局，1984 年。

对民国时期岭南医学文献的系统研究，以广州中医药大学图书馆刘芳的工作为代表。她长期从事岭南医学文献整理工作，先后发表《民国时期岭南医学文献在我国医学史的作用》(《中医文献杂志》，2005)、《广州中医药大学图书馆馆藏民国时期岭南医学文献书目分析》(《中医文献杂志》，2005)、《试析民国时期岭南医学文献的特点》(《中医文献杂志》，2006)、《民国时期岭南医籍的整理研究》(《中华医学图书情报杂志》，2011) 等论文。论文以中医为主，主要涉及民国时期讲义、专著、期刊 3 类文献，并基于文献存藏机构和联合目录展开调查研究，研究成果反映民国时期岭南中医文献的存藏情况、学术特点与文献价值。刘芳还在科研基金的支持下，建成民国时期岭南医籍书目网上检索平台，收录书目 200 余种，已开放利用，平台除收录中医文献，亦收入使用广泛的西医教材，如解剖学等。

高日阳等主编的《岭南医籍考》[①]，对 1949 年以前的岭南中医药著作进行了深入系统的收集、考订、整理，凡见诸文献者，皆竭力搜罗，收书 577 种，其中 126 种为民国文献（成书、初刻于民国，或目前仅存民国版本）。该书的一个特点是列出版本与馆藏地，有利于下一步的整理和出版工作。

（二）专题研究

广州中医药大学李禾教授致力于岭南医案的整理与研究，发表《1949 年以前岭南医家医案概貌概要》一文，结论为民国时期医家医著最多最集中，同时医案也最多，是岭南医家医案发展的鼎盛时期。李禾整理的民国医案除 8 部专著外，并从期刊、汇编中发掘医案，析出医案 999 则。孔祥华等《岭南中草药文献著作简析》(《广州中医药大学学报》，2010)，对东汉至现代岭南中草药文献著作进行调查，收录民国文献 6 部；而他的博士论文则对民国时期岭南草药著作《岭南采药录》与《山草药指南》进行了系统整理与研究。此外，专题文献研究还有刘芳《民国广东针灸医籍考》(《中医研究》，2011)、郭强的博士论文《1949 年以前岭南中医喉科眼科文献整理研究》、余洁英的博士论文《岭南伤寒文献收集及医家学术思想探讨（清至近代）》等。

民国时期中医教材的研究与整理开始受到重视，近期重要研究成果有刘芳、刘瑜的《近代广东地区中医药教材初步整理》(《中医文献杂志》，2015)，她根

① 高日阳等主编:《岭南医籍考》，广东科技出版社，2011 年。

据各种书目及广东省内各高校、公共馆实地调查，初步整理出现存广东地区近代中医药教材 145 种，远超出《中医图书联合目录》所著录的 45 种。饶媛则发表了论文《民国时期广东地区中医儿科学教材的文献梳理》（《中医文献杂志》，2014 ）。

中医期刊是非常有效的学术交流媒介，在近代广东中医学术发展史上发挥了重要作用。学者们开始着眼利用期刊研究当时学术发展的概况，成果有赖文等《民国期间广东〈杏林医学月报〉核心作者简介》《民国中医期刊的史学与文献价值：广州现存广东期刊调查》。此外《岭南医学史》（近代卷）特别用一节的篇幅介绍了民国时期广东中医期刊。

（三）名家名作研究

对于民国时期广州有影响的著名医家及其著述的研究非常充分，诸如刘芳《陈仁山与〈药物出产辨〉》（《中医文献杂志》，2010 ）、《岭南针灸名医曾天治〈科学针灸治疗学〉学术探析》（《浙江中医药大学学报》，2013 ），李乃奇、刘小斌《民国针灸医家徐益年及其〈实用针灸学〉》（《中国针灸》，2014 ），廖吉娜硕士论文《近代岭南名医卢朋著〈四圣心源提要〉研究》（广州中医药大学，2007 ），刘淑婷硕士论文《岭南伤寒派医家黎庇留及其著作的整理与相关研究》（广州中医药大学，2008 ），许国敏、张横柳《岭南名医易巨荪〈集思医案〉的学术思想》（《广州中医药大学学报》，2006 ），何丽春《〈读过伤寒论〉版本源流梳理》（《中医药文化》，2008 ）等。

（四）西医文献研究

由于医史文献学科长期隶属于中医学，故对中医文献的研究比较充分。同时，也因为中医注重学术传承，其早期文献仍有较强的利用和参考价值，而西医文献时效性强，生命期较短，因此，民国时期西医文献的研究成果较少。其中，西医传入初始阶段的译著，对中国近代社会及知识界有着启蒙意义，对社会发展有深远影响，受到研究者的关注。如胡震远《早期在中国刊行的西医书籍及中西医学理论结合的著作》（《中西医结合杂志》，1982 ）、《西医译著与近代中医界的反省》（《华东师范大学学报》，1986 ），赵璞珊《合信〈西医五种〉及在华影响》（《近代史研究》，1991 ），陈永生、张苏萌《晚清西医学文献翻译的特点及出版机构》（《中华医史杂志》，1997 ），卢萍《中国近代出版的西医护理书籍》(《中华医史杂志》，2002)，李传斌《近代来华新教医学传教士的西医译、著》(《中华文化论坛》，2005)，李东《清末民初在华传教士西医译作的归化研究》(《成都师范学院学报》，2016)等。

潘荣华、杨芳《民国时期医学院校创办的医学报刊研究》(《辽宁医学院学报》(社会科学版)，2011)一文对民国时期 53 所医学院校创办的 119 种医学报刊进行系统梳理。《中山大学学报》编辑部的张敏瑞在该刊创刊 30 周年之际，发表《中山大学医学〈学报〉创刊史追忆》一文，对《中山大学学报》的历史渊源进行回顾，其内容涉及中山大学中山医学院前身岭南大学（博济医校、夏葛女子医校）、私立广东光华医学院、国立中山大学医学院所创办的各种医学刊物。

李永宸的《近代社会历史背景视野下的民国广州医学院校教学日历解读》一文，2014 年发表于《南京医科大学学报》(社会科学版)，该文以独特的视角，关注到教学日历这一特殊的文献，研究发现民国时期私立广东光华医学院、夏葛医学院两所西医院校教学日历有较大差异，其差异在节假日安排上更为明显。国民政府成立后，收回教育主权，夏葛医学院校历的宗教节日减少，革命纪念日增加，政治色彩加强。通过考察民国广州医学院校教学日历及其历史变迁，不仅可以看出各院校的文化特点、办学风格，而且可以看到 20 世纪 30 年代国民政府对教会学校的管理得到强化。这篇文章给我们的启示是，在西医文献中，还有一些没有受到注意，但极有研究意义的素材。

（五）出版整理

2005 年起，作为中医药强省建设的重点规划项目，广东科技出版社与广州中医药大学等单位联合组织了《岭南中医药文库》的编纂出版工作，其典籍系列采取影印形式，出版民国时期广州医籍《读过伤寒论》《读过金匮卷十九》《伤寒论崇正编》《麻痘蠡言》《伤寒类编》《岭南采药录》《山草药指南》等。

2015 年，郑洪教授组织对广东中医药专门（科）学校教材开展了点校整理工作。共收录教材 10 种，由上海科技出版社出版。在此过程中，配合点校工作的广州中医药大学图书馆与博物馆，将馆藏中医讲义进行了全文扫描。

从广州医学文献现有研究成果进行分析，可见：

1.当前的学科体系中，医史文献学属于中医学科，研究工作主要由中医从业者承担。因此，中医文献的研究相对充分，西医文献的研究还比较薄弱，尤其缺乏对西医文献出版情况的整体调研，而这也是开展《广州大典》二期选目所必须的先行工作。

2. 由于民国去今未远，民国时期的文献研究尚待深入，文献学工作者对于古籍更加重视，对民国这一特定时期的研究不多。张云《民国医药文献研究现状》（《中国中医基础医学杂志》，2015）对2000年以来从事民国医药文献研究的论文进行内容分析，发现文献研究主要围绕期刊、著作和地方文献三个对象；对于期刊、著作的研究主要针对中医；地方文献研究共有22篇论文，涉及广东、江苏、福建等10个地区。结论发现地方文献研究分布不均，仅有广东等10个地区已启动民国医药文献的研究工作，且仅对本地区的部分民国文献进行调查和整理。

可以说，长期以来，医史文献研究中存在着割裂中医与西医、传统与现代的现象。大多数文献学研究着眼于中医文献，而早期西医文献的历史意义与学术价值长期没有得到充分的重视。广州作为西医传入中国的主要窗口，对广州医学文献的研究中，特别缺乏对西医文献在广州传播发展的概况、历程及其历史意义的全面研究。综合考察研究现状，对广州医学文献的研究整理中，存在以下问题：

1. 整理性研究较多，而利用文献内容进行学术探索的研究相对不足。内容大多数为针对文献存藏情况的调研与简介，甚至包括编目、分类、出版（影印与点校等）。

2. 整理性研究中，中医文献较多，早期西医文献发掘不足。

3. 缺乏结合社会历史背景、以发展动态的眼光进行的研究。

4. 研究成果中存在一些错误。

民国时期是中国近现代卫生事业发展和医疗制度建立的关键阶段，在此过程中，出现中西医交汇融合、相互借鉴的现象，在广州地区表现得尤为典型。在中西医文化碰撞中，出现很多名家和重要学说，记录在这一时期的文献当中。因此，仅着眼于古代文献与中医文献，不能全面反映岭南医学发展演进的历程。

二　现存民国时期广州医学文献

（一）医学档案

1912年广东都督府设卫生司，同年裁撤，仅在警察厅内设卫生科。1921

年广州市政厅下设卫生局，是中国地方政府最早建立的市级独立卫生行政机构。卫生局成立后，引入西方的卫生行政管理制度，以保证健康、谋求人民福利、促进都市文明为宗旨，各种新政纷至沓来，中西医师注册、药政管理、建立公共卫生设施等相关制度很快建立起来，期间发布各种相关法规及章程。

广州在民国时期经历政权更迭，机构频繁改制，同时因卫生新政处于刚刚建立与成型的阶段，在实施中难免发生各种问题，社会各界对新政亦并非持全面拥护态度，尤其是在中西医之争中，一些不利于中医药的政策受到抵制，需要经常修订；广州市卫生局设有统计课，专事各种卫生统计事项，定期发布相关统计报告。因此，民国时期广东产生了非常丰富的医学法规、政策、统计报表等文献。这些文献目前纳入档案管理，除在《广东省政府公报》《广州市政府公报》《卫生公报》《广州年鉴》等出版物中公布，还有大量原件，收藏于省、市档案馆。同时广东省档案馆接收了很多医院、医学校、药厂的早期档案，如中山大学 1949 年以前相关的部分档案已移交广东省档案馆。

广东省档案馆、广州市档案馆收藏了与民国时期广州医学行政、医学教育、医疗产业有关的丰富资料。通过实地调查发现，广东省档案馆收藏与民国时期广东省医疗卫生相关的档案计 32417 篇，与广州市医疗卫生相关的档案 1058 篇；广州市档案馆收藏与民国时期医疗卫生相关的档案 2776 篇。这些档案，反映了民国时期广州市卫生行政管理体制的变迁，记录了广州市医学事业发展的历程和概貌。医学事业与人民健康和社会发展息息相关，医疗卫生事业是广州社会的一个重要侧面，因此，医学档案是研究广州市历史文化不可或缺的宝贵资料。

（二）医学书刊

中国最早的西医著作和西医刊物，均产生于广州。自合信《全体新论》起，大量西医译著在广州出版，在中国西医的初始发展过程中起到了重要的作用。早期西医译著主要为医学传教士翻译，一般以普及新知为目的，内容浅显，除用作医学教育外，一般的知识阶层也能接受，专业性不是很强。

进入民国后情况发生了一些变化，归国留学生成为译书主体，他们既精通西方语言文字，又对西方文化学术有比较深入的了解，因此摆脱了"西人口译，国人笔述"的翻译模式。与此同时，随着本土学者不断成长起来，华人自著的西医文献开始产生，单一依靠翻译的局面有所改变，虽然翻译引进的图书仍占一定比例，但基本上以国人撰写的著作为主。

《民国时期总书目》以北京图书馆、上海图书馆、重庆图书馆的馆藏为基础，基本上可反映民国时期图书出版情况及目前的存藏状况。该书目共收录民国医书 3859 部，其中国人撰写 3303 部，译著 556 部，占民国图书总量的 3.1%，在应用学科中占据首位。图书涵盖医学的各个专业领域。见表 1：

表 1 《民国时期总书目》著录医学图书分类统计

类　别	国人著作（种数）	译著（种数）	合计（种数）
医学总论	51	16	67
预防医学、卫生学	807	148	955
中国医学	881	4	885
基础医学	181	60	241
临床医学	145	78	223
内科学	272	49	321
外科学	69	18	87
妇产科学	88	42	130
儿科学	21	10	31
肿瘤学	0	3	3
神经病学与精神病学	32	21	53
皮肤病学与性病学	64	16	80
耳鼻喉科医学	9	3	12
眼科学	29	9	38
口腔科学	19	8	27
医学教育及普及读物	65	3	68
特种医学	189	26	215
药物学	180	36	216
丛书及文集	34	0	34
医学综合参考工具书	58	6	64
其他（团体机构年报等）	109	0	109
总计	3303	556	3859

《民国时期总书目》共收录广州医学图书 30 种（范围包括广州出版或责任

者为广州人士或机构），不包括中医学术著作与医学院校出版物，此两类文献将在下文专门介绍。此处广州的地域界定，参照当下广州区划，除"老八区"外，纳入增城、从化、番禺、花县四县。民国时期，省港在各种社会事务中均有紧密的联系。同时有学者指出："由于香港特殊的政治背景和地理位置，印刷术一向发达，加之印刷物件容易进口，印刷成本低，周期快，也使广东的出版商多以香港为自己的印刷基地。往返粤港，虽多了运费，但总的费用却要低廉得多，印刷质量也高。以上因素，是广东在西方印刷术传入后印刷事业没有蓬勃发展的主要原因。"[1] 因此将相关的香港出版物纳入，下同。《民国时期总书目》收录广州医学图书情况见表2：

表2 《民国时期总书目》收录广州医学图书情况一览

分类	题　名	作　者	出版	款目号
医学行政 与 统计资料	现行卫生法规	苏六昭、雷震亚	广东省地方行政干部训练团	01047
	卫生行政	马维骃	广东省地方行政干部训练团	01061
	一年来的广东卫生行政（二十八年下半年至二十九年上半年）	（伪）广东省政府民政厅	编者刊	01281
	广东卫生	广东省政府秘书处	编者刊	01282
	广东卫生工作人员手册	广东政府卫生处	编者刊	01283
	卫生年报（民国十四年七月至十五年六月）	广州市卫生局	编者刊	01284
	广州卫生（第1期）	广州市政府卫生局	编者刊	01285
	广州市卫生行政之检讨	邓真德	广州市政府卫生局	01286
	广州市卫生展览会特刊	广州市政府卫生局	编者刊	01287
	广州市卫生局三十四年九月至三十五年八月工作报告书	广州卫生局	编者刊	00129
	中华医学会第三届大会日程	中华医学会	编者刊	00142

---

[1] 金炳亮：《近代广东印刷业发展概况》，《广东史志》1994年第1期，第50—52页。

续表

分类	题名	作者	出版	款目号
	广州卫生统计资料（三十六年度）	广州市卫生局	编者刊	01109
	广东卫生表格	广东省卫生处	编者刊	01110
	卫生年鉴	广州市卫生局医务课教育股	编者刊	00274
医疗机构	汉持医院、汉持护士学校奠基专刊	汉持医院	编者刊	01191
	广州惠爱堂募建平民医院小启	广州惠爱堂	编者刊	01192
学术专著	活的身体	日新	生活书店	02276
	血液型之概说	［日］古畑种基著，广东博爱会医院编译	编者刊	02310
	李氏疗学（第1册）	李焕燊	泽群科学编译社	02466
	三大慢性病与中国青年	古鸿烈	著者刊	02706
	食物之各成分与尿石之关系	侯祥川		03044
	最新癌症疗法	英国标准实验研究院	车成公司	03217
	简明齿科学	池清华	广州清华印书馆	03406
	简明口腔外科学	［日］三条慎悟著，陈朝政译	中华书局	03428
	战用毒气的防御与其救护方法	李兆时	健康知识社	03628
	临床药典	李龙文	广东医药旬刊社	03666
	三民主义与医学	黄雯	世界论坛社	00027
	人工呼吸法	糜赞治	中华书局	02996
	儿童传染病	余之珩	中华书局	03428
	公共卫生常识	翟培庆	中华书局	00450

通过对其他书目及广州各大图书馆书目数据库的检索，查到《民国时期总书目》未著录民国时期广州医学图书 67 种（不包括中医学术著作与医学院校

出版物），见表 3：

表 3 《民国时期总书目》未著录广州医学图书情况一览

分类	题　名	作　者	出　版
医学行政 与 统计资料	广州市夏令卫生运动宣传周特刊	广州市夏令卫生运动委员会	
	卫生年刊	广州市卫生局教育部	广州市卫生局
	种洋痘劝告书种牛痘新编	黎启康	广州市卫生局
	广州河南卫生工作计划	马维各著，石汉章译	广东家庭卫生促进会
	珠江颐养园统计汇刊	朱梦昙	广州致和印务公司
	广东省卫生行政概要	广东省政府民政厅	
	广东省政府卫生处工作报告书（三十五年四月至九月）	广东省政府卫生处	编者刊
	广东省卫生工作人员手册	广东省政府卫生处	
	广州市卫生局规程汇编	广州市卫生医务课教育股	编者刊
	广州市卫生局规程汇编刊	广州市卫生局	编者刊
	广州市卫生局卫生实验区事务所成立纪念册	广州市卫生局卫生实验区事务所	
	卫生年刊（1923）	广州市卫生局教育股	
	广州市卫生局卫生特刊	广州市卫生局	编者刊
	广州市医师印鉴录	广州市卫生局	编者刊
	三十五年度广州卫生统计资料	广州市卫生局	编者刊
	广州市卫生局施政报告统计册（1947）	广州市卫生局统计室	
	三十六年度广州卫生统计资料	广州市卫生局	编者刊
	广州市政府三十七年度主要施政统计（卫生之部）	广州市政府统计室	编者刊
	中华精神医学研究会概况	中华精神医学研究会编辑部	中华精神医学院
	广东家庭卫生促进会工作年报（民国二十二年度即廿二年七月至廿三年六月止）	广东家庭卫生促进会	编者刊

续表

分类	题　名	作　者	出　版
	广东家庭卫生促进会工作年报（民国二十三年度即廿三年七月至廿四年六月止）	广东家庭卫生促进会	编者刊
	广东家庭卫生促进会工作年报（民国二十四年度即廿四年七月至廿五年六月止）	广东家庭卫生促进会	编者刊
	广东省救护委员会会务报告	广东省救护委员会	编者刊
医疗机构医护人员及团体	红十字会广州分会纪事日记	红十字会广州分会	编者刊
	广州万国红十字会服务团一年来工作概述	广州万国红十字会服务团	编者刊
	中华民国红十字会广州市分会抗战救护特刊	红十字会广州分会	编者刊
	广州万国红十字会服务团三年工作报告（民国二十七年至三十年）	广州万国红十字会服务团	编者刊
	红十字特刊	红十字会广州分会	编者刊
	中华民国红十字广州分会救护学专号	广州市红十字会	编者刊
	华南万国医药救济会	华南万国医药救济会	自由印务有限公司
	与人方便	广州方便医院	
	两广浸会医院报告书	曾恩涛	两广浸会医院
	两广浸会医院三十周年纪念特刊	两广医院	
	城西方便医院统计汇刊	刘明尧	广州方便医院统计股
	方便医院追悼大会总报告	广州方便医院追悼大会	编者刊
	广州方便医院征信汇刊（民国二十三年）	广州方便医院会计处	编者刊
	广州方便医院工作报告书（三十六年九月至三十七年十月）	广州方便医院	编者刊
	广州市方便新院香港募捐纪念册	邱永鎏、刘希文	广州城西方便医院驻港办事处

分类	题 名	作 者	出 版
	广州市市立医院二十五年度年报	广州市市立医院	编者刊
	广州市各医院沿革附调查表		
	广州市市立医院报告书	广州市立医院	编者刊
	市立医院地平面图（手绘本）		
	惠爱医院甲寅乙卯年征信录	广州惠爱医院	编者刊
	志德中医院慈善特刊	广州市佛教志德慈善中医院	编者刊
	佛教志德慈善中医院复员二周年纪念特刊	广州市佛教志德慈善中医院	编者刊
	广州市立精神病院复员两周年纪念	广州市精神医院	编者刊
	广州市戒烟医院年报（廿五年度）	广州市戒烟医院	广州市戒烟医院
	大同精神特刊	大同精神医学研究会	编者刊
	广东省番禺县卫生院卅五年度工作概况	番禺县卫生院	编者刊
	广州市牙科医学会民国十年年报	广州市牙科医学会	编者刊
	广州市牙科学术进修班讲义汇编	广州市牙科学术进修班同学会	编者刊
	医师公会刊	广州市医师公会	编者刊
	广州市中医师公会周年特刊	广州市中医师公会	编者刊
	广州医师一览	南国图书出版社	编者刊
	广州中医师录	南国图书出版社	编者刊
学术专著	肺结核病人应当晓得的几件事	谭大同	广州大同医院
	大众营养知识	张诚	广州群学出版社
	工人与卫生	王文仲	广州新华书店
	军人卫生学	广东将兵学堂	两广学务处
	普通体操法	［日］坪井玄道著，李震汉译	广东开明书局
	防御毒气浅说	吴为霖	广东兵气制造厂
	救护一年	广州青年会扶轮社	广州青年扶轮会

分类	题 名	作 者	出 版
	波路氏微菌学	［英］波路著，陈世华译	广州大同春药房
	齿科医学临床的展望	池清华	广州牙科材料店
	口腔化脓性疾患的一般基础疗法		中国牙医学研究会
	现代药物集	温泰华、湛景唐	仁康大药房
	孙中山先生医学的国家观		人生服务社

民国时期广州中医医家，在继承古代医学理论基础上，顺应潮流发展，总结新经验，吸收新知识，结合现代科学著书立说，产生大量著述，中医理论有所丰富、提高。根据《中国医学通史》（近代卷）、《岭南医学史》（近代卷）、《中医图书联合目录》（1959 年版）等参考工具，结合广州中医药大学图书馆馆藏，整理民国时期中医图书 63 种（范围包括广州出版图书或广州人士著作，民国翻印之古籍有更早版本者未纳入，中医讲义另于下文介绍），见表 4：

表 4　民国时期广州中医图书情况一览

分类	题 名	作 者	版 本
诊法	辨脉指南	郭治	1931 年上海中医书局石印本
	脉学纲要（上卷）	李炳南	父子医务所
伤寒	读过伤寒论	陈伯坛	1930 年陈养福堂刻本
	读过金匮卷十九	陈伯坛	1940 年香港伯坛中医专校铅印本
	伤寒类编	陈庆保	1927 年番禺陈氏家塾铅印本
温病	疟病学	梁乃津	1943 年中国医药文化服务社铅印本
	瘟疫论类编松峯说疫合刻	刘奎	1912 年广州老威大药房刻本
	辣蓼治肠炎赤痢实验	广东省卫生厅	
针灸	实用针灸医学	曾天治	1936 年铅印本
	实用针灸学	徐益年	1933 年广州徐仁甫医庐铅印本
	（科学化）针灸医学	曾天治	
	科学针灸治疗学（上、中、下）	曾天治	1944 年时潮印务局铅印本
	曾天治针灸治验百零八种	曾天治	1935 年广州法天针灸治疗所铅印本
	救人利己的妙法	曾天治	

续表

分类	题 名	作 者	版 本
本草	药物略释	梁慈文	1925 年广州粤光医舍铅印本
	中药性类概说	谭次仲	1947 年重庆中西医药图书社铅印本
	中药之化学与药理	丘晨波、裘家骏合著	1949 晨波药师事务所铅印本
	植物化学成分提炼法	丘晨波、陈新谦合编	1948—1949 年广州丘晨波药师事务所铅印本
	中西药典	张公让	1948 年著者自印本
	岭南采药录	萧步丹	1932 年萧灵兰社铅印本
	山草药指南	胡真	1942 年铅印本
方书	经验良方撮要	符霁光	1913 年龙江明新刊本
	杂症救急良方	不著撰人	民国间大新书局铅印本
	唐千金类方	黄恩荣	1914 上海千顷堂书局石印本
	良方撮要	梁昌本	1936 广州蔚光印刷厂铅印本
	难产神验良方绣阁保产良方	邵友濂	广州培英印务局铅印本
	经验寿世良方	唐世泰	1914 年铅印本
	经验良方	周桂山原编，梁思祺增辑	1917 年上海炼石斋书局石印本
	备用药方汇选	香港东华医院	东华医院董事会
养生	防病新书初集	林屋山人	1929 香港林屋山人医院铅印本
	寿亲养老新书	陈直原著	1916 年南海黄氏刊翠琅轩馆丛书本
内科	洞溪医案唐人法	黄恩荣	1933 年刻本
	肺病自医记，吐血治验记	张公让	广州张公让诊所
	肺病治疗之中西医学比观	张公让	张公让诊所
外科	瘰疬秘传	吴九言	1918 香江呓庐铅印本
	白喉证治歌诀	吴九言	1918 年铅印本
	白喉治法忌表抉微	耐修子	1914 年羊城石经堂石印本
	救目慈航	黄荔洲	1928 年广州联兴路宏粤公司铅印本
	黄乔岳眼科全集	黄赞炳	艺文印务局
	脚气刍言	曾超然	民国铅印本

续表

分类	题 名	作 者	版 本
	治疯证验略记	易沃林	1913 年广州石印本
	瘰病花柳良方录要	不著撰人	民国间广州辛经堂刻本
	麻疹（急性发疹性传染病卷一）	江济时、梁乃津	新中医月刊社
	喉症良方（白喉忌用）	麦秀岐	编者刊
妇科	女科刺要	郑召棠	
儿科	痘疹心法歌诀	必良斋主人	1917 年铅印本
	儿科经验述要	杨鹤龄	1949 广州杨吉祥堂刊本
	保赤全科	叶荫桐	1927 年铅印本
医案医话	觉庐医案新解	卢觉愚	1938 年著者铅印本
	觉庐医话录存	卢觉愚	
	全国名医验案汇编	曾月根	1929 年上海大东书局
	书带草堂医案	郑召棠	香港华洋印务公司
	集思医案	易巨荪	民国抄本
	遇安斋证治丛录	刘永枌	1925—1927 年千顷堂铅印本
综合	医方全书	何梦瑶	1918 广东两广图书局铅印本
	拾慧集	何德藻	1920 年何家鲲铅印本
	医学经验谈	谭孟勤	厦门风行印刷社
	中医改进之路	高德明	1935—1936 年广州铅印本
	中国医学史	江贞	广州中医江松石医务所铅印本
	中西医学比观	张公让	梅县松口张公让诊所
	四圣心源提要	卢朋著	1932 年铅印本
	中医与科学	谭次仲	1947 年中西医药图书社
	中国医学概论	陈永梁	1947 年光华图书务公司

（三）医学院校出版物

医学教育机构的成立进一步促进了医学文献的繁荣。民国时期，广州的国立中山大学医学院、岭南大学医学院、私立广东光华医学院等医学高等教育机构，在全国均有较大影响。同时出现了中医药学校，如广东中医药专门学校、广东光汉中医专门学校、广州汉兴国医学校等，采用现代学制，开展正规的中医药教育。这些中西医学教育机构，在教学的同时，开展科学研究及学术交流活动，促进学术发展，普及医学知识，编纂论文集，出版教材、学术专著等。

西医院校中，由于民国期间一直没有全国统一编写的教科书，博医会等团体以及商务印书馆等出版机构出版的一些教科书，一般不能完全符合教学要求，大多数医学院校使用自编的讲义。在国内医学有所发展的情况下，医学院校的教师也结合本地实际，开展学术研究工作。如结合国人体质的解剖学、生理学研究，结合本地情况的流行病学调查、病理学及细菌学考察等。国立中山大学、私立广东光华医学院均设有出版部，出版本校的学术成果。以国立中山大学为例，在广东大学时期，其医科即成立医学会，研究医科学术，促进医学进步；至国立中山大学医学院成立，陆续建立解剖、病理、生理、药物、细菌5个研究所，开展科学研究。在抗战前，针对本地情况，开展了中华瓜仁虫之生活史及治疗法、麻疯菌之培养及治疗法等学术研究。在抗战中，医学院在澄江、粤北办学期间，仍然坚持科研工作。在澄江，罗致桓完成《云南澄江县妇女生育与儿童死亡之概况》调查报告；在粤北，药物研究所编著50万余字《药理学》一书；细菌研究所出版《细菌学图谱乙》一书，并对当地瑶民血型及卫生考察等进行专题研究。学者们还开展了向西方引介中国传统医学的尝试，罗荣煦先后完成了《中国医书〈寿身小补〉》《中国医书〈寿世保元〉》的德文译本。根据各种书目及文献收藏单位的调查，整理出现存西医院校出版图书共47种，见表5：

表5 广州西医院校出版图书情况一览

题　名	作　者	学　校
广东公医校院十周年布告		广东公医学校
广东公医校院十一二周年布告		
广东公医校院十三周年布告		
广大医科周年纪念号		广东大学医科
内分泌素化学实验	［日］绪方章著，王增悦、冯淇辉译	国立中山大学医学院
国立中山大学第一医院概览	国立中山大学第一医院	
德国优生政策的实施与儿童的教养	张梦石	
广州国立中山大学医科病理学研究所新舍开幕纪念		

续表

题　名	作　者	学　校
战地救护法	李兆时	
毒气防御法	姚万年	
市民防毒要览	萧冠英	
军用毒气病之病理及治疗法	梁伯强、杨简	
流行性脑膜炎专论	英延龄	
救护学大纲	周煚昭	
肺痨病	麦灵著，俞绍基译注	
战地救护须知	李兆时	
生理学大纲	舒尔最著，梁仲谋译	
中山大学图书馆新编医药书目	刘朝阳等	
人体解剖内脏学	王仲乔	
我国人体新生赤血球之研究	叶少芙	
痔核注射疗法	梁心	私立广东光华医学院
东三省防疫方略	陈垣	
奉天万国鼠疫研究会始末	陈垣	
光华医师会特刊	广东光华医师会第二次全体大会	
余之肉沙眼及其继发症与胬肉扳睛之根治疗法	李博文	
新药大成（1—3集）	梁心	
新纂药物学（第1、2册）	梁心	
私立广东光华医科大学章程		
孙逸仙博士医学院公函		岭南大学医学院
中山纪念博济医院九十九周年年报		
广州博济医院创立百周年纪念	孙逸仙博士医院筹备委员会	
广州博济医院第100周年年报（附建药新院募捐征启录）	孙逸仙博士医学院筹备委员会	
私立岭南大学附属博济医院一百零一周年年报	岭南大学	
私立岭南大学孙逸仙博士医学院附属博济医院一百零二周年年报		

续表

题　名	作　者	学　校
私立岭南大学附属博济医院一百零三周年年报	博济医院	
广州博济医院年报	博济医院	
孙逸仙博士医院一览		
中山纪念博济医院概况	博济医院	
广州医院百年来的历史	博济医院	
博济医院章程	博济医院	
博济医院普通技术之预备法则	博济医院	
广州孙逸仙博士医学院公共卫生科廿五年度工作报告	博济医院	
夏葛医学院附属柔济医院筹建新院募捐启	柔济医院	
夏葛医院附属柔济医院筹建新院募捐册	柔济医院	
总理开始学医与革命运动五十周年纪念史略	孙逸仙博士医学院筹备委员会编	
医科细菌免疫学	白施恩	
生理学实验	林树模等	

　　除上述已公开出版的文献之外，中山大学图书馆现仍存有国立中山大学医学专业毕业生学位论文 10 篇，列举如下：余瑞尧《广州市公共卫生事业及近代医药概况》（1934），伍活泉《食物营养和治疗疾病的关系》（1936），郑洁辉《痹热症临床上之情况》（1937），李其芳《急性肾炎之研究》（1937），王淑姜《肠热症》（1937），Wong Kwong Leung（王广良）《青霉素及其在广州博济医院的临床使用（*Penicillin and Experiences of Its Uses Canton Hospital*）》（1947），钟灿霖《广州博济医院精囊结石移除患者的病因、症状和结石成分研究（*Studies on the Etiology Symptoms and Compositions of the Vesicle Calculi Removed from Patients in the Canton Hospital*）》（1947），Leong Kwai Sheung《1946 年 11 月—1948 年 5 月在广州博济医院的 22 例前置胎盘病例统计调查（*Placenta Previa：A Statistical Study of Twenty-two Cases Admitted to the Canton Hospital from November* 1946 *to May* 1948)》（1948），Lee Siu Tsing（李小青）《麻醉药品应用于中医的文献研究（*Literature Survey of Anesthetic Drugs Used in Chinese Medicine*)》（1948），Au Bow Cheung（区宝祥）《广州夏葛医院65例结核性脑膜炎研究（*Tuberculous Meningitis: A Study of Sixty-five Cases Seen in Canton and Hackett Hospitals*)》（1948）。

广东中医药专门学校、广东光汉中医专门学校、广州汉兴国医学校等中医院校均有自编教材，由于教员经常有各校兼课的情况，因此各校教材有一定重复。其中，广东中医药专门学校各科讲义质量很高，课程设置也有很强的系统性。1929年，全国医药团体联合会召集全国各学校召开教材编辑委员会会议，广东中医药专门学校陈任枚、卢朋著、胡真，广东光汉中医专门学校卢宗强参加会议。陈任枚被推举为主任，卢朋著代表广东中医药专门学校提交"中医课程须加法医学一科案"议案，并向大会提供了药物学、方剂学教材样张作为参考。会议审定通过了五年全日制中医专门学校应开设的各门课程及教学时数，与广东中医药专门学校原有课程差别不大。"经委员评判，亦以本校（广东中医药专门学校）所编者为最完备"。广东中医药专门学校讲义之丰富，尤为各校之冠。[1] 广州中医药专门学校设有印刷所，自行刷印讲义，便于随时修订，以广州中医药大学馆藏情况来看，各种讲义不同复本，内容编排、版式及字句均略有差异。

根据各种书目工具，整理广州各中医学校自编教材103种，见表6：

表6　广州中医学校自编教材情况一览

题　名	作　者	学　校
医学史讲义	卢朋著编	广东中医药专门学校
中国医学源流略述	卢朋著编	
卫生学讲义	马毅民辑	
卫生学讲义	马毅民，郭绍贤编辑	
生理学讲义	陈汝来著	
生理学讲义	章启祥辑	
全体学讲义	章启祥辑	
解剖学讲义	章启祥辑	

---

① 刘小斌、郑洪：《岭南医学史》（中），广东科技出版社，2012年，第604页。

续表

题　名	作　者	学　校
病理学讲义	陈汝来（惠言）辑	
病理学讲义	陈任枚、梁翰芬、梁湘岩辑	
诊断学讲义	梁翰芬辑	
诊断学讲义（重订）	梁翰芬辑	
诊断学讲义（三订）	梁翰芬辑	
伤寒论讲义	冯瑞鎏编	
伤寒论概要	冯守平著	
温病学讲义	陈任枚、刘赤选编述	
杂病学讲义	陈汝来辑	
外科讲义	管霈民重订	
花柳科讲义	管霈民编	
伤科讲义	管炎威编	
妇科学讲义	谢泽霖编	
妇科学讲义	李近圣、谢泽霖编述	
儿科学讲义	陈汝来辑	
儿科学讲义	古绍尧编	
痘疹学讲义	古绍尧辑	
治痘宝册	王东庵	
眼科讲义	梁翰芬编辑	
眼科讲义（重订）	梁翰芬编注	
喉科讲义	古绍尧编	
药物学讲义	李嘉鎏原编，卢朋著补编	
药物学讲义（重订）	卢朋著编	
药物学研究笔记	王炳秋著	
药物出产辨	陈仁山编述	
方剂学讲义	卢朋著编	
针灸学讲义	周仲房编	
针灸科讲义	梁慕周编辑	
医学通论讲义	卢朋著编	

题　名	作　者	学　校
法医学讲义	卢朋著编	
疗治学讲义	梁翰芬辑	
救护科讲义	管炎威编	
学生会救护队讲义	管炎威编	
藏府标本药式	（金）张元素著	
课程纲要	卢朋著辑	
国文讲义	廖伯鲁辑	
化学讲义	王学全编译	
西法诊断学讲义	广东中医药专门学校编	
教科参考书	李桢华编辑	
重订妇科纂要讲义	吕楚白编纂	广东中医药专科学校
救护学讲义	朱绍东编	
眼科学讲义	李藻云编	
耳鼻喉科讲义	李藻云编	
妇科学讲义	林国铭编	
医学史讲义	卢朋著编	
病理学讲义	梁湘岩编辑	
内经病理学讲义	梁湘岩编辑	
难经讲义	方闻兴	
伤寒门径	陈伯坛著，鞠日华述	
金匮讲义	李光策编纂	
温病学讲义	钟少桃编次	广东光汉中医专门学校
外科讲义	巫达云著	
伤科讲义	梁匡华编	
花柳科讲义	管霈民编	
花柳症讲义	王振华编述	
喉科讲义	邬宝杰编	
妇科纂要讲义	吕楚白编纂	
幼科要旨讲义	吕楚白编纂	

题　名	作　者	学　校
眼科讲义	梁翰芬编	
本草学讲义	卢朋著编	
药物学讲义	关伯廉编	
方剂学讲义	邓鹤芝编纂	
针灸学	曾天治撰	
医学通论讲义	黄少禄编	
医学明辨录	梁慕周撰述	
广东医学实习馆讲义	广东医学实习馆编	
黄学高医述初集	黄学高编	
生理学教科书	欧博明编述	
中医妇科举隅	麦冠苹编述	
儿科释要	罗绍祥编述	广东医学实习馆
中医病理学教科书	麦冠苹编述	
中医杂病学教科书	麦冠苹编述	
伤寒科辑注	罗绍祥编纂	
中国药物学教科书	罗绍祥编述	
广州医学求益社课卷	广州医学求益社编	广州医学求益社
广州医学卫生社中医教员养成所讲义	广州医学卫生社编	广州医学卫生社中医教员养成所
广州医学卫生社课本	广州医学卫生社编	
温病科讲义	高轩（贯岐）纂	
金匮讲义	胡镜文编纂	汉兴国医学校
针灸医学大纲	曾天治编	
妇科学讲义	潘绍文编辑	
医学史讲义	卢朋著编	广东中医药学社
药物学	黄悌君编	广东省立国医学院
药物炮制学笔记	不著编者	广东中药研究所
电疗术	冯世英编	广东救护调剂科讲习所

题　名	作　者	学　校
诊断学讲义	不著编者	保生产科学校
育儿法讲义	不著编者	
外科学讲义	萧中编	
内科学讲义	不著编者	
解剖学摄要	徐甘澍编	
妇科学讲义	苏天桂著	广东保元国医学校
药物学讲义	邓炳煌撰	
内经灵素内纂讲义	不著编者	
中西医学全书十二种	羊城医学会编	羊城医学研究所
谭次仲函授国医学社讲义	谭次仲编	谭次仲函授国医学社

（四）医学刊物

民国时期，创办医学刊物的风气日盛。医学刊物不仅是学术交流的良好媒介，更重要的是发挥了普及知识、传播观念的作用，把健康常识、卫生观念和医疗制度传递给社会普罗大众。见表 7：

表 7　民国时期广州医学刊物情况一览

刊　名	责任者/主编	出版者	创刊时间
大众医刊	温泰华	广州大众医刊社	1931 年 4 月
大众医学		大众医学出版社	1946 年 8 月
方便月刊		广州城西方便医院	1936 年 1 月
广东军医杂志	广东军医杂志社编辑部	广东军医杂志事务部	1937 年 3 月
广东抗疟	广东省政府卫生处	广东省卫生处	1945 年 4 月
广东卫生	广东省政府卫生处	广东省政府卫生处	1939 年 3 月
广东医防通讯	广东省政府卫生处巡回医疗防疫队	广东省政府卫生处巡回医疗防疫队	1947 年
广东医药月报	广东新中医学会宣传委员会编辑部	广东新中医学会宣传委员会编辑部	1929 年 1 月
广州市医师公会会刊	广州市医师公会理事会	广州市医师公会理事会	1946 年

刊　　名	责任者／主编	出版者	创刊时间
广州卫生	广州卫生月刊社	广州卫生月刊社	
广州卫生	广州市政府卫生局	广州市政府卫生局	1935 年 10 月
国医杂志	中华国医学会		1930 年
华南医刊			1935 年
健康月报			1931 年
健康知识			1937 年
今日医药	仁康药房出版部		1949 年
军医杂志	第八路总指挥部军医处	第八路总指挥部军医处	1930 年 4 月
两广浸会医院院刊	广州两广浸会医院		1947 年 9 月
民众医报	民众医报社	民众医报社	1930 年 8 月
南华医事杂志	南华医院		
通俗卫生月刊	广州市卫生局教育股		1921 年 12 月
卫生特刊	广州市卫生局		1941 年 1 月
卫生杂志	广州市卫生局教育股		
新医药	李经邦等	新医药月刊社	1949 年
新中医			1946 年
牙科学报	池清华	中国牙科医学研究会	1947 年
牙医公会月刊	广州市牙医公会宣传部		1947 年 1 月
药业报导		仁康大药房	1949 年 4 月
医学新潮	广东国医社医学新潮编辑委员会	广东国医社医学新潮编辑委员会	1937 年 6 月
中国医学月刊			1949 年
中华新医药刊	广东中华医院		1936 年 12 月
中华医报	嘉惠霖	广州长堤广东公医院	1912 年 5 月
中医旬刊		中医公会	

　　特别值得注意的是，广州各中西医教育机构非常热衷创办各种学术刊物，除学校主办之外，很多老师和学生也自发创办刊物，发表自己的学术主张和学术见解。见表 8：

表 8 广州各医学院校创办的刊物情况一览

学 校	刊 名	责任者 / 主编	创刊年月
国立中山大学	公医青年	公医学校青年会	1917 年 8 月
	公医季刊	公医毕业同人会	1920 年 12 月
	广大医科（半月刊）	国立广东大学医科学生会	1926 年 3 月
	（国立）中山大学医科集刊	（德）巴斯勒	1929 年
	中山医报	医学院毕业同学会	1936 年
私立广东光华医学院	大众卫生	附属医院保健科	1949 年 12 月
	医学卫生报	梁培基	1908 年 8 月
	广东光华医社月报	梁培基	1915 年 4 月
	光华卫生报	光华医社	1918 年 7 月
	光华医刊	私立广东光华医学院	1937 年 1 月
	光华医事卫生杂志	陈垣、叶芳圃	1910 年 9 月
	医事杂志	陈伯赐、李廷栋	
	新医医报（新医）	罗广庭	1932 年
	光声	毕业同学会	1948 年
	医学卫生报	梁培基	1908 年 8 月
岭南大学医学院	夏葛医学杂志		1920 年 3 月
	夏葛校友声	校友会	
	博济	博济医院	1918 年 9 月
	孙逸仙博士医学院月刊		1938 年
中法医学校	中法医刊	校友会	1918 年
广东中医药专门学校	广东中医药学校校刊	教务处	1930 年 4 月
	中医杂志	广东中医药专门学校	1926 年
	广东医药杂志	学生会	1926 年
	杏林	杏林医学月报社	1929 年 2 月
	杏林医报	广州杏林医学社	1929 年 11 月
	杏林医学月报	杏林医学月报社	1929 年 1 月
	医药学报	李仲守	1930 年 1 月
	医林一谔	李仲守等	1931 年 1 月
	杏林医学日报		

续表

学　校	刊　名	责任者/主编	创刊年月
	广东医药旬刊		1942 年
	克明医刊	广东克明医学会	1933 年
广东光汉中医学校	广东光汉医药月刊	同学会	1931 年 1 月
	光芒	学生自治会	1934 年
	光汉医学	学生自治会	1934 年

三　研究意义

（一）医学文献与广州历史文化关系的探讨

2015 年,《广州大典》二期整理编纂启动, 开展对民国时期广州地方历史文献的整理与编纂工作。《广州大典》的出版, 旨在系统搜集整理和抢救保护广州文献典籍, 传播广州历史文化。在《广州大典》开展古籍部分编纂工作时, 制定了"不选（不同种类和内容的文献一般不做筛选）、不编（保持原书样貌, 不做添加性的编辑和补描）、不校（不做校勘）、不点（不加标点）"的编纂原则, 其"不选"原则追求的是"齐全"二字。明确收录文献的内容范围包括广州人士（含寓贤）著述、有关广州历史文化的著述及广州版丛书；时间范围为 1911 年以前；地域范围包括清代中期广州府所辖南海、番禺、顺德、东莞、从化、龙门、增城、新会、香山、三水、新宁、新安、清远、花县, 以及香港、澳门、佛冈、赤溪, 对符合收录范围的文献一般不做裁选。

《广州大典》客观上起到保护文献典籍的作用, 但最主要的目的与功能, 应该是对地方历史文化的挖掘、整理与传承。《广州大典》古籍部分, 除收入内容与广州历史文化相关的著述外, 对地方人士著述, 内容与广州历史文化不尽相关的典籍亦做全面搜罗, 并不有违其修纂宗旨。古代人口流动性低, 经、史、子、集以今天眼光看概不脱离历史文献范畴, 因此乡贤著述, 均可视为广州历史文化的一部分。

民国时期地方文献的整理, 远比古籍更为复杂。文献量大且庞杂, 远非经、史、子、集所能涵盖, 文献产生方式多样化。自晚清至民国, 西方科技传入中国, 自然科学研究兴起。自然科学中, 有相当一部分成果不能反映地域特色, 且因科学与技术更新的周期愈来愈短，很多自然科学文献会失去研究与参考价值。民国时期人口流动性极大且流动极为频繁，很多本地杰出人士长期在外地发展，而更多外地乃至外籍人士在广州从事各种工作。在这种情况下，有必要重新考虑体例的规划与文献筛选原则，以更好地实现传承地方历史文化的任务。

广州中医药大学图书馆与医史文献学科，有幸参与到《广州大典》二期修纂工作，承担医学文献调研与征集工作。为更好地完成本项工作，除对文献进行全面调查之外，更应对文献的内容进行恰当评价，衡量其文献价值是否符合《广州大典》的出版宗旨。现就民国医学文献与地方历史文化的关系进行简要探讨。

1. 综合资料

民国期间，广州市在全国最早建立地方卫生行政机构，制定并不断完善城市医政管理、公共卫生相关制度。这一时期以中西医院为主的社会医疗体系更加完善；中西医学教育体系更加规范化，培养了大批医学人才；医药工商业有所发展，成为城市财政收入的重要来源。民国时期广州医学事业的全面发展，有助于社会制度的进一步完善，推动了广州城市发展的历史进程，对当代广州公共卫生体制、医疗体系、医学教育和医药产业的发展奠定了重要基础。

民国时期，在广州医学事业发展的进程中，形成了大量的文献。如与医学行政相关的法规、政令、章程、文件、呈文、文书、信函、通知、生命统计资料等；医疗及医学教育机构建立、发展、转制、改组过程中产生的筹备方案、工程图则、组织办法、办事章程、管理制度、人员名册、统计报告、发展概况等；医药工商业的经营办法、成方药目（商品名录）、产品说明、营业记录等；有关医学事业发展的关键事件、重大公共卫生事件的记载等。这些文献记录了广州城市发展过程中，在医药领域发生的事件，不仅是医学史的重要资料，也是研究广州历史文化的宝贵素材。

2. 医科文献

在中国本土发展起来的传统医学，有不同的地域特点，形成了带有地方特色的习用药物与诊疗经验，以及与此相关的学术主张，由此形成了地域性学术流派。其中岭南医学源于中原，逐渐适应本地的地理环境、经济形态、人文积淀，发生变化和创新，具有岭南的地域特色和人文特色，成为地方历史文化的一部分。

岭南医学一直以"务实致用"著称，尤为突出的是重视本地药物资源的开发利用。直到今日，广州人民对中医药文化接受度与认识程度远高于其他城市，保持着中医生活化、中药药膳化的传统，而凉茶文化更成为广州的文化标志之一。关于岭南医学的地域特色，刘成丽等认为，根据岭南地理气候特征、岭南人体质特点及生活习惯，岭南医家形成了以下医疗特色：首重火热病证治、重视地方性多发病、常见病的防治，善于运用岭南特有的中草药物等。此外，还具有继承性、开放性、务实性和兼容性的鲜明特点。① 肖莹则认为，岭南医学在长期与中原医学的交流融合及应对本土特殊疾病的历程中，形成了兼容开放的多元性、务实致用的实用性、朴素直观的创新性等特点，岭南医学与中原医学一脉相承，但岭南医家在医疗实践中体会到南方环境有异于中原，体质疾病有所不同，他们不随意盲从，而主张治法的因地制宜。岭南医学的发展无不打下了岭南地区自然生态、社会文化环境和心理思维特征的烙印。②

　　时至民国，岭南医学在继承与创新中不断发展，学术交流更加开放和频繁，传统医学在与西医的对抗与交流过程中，得到进一步发展，中医药仍然在医疗实践中以其临床有效性保持着生命力，出现了一大批著名医家及中医药著述，在中医药各个学科中均有建树，民国时期成书的《岭南采药录》《读过伤寒论》为其中佼佼者。

　　早在传教医生刚刚进入中国时，就开始以医学视角观察社会，他们敏感地意识到，中国为医学提供了新的素材。传教士医生开始对华南多发的麻风病、热病开展调查，并进一步研究本地人的体质结构和身体健康状况。当本地学者成长起来以后，更加积极开展起与本地密切相关的学术研究工作，并在与体质人类学密切相关的解剖学、生理学，与地区特异性相关的病理学、细菌学、寄生虫学等领域取得进展，围绕本地人的体质学与生理学研究、地方传染病和高发病产生了一些研究成果。如中山大学病理学科在梁伯强的主持下，结合华南地区的常见病及华南地区民族的生理病理特点，做了大量的病理解剖调查，成绩显著。梁伯强还开展过广东血型的研究，并与杨简共同完成了 250 例广东中国瓜仁虫症的病理解剖研究。罗荣煦对南华妇女孕时产时及产后痉挛症、妇女

---

① 刘成丽、杨智辉、肖莹等：《试论岭南医学的地域性特色》，《湖北民族学院学报》（医学版）2009 年第 26 卷第 2 期，第 58—60 页。

② 肖莹：《试论岭南医学发展的文化特征》，《广州中医药大学学报》1998 年第 15 卷第 3 期，第 225—227 页。

顺产时最高阵痛次数进行了研究。寄生虫学的调查研究虽然最初是由外国医生开始，但到后期已逐步由本地科学家自发承担起来，1934 及 1936 年陈心陶在广州证实褐家鼠（Rattus Norvegicus）常可作为并殖吸虫的天然宿主，并在广东怡乐村发现一新种，命名为怡乐村并殖吸虫。正如某些学者指出的"以传染病、寄生虫病、营养缺乏性疾病和地方高发病率和病死率为特征的疾病构成，确定了医疗卫生的建制化在预防和控制疾病中的重要作用，而这种建制化过程就是近代西方医疗卫生体制本土化的过程"[①]。这是医学史和地方历史文化中非常有价值的一个议题。

3.《广州大典》二期收录医学文献的必要性

广州是西医进入中国大陆的门户。由于传教士把医学作为传教的手段，免费为底层民众提供医疗，西医有了坚实的社会基础；地方行商等有社会影响力的人士对西医的推广与扶持，加速了西医在广州的发展。中国第一家医院、第一所医学教育机构、近代第一部西医译著、第一个医学团体都出现在广州；广州社会各阶层客观、开放的态度促进了西医在广州的立足与发展；广州本土医家尝试沟通中西医学，为中医争取了生存空间。医院制度的引入，改变了传统中医坐堂就诊的服务模式，广州率先出现了仿西医院之制的广济医院、城西方便医院等中医院。进入民国，广州的卫生体制进一步确立，建立卫生行政机构及公立医院，医药工商业进一步发展，这些都是广州近代化历程中的重大事件。对民国时期的广州医学文献进行全面的整理与出版，是开展民国文献保护的关键性基础工作，同时也是地方历史文化研究的有益补充。通过文献梳理，结合民国时期社会、经济文化背景，可还原民国时期广州社会发展的历史面貌，探索近代广州医学事业发展脉络，为记录与理解地方历史文化提供新的角度与资料。

以地方文献整理的角度开展专题性文献的整理与出版，是区域专题史研究的必要工作基础。配合《广州大典》二期编纂工作，开展民国时期广州医学文献的整理，可以扩大医学史研究的深度和广度。地方文献是某一地域内自然现象、社会现象以及人的群体活动方式的历史记录，地方文献工作以存史为目的，着重文献的史料性，其学术价值是通过其史料价值的实现而显现出来的，并非文献本身的学术性。长期以来，从事岭南医史文献学工作的学者，习惯围绕医家、文献、事件本身开展工作，过度关注本地医学的学术上的成就与特征，没

---

① 张大庆：《中国控疾病社会史》，山东教育出版社，2006 年，第 17 页。

有把当时的历史社会背景与医学充分结合。自 21 世纪以来，出现医学社会学史研究的热潮，很多历史学界的杰出学者开始关注疾病史、医疗史的研究，改变了以技术和医家为中心的传统医史研究模式。从地方文献工作的角度，开展医学文献的整理，关注文献中涉及地方医学事业中的人物、事件、现象，从而进行与广州地方社会历史文化密切结合的医学史研究，可为本地医史文献研究工作提供一种新的思路。

（二）关于《广州大典》民国时期医学文献整理与编纂的建议

1. 加强专题性检索工具的编纂

《广州大典》以原书直接影印的形式出版，卷帙浩繁，受篇幅所限，目录提要较简单。而民国文献部分，出现了年鉴、论文集、期刊、报纸等新型文献，这些新型文献，内容庞杂。除了独立的医学图书或期刊，政府公报、统计报告、年鉴、综合类期刊中的析出文献也可能含有与医学有关的内容。如检索手段不够完备，会使很多有价值的文献与资料，淹没在大型丛书中，因此应考虑编制完备的医学专题目录、提要及索引，细化到单篇文献，甚至文献内容、数据层次。

2. 适度扩大文献收录范围

民国文献，一般是指 1912—1949 年于国内产生的文献，语种一般是中文。而在实际工作中，可适度扩大收录范围。从时间范围而言，一些没有收入《广州大典》古籍部分的清代文献，在编纂民国文献时可以纳入，如晚清的报纸、期刊等；清代出版的书籍，如内容与近现代自然科学研究相关，采用铅字印刷，平、精装的装帧形式，可不纳入古籍的补遗部分，而是收入民国文献部分，在内容和形式上都更加统一。从文献语种和出版国别而言，民国时期于域外出版的，以外国语言文字写作而成，但内容与广州历史文化密切相关的文献也可以收录。西医在我国刚刚发展起来的阶段，一些优秀学者的论著，是用外文写作，并且在国外出版或发表的，如 20 世纪 20 年代，中山大学等对生理学开展了一些实验研究，对中国人各种生理常数进行测定，用实验手段探讨生理学机制，并将研究报告寄送国外发表。[①] 一些外国在华组织机构、学者、医生研究广州的资料、在华期间的工作报告或回国后的回忆录、传记中记录了在广州的生活工作经历及见闻，也应该包括在内。如嘉惠霖和琼斯的《博济医院百年史

---

① 袁媛：《近代生理学在中国（1851—1926）》，上海交通大学出版社，2006 年。

（1835—1935）》，用英文撰写，1935年同时在上海和外国出版，记录了医学传教在广州的发展历程，对博济医院向医药传道会的年度报告的收录非常完整，是研究广州近代史非常有价值的资料。

3. 进行医学专题史料的二次开发

民国医学文献形成了一定规模并有学术价值，可编成专题资料汇编，作为丛书的衍生产品单独刊出。分主题出版可以降低图书定价，更易普及，同时便于相关学者研究利用，可以大大提高文献使用效率。此外，一些不够条件或不便于纳入《广州大典》的文献，可以收入专题资料汇编进行出版，可保证资料的完整性。如一些发表或刊登于外地报刊上的文章、报道，单篇文献内容与广州相关，而整刊不符合《广州大典》的收录原则，仅收录单篇文章又不便于组织，即可收入专题汇编；同样，书信、通知公报、宣传单、图片等，不便于收录《广州大典》丛书，也可以用编纂专题资料汇编的方式予以整理和利用。一些重要的著作，则可以加以点校整理，出版普及本。

新会景堂图书馆馆藏民国文献概述

莫艳红

（广东新会景堂图书馆）

　　民国文献是指记录 1912 年至 1949 年这一特定历史时期各种知识和信息的一切载体，包括图书、报刊、档案、日记、手稿、票据、海报、传单、照片等。民国时期是中国历史上一个短暂却又十分重要的历史时期，社会变化剧烈，学术思想活跃，民国文献作为记录和反映这一时期社会现实的主要载体，具有较高的文献价值和历史价值。

　　新会景堂图书馆由香港爱国同胞冯平山为纪念其父冯景堂而创建，1922 年奠基，1925 年竣工开放，迄今有 90 多年历史，得益于几代图书馆人的努力，馆藏民国文献较为可观，但因战乱及其他历史原因，部分资料缺失，存在文献种类较多、连续性不强、存量较少等现象。现就馆藏民国文献的基本情况、特色馆藏、藏存现状进行简单介绍，并就如何更好地整理和开发这部分文献提出自己的想法，就教于方家。

一　基本情况

　　景堂图书馆馆藏民国文献主要有以下几类：（1）民国图书约 20000 册，拥有《中华文库》《新中学文库》《万有文库》《四部丛刊初编》《四部丛刊续编》《四部丛刊三编》《四库全书珍本》《四库全书总目》等大型丛书。（2）民国报纸 50 种 5320 份，民国期刊 42 种 147 册，其中不乏存世时间短、发行量不大的本地报刊。（3）民国馆史档案 7670 件（其中单据 6560 件），其种类繁富，记载全面，时间连贯，而且保存完好、资料完整，在全国同类图书馆中并不多见，是研究民国时期华侨私立图书馆发展及民国时期图书馆事业的珍贵一手资料。（4）民国新会平山小学校史档案 34 件（平山小学亦为冯平山所创办），记录 1931 年至 1946 年学校概况、校务、报告、规划、经费等情况，另附冯氏教育董事局其他机构档案凡 21 件（其中冯肇基堂 14 件，新会体育场科学馆 1 件，祚祥民众学校 6 件），是研究冯氏家族在家乡办学以及平山小学历史不可多得的原始材料。（5）民国新会土地契约文书 128 件，类型包括"绝卖""活卖"和"红契""白契"。除契约外，还有案状、传票、山帖、执照、确定书、收银单据、收租簿、分产簿、验契证据、所有权状等，真实反映民国时期新会地方土地买卖、地权转移、租佃关系等基本情况。（6）另藏少量方志、族谱、老照片、木鱼书、连环画等民国文献。

二　特色馆藏

景堂图书馆馆藏民国文献中，馆史档案、报纸具有显著特色。

（一）馆史档案

馆史档案主要有两个部分，各种表册及单据簿。

1. 各种表册

各种表册凡 28 册，另有部分未装订散页。以年度为单位，每年最多 2 册。民国十三年至二十七年（1924—1938）合计 25 册；民国二十八、二十九、三十五年（1939、1940、1946）为散页；民国三十七年至三十八年（1948—1949）合计 3 册。每册封面题毛笔字"××年各种表册"及本册目录。具有如下特点：（1）记载内容全面，包括馆务的方方面面，组织系统、章则规程、董事局会议、馆务会议、事务报告、经费预决算、财务管理以及开放情况、借阅情况、职员名录等应有尽有。（2）资料完整连续，真实反映景堂图书馆民国办馆历史。民国十三年至二十七年（1924—1938）为抗战前及抗战初期景堂图书馆高速发展阶段，资料完整连续；受战争影响，景堂图书馆抗战期间总馆停办，被迫于乡下办分馆，档案保存不全，这段时间的馆史档案仅存散页；民国三十七年（1948）恢复办馆后，档案保存完整。（3）稀有性，景堂图书馆为华侨捐建的私立图书馆，同类型的图书馆并不多见，能这么完整保存馆史档案的更加稀有，实属难能可贵。

2. 单据册

单据册凡 32 册，另有部分未装订散页。以年度为单位，每年最多 3 册。

民国十三年至二十七年（1924—1938）合计 29 册，其中民国十四年（1925）有 2 册为专题单据，一册为《陈介石捐书册》，另外一册为《备查单据册》；民国二十八年（1939）为散页；民国三十七年至三十八年（1948—1949）合计 3 册。每册封面题毛笔字"××年单据"。相当于现在的会计原始凭证簿，每页都是粘贴的单据，共计 6560 张，主要有书报发票收据、书报订单、各种收条、电费发票、邮局回执、工资单等类型，其中不乏商务印书馆、中华书局、世界书局、大东书局、开明书店、北新书局等知名书局的发票收据，印刷精美并附部分广告，能大致还原景堂图书馆民国时期经济活动，为研究民国时期图书出版发行、图书价格、图书馆员工资收入等经济活动提供一手资料。

（二）民国报纸

民国报纸作为重要的文化传播载体，承载了民国时期政治、军事、外交、经济、教育、思想文化、宗教、民生等各个方面的海量信息，客观反映了该时期的真实面目。景堂图书馆藏民国报纸 50 种 5320 份，从出版地、办报宗旨、报纸内容等方面分析，具有如下显著特点：

1. 馆藏多种各地民国报纸

馆藏情况详见下表：

表 1　景堂图书馆藏各地民国报纸种数统计表

出版地	上海	广州	江门	新会	台山	开平	香港	澳门	印尼	加拿大
种数	2	8	13	7	1	1	14	2	1	1

从上表可知，总共 50 种报纸中境外报纸有 4 种，另外，从种数看港报最多，达 14 种。江门五邑地区（含新会）为我国著名侨乡，由于地理环境、政治、经济等原因，大量先民漂洋过海，他乡寻梦，家家户户几乎都有亲人朋友在香港或境外谋生，景堂图书馆所藏较多自在情理之中。1938 年 1 月出版的《景堂图书馆简况》有录，每月陈列报纸约 22 种，汉口 3 种、长沙 1 种、广州 7 种、香港 5 种、开平 1 种、新会 4 种、美国 1 种[1]，可见民国时期景堂图书馆已注重报纸的订购，以满足侨乡读者的需求。笔者登录"香港公共图书馆"网页（https：

① 景堂图书馆：《景堂图书馆简况》册页，景堂图书馆，1938 年。

//www.hkpl.gov.hk/tc/index.html）"香港旧报纸"栏目，发现共收录7种民国中文报纸，景堂图书馆所藏14种中仅收3种。

2. 馆藏珍贵进步报纸

馆藏还有部分江门五邑地区出版的珍贵进步报纸。受五四运动的影响，民国初年出现了一批旨在传播新文化、介绍新思想的报纸，如馆藏的《觉悟周报》，在第二期头版"启事"中明确写道："我们抱着新文化新思潮的决心……要将新思想浸润到干涸的新会……"；中国共产党建党后，宣传马克思主义、支持工农运动的报纸应运而生，馆藏《四邑平报》《江门民国日报》都有突出表现；抗战时期，涌现大量救亡报刊，传递战时消息，宣传抗日主张，如馆藏《动员周报》、《四邑民国日报》（战地版）、《新会周报》等，还有一份《新会战报》，1940年5月27日创刊，在艰苦的环境下奋力战斗了3个多月，出版30多期①，最后被国民党反动派扼杀而停办，馆藏20多期；抗战胜利后，由民主党派或进步人士创办了部分进步报纸，并有共产党员在其中工作，这些报纸代表人民利益发表言论，谴责黑暗腐败现象，因而为国民党当局所忌，如馆藏《民权报》《复兴报》《大同日报》等，其中一部分一度遭到质询和查封。

3. 馆藏特殊形式小报

除常规报纸外，馆藏部分特殊形式小报，如报纸的副刊、纪念刊、星期报等，开本和普通书籍一般大。这些特殊刊号有特殊意义，更是收藏者们争相追捧的珍品。如馆藏《民会日报一周年纪念册》，刊登了一周年纪念册发刊词，重申办报宗旨，回顾办报历程，对研究该报的沿革历史提供事实依据。又如馆藏的《四邑星期报》，16开大，出版地为香港，周刊，内容包括论说、小说、谐文、班本、粤讴、诗界、国技、新闻，刊登评论社会习俗的文章和文艺作品，报道四邑（新会、台山、恩平、开平）和香港以及省内、国内要闻，介绍家庭知识，刊登《四邑船期一览表》，办报形式新颖，属不可多得的精品小报，馆藏1929年第21、22、23、25、26、36—43、45、46、53、55、57—64期，合计25册。

4. 报纸版面刊登大量广告

民国时期，报业较为繁荣。因经费有限，各报大肆刊登广告，增加收入，广告在报纸内容中占据比重较大。从馆藏民国报纸来看，广告有以下特点：（1）

---

① 黄明亮、傅健：《五邑报业风云》，银河出版社，2010年，第101页。

一般报纸都在头版刊登自己的广告，如零售价格、广告价格、代理分销处等。（2）广告通常在头版做整版或半版，新闻却在广告之后；广告版面占了大部分，一般不少于版面总量的二分之一。（3）广告的内容丰富，主要有：告示类，如公告、通告、声明、恭贺、结婚、道歉；销售推介类，以医药、律师事务所、娱乐信息、交通信息为多。（4）广告版面设计颇费心思。字体较大，有的广告标题字号比报头还大；以文字为主，无照片，多用绘画、漫画和花边围框来引起注意。①

三　存藏现状

（一）破损严重

民国时期是我国出版业由手工造纸印刷向近代机械造纸印刷的过渡时期，机械技术不够先进，印刷的纸张酸性强，保存期限短，加上文献保护观念滞后，保管不善，民国文献酸化、老化、脆化现象普遍存在。即使是馆藏条件在国内领先的国家图书馆，其所藏近代报刊按照目前的老化速率，"25 年后将有 40% 的报纸耐折度将低于 2 次……50 年后，有 30% 的图书、报刊纸张将毁于自身的老化过程之中"②。酸化亦是突出问题，国家图书馆所藏早期报刊都已严重酸化，广东省立中山图书馆所藏近代报刊酸化程度已处于"遗体保护状态"③。新会地处广东，潮湿多雨，这样的气候更加剧了馆藏民国文献的破损，大部分文献出现变色、掉渣现象。

（二）藏而不用

由于人力、财力、技术等原因，景堂图书馆所藏民国文献尚未进行深入细致的整理，目录编制不够完善，部分目录网站无法进行查检，读者只能到馆查询。到馆查询时，因缺乏专题目录或专题目录编制太过简单，很多时候依靠工作人员的经验进行查找。上述情况导致部分珍贵文献躺在书库无人问津，而研究者却无从获知所需文献信息，无法发挥文献应有的作用，不利于学术研究的发展。

---

① 黄明亮、傅健：《五邑报业风云》，银河出版社，2010 年，第 101 页。
② 倪俊明：《近现代报刊的史料价值及其保护和整理》，《图书馆论坛》2010 年第 6 期，第 232 页。
③ 倪俊明：《近现代报刊的史料价值及其保护和整理》，《图书馆论坛》2010 年第 6 期，第 232 页。

四　整理与开发

为了打破"藏在深闺人未识"的藏用尴尬，笔者认为可以从如下三方面对馆藏民国文献进行整理与开发。

（一）编制专题目录与索引

目录是查检文献最重要的工具，针对馆藏文献特色分专题编制目录，在此基础上提取关键词编制索引。以民国报纸为例：（1）编制《景堂图书馆馆藏民国报纸目录》，内容包括报纸名称、创办者、创（复、停）办时间、办报宗旨、出版地点、出版周期、印式（几开几版）、价格、发行量、发行范围、馆藏情况等信息。（2）对具体报纸的内容进行挖掘与整理，以文章标题、作者为主要字段编制《景堂图书馆馆藏民国报纸索引》。

（二）影印出版

民国文献因破损严重，不适合将原件直接给读者阅览，影印出版成了保护原件又不影响读者阅览的最佳方式。2018 年年初，景堂图书馆以《新会景堂图书馆馆史档案汇编》为题成功申报国家图书馆"民国时期文献保护计划"出版项目，今后将继续挖掘馆藏，对一些藏量不大的特色文献采取多方合作、联合申报的模式，争取同地区同类型的文献成规模影印出版。

（三）数字化

民国文献通过数字化这种深度加工，可形成更为有序的信息资源，使文献的价值更加突显。既有利于保护原件，降低丢失和损坏的风险；又可以提高文献的利用率，用户可克服时间和空间的障碍，自由地查找、检索、研究与处理资料。景堂图书馆馆藏民国文献的数字化建设可向一些大型数据库学习，以民国报刊为例，可向《全国报刊索引》《大成老旧期刊全文数据库》《香港公共图书馆民国旧报纸》等数据库学习取经，建立《新会景堂图书馆馆藏民国报刊数据库》，实现可按报刊名称、时间、文章标题、作者等字段进行检索。

五　结语

近年来，民国文献保护和整理工作越来越受到国家和社会各界的重视。景堂图书馆必将加快民国文献保护与开发的步伐，通过编制检索工具书、影印出版、数字化建设等方法对馆藏民国文献进行整理和开发，在抢救与保护民国文献资源、促进文化传承等方面作出应有的贡献。

地方文献利用与开发

创意写作与地方文献资源的转化与开发

张丽凤

（广东财经大学人文与传播学院）

习近平总书记指出，要系统梳理传统文化资源，让收藏在禁宫里的文物、陈列在广阔大地上的遗产、书写在古籍里的文字都活起来。地方文献作为传统文化的重要组成部分，其开发与利用已被广泛探讨。为更好地开发利用地方文献，凝练和提升地方文化及地方形象，本文从近些年发展起来的创意写作的角度给予适当探索，期望通过创意写作激活地方文献资源，最终通过文学创作及相关文化创意等，塑造和提升地方文化精神。

一　地方文献与创意写作联合的必要性及可能性

地方文献作为区域文化的载体，体现了一个地区特有的历史文化发展脉络，"通过对地方文献的区域文化价值进行深入挖掘，展现其独特的地方文化魅力，是发展区域文化的要求，也是支持地方政府决策的要求"[1]。然而，由于我国大部分区县级图书馆承担着地方文献建设任务，虽然各个图书馆为更好地建设和开发地方文献作出了诸多努力，但终因经费、人力等因素的制约，难以体现应有的利用价值，更难以适应新常态下的社会经济形势。结果地方文献资源在地方的图书馆和档案室就变成沉睡的"宝藏"，此时迫切需要一股力量唤醒并发掘这些"宝藏"的价值。创意写作作为中国近些年的新兴学科，其兴起与发展恰恰源于文化产业发展的需要。具体来说，创意写作是一切创造性写作的统称，

---

[1] 蒲铃：《地方文献的区域文化价值挖掘与开发利用研究》，《河南图书馆学刊》2018 年第 7 期，第 91 页。

包含狭义虚构类创造性写作和非虚构类创造性写作等。创意写作不仅培养作家，还更多地着力于为整个文化产业发展培养具有创造能力的核心从业人才，为文化创意、影视制作、出版发行、印刷复制、广告、演艺娱乐、文化会展、数字内容和动漫等所有文化产业提供具有原创力的创造性写作人才。因此，如果说地方文献是沉默的"宝藏"，那么创意写作就是可以将之激活、使其发光的魔法棒，是使这些传统资源得以"创新性发展"，完成"创造性转化"的重要途径。

随着人们对地方文献的重视，并将关注的目光落在文献的挖掘与整理层面上，有学者开始注意到这些被整理文献的利用情况，地方文献必须于现实生活中"活"过来才不失其意义。有学者认为地方文献典籍编纂与开发利用存在诸多问题，尤其是面对庞大的文献体量，这些"文献典籍开发转化利用不够"，"很多文献典籍在编纂出版后基本上都束之高阁，没有得到很好的开发利用"，无法体现其史料价值、学术价值和时代价值以及无法有效地推动地方文化建设和发展。因而李钧提出"创造性转化、创新性发展"的总方向目标，并设想从"多样化科普，立体化传播"的方式让更多人接受。[①]与李钧从整体方向上激活文献的思路不同，郑小灵从具体的行为方式作出探索，认为可参照少儿阅读的习惯，从地方文献中挑选出少儿感兴趣、容易接受的主题和内容，用明快的表达优化地方文献中的优秀资源，"编制知识性、普及性的二次文献、有声读物等，探索适合少儿的文献资源准备"[②]，以推广地方文献阅读途径。与郑小灵相似，余成斌、敖小爽亦注重从阅读的角度激活地方文献资源，并以六盘水地方文献为例，探索出"透过文献与实地印证的文献情境阅读推广模式"[③]。无论是"创新性发展，创造性转化"的总体目标，还是对推广阅读方式的探索，都显示出文献工作者对开发利用文献的探索与努力。

为进一步凸显对文献资源的开发与利用，有学者提出"创意文献"的概念，认为"创意文献是指图书馆人运用高科技技术和文学艺术创作手法把分散著述的各种学术性文献精华要素有机地统一起来形成的，将学术性、文学艺术性和

---

① 李钧：《地方文献典籍的编纂与开发利用探讨——以〈广州大典〉为例》，《广东开放大学学报》2018年第1期，第42—44页。
② 郑小灵：《地方文献阅读推广与少儿阅读》，《公共图书馆》2017年第1期，第47页。
③ 余成斌、敖小爽：《文化传承视角下的地方文献阅读推广模式》，《边疆经济与文化》2018年第2期，第113页。

宣传教育性相结合的图书馆二次文献作品"①。与传统的文献相比,"二次文献作品"更强调创作者的创意以及文献的时代性价值,即"它是图书馆人运用新奇的创意激活传统的图书馆文献资源开发功能而研发出的具有新时代特点、能够满足新时代公众情感价值的,为新时代公众喜闻乐见的新型载体形式,即图书馆文化创意产品"②。可以说,创意文献的提出为我们从创意写作的角度来转化和开发地方文献资源做了初步的探索。正如图书馆创意文献提出者所意识到的,创意文献的价值就在于"它能促使被淹没在图书馆海量文献信息中的学术精要,尤其是地方文献精粹,通过与文学艺术和新型媒体技术有机结合,得以以一种全新的态势从知识的海洋中突显出来,化深奥为形象、变高雅学术论著为神奇文化产品"③。然而,创意文献虽然已很大程度上改变了文献的存在状态,为读者更好地利用文献资源提供了方便,但它终究停留在文献的层面,未能以文献为基础,进一步说是以大量的相似相近的文献为基础,提炼地方文化精神,更没有以文献为基础,创变为适合时代精神需求的资源。

二 地方文献为创意写作提供创作素材

任何创意都不是无根之木、无源之水,真正的创意更是需要在大量的文献资料的基础上完成。地方文献作为一个地区历史与现实的记录,最大限度地记录和展现了一定的区域范围内长期形成的历史遗存、文化形态、社会习俗、生产生活方式等,当人们要创作带有本土文化精神的作品时,必然需要从当地的文献资料中找寻历史的影子。由于受主流宏大叙事话语的影响,很多地方的历史故事及文化精神常常被忽略乃至掩盖。所以当我们面对历史感觉诸种题材被写尽时,地方文献中记录的人与事或许有更加独特的价值。由此以来,地方文献就成为更好地讲述地方故事乃至中国故事的庞大素材库。

借助地方历史和地方文献进行创作,在文化工作者及文学艺术家那里并不

---

① 李纪英:《图书馆研发地方文献动漫摘要——创意文献意义及方略探析》,《河南图书馆学刊》2012 年第 6 期,第 111 页。

② 李纪英:《图书馆研发地方文献动漫摘要——创意文献意义及方略探析》,《河南图书馆学刊》2012 年第 6 期,第 111 页。

③ 李纪英:《图书馆研发地方文献动漫摘要——创意文献意义及方略探析》,《河南图书馆学刊》2012 年第 6 期,第 111 页。

罕见。如当代著名作家陈忠实花费半年的时间查阅了蓝田、长安、咸宁三个地方的县志、地方党史和文史资料，同时还做了社会调查，其中有些资料经过提取、加工，直接成了《白鹿原》的素材，而《蓝田县志》里的《乡约》则成为陈忠实联通历史与现实的一个点，成为其刻画人物精神和教育理念变化的参照。同样的，莫言在写作《檀香刑》时，更是以山东历史上有名的抗德运动为背景展开，其小说中的孙丙正是以当时领导人们抗德的孙文为原型写成，如果说随着历史的推演，人们已渐渐忘记文献资料里记载的德国当年在山东半岛犯下的侵略罪行，莫言的《檀香刑》则使这一历史事件永远地留存下来。与作家们简单借助地方文献资源的一些记载不同，真正的创意写作应该是对地方文献资料以及历史文化的创意表达，是自觉地以现实需要对地方文献的创意发展。较有影响的如山西平遥县对《又见平遥》的拍摄与演出，就是以山西晋商文化为背景，以历史上兴盛一时的同兴公镖局的兴衰为线索，来表达平遥的历史文化精神，因为"《又见平遥》的传播对于平遥城市发展具有全方位的社会功效"，被称为山西文化旅游品牌的成功典范。再如福建的民族学家、历史学家林耀华在研究福建本土文化基础上撰写了《金翼》一书，以当地凤亭村两个家族30多年的兴衰为主线，从宗族、教育、民俗、商业、农业等多个角度，展现了20世纪初期闽江地区的社会生活图景，为人们打开了了解区域文化的窗口。粤剧《岭南人家》以明朝万历年间创办于广州的药厂"陈李济"为原型，通过对陈李两家后人李济道与陈爱琴相爱而不能相亲的一段生死恋情，折射出在百多年前，岭南粤商"诚信立业，济世救民"，视信誉如生命，在国亡家破之际，为存中医药国宝，用生命谱写的一部粤商传奇。以上事例充分证明，地方文献作为地方历史文化的记录，完全能且应该成为当前地方文化的参照。

地方文献为创意写作提供素材不是一种简单的材料供给，而是一种在未来可以着重发展的合作模式。随着创意写作学科在中国高校的设立与开展，越来越多的学生开始创意写作训练。从以往的实践经验看，由于大学生的生活内容相对较为单纯，活动范围以学校为限，虽然网络信息的发达可以为他们提供更多的书写素材，但是由于缺少恰当的引导，学生的写作多停留在自我想象之中，拟物写作、玄幻穿越写作占据了绝大部分，他们极少能以现实生活中的题材为蓝本给予深入的刻画，更极少想到去翻阅本地的文献资料，体现鲜活的历史文化生活。而另一方面，地方文献迫切需要更多的人员介入给予开发利用，却苦于没有那么多的专业力量。因此，为解决这一矛盾，不管是从地方文献的开发利用角度，还是从创意写作的文化产业化角度，都需格外重视地方文献的素材库价值。而且通过引导学生走向地方、走向基层、走向历史，不仅可以深入地了解地方文化的发展，更能激活其自我生命中的文化素养，进而使学生被动接受学习地方文化变为主动学习，较好地完成创意写作教学中教、学、用三个方面的问题。正如有学者认为中国高校创意写作系统的运作，可以把高校的创意写作资源，如教师、作家、组织者资源带到社区、工厂，从而"为社会提供多角度的社会经验系统，甚至让文学成为一种公共文化服务"①。同理，创意写作的资源和地方文献的资源相结合，必然也会带来双赢的效果。

邹建军教授在《地方文献与文学地理学研究领域的拓展》中特别提出地方文献之于文学地理学的研究意义，并由此提出"越是地方的，越是世界的"观点，"因为文学的本质就是地方的，或者说文学首先应该是地方的，然后才可以是世界的"②。可见，以地方文献为素材展开创作，并不是简单地为地方文化服务，而是在世界文化中自有其价值地位。尤其是在全球化时代，地方文化已成为对抗全球文化同质化的重要方式。因此，将地方文献自觉地作为创意写作的资料库，也是未来创意写作遍地开花，真正地走上产业化道路的一个有效路径。

三 对地方文献的创意写作可提升地方形象

开发利用地方文献的文化资源，能够弘扬和传承地方优秀传统文化，创建地方品牌化文献，提升区域文化软实力，早已是一个不争的事实。然而，一个地方的文献固然承载着地方文化，但要想更鲜明地表现并提升地方文化，必然需要艺术的描述、提炼与升华。

地方文献作为区域文化的根脉与地方文化有着密不可分的关系，两者"相辅相成，有着独特的因果循环关系"，"地方文化是地方文献产生的前提和基础，地方文献对地方文化的继承、传播、发展、创新具有重大推进作用"③。正是因

---

① 张永禄：《创意写作：中文教育改革的突破口（下）》，《写作》2013 年第 17 期，第 4 页。
② 邹建军：《地方文献与文学地理学研究领域的拓展》，《武汉科技大学学报》（社会科学版）2018 年第 1 期，第 110 页。
③ 刘雪平：《文化视野下的湖南文献史研究》，《滁州学院学报》2018 年第 1 期，第 25 页。

为地方文献与地方文化之间互动共生的关系，使得研究者都极为注意地方文献的价值，并不断探索借助地方文献提升地方文化软实力的有效途径。张兆宇认为地方文献在地方的基础依托和特色支持、价值引领和榜样教育、区域经济发展、区域形象塑造与宣传等方面都有着重要的作用，因此特别提出从四个维度入手，加强地方文献建设，"建立长效机制，全面系统搜集地方文献"，"建立完善的工作保障体系，为区域发展提供更加坚实有效的信息支持"，"利用日新月异的网络技术，建立现代化的地方文献利用功能"，"打造高素质地方文献专业队伍，更好地服务于区域文化软实力的提升"①，可谓较全面地论述了地方文献的建设方向。然而，如何将浩瀚的地方文献凝练提升出地方文化精神，是地方文献工作最根本的旨归。

事实上，很多地方文献的搜集与整理虽然日臻完善，但因为其蕴含的文化精神缺少提炼以及缺少表述而不被外界所知。以广州为例，《广州大典》的编纂充分证明广州历史文献的丰富，但纵观广州的文艺创作，对它的利用和表现只能是九牛一毛，尤其是和北京、上海两个文化重镇相比，广州的创意文化产业远远不够。正是有感于广州文化表述的滞后，2003 年 3 月 3 日的《南方都市报》特别指出："我们坚持认为，广州的城市精神需要重新叙说。这种叙说的目的不是停留在'如数家珍'的层面上，更不是为了制造一种地域性的文化自恋，而是指向一种城市文化自我意识的觉醒。"同时，还特别指出，这种觉醒，不是简单地对以往某些概念的理解，如"平民精神""实用主义""岭南文化"等，而是从一个个鲜活的个体出发，来透视和阐述这种精神。文章认为："在广州'土著'潘达微的身上，就比较集中地体现了广州精神的另一面。他既是勇敢的革命家，又是一个开风气之先的先锋艺术家；既是一位社会慈善家，同时又是一位看破红尘的出家人。凭着他的才能，他完全可以建功立业（无论是社会政治，还是文化艺术方面），但他却淡泊名利，毅然斩断尘缘。强烈的世俗关怀与超验的宗教情愫、宏大的社会理想与细微的艺术感受，竟然能如此天衣无缝地集中在一个人身上——在这个以自身生命的丰盈而超越了世俗归类、无法定义的人物身上，可能恰恰体现了广州文化失传已久的精髓。"以历史人物为切入点来充实和表达地方文化，正是创意地塑造地方形象的一个面向，也是

---

① 张兆宇：《论加强地方文献建设　以提升区域文化软实力》，《大庆师范学院学报》2017 年第 6 期，第 112 页。

最彻底地利用地方文献资源的一种方式。

文学作为文化最生动的表现形式，最能展现和塑造一个地方的形象。叶兆言所说文学"能记录一个城市，表现一个城市"，而且"还可以通过无中生有的想象，美化和创造一个城市"。文学对文化的书写与建构是最能展现文化魅力的途径。文学作品可以通过为城市赋予历史的影像和记忆，而让人理解城市的过去和未来，提升市民对城市的认同感。优秀的文学书写，完全可以赋予城市景观生动的"体感"①。如广州本土作家梁凤莲，以广州的历史为基础，先后创作了《东山大少》《西关小姐》《羊城烟雨》等多部小说，从而将广州近现代以来的繁华与变革，广州人勇于创新、敢于拼搏、隐忍务实的精神风貌展现得淋漓尽致。再如佛山三水地区的"红头巾"们，当年本来是生活所迫而踏上背井离乡之路，下南洋打工，但当政府和文化工作者将她们的生活以镜头和文字表达出来时，那些原本没有多少情感色彩的文献记录就有了鲜活的精神，不管是中国中央电视台拍摄的纪录片《飘逝的红头巾》还是新加坡城市街头的雕塑红头巾，她们都成为三水这个城市的文化精神代表，她们自尊自强、团结协作、无私奉献，通过自己的辛勤劳动改变自身生活的努力，无不成为新时代人们引以为傲的地方精神。而透过这些形象，三水这个地方的文化品格也得以塑造，他们求变、敢闯、勤劳的精神美德不仅印证了历史，更引导着城市的未来发展。

当人们借着历史的断壁残垣和断章残简通过想象填补和构建一个地方时，人们也就在语词中完成了对这个地方的理想建构。正如本尼迪克特·安德森发现现代民族国家"认同感"的形成有赖于"想象的共同体"的催生一样，在一个有效的时空范围内，虽然人们未曾谋面，但某种共同体的"休戚与共"感却仍可以通过传播媒介——特别是想象性的如"小说"与"报纸"这样的"文艺"方式构建出来。② 安德森的论述充分印证了文艺写作及媒介传播对人们认知世界的影响。延续这一认知，我们同样可以将这一影响力引用到地方文化及地方形象的塑造，既通过对本土文献的再度创意，提炼出标志性的本土文化精神，提升地方形象。有人说"要实现以古典文学为重要代表的中国传统文化的'现代转换'，不在于能不能用古代的话语形式来解释当下的困境及文学现状，而

---

① 叶兆言：《文学与一座城市》，《东方早报》2015 年 9 月 27 日。

② ［美］本尼迪克特·安德森著，吴叡人译：《想象的共同体：民族主义的起源与散布》（增订版），上海人民出版社，2011 年。

在于能否在当下的语境中，重新发现、发扬古典文化中的诸多'宝藏'的'当下性'意义，及其有可能供文化创意产业开发的'创意点'"①。同理，地方文献能否真正得到利用，并不能仅仅停留在阅读层面，更应该通过"创意点"的发掘，从根本上激活地方文化精神，提升地方文化品格。

显然，地方文献需要更多的书写者来挖掘利用，以开发凝练地方传统文化，否则那些资料只能停留在档案馆、资料室、博物馆，承受着岁月的灰尘、散发着清冷光辉而不被人所知，最终导致地方文化被遮蔽。被遮蔽的地方文化看似来源于资源的有限，实际上则是因为发现资源能力的有限造成的。因此，当我们在提倡发展更加丰富的地方文化时，首先应该挣脱以往的束缚，通过创意写作获取一种叙述的能力。当我们将宏大叙事交还个体的时候，应该联想到要将主流文化交给地方，地方应借此机会沉潜到本土的文献之中，从中开掘丰富的地方文化，从地方文献中攫取时代需要的资源，将地方文献中蕴含的传统文化提炼出来。一旦地方拥有了叙述本土文化的能力，地方的文化软实力及地方形象必然得到提升。

① 谢彩:《中国创意写作学初探》，武汉大学博士学位论文，2013 年，第 103 页。

馆藏民国地方文献整理出版实证研究

——以山东省图书馆为例

王玉梅　李洪梅

（山东省图书馆）

地方文献，简单说就是记录某一地域知识的一切载体，从其内容和形式看，大致包含了特定区域事物记录、区域人物及著述、区域出版物三大类。[①] 因此民国地方文献就是指 1911 年至 1949 年这一特定历史时期的地方文献。此类文献具有鲜明的时代特征，对于认识民国时期当地的社会现实、历史发展特点、文化形成过程及制定当前发展规划都具有重要的参考作用。近年来，山东省图书馆（以下简称我馆）在地方文献工作中高度重视整理出版，其主要目的是加强对地方文献的保护，为地方决策机关提供参考信息，促进资源共享，最终服务于社会。

一　馆藏民国地方文献收集

重视地方文献的收藏是我馆历来的优良传统。1909 年建馆之初制订的《山东图书馆章程》第五章规定："山东为古文明地，自两汉迄今，名儒硕彦，代有传书。凡山东人著作，搜罗必备，别为一部，以征是邦之文献。其有家传行述者，应令抄列简端，藉资稽考。"同年山东巡抚袁树勋在奏折中说："凡本省新出土之品与旧拓精本，博访兼收，以表山东古文明之特色，免乡氓无识者之摧残，亦存国粹之一端也。"[②] 提学使罗正钧亦通令各县，要求山东各地的石刻每石拓

---

① 骆伟：《地方文献学概论》，澳门文献信息学会，2008 年。
② 转引自《山东省图书馆志》编纂委员会编：《山东省图书馆志》，中华书局，2004 年，第 119 页。

写一份送本馆收。1916 年由袁绍昂主编的《山东图书馆重编书目》由本馆印行，在原有的分类上又增加"科学"和"山东艺文"两类，"山东艺文类"的设立，为图书馆界编目开了先例，教育部咨各省区请通饬各省县图书馆仿照办理，注意搜集乡土艺文。①

1929 年 8 月，王献唐先生出任山东省立图书馆馆长，他十分注意搜集珍善本书籍和山东地方文献，在给好友傅斯年的信中，曾谈到其搜集计划："先求乡贤著作，无论已刻、未刻，俾藏馆中。"因此 1929 年以后，有大批或系统的金石拓本，如刘燕庭《长安获古编》底本 6 册，陈介祺编金文、砖瓦文、齐鲁陶文、汉瓿量文、封泥、镜文、范文等，蒲松龄《聊斋文集》手稿，张笃庆《厚斋自著年谱》，李文藻《恩平程记》等善本入藏，都是研究齐鲁文化的珍贵资料。还有王士祯、刘墉、丁耀亢、桂馥、许瀚、高凤翰等许多齐鲁名人的手迹。1936 年 12 月 13 日，奎虚书藏落成，专门开辟齐鲁艺文展览室，所收均为山东地方文献，展室分为书籍、字画和碑帖三部分，随时更易，先后展过的书籍、字画、金石墨本近百件。据不完全统计，至 1936 年，本馆共收集山左先贤著作 746 种。仅 1929 年 12 月至 1930 年 11 月，就购置山东人著述 700 余册，金石拓本 3000 余份。1909 至 1937 年，我馆地方文献收藏已初具规模，馆藏特色基本形成。但随之而来的抗日战争和解放战争，使馆藏损失殆尽，地方文献惨遭重创。②

二　馆藏民国地方文献整理出版概述

地方文献的意义在于应用，如果不加以应用而仅仅是简单的收藏，则可能使得地方文献的价值下降甚至最后"无人问津"，因此，必须构建完善的地方文献开发与利用体系。我馆的地方文献整理工作开始于王献唐主政之时，在其主持下，开始分门别类地对山东地方文献进行整理和研究，先后编成《齐鲁陶文》拓本 120 册、《两汉印帚》3 册、《邹滕古陶文字》3 册、《齐鲁陶文》1 册、《临淄封泥文字叙、文字目》2 卷、《汉魏石经残字》2 册、《寒金冷石文字》拓本 24 册，还有《山左先哲遗书提要》《海岳楼金石丛编》《海岳楼珍籍秘本丛刊》

---

① 《山东省图书馆志》编纂委员会编：《山东省图书馆志》，中华书局，2004 年，第 119 页。
② 山东省图书馆编：《山东省图书馆馆史资料选编》，齐鲁书社，2015 年。

《山东省立图书馆丛刊》《山东省立图书馆分类法》等。新中国成立后的出版主要以地方文献资料索引为主，如编有《山东地区图书馆联合目录》《地方文献目录》《山东报史资料》《山东省地方志联合目录》《山东省图书馆馆藏山东地方史志文献选目》《山东物产报告书》《建国前山东革命报刊目录》《近现代山东报刊知见录》等。

近年来，特别是"民国时期文献保护计划"实施以来，我馆采取以出版带动普查的工作方针，通过特色馆藏出版加强民国文献的保护与利用。至 2018 年止，得到"民国时期文献保护计划"资助的出版项目有《民国时期山东报刊目录提要》《馆藏山东革命根据地文献目录》《馆藏革命根据地扫盲读物汇编》《山东抗日根据地经济资料汇编》《济南"五三"惨案史料汇编》《胶济铁路文献汇编》《山东省政府公报》和《山东革命根据地期刊汇编》等 8 项。地方文献的整理出版工作更趋系统化。

三 馆藏民国地方文献整理出版成果

我馆十分重视对本馆资源的史料挖掘与研究，于 2010 年启动了"民国报刊书目数据数字化"，在规范的工作条例前提下，经拆捆、理顺、著录、回溯、贴标、装盒、上架等工序，历时 3 年，至 2012 年底保质保量地完成馆藏民国报刊的书目数据化，初步统计，中文期刊共计 2464 种，报纸 375 种，其中山东期刊 392 种，报纸 126 种。2011 年，国家图书馆联合国内文献收藏单位，策划了"民国时期文献保护计划"项目，并在 2012 年启动，我馆作为成员馆之一参与其中，对山东的地方文献在数字化的基础上进一步挖掘、出版。

（一）《民国时期山东报刊目录提要》（以下简称《提要》）

馆藏民国时期山东报刊非常丰富，是我馆的重点特色收藏之一。但由于民国时期的报刊距今年代较久，保存条件有待完善，有些报刊已破损残缺，读者的阅读需求也因此受限，对其进行系统的整理和内容揭示，使读者得以深入了解民国时期山东报刊的出版发行状况，既可在一定程度上满足读者的阅读需求，同时，对馆藏文献也是一种很好的保护。

1. 筛选山东文献

《提要》共收录民国时期山东报纸 105 种、期刊 353 种。在挑选时，为了全面、真实反映山东地方报刊出版状况，并没有加入太多的限制，因此其创办发行者及发行地区就呈现了多样化的特点：既有官办的，也有民办的；既有共产党创办的，也有国民党创办的；既有中国人创办的，也有中美合办的，甚至有日本人创办的；既有进步的，也有反动的；既有山东中心城市济南创办的，又有各地县创办的；既有国统区发行的，也有解放区发行的。

2. 制定编纂体例

《提要》的编纂，严格遵循了《中国文献编目规则》的要求。著录内容上，分为版本形态描述和内容提要两部分，包括题名、责任者、出版发行、文献特殊细节、载体形态、附注、内容提要 7 项内容；提要部分，包括报刊概况、版本特点、内容简介以及必要的说明等。尤其在提要中，编者对民国时期山东报刊的发展脉络进行了系统的梳理，客观记录了在民国这个特定的动荡时期，山东乃至全国政治、经济、文化等方面的发展变化，同时，也从一个侧面展现了这些出版物在抗日战争和解放战争中发挥的重要作用。《提要》分报纸、期刊两部，按出版时间排序，文后附有参考文献、相关人物生平简介、相关团体机构简介三个附录。

3. 选定参考文献

连续出版物重在连续，可在民国这一时间段，社会动荡，战争不断，文化受到重创，图书馆收藏的报刊能达到从创刊至终刊而完整者甚少，因此著录时的信息也会受到影响，为此我馆多角度、多层次选定参考文献，对每一种报刊都通过多种参考文献比对，结合馆藏实物确定著录信息。选定的参考文献种类丰富，如方志类有《山东省志》《济南市志》《青岛市志》《泰安市志》《烟台市志》等山东各地方志 26 部；辞典类有《近代中国百年史辞典》《民国人物大辞典》《齐鲁文化大辞典》《中国革命根据地大辞典》《中国抗日战争大辞典》《中华民国史大辞典》《中文期刊大词典》等 39 部；目录类有《1833—1949 全国中文期刊联合目录》《山东省图书馆馆藏缩微文献目录》；著述类有《抗战时期期刊介绍》等 3 部。①

此书既展示了民国时期山东报刊在抗日战争和解放战争中的巨大作用，也为读者了解这一时期的山东政治、经济、文化概况提供了重要的参考资料，被山东学界认为是研究山东民国史的重要文献工具书。本书已于 2016 年 4 月由国家图书馆出版社出版。

---

① 李西宁、王玉梅主编：《民国时期山东报刊目录提要》，国家图书馆出版社，2016 年。

（二）《山东省政府公报》

研究民国历史，民国时期的政府公报是不可或缺的重要史料，政府公报是政府下达公文指令、督导行政业务、宣示政府意志与权威的工具，是珍贵的地方档案史料。《山东省政府公报》（以下简称《公报》），不仅卷帙浩繁，内容丰富，而且出版时间基本与民国相始终，至为宝贵，这也是我馆选此刊影印的主要原因。

《公报》创刊于1928年8月5日，于1948年8月29日终刊，跨度20年，经历抗日战争和解放战争，期间几易其名，几经停刊、复刊，共819期，其编纂者分属于国民党政权和日伪政权两个不同的政权系统（表1、表2）。举凡山东省政府的中央法规、中央命令、地方法规，以及省政府训令、指令、命令、委任状、公函、电文、批示、布告、会议记录等皆全面系统刊载，涉及政治、经济、财政、民政、人事、司法、军事、文化、教育等领域。这些资料客观地反映了国民党山东省政府的各种政策政令，对当时省内外发生的重大事件，均有详略不等的记载，在当时可使普通民众了解到政府的相关政策和动态，对于今天也是研究民国时期社会各个方面的重要史料来源。

表 1　国民党政府《山东省政府公报》沿革概况一览表[①]

名称	时间	出版者	出版地	刊期	期数
《山东省政府公报》	1928—1937	山东省政府秘书处	济南	周刊	450
《山东省政府公报》	1941—1942	山东省政府秘书处	临沂	月刊	8
《山东省政府公报》	1946—1948	山东省政府秘书处	济南	周刊	120

表 2　日伪政权《山东省政府公报》沿革概况一览表[②]

名称	时间	出版者	出版地	刊期	期数
《山东省政公报》	1938—1939	（伪）山东省公署秘书处	东阿	旬刊	30
《山东省公报》	1939—1943	（伪）山东省公署秘书处	济南	旬刊	157
《山东省政府公报》	1943—1945	（伪）山东省公署秘书处	济南	旬刊	54

---

① 　山东省图书馆辑：《山东省政府公报》，国家图书馆出版社，2017年。

② 　山东省图书馆辑：《山东省政府公报》，国家图书馆出版社，2017年。

该书为单一文献影印出版，总 106 册。因种种原因，虽借助国家图书馆、上海图书馆等的补配，然该书最终收录 807 期，未完全齐备，但已做到相对完整，是极为珍贵的研究资料。本书于 2017 年 6 月由国家图书馆出版社出版，为研究这段历史提供了真实可信的丰富史料，也为读者提供了更多查询资料的便利。

（三）《济南"五三"惨案史料汇编》（以下简称《汇编》）

1928 年 5 月 3 日，日本人在济南制造了震惊中外的"五三"惨案。为使广大人民铭记历史，勿忘国耻，山东省图书馆特编辑出版了此书，采用原版影印的方式，更为客观、真实地再现了九十年前惨案给中国人民带来的伤痛。

《汇编》涵盖了 1928 年 5 月至 1949 年 10 月前出版和发布的关于济南"五三"惨案的图书、期刊和档案资料等。其中图书和期刊有《济南惨案特刊》《济南惨案》《济南惨案真相录》《济案惨史》《济案特刊》《中央画报半月刊（五三惨案专号）》《济南血》《五三血迹》《宣化旬刊（五三专号）》《云南省五三惨案周年纪念大会特刊》《五三痛》《五三济南惨案画刊》《济南惨案真相》《济南惨案全书》等共计 26 种，其中英文图书 1 种，*Tsinan Affair*；档案资料有《中国共产党山东省执委会、中国共产青年团山东省执委会为反对日本帝国主义告山东民众书（一九二八年五月六日）》《中共山东省委关于反日运动的通告（一九二八年六月）》《中共山东省委关于目前政治概况与党的任务的报告（一九二八年十月）》《济南惨案记录》等 13 份。[①]

该书为多种文献的影印汇编，总 5 册，已于 2014 年由国家图书馆出版社出版，是迄今为止中国国内关于济南"五三"惨案最全的汇编，为研究民国史以及日本侵华史提供了重要的参考资料。

四 馆藏地方文献出版的思考

要提高地方文献整理出版的效率及实际价值，需要尽量避免重复工作，对已被其他丛书、丛刊收录的或数字化程度高且易于获取的文献尽量避免重复出版，做到纸质出版与数字化保护的衔接和相互补充；另一方面，需要进一步拓

---

① 李西宁主编：《济南"五三"惨案史料汇编》，国家图书馆出版社，2014 年。

展出版文献的类型，重点整理稀见手稿、未刊稿、私人书信等，对于外文文献，尽量刊出译本。

（一）改进出版形式

现有丛书、丛刊大都是原书直接影印出版，较少有二次文献或三次文献的整理，这从我馆近期的出版情况可见一斑，除《民国时期山东报刊目录提要》外，其余皆为影印出版。笔者认为，在整理出版过程中，应引入专家团队，负责专题文献品种选择，进一步可以整理出版针对特定主题的文献汇编，而不只是文献的全文影印。

（二）拓展出版内容

现有文献侧重官方机构文献的整理，而社会组织、私人文献整理严重不足，主要集中在如政府公报、期刊汇编、史料汇编等方面。因此地方文献的出版及数字化建设，应在内容上加以拓展，如私人手札、书信、笔记、手稿等。我馆山东名人手稿较多，如蒲松龄《聊斋文集》手稿等，还有王士祯、刘墉、丁耀亢、桂馥、许瀚、高凤翰等许多齐鲁名人的手迹，其中王献唐、孔德成等人手迹达30余件，都是研究齐鲁文化的珍贵资料；地方报纸是记载区域历史的重要史料，我馆的出版物虽然还算丰富，但未有一种地方报纸影印出版；外文文献的整理出版在我馆仍处于空白，对于民国外文文献，在进一步加快原版文献的整理出版工作的同时，对重点文献应尽量推出中文译本。

（三）加强出版研究

民国期刊的出版特别是影印出版由各个出版机构及专家自行规划，由于关注点集中，即使各馆只针对本地文献，重复出版亦不鲜见。近几年的影印出版，特别是"民国时期文献保护计划"的支持，大部分项目以大型丛书的形式出现，不同的丛书由于选题相似，可能导致收录文献重复，因此，在确定出版之前，应对大型影印出版物收录文献的目录进行充分的对比和研究，做到有选择出版，尽量避免相同文献在不同出版物中出版。

浅谈基层公共图书馆地方文献分类与读者服务

——以莞城图书馆地方文献分类为例

王柏全　詹宝莹

（东莞市莞城图书馆）

地方文献是人类社会发展到一定阶段的产物，是国家文献和历史文献的一个组成部分，它记载着某一地域人类从事社会实践、生产实践和科学实践的经验和总结，是一个地方文化发展的积淀和缩影，也是后人认识社会、改造自然界、获得继续发展的基本条件之一，具有明显的区域性、时代性和资料性。[1]做好地方文献的收集和保存工作是基层公共图书馆的一项必要工作。

一　基层公共图书馆收集地方文献的必要性

基层公共图书馆作为公共文化服务体系建设的基层窗口单位，是丰富基层群众文化生活、进行终身学习教育的重要场所，同时也是推进地方文化建设、地方历史传扬的重要场所。而地方文献作为一个地区文化发展的缩影，全面反映区域的社会经济、科学技术、文化教育等情况，是一种具有使用价值的文献资源，基层公共图书馆应当将收集、整理和研究地方文献作为重点工作之一。

地方文献的使用价值主要体现在：一是反映本地区的历史和现状，能为本地区有关部门制定政策规划提供信息，做出符合实际的科学合理的决策；二是为地方文化历史及科学研究提供宝贵的信息资料，地方文献记录了本地区的自然现象、社会现象、经济发展情况等信息，有助于对本地区的历史、社会、经济、农业及人口等方面进行研究；三是为传承乡邦历史文化提供了良好的教材，

---

① 骆伟：《地方文献学概论》，澳门文献信息学会，2008 年，第 43 页。

地方文献记载了本地区大量的山川古迹、风俗文化及历史名人资料，有助于增强人们热爱家乡的思想情感，是传承优良传统最好的乡土教材。

二 莞城图书馆地方文献收集与整理工作

莞城图书馆作为一所基层公共图书馆，自 2008 年开馆以来，在"不求大，但求精"的办馆方针下，始终致力于艺术、文史领域专业图书和古籍等珍贵文献的收集整理与开发利用，其中更是将收集保存东莞地方文献作为重点工作之一，并专门设有地方文献专架，配备专门的管理工作人员。

为进一步规范莞城图书馆地方文献收集与整理工作，更好地进行科学研究和实践活动，莞城图书馆对地方文献馆藏的范围和内容逐渐形成了一定标准，馆藏地方文献以中华人民共和国成立以来出版的文献为主，包括内容上反映东莞政治、经济、历史、文化、地理、名胜古迹、风俗民情、物产资源等方面的文献资料，以及莞籍或寓居东莞人士的著述、著作手稿等。

（一）地方文献馆藏及收集情况

莞城图书馆以立足本土，汇集东莞地方人文、区域文化为宗旨，通过民间征集、乡贤捐献、各级单位机构捐赠等多渠道收集及采购。截至目前共收藏地方图书 1248 种（合 2609 册），地方期刊 472 种（合 787 册），其中包括广东省方志馆、东莞市政协、东莞市方志办、北京东莞建设研究会、东莞博物馆、东莞中学等多个单位机构赠书。

此外，为加大地方文献收集力度，莞城图书馆还组织工作人员多次走出东莞去搜集莞人著作，以乡情为纽带，与在市外、省外的莞籍学者（来自北京东莞建设研究会、中山大学、暨南大学、广州美术学院等机构单位）建立保持友好的关系，为收集更多的莞人著作和建设本馆东莞地方文献专架打下了良好的基础。

（二）地方文献对外服务情况

莞城图书馆专门于古籍特藏区内设有地方文献专架，实行闭架管理，因地方文献馆藏复本有限，对读者只提供馆内阅览，概不外借。读者查阅地方文献，需按相关借阅规则，先查阅藏书目录，并填写《图书阅览复制申请表》，方可阅览图书。

　　为更便于读者查阅地方文献资源，莞城图书馆对馆藏地方文献进行了有别于《中国图书馆分类法》(以下简称《中图法》)的分类方法，重新拟定新的分类，新目录预计 2018 年初将更新到"莞城图书馆古籍和特藏文献检索系统"，届时读者可通过莞城图书馆官方网站进入访问查询。

三　莞城图书馆地方文献具体分类

　　地方文献整理工作是为读者服务、书目编制、藏书组织管理、文献开发利用以及数据库建设的前提条件或工作基础。科学的整序方法，决定了整理工作的质量，因此必须根据地方文献的特点、形式、内容，制订有关整理工作的规程。[①] 但我国尚没有统一的"地方文献著录规则"，据目前来看，全国各地公共图书馆对于地方文献分类大致有三种做法：第一是使用《中图法》；第二是在《中图法》的分类基础上，按本馆情况适当增加类目；第三是自行拟定分类。

　　在开馆初期，莞城图书馆地方文献书目编制、排架工作主要使用《中图法》。但随着地方文献工作的深入开展，工作人员结合馆藏地方文献特征、读者需求等方面的情况，逐渐发现《中图法》对于馆藏地方文献的分类具有局限性。一方面是《中图法》中某些类目分类不够详细，不能突出地方文献地域特色，就如陈宏亮在《方志馆地方文献分类探讨——以广东地方文献分类为例》一文中提到，《中图法》是综合性图书分类法，但有些类目分类不够详细，不能满足地方文献特指性强的分类，有些类目无法满足地方文献强烈的地域性需求。另一方面是按照《中图法》分类排架，不利于为读者提供更集中的文献信息和书目信息，在实际的读者咨询服务中，不少来馆查阅地方文献的读者是东莞本土历史文化的爱好者，并且多数带有具体的研究问题或研究内容前来查询资料，例如查询"东莞方言""东莞邓氏"相关资料、"改革开放以前东莞对外贸易情况"等具体问题，按照《中图法》分类排架，不少与问题相关的文献资料是分散在不同类别里的。为提高读者服务质量和效率，突出馆藏地方文献的收藏特色，重新细考馆藏地方文献特征，自行拟定分类是十分必要的。

　　结合"艺术、文史"的馆藏定位、读者对地方文献的需求情况，莞城图书

---

① 　骆伟：《地方文献学概论》，澳门文献信息学会，2008 年，第 118 页。

馆对馆藏地方文献进行了重新分类整理，突出文史特色，设有东莞地方方志、地方历史地理、乡贤著述、人物传记、本土文学创作、名家书画艺术作品等多个具有鲜明特色的类目，系统地将馆藏地方文献分门别类，形成了以《中图法》编目为基础、自行拟定分类排架的特殊著录方法。具体分类情况如下：

（一）地方志书：是地方文献中重要的类型之一，全面记载某一时期某一地域的自然、社会、政治、经济、文化等方面情况，种类繁多，包括总志、通志、府志、州志、县志、乡镇志及专志等。莞城图书馆该类别主要包括本地区不同时期的县志、镇街志、村志、专业志、行业志等。

（二）地方年鉴：是年鉴的一种类型，由地方编辑出版，反映地方各方面或某方面事物发展情况、研究成果及有关统计资料，可以说是地方百科的工具书。[1] 莞城图书馆该类别主要包括《东莞统计年鉴》《东莞年鉴》以及各种专门性年鉴（如《莞城美术馆年鉴》《岭南画院年鉴》《东莞市博物馆年鉴》等）。

（三）地方谱牒：谱牒记录了一族的世系传承、人口繁衍、家规家训以及名人生平事迹等，不仅保存了大量珍贵的史料、历史人物资料，补充了正史和方志的不足，还为研究某一姓氏发展、宗族制度提供依据。莞城图书馆该类别主要包括旧谱复印本、新编族谱家谱以及世系源流等。

（四）地方革命史：包括党史、农、工、青、妇、运动史等，尤其以地方党史最为重要。莞城图书馆该类别主要包括地方党史、各类运动史以及东江纵队史料等，其中"东江纵队史料"是该类别相当重要的组成部分之一，广东人民抗日游击队东江纵队是中国共产党领导的一支蜚声海外、威震南粤的人民抗日武装，而东莞是其主要活动地区，保存着大量珍贵史料，近年来也陆续出版了不少相关图书，亦有不少读者对此专题资料有查阅需求。

（五）地方历史地理：地方史是记录某一地区的发展历程的史书，包括社会史、自然史等。莞城图书馆该类别主要包括地方历史、文史资料汇编、考古文物、舆图等图书，该类别图书亦是读者查询的重点类目。

（六）地方人物传记：指人物传记性著作，记录人物生平事迹、口述历史调查等相关资料，包括自传、评传、图传等形式图书。名人传记和历史密切相关，某些年代久远的传记著作蕴藏着不少史料，对于史学研究具有一定价值。

（七）乡贤著述：包括近现代名人学者著作、全集，例如可园张氏家族、陈

---

[1]　骆伟：《地方文献学概论》，澳门文献信息学会，2008 年，第 98 页。

伯陶、邓尔雅、容庚、容肇祖、邓白等莞籍名人学者著作。此类有别于《中图法》"I. 文学"，主要是以学者专家的著作为主，更具学术研究性。

（八）地方经济：主要包括地方经济、工业、农业、城市建设、地区改革开放等方面图书。

（九）教育文化机构出版物：主要包括东莞中学、东莞理工学院、东莞城市学院、莞城中心小学等教育文化机构的出版物。莞城具有突出的教育优势，有特别重视教育的党委和政府以及具有百年历史的首批省一级学校（东莞中学、莞城中心小学），各教育机构单位出版不少图书，市面稀见，有不少读者来馆咨询该类别图书。

（十）政府机关部门内部资料：包括政府机关部门工作报告汇总、宣传资料等。

（十一）文学作品：以现代文学作品为主，包括莞籍作家文学作品、在莞工作生活的作家作品、本地区文化单位出版文集等。

（十二）艺术作品：以艺术画册、艺术作品集为主，包括莞籍艺术家作品集、在莞工作生活的艺术家作品集、本地区文化单位出版艺术集等。

（十三）专用工具书：包括莞音字典、方言词典、方言研究资料等。

（十四）地方报刊：包括地方报纸、期刊。

（十五）其他：地方文献除了包括图书、报刊等类型文献外，还应该包括光盘、录音等非纸质新载体文献。莞城图书馆至今收入此类文献数量较少，仅有少量光盘，未进一步进行分类。

莞城图书馆重新拟定地方文献分类后，文献特点更加明显突出，不仅有效向读者揭示了以地方文史收藏为主的服务特色，还有助于未来进一步对地方文史资料的收集整合，凸显"文史"馆藏特色。

四 结语

就目前而言，对地方文献的分类并未有一个全国统一的规范，各个公共图书馆所采取的分类亦有所差异。为更好地为读者提供地方文献资源服务，结合本地区文史优势，进一步建设地方文献专架，莞城图书馆的地方文献分类工作仍有待进一步改进完善，在今后的工作中需要不断进行研究和总结，以期满足读者需求，提供更到位的服务，并为地方文献信息资源的开发利用、数据库建设等延伸工作做好基础性准备。

参考文献

［1］骆伟 . 地方文献学概论［M］. 澳门：澳门文献信息学会，2008.

［2］李昭醇 . 广东省立中山图书馆同人文选［M］. 北京：北京图书馆出版社，2002.

［3］陈宏亮 . 方志馆地方文献分类探讨——以广东地方文献分类为例［J］. 中国地方志，2013（2）.

近十年地方文献整理与研究知识图谱分析

——基于 CiteSpace 和 SATI 的可视化分析

贾雪梅　潘可新

（吉林大学图书馆）

地方文献记载地方经济社会发展的状况，是记述地方情况或具有地方特点的文献。① 这些文献是智库研究人员研究地方事宜的第一手资料。近十年来，各学科领域的专家学者对地方文献从不同角度进行研究。本文以中国知网数据库为依据，以计量分析软件 CiteSapce 和 SATI、NetDraw 为工具，分别从发文量、机构、作者、关键词等方面进行知识图谱展示。

一　数据来源与研究方法

（一）数据来源

文章的数据来源选择中国知网 CNKI 数据库，主题检索地方文献相关的文献题录，检索时间为 2018 年 9 月 4 日，时间范围为数据库收录初始时间 2007 年 1 月 1 日到 2017 年 12 月 31 日。检索主题词是 "地方文献""地方文献整理"，检索结果是：CNKI 数据库期刊论文合计 3670 篇。对所有的数据进行逐条的审核，去掉会议通知、稿约、会议报道等无效数据，共计留存有效数据 3377 条。文章以 3377 篇论文为数据来源，分别将这些文献题录数据转换成 CiteSpace 及

---

① 戴晓红：《图书馆人近十年地方文献研究综述》，《科技资讯》2012 年第 23 期，第 253—254 页。

SATI 要求的数据格式。

（二）研究方法

运用 CiteSpace 和 SATI 软件对论文的年代、作者、关键词进行分析。CiteSpace 软件是国际著名信息可视化专家陈超美教授开发的，基于可视化软件的本身，可以在海量的文献数据中找到重要的、关键的有效信息，了解某一领域的研究热点、前沿及发展趋势。[①] 该软件导入适合的数据后，可自动生成知识可视化图谱。可根据分析节点选择的不同，生成不同类别的知识图谱。所得节点的大小可以反映节点被引或出现的次数，节点的年轮圈表示不同年份发表论文的数量。[②]

SATI 是国内学者刘启元、叶鹰研发的，是针对中文文献题录信息统计分析的软件，它能实现题录数据格式转换、字段信息抽取、抽取词条的频次统计及知识单元的共现矩阵。将共现的矩阵导入 NetDraw 中，生成供分析借鉴的聚类图、网络知识图谱等。[③]SATI 所得图谱中节点大小表示分析出现的频次，分析项关系可通过连线共现，连线粗细表示程度。

二　地方文献整理与研究知识图谱分析

（一）发文量统计

CiteSpace 软件中没有年发文量的统计功能，利用 SATI 的年代频次统计功能，对地方文献整理与研究的论文发表情况进行统计，基本情况如图 1：

---

① 李杰、陈超美：《CiteSpace：科技文本挖掘及可视化》，首都经济贸易大学出版社，2017 年，第 9 页。
② 李纪、李莘：《基于 SATI 及 CITESPACE 的学科服务研究知识图谱对比分析》，《兰台世界》2015 年第 29 期，第 138—140 页。
③ 刘启元、叶鹰：《文献题录信息挖掘技术方法及其软件 SATI 的实现——以中外图书情报学为例》，《信息资源管理学报》2012 年第 1 期，第 50—58 页。

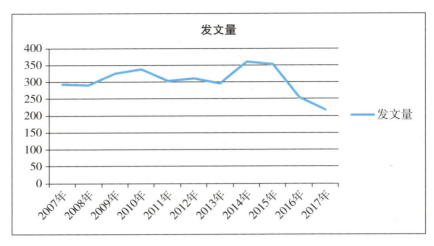

图 1　地方文献整理与研究发文量统计表（2007—2017 年）

　　发文量的统计时间从 2007 年 1 月 1 日开始，截止到 2017 年的 12 月 31 日，因 2018 年不能体现全年的统计，所以 2018 年没统计在数据中。2007—2008 年，发文量非常稳定，一直是 290 多篇，到 2009 年发文量突增到 325 篇，随后的几年地方文献整理与研究的学术热点一直持续，2009—2012 年中国知网发文量一直保持在 300 多篇，看来学术界已将研究热点聚焦在地方文献整理与研究领域，2013 年发文量稍有回落，但热点研究不减，到 2014 年发文量突增到 360 篇，超过了 2009 年，形成了新的增长点，2015 年学术热点依然持续，发文量维持在 351 篇，到 2016 年发文量开始略有下降。

（二）作者分析

　　将有效数据导入 CiteSpace，时间间隔切片设为"一年"，节点类型选择"Author"——作者，关联强度选择"Cosine"，节点阀值设定办法 N=50，保留每个切片内发文频次排在前 50 的级别，生成共现网络。

　　通过 CiteSpace 软件分析（Author），如图 2，共有 270 个节点和 52 条连线，密度值是 0.0014。表明有 270 个作者以及作者之间的 52 条连线，从图中可看出少数作者联系紧密度尚可，其余作者比较分散，联系不密切，呈独立的节点。其中发文量较多的是江山，为 8 篇；吴力武、成瑶、杨晓梅、谢小波、管莉萌、张利，发文量为 6 篇。

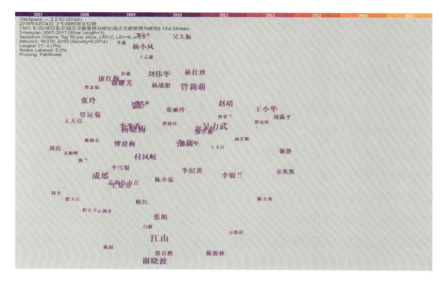

图 2　CiteSpace 地方文献与研究作者网络共现图

　　由于 SATI 不能直接生成可视化图谱，在 SATI 中选择"Co-occurrence Matrix（Similarity）"，设定 SATI 的 Row/Cols 选项知识单元为 100，得出高频作者共现相似矩阵，将生成的矩阵数据导入 UCINET，转换成"##h"文件，将生成的文件导入 NetDraw 中，生成作者共现网络图。通过选择"analysis"进行节点中心度的调整，如图 3，作者研究关系不密切，没有形成聚类，其中发文量排在作者前三的是：赵靖发文 14，江山 12，张利 10。

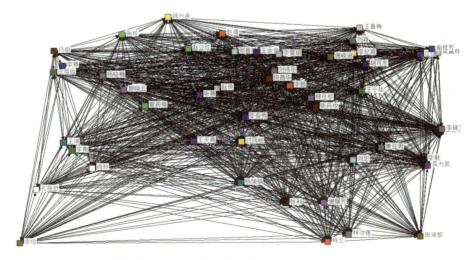

图 3　NetDraw 地方文献整理与研究作者网络共现图

比较 CiteSapce 和 SATI 的作者网络共现图，两者的显示数量上有些不同，但发文量排在前面的作者大概一致。

（三）机构分析

CiteSpace 生成的机构网络知识图谱，如图 4，节点是 240 个，但连线只有 9 条。可看出国内对地方文献整理与研究的研究处于分散状态，合作很少。有合作关系的是饶河县图书馆和饶河县农业技术推广站等 9 组合作机构，合作关系最多的也就是两个单位，从中可以看出地方文献整理与研究的机构没有形成合作的规模，都是分散研究，没有整体区域、研究机构等合作模块。从机构的发文量看，频次排在前三的是湖南图书馆、黑龙江省图书馆，均是 31 篇；辽宁省图书馆，22 篇；陕西省图书馆，21 篇。可以看出在地方文献整理与研究方面，公共图书馆是主要的研究力量。

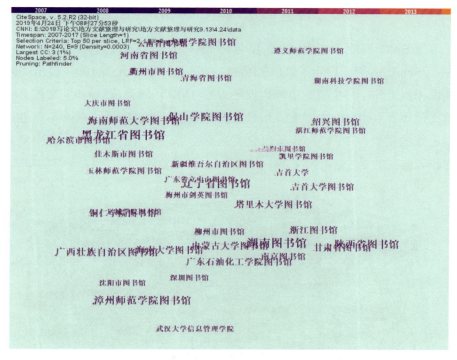

图 4　CiteSpace 地方文献整理与研究机构网络共现图

利用 SATI 提取的机构合作矩阵为零。NetDraw 进行图谱分析的基础数据是经由 UCINET 转换的 SATI 中提取的矩阵数据，没有了数据基础，NetDraw 对机构间的合作关系无法分析。

三 地方文献整理与研究的热点分析

（一）地方文献整理与研究突发词探测

通过 CiteSpace 软件，可以对文献关键词等题录信息进行分析，出现频次、突现率等信息，可以对一个领域的研究热点及变化趋势给予可视化分析。[①] 将数据通过转换形成软件要求的格式，对研究文献的时间区间限定为 2007—2017 年，在 CiteSpace 中选取 TOP N 的阀值设定方法，选择 "pathfinder" "pruning the marged network"，软件运行后，对出现的图谱进行聚类，选择 "LLR" 算法，聚类后，如图 5，显示有 18 大聚类，364 个节点，448 条连线，密度值是 0.0068，"地方文献" "图书馆" "公共图书馆" "高校图书馆" "开发利用" 都出现在聚类中心，并显示出很高的向心性。通过 CiteSpace 软件运行时，设置了 bursts，也就是突发性文献探测，点击 burstness，通过 VIEWS，设置值 25，得到突发性文献的列表（图 6）。

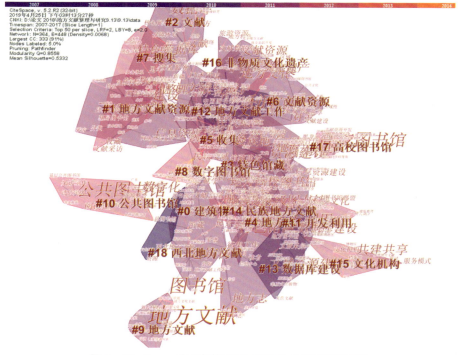

图 5 CiteSpace 地方文献整理与研究的关键词聚类图谱

---

① 李杰、陈超美：《CiteSpace：科技文本挖掘及可视化》，首都经济贸易大学出版社，2017 年，第 126—127 页。

Top 25 Keywords with the Strongest Citation Bursts

Keywords	Year	Strength	Begin	End	2007 - 2017
数据库	2007	3.1846	2007	2008	
方法	2007	3.0504	2007	2008	
特色服务	2007	2.8305	2007	2009	
可持续发展	2007	3.1234	2007	2010	
征集工作	2007	2.6567	2007	2009	
搜集	2007	3.2656	2008	2009	
旅游资源	2007	2.6356	2008	2011	
文献采访	2007	2.6356	2008	2011	
数据库建设	2007	5.5667	2008	2010	
途径	2007	2.497	2008	2009	
保护	2007	3.2967	2009	2011	
地方文献学	2007	2.4884	2009	2010	
地方经济	2007	3.1785	2009	2011	
党校图书馆	2007	2.6231	2010	2011	
非物质文化遗产	2007	3.923	2010	2011	
信息服务	2007	3.6704	2010	2012	
地方高校图书馆	2007	2.7867	2010	2012	
服务模式	2007	3.5411	2011	2012	
参考咨询	2007	2.5282	2011	2012	
文献	2007	2.8069	2011	2012	
广西	2007	2.8268	2011	2014	
基层图书馆	2007	2.5282	2011	2012	
客家文献	2007	2.5282	2011	2012	
创新	2007	3.0509	2012	2013	
数字资源	2007	2.6783	2013	2015	

图 6　地方文献整理与研究前 25 突发词探测

从突发词数量看出地方文献研究与整理近十年来的持续热度及相关研究的热点不断，2007 年开始持续到 2008 年的突发关键词有数据库、方法，持续到 2009 年的突发关键词有特色服务、征集工作，持续到 2010 年的突发关键词有可持续发展；2008 年开始持续到 2009 年的突发关键词有搜集、途径，持续到 2010 年的突发关键词有数据库建设，持续到 2011 年的突发关键词有旅游资源、文献采访；2009 年开始持续到 2010 年的突发关键词有地方文献学，持续到 2011 年的突发关键词有保护、地方经济；2010 年开始持续到 2011 年的突发关键词有党校图书馆、非物质文化遗产，持续到 2012 年的突发关键词有信息服务、地方高校图书馆；2011 年开始持续到 2012 年的突发关键词有服务模式、参考咨询、文献、基层图书馆、客家文献，持续到 2014 年的突发关键词有广西；2012 年开始持续到 2013 年的突发关键词有创新；2013 年开始持续到 2015 年的突发关键词有数字资源。综合以上突发词频现，反映出地方文献整理与研究的学术热度在 2007—2017 年间一直持续不断，几乎每年都有研究的热点突现词，反映出学术界对这一研究主题的关注，研究主题不断地变换，反映出针对地方文献的研究十分活跃。

（二）地方文献整理与研究的热点分析

如图 5，在 18 个聚类中，几个大的聚类是聚类 #10 公共图书馆、聚类 #11 开发利用、聚类 #17 高校图书馆、聚类 #9 地方文献、聚类 #3 特色馆藏。

（1）聚类 #10 公共图书馆，是最大的聚类，聚类中文献的平均年份为 2010。该聚类中的关键词如：公共图书馆（2007）；地方文献工作（2007）；建筑物（2007）；地方文献资源（2007）；地方文献信息资源（2008）；图书馆（2007）；中国图书馆学会（2009）；地方文献工作者（2010）；西北地方文献（2007）；地方文献（2007）；全民阅读（2016）；文献征集（2007）；地方文献学（2009）；信息资源共享（2017）；专业委员会（2011）；阅读推广（2016）；地方文献数据库（2009）；文化遗产（2008）；民间文献（2014）；杜定友（2009）；述评（2008）；文献研究（2013）等等。该聚类的关键词出现时间都比较早，跨度大，从 2007 年到 2016 年，但以 2007—2008 年居多。在这个聚类中，引用频次高的关键词如公共图书馆，出现频次达 370 次，地方文献工作 92 次，地方文献资源 75 次。这类研究主要论述公共图书馆如何在地方文献建设中发挥其应有的作用。地方文献是公共图书馆的特色资源，在公共图书馆的资源中占有重要的地位；从公共图书馆的社会职能出发，研究如何解决文献收藏与利用的矛盾，解决服务模式单一的现状，如何对公共图书馆的地方文献进行整理、挖掘，进一步揭示文献内涵，提升文献价值；不断地从实践工作中探索路径，从文献的征集、整理、整合服务平台等方面进行探讨，找准定位，找准为服务地方经济的切入点等。

（2）聚类 #11 开发利用，聚类中文献的平均年份为 2010。主要关键词如：利用（2007）；整理（2008）；开发（2007）；收集（2007）；地方（2015）；文献库（2017）；少数民族（2008）；资源共享（2007）；建设研究（2017）；地方特色文献（2008）；发展（2011）；保护（2009）；搜集（2008）；经济建设（2008）；征集（2008）；兵团地方文献（2008）；区域文化建设（2015）；地域经济（2008）；价值（2009）；民族文献（2009）；图书馆（2007）；参与（2013）；少数民族地区（2011）；基层公共图书馆（2015）；构建（2009）；web 服务（2008）；策略（2015）；县图书馆（2009）等。这类研究主要围绕地方文献利用，深入挖掘其学术研究价值及经济价值是文献资源开发利用的重要任务。肯定地方文献是各级各类图书馆的重要文献资源，高校图书馆重视地方文献建设，为教学科研提供保障，公共图书馆的地方文献建设，为地方经济文化建设提供有力的文献保障体系，同时对利用的局限性进行剖析，提出在数字化、网络化时代充分利用数字和网络的地方文献，加大各类形式地方文献资源的整合，促进地方文献的共建共享。

（3）聚类 #17 高校图书馆，聚类中文献的平均年份为 2010。主要关键词如：高校图书馆（2007）；数据库建设（2007）；文献资源建设（2007）；文献采集（2008）；地方文献（2007）；地方特色资源（2008）；资源整合（2009）；非物质文化遗产（2007）；网络（2014）；多学科视角（2009）；地方出版社（2011）；灰色文献（2014）；重点学科（2008）；馆藏结构（2011）；文献数据库（2009）；地方经济（2009）；地方特色（2015）；文化共享工程（2013）；经济发展（2011）；地方文献整理（2016）；文献资源开发（2008）；馆藏特色（2009）；共享服务（2008）；文献加工（2009）；口述文献（2016）；文献搜集（2011）；特色图书馆（2016）；服务（2007）；保护（2009）；资源建设（2007）；特色资源（2008）等。这一聚类中频次高的关键词是高校图书馆，频次 259，其次文献资源建设 54、数据库建设 37 等。高校图书馆是校园文化的传播中心，同时也肩负地方文化的传承使命，探讨高校图书馆应从促进学术研究及提升图书馆服务模式等方面入手，使地方文献的内涵得以丰富；高校图书馆有着丰富的特色馆藏，不论是数据编目人员还是数据库技术人员都占有极大的优势，从地方文献资源的整理、整合、保护等角度探讨，围绕高校图书馆学科性及地方性加强馆藏建设，并从服务和推广角度阐述其方法和创新措施；高校图书馆也应从符合自身发展的角度，通过拓展社会服务功能，以馆地、馆企合作作为发展的途径，为提供深层次信息服务发挥自己应有的作用。

（4）聚类 #9 地方文献，聚类中文献的平均年份为 2010。主要关键词如：地方文献（2007）；开发利用（2007）；区域文化（2014）；分类（2009）；图书馆联盟（2014）；地方志（2008）；著录（2007）；客观影响因素（2011）；主观影响因素（2011）；文化价值（2015）；收藏（2007）；民国后期（2013）；广西省文献委员会（2013）；公共图书馆（2007）；开放获取（2015）；探索（2013）；史料价值（2017）；实践（2013）；文献收集（2008）；保存（2008）；网络化（2009）；数据库（2007）；资源范畴（2008）；文献利用（2008）；数据库建设（2007）；地方文献学（2009）；分析（2009）等。这一聚类中地方文献是最大的节点，出现频次 1585，其次还有开发利用 100，地方志 42 等。这类研究分几个方面，一方面是地方文献收录的范围，从广义和狭义进行论述，提出界定的原则；第二是地方文献的研究现状，并从地方文献如何去征集、征集的原则、收集的方法和途径等进行研究；第三是如何深入挖掘地方文献的政治和经济价值，只有做好地方文献的深度挖掘，发挥其内在的文化价值，才能更好地为地方经济服务；第四在当今的数字化和网络化时代，如何加快地方文献资源的数字化进程，打造区域间的共建共享平台，是地方文献资源建设的一个发展目标，从而满足用户的不同需求，提升图书馆的影响力。

（5）聚类 #3 特色馆藏，聚类中文献的平均年份为 2009。主要关键词如：特色馆藏（2007）；地方高校图书馆（2007）；文化传承（2013）；民国文献保护（2013）；文献再造（2013）；地方高校（2007）；资源建设（2007）；信息服务（2007）；作用（2008）；共建共享（2007）；地方文化（2007）；文献资源（2007）；图书馆服务（2010）；探讨（2011）；创新（2009）；研究（2007）；收集范围（2010）；服务模式（2011）；信息中心（2008）；社会化服务（2016）；特色资源（2008）；馆藏建设（2010）；文化建设（2009）；服务平台（2013）；特色服务（2007）；数字资源（2009）；学科建设（2008）；资源推广（2017）；社会服务（2011）；非物质文化遗产（2007）等。关键词的出现频次为特色馆藏 92，资源建设 93，共建共享 63，地方文化 55 等。这类研究主要是探讨地方文献作为各级各类图书馆的特色资源，是馆藏文献资源建设的重要组成部分。肯定图书馆建设特色馆藏的必要性，探索图书馆开发特色馆藏资源的路径及方法，在积极实施特色馆藏的数字化、网络化的同时，适时开展特色服务，使地方文献的建设能更好地发挥出良好的社会效益和经济效益。对特色馆藏研究的现状进行了总结分析，提出了未来发展目标，希望通过技术合作及共建共享实现特色馆藏建设的可持续发展。

（三）SATI 及 NetDraw 的聚类分析

将数据导入 NetDraw，生成地方文献的关键词聚类分析图谱，然后通过"analysis"工具条进行中心度的分析，出现依据中心度大小进行显示的节点情况，如图 7。

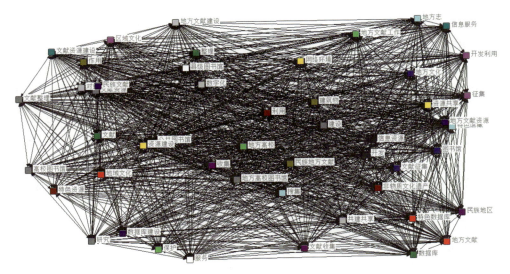

图 7　NetDraw 地方文献整理与研究的关键词聚类图谱

　　NetDraw 聚类分析的结果（图 7）有 18 种不同的颜色，根据节点大小和节点的数量来判断，近年来地方文献的研究热点有 10 大类，其中最大聚类核心区是红色区域，主要是关于地方文献的研究，主要关键词有：地方文献、特色数据库、地域文化、特色资源、利用等。其次依据节点的大小分别是黑色的公共图书馆、蓝色的图书馆、灰色的高校图书馆等，其他几类主要是关于地方文献的收集整理、开发利用及资源建设，高校图书馆、公共图书馆、各级各类图书馆的地方文献建设及服务对策，地方文献资源的数字化整合，地方文献服务功能的创新，地方文献资源的共建共享等。

　　（四）CiteSpace 的地方文献整理与研究时间线

　　在 Citespace 中的 timeline view 中，相同聚类的文献被放在同一水平线上。文献的时间置于视图的最上方，文献越多代表所得到的聚类领域越重要。[①]

　　通过图 8 Timeline，我们能够清晰地看到地方文献研究的关键时间节点的研究热点，从 2007 年的地方文献，可看到这一节点最大，文献量达到 1585，表明这一时期以这一主题发表的文献非常多，节点大的还有图书馆、公共图书馆、高校图书馆等；到 2008 年特色数据库、地方志、征集、整理、对策等都出

---

① 李杰、陈超美：《CiteSpace：科技文本挖掘及可视化》，首都经济贸易大学出版社，2017 年，第 158 页。

现在时间线上，表明这时地方文献整理与研究已形成热点；2009 年多学科视角、网络化、馆藏特色、地方出版物、文化品牌等关键词纷纷出现在该研究领域；2012 年数字化建设、文献建设、地方院校、民族高校图书馆等形成这一时期的研究热点；2014 年网络、定位、灰色文献、优势、核心服务力、图书馆联盟等关键词是这一阶段研究的热点；2017 年文献保护、资源评估、资源推广、地方文献联盟、信息资源共享等关键词是这一时期的研究热点。通过 CiteSpace 的时间线能够看到该类研究的时间跨度以及聚类研究的兴起、繁荣以及衰落过程，进一步来探究地方文献整理与研究所反映的时间特征。[①]

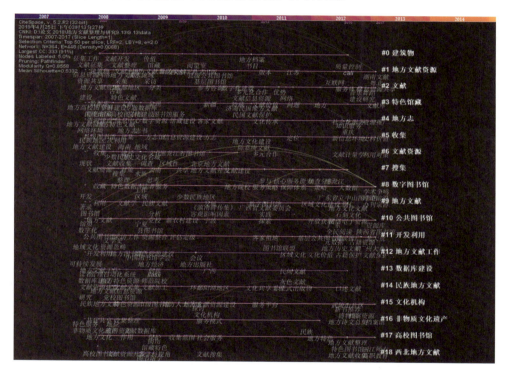

图 8　CiteSpace 地方文献整理与研究热点时间线（Timeline）

四　结论

（一）我国地方文献整理与研究的研究现状

本研究主要利用 CiteSpace、NetDraw 和 SATI 软件，从发文量、作者、机构、

① 李杰、陈超美：《CiteSpace：科技文本挖掘及可视化》，首都经济贸易大学出版社，2017 年，第 158 页。

热点及学科的前沿分析等几个方面，对中国知网 CNKI 中的 2007—2017 年间主题关于地方文献的文献进行统计分析。研究结果显示，关于地方文献整理与研究的作者及机构合作并不紧密。研究文献量稳定，呈持续上升势头。研究热点主要集中在各级各类图书馆地方文献资源建设及服务模式，数字化、网络化的资源如何整合，如何能挖掘文献资源提供深层次的服务，实现地方文献资源的共建共享，更好地为地方的政治、经济、文化服务等方面。

（二）两种可视化软件的比较

两种软件有彼此的优缺点，它们都支持中文的数据格式，都可以生成可视化图谱，但在应用上还有一定的区别。CiteSpace 对中文文献可直接生成图谱分析，功能强大，可对某一领域研究的前沿及发展趋势给予可视化分析，直接明了。而 SATI 不能直接生成图谱，它提取的矩阵数据经由 UCINET 转换成 "##h"，再导入到 NetDraw 中，生成知识图谱，NetDraw 依赖 SATI 提取的数据。在聚类分析方面，CiteSpace 聚类实现得比较精准，可查询聚类中的关键词、引用聚类文献、突发词等等，直接就可在软件中实现，应用起来直观、方便、功能丰富；而依赖 SATI 数据的 NetDraw，聚类显示不是很精准，需要通过聚类的颜色、节点大小、连线粗细，进行斟酌分析才能实现。

附　录

"地方文献保护与整理出版研讨会"综述

赵晓涛

（广州大典研究中心）

2018 年 10 月 11 日至 12 日，由国家图书馆、广东省文化厅指导，广州市委宣传部、市文广新局和市社科联主办，国家图书馆出版社和广州大典研究中心承办的地方文献保护与整理出版研讨会在广州图书馆内举行，来自国内相关机构的古籍文献专家学者和工作人员共约 230 人参加会议。

11 日上午，会议开幕式由广州市委常委、宣传部部长徐咏虹主持，广东省委常委、广州市委书记张硕辅，广东省委常委、宣传部部长傅华，国家图书馆副馆长张志清出席开幕式并致辞。广州市人大常委会主任陈建华就《广州大典》编纂作主旨报告，中山大学党委书记陈春声教授作专题发言。研讨会为期一天半。11 日下午是两个研讨会分论坛，共有 20 多位专家学者上台发言。12 日上午是 4 场专题报告和分论坛小结，最后由陈建华主任作本次研讨会总结讲话并宣布会议闭幕。

一　研讨会的目的和意义

本次研讨会，共有四位广州地区副部级领导和国图副馆长出席，省市地方及驻穗高校领导的重视程度可见一斑，在广州地方文献事业发展史上可谓盛况空前。几位领导在讲话中，从各自站位出发，对包括《广州大典》在内的地方文献有关各项工作，均给予高度评价，并寄予厚望，给参会的古籍文献专家学者和工作人员带来了事业荣誉感、使命感和自豪感，进一步增强了大家的自尊心和自信心。

张硕辅指出，把文献典籍整理出来，是我们义不容辞的历史责任。当前广言和开闭幕环节上的专家报告来看，所涉及议题大抵可分为几个板块：

一、地方文献丛书编纂。这一版块有总览，更多是个案。总览方面高屋建瓴，视野弘通，除了如张志清所作题为"编纂地方文献典籍丛书是新时代的文化大课题"的发言，还有如广州大典研究中心常务副主任兼广州图书馆副馆长刘平清在研讨会闭幕式上所作的研究报告——《全国地方文献整理出版概况及其趋势》等。刘平清在报告中指出，目前地方文献的整理出版呈现出以下几个趋势：一个是在区域上来说，从东部发达地区向中西部地区扩展；二是从时间上来说，从古代、近代文献向民国文献延伸；三是从内容成果上，从影印到点校，再到推出系列研究成果；第四，从文献范畴上来说，从传统书籍拓展到报刊、档案、民间文书、考古出土资料等；第五，从传播载体上，纸质出版到纸质与数据化同步进行；第六，机构设置上，从临时机构到专门研究机构更多涌现。与此同时，刘平清提出其中存在的若干问题：一是资源重复建设问题；二是缺乏交流平台问题；三是存在普遍重视纸质出版轻视数字化出版的问题；四是存在普遍轻视普及型地方文献编纂与出版的问题。

个案方面更是精彩纷呈，所谓"他山之石，可以攻玉"。如湖北省图书馆原副馆长、知名文献学家阳海清先生，基于自身 50 年来对湖北文献的全面深入调研实践，特别是近年来编撰《现存湖北著作总录》和参编《荆楚文库》的切身体会，在所作大会报告题目中就开宗明义、旗帜鲜明地指出"编纂地方文献总目是做好地方文献整理工作的前提"，认为编纂"地方文献总目"的意义有四点：一是摸清家底，做到心中有数；二是广搜博采，尽力全面揭示（具体如不放过小馆馆藏、小型馆藏书目、本地人物传记等）；三是提精撷萃，亮明本地特色；四是精心考辨，力争相对准确（体现在如品种收罗、著录项目、目录组织上）。阳海清还指出编纂地方文献总目的几个要领，并提出编好地方文献总目必须要有统一认识、领导重视、人才培养、财力保证共四个方面的保证。《现存湖北著作总录》应该说是目前最好的湖北地方文献书目，为《荆楚文库》"文献编"古籍部分和"方志编"书目的编纂、厘定，奠定了坚实的基础，阳海清先生可谓功莫大焉。但阳海清在书中仍坦言："本书之不足有四：一是尚有遗漏；二是对著者籍贯之认定，个别或有争议；三是某些著录项目未及进一步辨析、考证；四是或有录入不当者没有发现。"《现存湖北著作总录》此后的修订版将收入《荆楚文库》"研究编"。

福建工程学院郭丹教授介绍了他编纂《福建文献汇编》的历程、经验及得失。

宁夏大学人文学院邵敏副教授、西北大学博士生杨瑞分别介绍了《朔方文库》《陕西古代文献集成》编纂情况，温州市图书馆卢礼阳研究馆员总结了温州近年来整理出版《温州文献丛书》《温州市图书馆藏日记稿钞本丛刊》的经验和得失，河南中原大地传媒副总编辑郭孟良先生回顾了《中原文化大典》成书的经过。其中如《朔方文库》收录四类文献，在通常的宁夏著述之外，辑录宁夏珍藏文献、出土文献等，称得上是地方丛书编纂中的一个"变例"，为中国边疆地区文献丛书编纂提供了一种可供借鉴的模式。郭丹教授在地方政府关注不够、投入不足的条件下，以一人之力独任《福建文献汇编》编纂事务，可谓"筚路蓝缕，踽踽独行"，先后推出三辑共 360 册图书，弥补了福建省地方文献大型丛书编纂的空白，为开展具有地方特色传统文化的学术研究提供了便利，这种勇于担当的精神令人敬佩。东莞市莞城图书馆馆长王柏全除介绍《东莞历史文献丛书》的编纂思路和过程，还阐述了该馆结合已有地方文献分类理论，在《中国图书馆分类法》基础上经过实践创新编制而成的分类系统和著录方法，体现了基层图书馆在地方文献建设、保护、出版和读者服务诸多方面的责任担当和努力。

二、地方文献的爬梳整理。地方基础文献的整理是地方文化、文学研究的基石，因此有必要较系统地加以梳理，从而为相关研究提供有力支撑。相关分享有全国地方志指导小组办公室主任张英聘研究员所作《明清贵州省志舆图编绘与特点》、中山大学岭南文化研究院执行院长温春来教授所作《地方历史文化资源的发掘与呈现——以〈西樵历史文化文献丛书〉的编纂为例》、国家图书馆出版社副编审南江涛所作《中国旧志整理与出版概况》、山东省图书馆副研究员李洪梅所作《馆藏民国地方文献整理出版实证研究》、重庆中国三峡博物馆民族民俗文化研究所所长杜芝明所作《巴渝民族研究与文献整理述略》等。张英聘研究员从现存明代贵州四部省志入手，探讨了省志舆图的设置与编绘情况及其优劣，进而总结了明代省志舆图的发展变化和编绘特点，并借此探析明代贵州所处的重要地位。杜芝明所长一方面从学术史角度，探讨了巴渝和巴渝民族的概念演变与内涵，系统梳理了巴渝民族研究的历程、学术领域与成果；另一方面从文献史角度，对巴渝民族史料的类型、范围和整理成果进行了梳理。温春来教授以自身主持《西樵历史文化文献丛书》编纂为例，阐述了地方政府与学术机构密切合作，集整理、研究、开发和宣传推广地方历史文化于一体的全方位、层次性、立体化的实践模式和发展路径。重庆工商大学段庸生教授从重庆地区古小说的方志书写谈起，介绍重庆地区古方志文存整理研究情况。南江涛全面系统地梳理总结了新中国成立以来中国旧方志的整理与出版概况，包括地方志目录编纂、影印出版、点校成果等方面，为中国旧方志的后续研究利用提供了较为完整的资料线索，同时为当前国家新方志的编纂提供了一定的借鉴。广东海洋大学蔡平副教授从《（康熙）遂溪县志》整理校点谈起，描述湛江地方文献整理的思路规划。

三、地方文献的编辑出版。国家图书馆出版社社长魏崇着重介绍该社有关地方文献编辑出版情况，具体包括：1. 著名图书馆藏稀见方志丛刊系列；2. 地方志专题资料系列；3. 地方专志；4. 区域旧志；5. 民国时期地方历史文献。谈及该社多年来致力于地方文献编辑出版的经验及认识，魏崇指出一是要靠专业队伍，二是要靠高效卓越的文献搜集能力，三是要靠做好文献考证。其中专业队伍包括由外请专业学术团队组成的编纂队伍和出版社自身的编辑队伍。魏崇强调，该社几乎所有的大型项目都邀请项目所涉领域最知名的学者进行选目和编纂，以保证学术质量和学术水准，充分体现学术价值；外请学者编纂队伍和自身编辑队伍之间必须密切沟通，编辑队伍必须全面详细了解编纂队伍要求，全程配合编纂队伍，促成学术界、存藏机构和出版机构三方的深入合作。文献搜集能力一是必须具备全球视野，能对全球范围内文献存藏情况进行全盘调查和深入掌握；二是必须具备专业快捷的文献搜索和数据采集能力，尽可能收集珍稀版本，尤其是馆藏稿本、抄本、校本，以充分体现文献版本价值。关于做好文献考证，整理出版要体现今天的学术成果和学术水平，就有必要对每种书的内容和价值进行梳理、考证，以达到补阙拾遗、助力研究的作用。魏崇希望国家图书馆出版社所出版的一系列海内外地方文献，能够像《中国方志丛刊》《中国地方志集成》等图书一样，把我国历代遗存的地方类文献融汇一炉，各有侧重、全面清晰地展现在研究者面前，"让隐藏在古籍里的文字活起来"，使蕴藏其中的丰富而珍贵的资源信息更好地为当今社会服务。

浙江图书馆原馆长、《两浙文丛》负责人徐晓军所作《〈浙学未刊稿丛编〉编纂思路与实践》，系统介绍了作为浙江省古籍保护工作五项重要任务之一的浙学未刊稿的编辑情况，集中展现了浙学未刊稿的编辑出版特色与成就。该编辑项目既以综合卷和专题卷形式整理影印出版，又编纂书志、著述考以深度揭示文献，还整理出版图录以提供版本鉴定工具，具有很好的实践参考价值和经验借鉴意义。广西师大出版社副总编辑宾长初《民间档案文书的影印整理与深度整理》从出版社、专业编辑的视角，探讨档案文书及少数民族文献影印出版、深度整理的问题，所提出的一系列整理方式、方法，具有可行性、可操作性。

四、广州历史文化研究。由于本次全国性研讨会是在广州举办，具有地利之便且作为岭南文化、教育中心的广州地区专家学者自然较多，所论自然大都涉及广州乃至整个广东地方文献和地方文化。如广州大学广州十三行研究中心冷东教授《方寸之痕天海间：寻觅广州十三行印章的成果与意义》、孙中山大元帅府纪念馆程存洁馆长《代月考》、广东省立中山图书馆副馆长倪俊明《（广东）地方文献的整理出版及作用》、华南农业大学中国农业历史遗产研究所所长倪根金教授《民国广东蚕桑调查报告及其价值》、广州市社科院岭南文化研究中心主任梁凤莲研究员《近代广州文化的自我坚守》、广东第二师范学院徐世中副教授《论谭莹对近代广府文化的贡献》、中山大学图书馆特藏部丁春华《中山大学图书馆藏容庚捐赠珍贵碑帖述论》等。其中如冷东、徐世中、程存洁、丁春华等，分别从个案研究、实物考据的角度，对广州历史人文、经济社会进行专门探讨，以小见大，思考较为深入，结论自然可信。

倪俊明系统介绍了广东省立中山图书馆近十余年来在广东地方文献整理出版方面所取得的成绩，并将这些成绩取得的原因和条件归结于整理模式的多元性、整理队伍的开放性、整理内容的系统性、整理与征集研究的一体性。他还提出应构建以图书馆为核心的地方文献整理出版事业共同体，呼吁建立全方位的地方文献保障系统等。倪根金教授启发大家开阔文献整理研究视野，关注反映地方生产生活、经济文化等各类社会调查报告资料的整理研究价值。丁春华博士《中山大学图书馆藏容庚捐赠珍贵碑帖述论》，首次对容庚藏品的聚散源流及现状作了全面的概述，并揭示了藏品的收藏过程与特色，重点对容庚捐赠碑帖中数量较多、价值较高的墓碑墓志、造像经幢、砖铭瓦当及杂刻四类拓本的来源、类别、内容及价值进行了深入的揭示。尤具特色的是对容庚捐赠金石拓本的附属信息（如拓本来源、时间、价格）及其价值进行了揭示。

此外，如梁凤莲研究员重点探讨了广州文化在近代全球文化环境中所受到的挑战，及在传统与西化之间的艰难转型与进化，阐述了近代广州文化（抑或岭南文化）在海外的移植、传播及其影响力，分析总结了其难以被同化的性质，视野比较宏阔，表述比较深刻。

五、地方文献数字化。中华书局总编辑、古联数字传媒科技有限公司董事长顾青指出，数字化是地方文献编纂与传播的发展方向，包括地方大型文献在内的古籍整理出版过程中，享受数字技术进步带来的便利还是太少，痛点则是不少。他以中华书局古籍数字化的实践为例现身说法，介绍该局自 2003 年开始古籍数字化的探索，十余年间积累了古籍数字化的基础数据、标准、方法和人才，并以该局两大代表性产品"中华经典古籍库"和"籍合网"为例。截至目前，中华经典古籍库已研发出包含 1500 种整理本古籍在内共 10 亿字的五期产品，其"十三五"的研发目标则是汇集中华书局等 10 家国内古籍出版社的 5000 种整理本古籍共 30 亿字。中华经典古籍库基于多用户、多方面需求提供多功能的多媒体服务，具体包括：浏览，阅读，定制资源，在线编辑、下载、写作等，其中检索功能服务具有全文检索、深度检索、个性化检索等特点。籍合网是经前期持续研发，2018 年 4 月上线的国家古籍整理出版资源平台。籍合网合古籍整理工作平台、古籍整理成果发布平台二者于一身。其中整理工作平台部分，包括：1. 在线整理和编辑，包括校勘、标点、注释、白话翻译、辑佚汇编；2. 提供一系列工具，如自动引文核对系统、自动校对系统、自动标点系统、繁简转换系统、跨库检索系统；3. 采用众编众校模式，即通过网络联合社会力量进行项目发包，接受社会力量投稿，实现在线古籍整理。古籍整理成果发布平台部分，包括：审稿、加工、入库、发表，实现网络出版，并成为纸质出版的基础。

国家图书馆出版社社长魏崇介绍该社已上线的数字化产品包括民国时期文献总库（图书·报纸）、中华再造善本数据库、中国历史人物传记资源库、民国图书馆学数据库、中国古籍影印丛书查询库，正在建设中的有国家古籍资源数据库。

此外，还有如福建人民出版社古籍编辑室主任宋一明博士所作《影印古籍新撰提要刍议》对古籍提要撰写中如何描述版本形态、撰者生平、序跋摘录、内容侧重、语言风格等进行了详细阐释，既体现了对中国传统提要写法的继承，也展现了他在当前古籍整理环境下对提要撰写的新见解，为古籍提要的新撰工作提供了很好的指导和借鉴。青年长江学者、浙江师范大学教授李圣华所作《明别集稿抄本的文献整理价值》，简要介绍他主持的"明人别集稿抄本搜集、整理与研究"课题自 2015 年 11 月初获国家社科基金重大项目立项以来所取得的阶段性成果，并重点揭示了这些稿抄本的文献整理价值。这些对于本次研讨皆有助益。

三　研讨会的几个主要特点

此前，国内一些地方也举办过以地方文献整理与研究为主题的研讨会，有

的会后还结集出版了会议论文集。相较以往这些研讨会,本次研讨会具有几个主要特点:

一是主题鲜明。研讨会旨在学习贯彻党的十九大精神和习近平新时代中国特色社会主义思想,落实习近平总书记在全国宣传思想工作会议上的讲话精神,进一步坚定文化自信,传承和弘扬中华优秀传统文化,庆祝改革开放40周年,全国各地地方文献工作同行深入开展经验交流,共同推动文化建设与经济社会建设协调发展。

二是内容丰富。在11日上午简短的开幕式后,本次研讨会除了安排中山大学党委书记陈春声教授作专题发言,还安排有著名古籍文献学家阳海清作"编纂地方文献总目是做好地方文献整理工作的前提——编撰《现存湖北著作总录》和参编《荆楚文库》的点滴感受"、浙江师范大学二级教授黄灵庚作"关于《衢州文献集成》《重修金华丛书》编纂经历的回顾与反思"和岳麓书社副社长马美著作"关于《湖湘文库》文献出版部分的情况介绍"等共3场专家学术报告。11日下午,则是两个分论坛,共有20多位专家学者发言。12日上午,则有承办单位国家图书馆出版社社长魏崇作"地方文献出版的探索与实践"、广州大典研究中心刘平清作"全国地方文献整理出版概况及其趋势"、特邀嘉宾中华书局总编辑顾青作"数字化:地方文献编纂与传播的发展方向"和国家图书馆民国时期文献保护工作办工室马静主任作"关于民国文献的保护与整理出版"共4场专题报告。加上自由发言环节,大家广泛地进行了交流。

此外,根据国家图书馆张志清副馆长的建议,为配合办好本次研讨会,营造良好文化氛围,会议承办方在会场旁边设置一个小型的地方文献编纂研究成果陈列展,展出《广州大典》《东莞历史文献丛书》《西樵历史文化文献丛书》《杭州全书》《金陵全书》《紫邑丛书》《现存湖北著作总录》《佛山历史文化丛书》等国内部分地方文献编纂出版成果,吸引不少参会人员驻足观看。

三是参会面广。本次研讨会参会人员来自东北、华北、华东、西北、西南、中南等多个地区,涵盖全国20多个省(自治区、直辖市),共收到论文(文章)60余篇。会前报名情况非常踊跃,直至会议召开前三天还有一些外地的专家学者表示希望获邀参会。参会人员来源广泛,可谓地方文献相关事业人士的一次"大会师"。其中既有知名专家学者,也有尚未毕业的硕博研究生;既有出版界人士,也有图书馆界人士,还有地方志专家等;既有广东本省专家,更多外省专家；既有在高校中工作的，也有在高校以外的。单就图书馆界人士而言，既有公共图书馆的，也有高校图书馆的。老中青三代都有，既有几位七八十岁的老专家学者，也有二十岁出头朝气蓬勃的学术后备青年，显示地方文献保护事业人才济济、后继有人。

地方文献保护与整理出版研讨会在广州举行*

骆　瑜　史伟宗

10月11—12日，地方文献保护与整理出版研讨会在广州举行。中共广东省委常委、广州市委书记张硕辅，中共广东省委常委、宣传部部长傅华，国家图书馆副馆长张志清出席开幕式并致辞。广州市人大常委会主任、《广州大典》编纂委员会主任陈建华就《广州大典》编纂作主旨报告。中山大学党委书记、《广州大典》学术委员会主任陈春声，古籍文献学家阳海清、黄灵庚等出席。中共广州市委常委、宣传部部长徐咏虹主持开幕式。

张硕辅在致辞中代表广州市委、市政府对来自全国各地的嘉宾、专家学者表示热烈欢迎和衷心感谢。他说，把城市发展历史记录下来，把文献典籍整理出来，把优秀传统文化传承下去，是我们义不容辞的历史责任。近年来，广州秉持"文化遗产是根源、文化设施是根基、文化人才是根本"的理念，陆续整理出版了《广州大典》等一批重要文献资料，引起国内外文化学术界广泛关注，成为广州一张靓丽的文化名片。当前，广州坚持以习近平新时代中国特色社会主义思想为指导，紧紧围绕建设全球区域文化中心城市的发展目标，全方位推进文化建设，不断提升城市文化软实力和国际影响力。希望各位专家学者为广州文化事业建设发展积极建言献策，多提宝贵意见。

傅华说，对各类文献保护、整理和出版，是我们延续历史文脉、弘扬传统文化、增强文化自信的重要方式和必然途径，也是惠及子孙后代的极其重要的工作。历经十年艰苦磨砺，《广州大典》第一期工程全面完成编纂出版工作，成为我国文化建设中地方历史文献领域的一大创举，为全省加强历史文献挖掘

＊　引自中国社会科学网，http://www.cssn.cn/index/zb/201810/t20181029_4765480.shtml，2018年10月29日。

和保护工作提供了样板。广州是全省文化中心，底蕴深厚，必将在助力全省文化建设、加强历史文化保护传承，带动粤港澳大湾区其他城市文化建设、共建人文湾区方面发挥新的更大作用。

据悉，此次研讨会由国家图书馆、广东省文化厅指导，中共广州市委宣传部、市文化广电新闻出版局和市社会科学界联合会主办，国家图书馆出版社和广州大典研究中心承办，来自国内各类机构的古籍文献研究人员共 230 人参会。

专家观点

40 年前，广东在全国率先推进思想解放和改革开放，在这片火热的土地上吹响了中华民族走向富强和腾飞的号角。今天，以一系列文化设施为地标的新中轴线把广州从人们心目中的商业城市转变为文化城市。广州图书馆实现了日接待读者 4.2 万人的全国纪录。文化作为精神食粮滋润着每位广州市民，促进广州向高素质、更文明的世界级都市迈进。在此基础上，承载着数千年岭南文明积淀的《广州大典》编纂出版了，这一伟大工程巨细靡遗地把散藏于全国各地的关于广州及其周边地区的古代文献典籍收录、整理、编纂出版了，仅收录的品种即达 4064 种（520 册），收录品种之多超过了《四库全书》的规模。这是历史上首次编纂的广州地域全书，为传承广州文化、保证国家文化安全和岭南文脉作出了卓越贡献。《广州大典》采用无酸棉质纸，使其保存时间延长到数百年，《广州大典》堪称中华古籍再生性保护的典范。《广州大典》的大手笔大制作，是新时期坚持文化自信、加强古籍再生性保护，促进中华优秀传统文化创造性转化和创新性发展的重要举措。

人类文明是由多种文明形态构成的。各文明形态的代表国都十分重视推广自身优秀传统文化。中国幅员辽阔、人口众多、历史悠久、文化多样，作为一国对外宣示自身文化价值的名片，做好"中国记忆"十分重要，难度也很大。地方文化典籍是地方记忆、精神家园，是地方文化的魂器。地方文化典籍丛书则是全面反映、承载地方文脉的标志。中华文明的重要成果大都固化在历代文献典籍中。传承弘扬中华优秀传统文化，既要重视作为中华民族整体的精神家园的作用，也要重视地方文化的特殊性。如早期的岭南文化与中原文化差异较大，但魏晋以来，大族南迁，佛法北上，释教分脉，三教交融，西学东渐，洞开眼界，岭南也形成了颇具特色的地方文化，《广州大典》充分反映了这一特点。

从地域视角上说，"中国记忆"就是各地方记忆的集合。"中国记忆"的完整体系需要在地方记忆的基础上整合，这是当今中华优秀传统文化传承发展的重要特点之一。

——张志清　国家图书馆副馆长

习近平总书记对哲学社会科学工作提出了新的期望与要求，特别是要求哲学社会科学工作者要加强话语体系建设，解读中国实践、构建中国理论，以新概念、新范畴、新表述引导国际学术界展开研究和讨论。就是说，要用基于中国经验的学术范畴、话语体系讲好中国故事，形成与国际人文社会科学主流有效、平等对话的能力，在一定程度上对国际人文社会科学主流的发展产生影响。这是值得我们认真体会，深入思考的。

毋庸讳言，源于欧美的学术观念、问题意识、研究规范和表述方式长期占据国际学术的主导地位。经过近年的努力，我国学术已在一些领域具有对等地开展国际交流与合作的能力，中国建设经验以及中国学者的思想和理论日益引起欧美学术界的重视。但理论思维与体系建构能力不足的问题仍普遍存在，使得我们即便讲述中国故事，也常常局限于经验事实陈述而未能建构相应的学术范畴，或者只是将中国的经验与实践置于西方的理论体系与话语体系中进行表述。哲学社会科学话语体系建设涉及文化传统、问题意识、研究规范、概念范畴、表述方式等方面，我们的学术自觉与学术积累均远远不足，中国哲学社会科学工作者任重而道远。

在具有中国底蕴的人文社会科学学术体系建设过程中，地方文献研究可以发挥独特的作用。以《广州大典》为例，《广州大典》收录的4064种文献，来自海内外各公藏机构和个人收藏，分为经、史、子、集、丛五大部分，不但包含了历代与广州相关的儒学著作、正史、政书、方志等常见的历史文献，还收录了大量的族谱、契约、碑刻、账本、私人手稿、笔记等可以称为"民间文书"的著述。这样的工作，不仅仅具有在现代化和城市化的历史背景之下，"抢救"物质型和非物质文化遗产的价值，不仅具有学术积累的意义，更重要的是，编纂者在大量收集和整理民间文书、地方文献的基础上，建立并发展起有自己特色的民间与地方文献的解读方法和分析工具，是将中国人文社会科学研究建立于更坚实的学术基础之上的关键环节之一。

——陈春声　中山大学党委书记

中华民族自古就有"易代修史"和整理典籍的优良传统，由此创造了浩如烟海的典籍文献。近年来，随着各级政府对文化传承和典籍整理投入的增加，地方文献研究、整理及出版逐步成为热点，陆续推出像《广州大典》等一批地方文献整理的代表性成果。

近年来，国家图书馆出版社（以下简称"国图出版社"）通过地方文献的整理出版，使珍稀文献化身千百，不仅有利于文献揭示、保护，服务于学术研究，而且取得了良好的社会效益。总结近年来出版情况，我们有如下几点思考：一是文献的整理出版要体现学术价值，依靠学术力量，促成学术界、存藏机构和出版机构三方的深入合作。国图出版社几乎所有的大型项目，都邀请项目所涉领域知名学者进行选目和编纂，以保证学术质量和学术水准。二是要体现文献版本价值，尽可能收集珍稀版本，尤其是馆藏稿本、抄本、校本，甚至是海内外的孤本。以稀见方志丛刊为例，如《南京图书馆藏稀见方志丛刊》收录孤本方志 52 种，其中明代方志有 14 种，如正德刊本《宣府镇志》、嘉靖刊本《登封新志》《定远县志》等。稿抄本方志 21 种，如稿本万历《滑乘补》、道光《直塘里志》、同治《直隶赵州志》《霸州志》《乙亥志稿》等，弥足珍贵。三是要做好文献考证。整理出版要体现今天的学术成果和学术水平，就有必要对每种书的内容和价值进行梳理、考证。仍以稀见方志为例：《南京图书馆藏稀见方志丛刊》中弘治刊本《洪武京城图志》，《中国地方志联合目录》（以下简称《联目》）未录，实为孤本；又如稿本宣统《吴长元三县合志初编》，《联目》注明存 8 册，实际存 83 册。《浙江图书馆藏稀见方志丛刊》中《联目》未著录的有 7 种，如民国《萧山县志稿》、光绪《宁州旧志稿》、康熙《定海县志》、康熙《西宁县志》等，都是海内珍本。《上海图书馆藏稀见方志丛刊》中的《淞南志》，《联目》著录为 14 卷，实际为 16 卷，卷 13—16 皆为艺文。顺治《含山县志》，《联目》作者题为清朱长泰修、凌家瑞等纂，据原书序言及修志姓氏均作"凌嘉瑞"，《中国地方志总目提要》亦误，通过此次整理出版，也起到补阙拾遗、助力研究的作用。

——魏　崇　国家图书馆出版社社长

在我看来，收罗精当、著录准确、序列科学、查检方便，历来是编目员努力为之奋斗的最高境界。所谓"收罗精当"，是指所收款目要符合本书目的收录范围。"精当"的反面是过宽过窄，宽必致滥，窄不敷用。所谓"著录准确"，是指著录文字均应有理有据，宁缺毋滥，不作臆断。当今编目，提倡客观著录，若书名、著者、版本三项文字有需要说明者，可充分利用附注、稽核项。昔日是从前三项见编目员功底，今日还要从后两项看编目员水平。达到著录准确的关键在于：审核原书要过细，参酌他目要善辨。所谓"序列科学"，就是常说的目录组织，即将各条款目通过一定的原则序列为书目。成败之关键，是要将各书之类属定准。一个时代的文献分类法，其类目之设置往往体现出该时代文献的特点。古籍分类法最终以四分法较为通行，是因为经过千百年实践检验，证明它相对切合实际状况。一书可以分至几个类属之情况屡见不鲜，其实只有一个更近于准确。我参加《中国古籍善本书目》汇总阶段编辑时，各馆报片有将一书分至 9 处者，经剖析，除三馆分类有误外，其余六馆都有一点理由，哪怕是牵强附会。最常见的错误之一，是将内容排比方法误为本质特征，如将以韵序排比之字书和训诂书误入"音韵类"。所谓"查检方便"，就是要保证用户能便捷、省时地查检到本目录所揭示之一切信息。最常用的方法是编制各种索引，如分类索引、书名索引、著者索引、刊刻者索引之类；如有可能，还可编制著者地区分布表、著者时代分布表之类的表格，让读者一目了然。

——阳海清　文献学家、《荆楚文库》编委会副主任

我编了两部丛书，一部是《重修金华丛书》，一部是《衢州文献集成》。《重修金华丛书》做了 7 年，《衢州文献集成》做了 4 年，一路走来，着实不易。我与大家分享一下这些年的编书心得：第一，要明确自己所编书目的全面性，尽可能收全各种书目，以及各种书目的各个版本，争取编成一部有历史意义和价值的丛书。第二，编书过程中要充分调动地方政府的积极性，最大限度利用政府的行政资源。很多珍贵的文献都收藏在地方博物馆、图书馆，但是有些文献个人是无法接触到的，因此，充分利用政府机构的行政资源，可以相对容易地收集到很多文献。另外，政府可以号召私人收藏家等为编纂地方文献丛书捐献藏书，可能很多珍贵的孤本、稀本都散落在民间。第三，编书不仅是把这些书和文献汇编起来，还要为每本书写一个提要。有提要后，不管是学术研究者还是其他普通读者，找起书来就很方便。地方政府的文化建设就是要以这些文献为根基，因为我们编纂的这部书，等于摸清了这个地方的历史文化家底，有哪些东西是重要的，哪些东西是次要的，然后下一步的文化建设，重点放在什

么地方自然就清楚了。

——黄灵庚 《衢州文献集成》主编、《重修金华丛书》主编

地方文献的保护整理意义重大。中华人民共和国成立以来，古籍整理取得了巨大成就。当代是古籍整理空前繁荣的最好时期。地方文献保护整理出版的一个重要意义就在于抢救古籍文献。历史上的文献创造不计其数，但是今天存世的十不存一。文献整理和出版，是对古籍的最好保护。一种文献，只有化身千百，为公众利用，才可能赋予新的生命，才能生生不息。

中华书局的特色是传统文化的出版，核心竞争力是出版传统文化的典籍，也就是古籍整理的研究和出版。当前数字化技术高速发展，但文献保护和文献整理领域的应用并不是很多，进展也不是特别快。整体来说，古籍整理享受数字技术进步的便利还是太少。从 2003 年起，中华书局开始古籍数字化实践，十几年来的代表性作品是中华经典古籍库，其特点是"基于古籍整理成果和规范的海量合法数据：最高质量，可供征引"。这几句话就表达了中华经典古籍库的标准和工作难度。数据库里的内容都是获得合法的信息网络传播权，一个一个签的，必须严谨。保障最高质量，可供征引。第五期为 10 亿字，1500 种整理本古籍，汇集中华书局等 10 家古籍出版社的优质资源。未来还要将中华人民共和国成立以来整理好的优秀古籍，全部融汇进去。"十三五"的目标是 30 亿字，5000 种整理本古籍。

中华书局的数字化战略，是整合中华书局和全社会在中华传统文化数字化方面的有效资源，利用国家投入、社会投资和自有资金，依托书局品牌资源优势，开展广泛的社会合作，根据国家规划，着力打造中华传统文化大数据中心和国家级古籍整理出版资源平台，使中华书局成为国内领先的优质传统文化数字资源的内容提供商和知识服务商，再造一个"线上中华"。

——顾 青 中华书局总编辑

据不完全统计，21 世纪以来全国已有 40 余种大型地方文献已经出版或在编纂中。客观地说，地方文献的整理出版进入了一个井喷状态。地方文献的编纂目前呈现出几大趋势。

趋势一：区域比较上，从东部发达地区向中西部地区扩展。东部是我国经济文化相对发达地区，尤其是江苏、浙江一带，自明清以来就是文献渊薮，前

人留下的著述浩如烟海。从我们目前所掌握的情况来看，东部地区除了省级地方文献编纂出版，一些副省级城市乃至经济文化相对发达的地级市也在组织本地的地方文献编纂出版。近年来，许多中西部地区也加入到编纂出版地方文献的行列。

趋势二：时间范围上，从古代近代文献向民国文献延伸。目前各地编纂出版的地方文献，多以1911年为时间节点。近年来，地方文献编纂出版出现了新的趋势，即从文献成书的时间上延续到民国时期，其中以《云南丛书续编》最具代表性。

趋势三：内容成果上，从影印到点校，再到推出系列研究成果。如果说影印是对古籍文献的初步加工整理，那么点校则是对古籍文献的深入加工整理。从前期的古籍文献影印到点校，再到出版相关研究，近年来，地方文献事业总体上呈现出逐步深入、有机统一的局面。

趋势四：文献范畴上，从传统书籍拓展到报刊、档案、民间文书、考古出土资料。早期的地方文献整理，书籍是重点，其中方志占的分量不小。但这种情况近来有所改变，出版界对书籍之外如谱牒、文书、账单、税单、契约、书信、档案等文献，越来越重视。

趋势五：传播载体上，从纸质出版到纸质与数据化同步进行。在当前信息技术背景下，利用数据库进行学术研究日趋成为许多学者首选的资源获取和利用方式，数字资源建设成为图书馆界和信息技术产业界共同关注的领域。古籍数字化也是顺应古籍整理、保护和利用需求的一个发展趋势，属于新技术条件下的古籍再生性保护之一。如《广州大典》，正式出版前后数据化已被纳入议事日程中。

趋势六：机构设置上，从设立临时机构到涌现更多专门研究机构。从全国情况看，地方文献的整理与编纂，参与的单位包括各地党委宣传部、高校、方志办、图书馆、文联、政协、文史馆、出版社等。大多数由地方党委宣传部牵头，抽调各方面人员组成编辑部，开展工作。这样具有很强的灵活性，但也带来一个问题：后续研究编纂基本上都无法展开。一部大型的地方文献编纂出版，周期较长，投入的人力财力比较大，有时因为人事更迭，后续的编纂出版都可能成问题，更谈不上如何使用、如何研究了。从目前来看，已涌现出越来越多的地方文献专门机构。

——刘平清 广州大典研究中心常务副主任

《广州大典》民国篇已展开文献调查

民国时期是中国社会转型的重要历史阶段。在政局跌宕、思想冲突、中西文化碰撞的特殊背景下，这一时期产生了大量图书、期刊、报纸、日记、信札、档案、传单、海报、影像等文献，具有显著的时代特色和重要的史料价值。由于存在纸质差、酸化老化等问题，许多民国文献正面临急剧老化、损毁严重的处境。如果不及时抢救保护，随着时间的流逝，民国文献损毁的程度必将加剧。

广州大典研究中心今后相当长的一段时间是重点开展《广州大典》二期民国篇的编纂出版工作。目前《广州大典》民国篇已展开广泛的文献调查。委托广东省立中山图书馆和中山大学图书馆对民国时期广东出版物进行调研；密集组织专家召开小规模的研讨会，专题研究《广州大典》民国篇的编纂出版工作方案、工作思路、专题文献编例等类问题。派员参加全国性的民国文献整理编纂研讨会，集思广益，破解《广州大典》民国篇编纂中的几大难题，还有在民国文献影印出版中如何避免同质化、重复化的问题。

成功申报民国时期文献保护出版项目《第一次国共合作时期广东文献汇编》。近期，广州大典研究中心拟以《民国市政公报丛编》《民国年鉴丛编》的整理出版，作为《广州大典》民国篇的突破口。此外，广州大典研究中心还推动课题的研究，组织发布了针对省内重点地区如汕头、韶关、惠州等各地区档案馆、图书馆和博物馆的项目，相关成果将极大地推动编纂整理项目工作。

（广州大典研究中心供稿）

《广州大典》：留存城市文脉的"根"和"魂"*

周 豫 蒋 方

一座城市的历史、文化、精神，往往浓缩在其所在地域的文献典籍中，而散落在世界各地的广州文献典籍，正是广州寻找历史渊源、厘清发展脉络、更好地走向未来的"根"和"魂"。在广州粤剧艺术博物馆，就陈列着一部洋洋大观的《广州大典》。

不久前，由国家图书馆、广东省文化厅指导，广州市委宣传部、市文广新局和市社科联联合主办的"地方文献保护与整理出版研讨会"在广州举行。此次研讨会选址广州，《广州大典》是关键原因，现场200多名专家、学者切磋交流间的热门话题也是《广州大典》。

得益于长远的眼光，得益于持之以恒地做，得益于一众默默耕耘的志同道合者数十年如一日的付出和坚持，从2005年召开筹委会正式启动，2015年完成出版，《广州大典》历经整整十载淬炼而成。《广州大典》第一期520册已经整理完成，总字数3亿多、纸质本定价逾40万元，被专家评价为"经得起历史检验的传世精品巨作"。2018年，《广州大典》第二期民国篇的编纂工作已经正式展开。

中山大学党委书记、教授，《广州大典》学术委员会主任陈春声介绍，目前大典正在进一步完善数字化，届时，市民可通过《广州大典》数据库实现全文在线浏览。

"《广州大典》作为一部地方政府主导编纂的百科全书，汇总了有史以来的全部文化典籍，分类齐全，反映了历史研究的学术脉络，对全国地方文献保护

---

* 引自南方网，http://news.southcn.com/gd/m/content/2018-11/13/content_184054641.htm，2018年11月13日。

与整理出版工作起到积极示范作用。"在研讨会上，国家图书馆兼国家古籍保护中心负责人张志清如是感叹。

习近平总书记在视察广州粤剧艺术博物馆和永庆坊时指出，城市文明传承和根脉延续十分重要，传统和现代要融合发展，让城市留下记忆，让人们记住乡愁。

修典是"续脉"的活儿——清朝文献印证"粤港澳大湾区"地理概念?

《广州大典》第一期共五部 520 册，依经、史、子、集、丛五部分类，系统地收录了 1911 年以前近 2000 位著者有关广州的著作和广州版丛书共 4064 种文献，核对扫描件能堆 30 层楼那么高，总重量达 1 吨多，是名副其实的文献"巨无霸"。

可能有人会问，在如今这样一个信息爆炸的时代，花这么大的功夫整理地方文献，有必要吗？"有。"担任《广州大典》编纂委员会主任、主编的广州市人大常委会主任陈建华回答。

"或许是种巧合，《广州大典》中收录的地域范围包括清代中期'广州府'所辖南海、番禺、顺德、东莞、从化、龙门、增城、新会、香山、三水、新宁、新安、清远、花县，以及香港、澳门、佛冈、赤溪，这个区域和当前划定的'粤港澳大湾区'有 90% 的重合度。"在陈建华看来，《广州大典》亦可称为"粤港澳大湾区大典"，湾区具有深厚的岭南和广府文化底蕴。

广州拥有 2200 多年建城史，虽有大量地方文献翔实地反映印记了广州历史的变迁和发展，但保存得很不完整。"广东气候潮湿，加上历朝历代变迁、战乱，尤其是近代以来的军阀混战、日本侵略等历史原因，许多典籍因年代久远、老化破损严重，还有大量地方文献流散到省外乃至海外，这些文献一日不收集、整理，日复一日在消失、毁损、散佚。"陈建华解释说。

据资料显示，历史上广东文献首次大规模收集整理始于明万历四十三年（1615），广东提学副使张邦翼编纂《岭南文献》，为第一部粤人诗文总集，至今有 400 多年历史。此后，还有大量珍贵的地方历史文献成为记录广州发展脉络、见证广州发展历程的载体。而这些地方历史文献成为《广州大典》编辑部研究广州历史乃至岭南文化的基础。

2004 年，在广东人民出版社岑桑和陈海烈两位老社长的建议下，同时征求了广东省立中山图书馆王贵忱、李昭醇以及中山大学图书馆程焕文三位馆长和广州地区几所大学的老师以及部分专家的意见之后，组织一批专家学者成立编纂委员会、学术委员会和编辑部，2005 年 4 月 30 日正式启动编纂工作。

"过去，学界有人说岭南是'文化沙漠'，我们偏不信这个邪！"编纂委员会的专家们说，修典是"续脉"的活儿，它最重要的目的是为学界、为社会延续岭南和广府文脉，为抢救文献史料奠定基础。

最终，确定能收录入《广州大典》的内容范围为：广州人士（含寓贤）著述、有关广州历史文化的著述及广州版丛书，所收文献下限为 1911 年，个别门类延至民国。

《广州大典》最大的成果就是使大批文献从海内外回归到了岭南，粗略统计，编纂委员会收集到的文献比原来学界认定的数量多了一倍以上。比如，在《广州大典》第一期出版后，经、史、子、集、丛各部又陆续有新的图书出现，特别是集部中的粤方言曲艺类，新发现的文献正不断涌现。

中山大学原副校长、著名历史学家张荣芳说："有了《广州大典》，文化界从此无人小觑岭南。"

开创典籍整理"四不"原则——从广州首创变学界惯例

《广州大典》确定用"大典"二字，意味着编纂者们必须要走一条"最难的路"。

《广州大典》十年编一典。在整个编纂过程中，目录编纂最具技术性，其完善过程也最为煎熬，最能体现大典主编对编纂底本征集要"全"的决心和方针。

此前，为到底用不用"大典"二字，陈建华和广东省立中山图书馆前任馆长李昭醇曾纠结了很久："不用'大典'就还好，有缺漏的地方可以留给后人去做，一旦用了，就意味着一定要'全'，否则就对不起这两个字。"最终，他们还是选了一条最难的路走，只要是被认定了属于广州典籍的内容，不论多难都要找到底本，纳之进来。

秉持着"入我典者，虽难必克，虽远必求"的宗旨，在完善目录的过程中，编辑人员几乎穷尽了所有古籍文献：先摸清全省古籍收藏情况，把涉及大典范围的图书目录列入；接着又将国内所有藏书机构的古籍文献目录梳理一遍；再接着梳理了国外收藏有中文古籍的目录……几轮梳理下来，如果发现有存疑的图书，编辑人员还要把书再通读一篇，以便定夺。同时，大典编辑部还要邀请大量专家参与目录讨论，在这个过程中又会补充一部分还没有发现的图书。

《广州大典》十年编纂期间，广东的古籍文献整理出现"井喷"。《广州大典》海内外广州文献搜罗之广泛，汇集之丰富，为以往历史所罕见，堪称广东文献学史上的鸿篇巨制。

在经、史、子、集、丛五部中，大典最先编纂并出版的是丛部。为何先从丛部入手？据全程参与《广州大典》编纂的广东省立中山图书馆副馆长倪俊明介绍，中山图书馆藏有大量丛部古籍文献，而该馆在 2002 年馆庆之时就曾编纂《新广雅丛书》，所以《广州大典》编纂时，丛部率先上马。

在这个过程中，省立中山图书馆和中山大学图书馆为大典一期的底本提供和编纂作出了重大贡献。没有他们的无私奉献，大典不可能完成编纂。2007 年以来，广东省立中山图书馆的 20 项重点古籍整理出版项目，其中最受瞩目的是《广州大典》。相关人士表示，以往谈到广州地方文献，多少都有点底气不足；自从有了《广州大典》，就理直气壮了很多。

倪俊明直言："古籍地方文献整理、研究、出版工作应由图书馆、档案馆、高校、科研机构等多方共同参与、合作，不能闭门造车、单打独斗。省立中山图书馆和中山大学图书馆在多个重点项目上合作，不仅实现了两家图书馆文献资源的共享，还让双方人才资源高效整合、共同进步，培养了一批古籍地方文献整理研究的专业队伍。"

在编排的过程中，另一个难题又出现了：在收集古籍文献时，遇到了同一种图书出现多个版本的情况，最多的时候甚至出现过同一个古籍有八九个版本的情况。很多古籍界的老先生认为，当时的学术水平和学术队伍还不足以全面地进行编、点、校的工作。

于是，最终《广州大典》确定了"四不"即"不编、不选、不点、不校"的编辑思路，即不争文献的价值，不作人为的裁选。"四不"原则具体来说，即不同版本全部入典，将最原始的典籍呈现给学术界，保证原汁原味，如果内容上确实是错了，可以注明但不校对，它出版出来是怎样，就呈现成怎样，保证全面、客观、原生态。

这种编辑方法，在当时已有的丛书中绝无仅有，也最大限度地确保了典籍的完整性、真实性和科学性。正如陈春声所言："新一代地方文献研究者的工作，若要引起国内外同行的重视，更重要的是要有深厚学术史背景的思想建构，'出思想'与否，可能会成为新的学术世代衡量学术研究成果优劣高低更重要的尺度。如果我们的学术目标真的是中国底蕴的学术体系和话语体系建设，那么研究地方文献时，'出思想'就更应该是题中应有之义。"

"四不"原则从 2005 年提出至今，已经成为全国典籍整理界的基本原则，得到了学界普遍认同。这是《广州大典》的首创，也是它对学界的一大贡献。

1 吨重的书怎么看？——"数字化"创新转化岭南文化

文献是岭南的，而知识应该是全世界的。让岭南文献传至久远，才是最重要的事情。

当前，已经成为"广州文化名片"的《广州大典》续集民国篇编纂出版工作已经进入实质性运作阶段。第二期民国篇的编纂难度远远大于大典第一期，这是每一个编纂研究者的共识，也是横亘在他们心中的一道关卡。

民国篇覆盖了很多领域，出版物形式也更丰富，印刷手段更加多样，有大量的手抄本，以及译文、影像、族谱、信件、内刊等，技术含量、处理内容都比一期阶段要求高得多。

在二期的编纂过程中，陈春声也发现，部分材料保存条件不好，出现纸张酸化等问题，是民国文献破损的重要原因，也是古籍修复工作中的难点。因此，他们一方面在收集资料，另一方面也在抢救和修补文献资料。据统计，在中山大学图书馆馆藏的 2000 多种广东文献中，近 60% 不适合直接扫描，否则将会对纸张产生不可逆的破坏。因而，除了编纂之外，文献修复和数字化也迫在眉睫。

从 2016 年起，广州大典研究中心投入 2000 多万元开始与国家图书馆、复旦大学、中山大学和华南理工大学合作，着手研发有自主知识产权的脱酸工艺、药剂和设备，摆脱对国外进口的依赖，大幅度降低脱酸成本，为抢救酸化文献作出了重大贡献。

《广州大典》第一期全套丛书定价为 40.8 万元，仅核对扫描件便能堆到 30 层楼高，一字排开超过 22 米，重约 1 吨。如何让这套大典被更多人使用、传播？文献数字化是不可回避的问题。如今，《广州大典》数据库已经全文可览、可下载，而在接下来的工作中，大典还将进一步完善网络服务平台。陈春声说，中国学术界正在经历"世代交替"的历史性变化，这不仅仅是指因个人生命周期之类的缘故所引致的学术从业者年龄结构的变化，更值得关注的是，新的学术世代正在数据可视化、数字仓储、文本发掘、多媒体出版、虚拟现实等所谓"数字人文"的背景下成长起来。

除了"数字人文"建设，还有一项更为持久的工程，是陈建华特别关注的："从2013年起，我们每年用300万元资助学者和博士论文的课题，现在已经有100多个项目。《广州大典研究》今年也出版了第一期，今后我们每年都想出一本书，从政治、科技、学术、文化等方面，组织开展目录学、版本学、文献学、民俗学、城市史的专题研究。"说着，他拿出一本书来，郑重地递给记者。

在《广州大典研究》的发刊词中，广州大典研究中心常务副主任刘平清写下了这样一句话——"编纂与研究，如同广州大典研究中心工作的两翼。"他希望，未来能有更多人推动《广州大典》的创造性转化和发展。

"《广州大典》与岭南家书家训家风"学术研讨会、《广州大典》与广州学研究、"近代广州医药与《广州大典》"学术交流会……除了内部的编纂工作会议，广州大典研究中心近来也在大力推动大典和名人历史、民俗文化、中医养生等大众感兴趣的领域之间的交流。

当前，一大批专家学者正通过对《广州大典》开展深入的诠释和解读，使得大典深奥晦涩的文字活起来，让新、老广州人都能通过大典了解广州这座城市的文化血脉，增进对广州的文化认同、情感认同和城市认同。

"大典"面面观——从大典看史上"海上丝路"

《广州大典》完整而系统地反映了广州这一海上丝绸之路重要发源地的变迁和发展，其中有大量篇幅翔实记载海上丝绸之路的历史原貌，比如：

《史部》收录的《广东通志》《粤海关志》《南海县志》等方志和游记，详细记载了我国在海上丝绸之路上对外经贸往来和民间交流的历史。

《子部》收录晋代至清朝百余名广州府学者著述，内容包罗万象，可谓古代广州的百科全书，更记载了伊斯兰教从海上传入的重要过程。

《丛部》里的《海山仙馆丛书》收集了很多明清传教士如利玛窦、汤若望等写的几何学、天文地理和火器制造类的书籍，是清代人了解西方科学的重要平台，也是丝绸之路文化交流的见证。

《集部》里收纳的明清两代学者诗人的文集中，大量诗文谈及外商到广州经商及海上丝绸之路上中外贸易的情况。

曾经"消失"的书籍"入典"

10 多年来，通过坚持不懈的广泛征集，不时会有此前"未见""佚"的书籍，从四面八方征集回来，例如：

《经部》的明王渐逵撰《读易记》（明刻本）三卷，来自南京图书馆；《史部》的元陈大震撰《大德南海志》（元刻本），来自中国国家图书馆；《集部》的明陈第撰《两粤遊草》一卷（明刻本），来自厦门大学图书馆等等。

值得一提的是，清乾隆年间编修《四库全书》曾被列为抽毁、全毁的书籍，如释函昰《瞎堂诗集》、释今释《徧行堂集》、屈大均《翁山诗外》、王邦畿《耳鸣集》、陈恭尹《独漉堂诗集》等近 30 种文献，历经浩劫，传本稀罕，都已经被入编《大典》，弥足珍贵。

编后记

  2018 年 10 月，地方文献保护与整理出版研讨会在广州举行。本次会议是广州大典研究中心自 2015 年 4 月挂牌成立后承办的首次全国性大型学术研讨会。广州市人大常委会主任、广州大典研究中心名誉主任、《广州大典》主编陈建华同志亲力亲为，对研讨会的举办、重要嘉宾的邀请等给予了全方位的指导。广东省委宣传部、广东省文化厅、广州市委宣传部、广州市文广新局、广州市社科联和国家图书馆、国家图书馆出版社相关领导，对研讨会的举办给予了大力支持。广州图书馆承担了大量细致的会务工作。特此说明，谨表谢意！

  会后，我们决定编辑出版论文集，国家图书馆出版社魏崇、殷梦霞、葛艳聪等领导鼎力相助，慨然应允出版此书。

  我们对提交研讨会的论文进行了编选。收入本论文集的文章共有 30 余篇，大致可分为五类：一是特稿，主要是参会领导、嘉宾的致辞、发言、报告；二是大型地方文献编纂出版概述；三是地方志整理与研究；四是广东地方文献整理与研究；五是地方文献利用与开发。附录收录了本次研讨会的综述。研讨会举办前后，各地媒体刊登了大量的相关报道，初步统计有 130 多篇，我们特地选入了两组相关报道。由于本论文集篇幅所限，未能收入全部文章。在此，我们对所有向研讨会提交论文的作者，表示衷心的感谢！

  广州大典研究中心赵晓涛博士对论文集进行了初步筛选、编排和修改；国家图书馆出版社编辑王晓同志为论文集的顺利出版，付出了大量的心血。在此一并致谢！

  本论文集如有欠妥之处，敬请全体与会专家学者和广大读者朋友不吝批评指正。

刘平清

2019 年 5 月 20 日